“十二五”普通高等教育本科国家级规划教材
高等学校电子商务系列教材

电子商务系统的分析与设计

（第二版）

刘 军 马敏书

高等教育出版社·北京

内容提要

本书是"十二五"普通高等教育本科国家级规划教材，也是电子商务专业核心课程教材。

本书作为一本教科书，以电子商务系统建设和运营过程为主线，对该过程中涉及的主要概念、方法和技术作了较为全面的介绍。全书共分 10 章，主要内容包括：电子商务系统的建设与运营过程综述、电子商务系统的系统规划、系统分析、系统设计以及系统的实施和运行维护，其中对系统设计部分从总体设计、商务应用软件设计、电子商务网站设计、支付子系统设计、安全子系统设计等角度进行了较详细的论述。

为帮助读者学习相关内容，本书中除每章均安排了若干小案例外，第 3～7 章还包含了一个连续的案例；此外，还在各章均安排了思考题和实践内容。

本书可作为高等学校电子商务专业及相关专业本科生、研究生的教学用书，也可供从事电子商务系统规划、分析、设计工作的人员参考。

图书在版编目（CIP）数据

电子商务系统的分析与设计 / 刘军，马敏书．—2 版．—北京：高等教育出版社，2008.6（2021.11 重印）

ISBN 978-7-04-023970-6

Ⅰ．电…　Ⅱ．①刘…　②马…　Ⅲ．①电子商务-系统分析-高等学校-教材　②电子商务-系统设计-高等学校-教材　Ⅳ．F713.36

中国版本图书馆 CIP 数据核字（2008）第 067962 号

策划编辑　耿　芳　　责任编辑　郭福生　　封面设计　王凌波　　责任绘图　朱　静
版式设计　张　岚　　责任校对　杨凤玲　　责任印制　耿　轩

出版发行	高等教育出版社	网　　址	http:// www.hep.edu.cn
社　　址	北京市西城区德外大街 4 号		http:// www.hep.com.cn
邮政编码	100120	网上订购	http:// www.landraco.com
印　　刷	北京天宇星印刷厂		http:// www.landraco.com.cn
开　　本	787×1092　1/16		
印　　张	21	版　　次	2003 年 7 月第 1 版
字　　数	430 000		2008 年 6 月第 2 版
购书热线	010-58581118	印　　次	2021 年 11 月第 12 次印刷
咨询电话	400-810-0598	定　　价	29.00 元

物 料 号　23970-A0

序

随着经济全球化和信息网络化的快速发展，信息产业成为全球经济中融合度最高、潜力最大、增长最快的领域。同时，因特网以及电子商务的发展水平，也成为影响我国整体经济发展速度的重要因素，成为衡量我国21世纪竞争力强弱的重要指标。

电子商务的发展需要专门人才的有力支撑。2001年教育部批准13所高校设立电子商务专业，至今全国已有300多所高校设立了电子商务专业。2006年教育部高等学校电子商务专业教学指导委员会成立后，着手制定了“十一五”期间电子商务专业总体工作方针和计划，主要包含三个方面。

首先，进一步正确定位电子商务专业，使其能够成为受社会欢迎的培养人才的专业。

其次，充分考虑各学校的特色来制定教学大纲和教学计划，注重各学校的不同侧重点，在制定教学计划时不但要有交叉性，还要有层次性。

第三，要建立以主干课程为核心的专业教学体系，尽快建设一批电子商务专业的精品课程，包括：能够体现信息技术、商务管理和网络经济三方面扎实基础的、彼此交融的核心课程，培养学生系统应用能力和创新能力的专业课程，与国民经济和社会发展不但同步而且更具有前瞻性的前沿讲座课程。

电子商务专业经过短短几年的建设，初步建成了完整的课程体系，积累了一批优质教学资源，更重要的是直接为社会输送了大量的专业人才。2007年年初，教育部、财政部联合启动了“高等学校本科教学质量与教学改革工程”，这是为提高高等教育质量而采取的具有深远意义的重要举措，同时也为电子商务专业提供了难得的发展契机。

为落实“质量工程”的建设要求，进一步加强电子商务专业的教学工作，高等教育出版社组织相关专家，对电子商务专业人才培养目标、教学计划、教学内容和课程设置等问题进行深入交流，在此基础上，对经过了多年教学实践检验的“高等学校电子商务系列教材”进行了充实和再版。系列教材已经陆续出版。

电子商务正当青春期，它的实践和理论，也必在变化期。古人云，“变则通”。我希望这套教材能够不断总结科研、实践和教学改革经验，反映精品课程的优质教学资源，体现时代要求和创新精神，为电子商务专业建设和人才培养做出积极的贡献。

教育部高等学校电子商务专业教学指导委员会　主任

中国工程院院士

潘云鹤

第二版前言

2001 年全国高等院校开始设立电子商务本科专业，为适应该专业教学的需要，根据全国高等学校电子商务专业建设协作组（CUECG）2001 年年会所确定的该专业骨干课程内容建议，我们在前期工作的基础上，着手编写了《电子商务系统的分析与设计》一书，2002 年被批准为国家“十五”规划教材，2003 年由高等教育出版社出版。

本书第一版面世至今已有 5 年，在此期间，作为新生事物的电子商务逐渐得到社会的普遍认同，成为现代服务业中的朝阳产业。随着支撑电子商务发展的信息技术的蓬勃发展，电子商务的普及、发展速度之快超过了很多人的想象，电子商务系统的设计、建设方式和技术也较以往有了很大变化。在这种背景下，确有必要对本书进行修订和补充，以使其内容更好地反映这些新进展。

本书第一版出版后的 5 年期间，承蒙读者的厚爱，在开设电子商务本科专业的部分院校得到应用，通过教学实践，不少高校教师也对本书内容提出了很多有益的建议。同时，经过几年的研究和教学实践，我们对于“电子商务系统的分析与设计”这一课程有了更深入的理解，积累了不少新的教学经验和体会，也对原有教材的不足有了更加清晰的认识。

2005 年教育部电子商务专业教学指导委员会成立后，在调研基础上，明确了该专业的知识体系，优化了电子商务系统分析与设计这一骨干课程的知识结构。

基于上述背景，我们于 2007 年着手编写该书的第二版，并获得了“十二五”普通高等教育本科国家级规划教材。本书的第二版较第一版有了较大的变化，主要体现在以下 3 个方面。

首先，在编写思路上，在保留第一版写作风格和主要内容的基础上，吸纳了相关高校及高等教育出版社的建议，补充了近些年来的新技术和新应用，并力求内容更加贴近高等学校本科教学过程的需要。对各章内容，本着实用、先进和可操作的原则，尽量减少原理性的阐述，增加实例介绍，以帮助学生更好地理解和掌握所学内容。

其次，第二版调整了全书结构编排。以教育部高等学校电子商务专业教学指导委员会形成的知识体系为指导，重新组织内容，调整了“电子商务系统总体设计”、“商务应用软件设计”和“电子商务网站的设计”等部分的内容，附录部分增加了相关文档及标准。

最后，根据教学实践经验和读者反馈意见，进一步完善全书的大部分章节，并重新编写了很多的内容。为提高学生的思考能力和实践能力，加强了全书习题、综合性的实践内容，各章均补充了一些新的案例，并新增了一个贯穿各章的综合实践项目，以帮助读者加深理解课程内容。

本书第二版由刘军负责全书的内容组织和统稿。马敏书在北京交通大学、首都师范大学授课基础上，对第1～4章的内容进行了修订，并对第10章的部分内容做了完善；贺振欢对第5～7章进行了修订；祝凌曦对第8章和第9章的部分内容做了完善。研究生程岩岩、王阳等对课程作业等部分也有贡献。

在全书的编写过程中，得到了浙江大学陈德人教授、厦门大学刘震宇教授、中央财经大学孙宝文教授的帮助，清华大学覃征教授、北京大学张宁副教授和对外经贸大学陈进教授的一些建议也对本书的修订很有帮助，在此一并致谢。

尽管我们希望本书第二版能够体现新的发展，并融入几年教学实践中的一些体会和经验，但是仍有很多不足之处，在此作者恳请有关专家、学者及读者批评指正。

作　者

2008年3月

第一版前言

从 1992 年 Internet 开始商业化应用到现在，短短的 10 年时间，电子商务的发展经历了翻天覆地的变化。回顾这些年的电子商务发展历程，闪现在脑海中的新概念层出不穷，从“数字化生存”的无限热盼到“鼠标加水泥”的理性思考，从“e 网无前”、“赢者通吃”的喧嚣到“新浪开始盈利”的回归。在“网民”、“聊友”、“QQ”等新名词逐渐加入大辞海的同时，也欣慰地看到了 CNNIC 的统计——我国 Internet 的用户数超过了 9 000 万，更看到了“电子商务师”已经成为 360 行中得到劳动人事部认可的职业。诸多的感慨缘于电子商务终于被最需要电子商务的各个企业所认同，这使我们有理由相信，“社会的需要胜过十所大学对技术的推动”这句名言会在电子商务的未来发展中再次得到印证。

不论是从教师还是从技术人员的角度来看，作者都发现，与电子商务的飞速发展相比，在电子商务系统的分析设计方面，很多的既有理念和方法存在一些问题，迫切需要一本教材能够适合电子商务专业的教学或相关技术人员的培训。2002 年在全国高等学校电子商务专业建设协作组（CUECG）常务理事会上，很多教师都提出了这一问题。但是，这一课程的难度较大，涉及的内容和知识面很广，同时其理论体系也没有完全成熟，所以，编著电子商务系统分析与设计的相关教材是一个挑战。

本书的基本目的和风格

电子商务专业是 2001 年教育部新批准设置的一个本科专业，这一专业在国内外的发展起点相似，但是对该专业的教学内容和目标的相关认识却差异较大。2001 年 CUECG 的年会上，确定电子商务本科专业设置 10 门骨干课程，其中包括电子商务系统分析与设计方面的课程。对于本书而言，其基本目的是试图满足电子商务专业本科生的教学需要，使电子商务专业学生了解电子商务系统的基本概念，掌握电子商务系统分析、设计、实施与维护管理的有关技术与方法。同时，希望本书能够对从事电子商务系统设计开发的工程技术人员有所帮助。

基于上述目的，本书在写作方面参考了国内外一些教材的经验，在编写风格上以教材为主，并增加了一些案例和相关技术背景的材料，希望这些内容有助于读者加深对学习内容的理解。

本书的结构和基本内容

全书总共 11 章，根据电子商务系统的生命周期，按照规划、分析、设计、开发实施与维护管理的顺序进行组织。在内容安排上主要分为 4 个部分。

第一部分：第一章和第二章，主要说明电子商务与电子商务系统的基本概念；电子商务系统的特点、发展过程及技术趋势；介绍电子商务系统分析设计的基本过程。

第二部分：第三～九章，主要说明电子商务系统规划、分析和设计的概念、内容与方法。其中电子商务系统设计的内容分解到第六～九章中，分别从基本概念、具体系统这样两个不同角度进行说明。

第三部分：第十章，说明电子商务系统编码开发、维护管理两个方面的基本概念和方法。在这一章中，主要阐述电子商务系统应用软件开发的几种不同模式，说明电子商务系统与企业既有信息资源的集成方法；说明电子商务系统实施发布的过程；介绍电子商务系统维护的主要工作和组织。

第四部分：第十一章和附录，主要说明一些典型案例、相关的背景技术材料。目的是使读者通过案例学习加深理解，扩大知识面。

作为专业教材，书中标有“*”的章节为选学内容。根据教学计划安排的课时、教学大纲和进度，教师教学过程中可以对本书的内容进行适当选择。

此外，本书中对主要内容都给出了相关的实践内容，教师可以参考这些内容安排教学实践环节。

读者对象及阅读方式

本书的读者对象主要包括高等学校电子商务与信息管理专业的学生以及从事电子商务系统分析设计与开发的有关技术人员。本书可以作为电子商务、信息管理、管理信息系统、计算机应用等工科和管理类高年级本科生、研究生的教材，也可供相关专业选修课程教学使用。

如果读者希望系统地了解电子商务系统的基本结构、规划、分析、设计的过程和相关技术，那么建议读者从第一章开始，阅读本书的全部内容。

如果读者希望对电子商务系统的基本结构、技术发展过程有一个概括性的了解，那么可阅读第一、二章的主要内容。

如果读者关心电子商务系统的规划、系统分析，可以阅读第三、四章的内容和第十一章的案例。

作为系统的设计和开发人员，如果主要关心电子商务系统的设计方法、典型的电子商务系统的设计过程，那么，可以阅读本书第五～九章的内容，并参考第十一章中的案例。

关于本书的编著

本书由北方交通大学刘军负责全书的统编。参与本书编写的人员主要包括北方交通大学刘军、董宝田、季常煦、韩宝明、马军、高学贤，深圳大学经管学院韩彪教授、华为公司曾洁琼也参与了部分编写工作。其中，本书的第一、二、六章由刘军编写；第三章由韩彪和刘军编写；第四、七、八、十章由董宝田和刘军编写；第五章由高学贤、马军和刘军编写，第九章由韩宝明和刘军编写；第十一章由季常煦编写。

本书的电子教案由刘军、董宝田、季常煦、祝凌曦、张秋燕编写。

致　谢

本书的编写过程中得到了很多专家、学者的帮助和支持。CUECG 秘书长西安交通大学李琪教授、CUECG 电子商务系统课程负责人浙江大学陈德人教授对本书提出了很好的意见。南开大学严建媛教授、北京邮电大学胡桃副教授在与作者的交流中提出了很多建议。汕头大学张耀辉教授在有关实践教学方面提出了宝贵意见。

此外，本书的编写过程得到了北方交通大学杨肇夏教授的大力支持。中国电子商务年鉴编辑部郭玉忠副主编、铁道部电子中心陈镛高级工程师也在案例方面给予了协助。

特别需要提到的是，在北京“非典”流行的日子里，高等教育出版社的王洪副总编以及本书的责任编辑们，始终对本书的出版予以支持，并付出了非常艰苦的劳动。没有他们的关心和支持，也就没有本书的出版。

电子商务是一个新生事物，涉及很多内容，对于电子商务系统的分析与设计而言，不仅其相关技术发展很快，而且其理论体系、内容、方法也确实没有完全成熟。无论是在教学实践中，还是在 CUECG 的教学研讨中，关心这一领域的教师和专家们都还在积极地探索，本书只是该领域探索活动微小的一步。加之作者学识有限，本书当中难免会有很多不当之处或者遗漏。作者仅以此拙作抛砖引玉，敬请有关的专家、学者批评指正，提出宝贵意见和建议。

作　者

2003 年 5 月

目　　录

第1章 概　　论

如果说以蒸汽机为代表的工业革命是对人类手臂的延伸，那么20世纪信息技术的飞速发展可谓是另一次划时代的变革，从某种意义上说，这场变革是人类大脑和思维的延伸，同时这一变革也深深影响了人类的思维、生活等各个方面。

在这场变革中，如果说20世纪90年代Internet的兴起对人类的日常生活方式产生了冲击，那么在新世纪，Internet及其相关信息技术对社会生活的各个方面的影响就不能简单地用“冲击”二字来形容了。2008年1月，淘宝网宣布其2007年度交易总额突破433.1亿元，高于华润万家（379亿元）、大商集团（361亿元）、家乐福（248亿元）、物美（231亿元），仅次于百联集团（771亿元），跃升为中国第二大综合卖场。对照这样的数字，可以看到：网络是服务于经济生活的技术产物，但是又没有哪种技术像网络这样推动经济活动不断推陈出新，产生变化。网络不再是单一的技术产物，它促使生产活动、商务活动从形式到内容都发生了深刻变化，而这种变化的积累所产生的飞跃就是所谓的“新经济”。

信息技术的发展使商务活动从形式到内容都区别于以往的经济活动，被冠之以“电子商务”的新型经济活动都是在特定的技术条件支持下完成的。从另一方面看，可以说具有电子商务技术未必能够成为新经济中的弄潮儿，但是新经济下成功的企业必然具备支持其谋求竞争优势的电子商务系统。

迈克尔·波特在其著名的《竞争优势》一书中阐述到：“技术变革就其本身而言并不重要，但是技术变革影响了竞争优势和产业结构，它就举足轻重了。”所以，在以信息技术为基础的商务活动中，技术已经融入企业的增值链当中，并成为企业谋求竞争优势的不可或缺的环节，这样，用于支持企业运作、管理、决策等不同层面的信息系统，不论从体系结构、开发建造方式、维护管理等方面，还是从其分析设计过程上，都与既有的电子数据处理系统（Electronic Data Process，EDP）、管理信息系统（Management Information System，MIS）、决策支持系统（Decision Support System，DSS）有所差异。另一方面，数据处理模式、信息系统的体系结构、应用开发技术等的变化，也使得电子商务系统的分析设计方式呈现出新的特点。

所以，本章着重介绍电子商务系统的基本概念及其特征，阐述电子商务与电子商务系统的关系，说明电子商务系统的基本发展过程，阐述电子商务系统设计开发的技术热点等问题。此外，本章还就全书的内容安排和重点进行了说明。

1.1　电子商务与电子商务系统

1.1.1　商务活动与电子商务

1．商务活动及其特征

电子商务的核心是企业的商务活动，所谓电子商务是一种借助电子手段实现的商务活动。一般而言，企业是谋取利益的实体，其利润的取得是通过企业经营、生产、销售等行为而实现的，企业在谋求市场利润过程中的行为即其商务活动。

企业的商务活动一般具有以下特征。

① 从事商品交换的活动。

② 涉及商品的交换、买卖和再分配，包含商品物理上的位移过程。

商务活动的内容涉及产品（Product）、服务（Service）、资金（Money）及相关的信息（Information）等的交易。所以商务活动的一个基本特征是：商务活动在两个或两个以上的实体之间完成，而参与交易的实体之间通过一定的商务规则或者契约规范其行为和交易过程，也就是说，商务活动一般是交易的双方共同完成的，随着社会分工的细化，在交易的两个实体之间增加了中间层或者商务中介，例如银行。

此外，虽然不同企业商务活动的形式多种多样，但是在其商务活动中都存在信息流、资金流、实物流的流动，这是商务活动的另一个基本特征。

在商务活动中，实物流是交易双方的实物交换过程。实物流的渠道在经济发展的不同阶段具有不同的流通形式，由于社会分工的细化，现代买卖实体之间的实物交换不再是直接的“以物易物”，存在多个中间环节，例如供应商、运输商、销售商等，但是不管怎样，只要存在商务活动，交易过程的最终实现都必须通过实体从卖方到买方的直接转移而完成。

资金流是实物流的逆向过程，如果说实物流代表产品在买卖双方之间的再分配过程，那么资金流则反映的是资金的再分配过程。在现代社会中，涉及交易活动双方的资金流则常常通过第三方——银行来完成，换句话说，资金流的流动过程是一个涉及第三方的过程。

信息流在商务活动中是伴随实物流和资金流而产生的。在传统经济活动中，信息流从商务契约、合同等介质上反映出来。信息流的一个突出的特征是：它不同于交易过程中的实物流或资金流，实物流是从卖到买的单向过程，资金流是从买到卖的单向过程，而信息流则是一个双向交流的过程，而且信息流在商务实体之间呈现互动（Interactive）的特征。

2．电子商务

随着技术的发展，与实物流和资金流相关的信息流趋于多样化。这种多样化反映在信息流从介质上发生变化，纸介质的契约、商务合同文本及其流动逐渐转变为电子介质和电子传输，其格式也趋于统一以便于交换。同时原先只在买卖双方发生的信息流，随着商品流动环节的增多逐渐转变为在产、供、销甚至中介机构之间流动，这就导致现代商务活动的信息流一方面形式多样化，另一方面环节日益复杂。

从以上的分析可知，现代商务活动是一个复杂、多样的过程。在这一过程中，信息流贯穿于整个交易过程，并且表现为不同的形式或者手段，例如通过电话、电报、传真等谈生意、签合同，可以利用标准化的电子介质实现无纸化贸易，可以利用网络进行市场营销、发布广告等。也正因如此，致使对电子商务的理解或定义多种多样。

一般而言，以电子技术为手段的商务活动都可以算作是电子商务，但是从其内容和形式上可以将其分成广义的电子商务和狭义的电子商务两类。

（1）广义电子商务

泛指企业利用电子手段实现商务及运作管理的整个过程，是各参与方通过电子方式而不是直接物理交换或直接物理接触方式来完成的任何业务交易。

（2）狭义电子商务

指通过 Internet（包括 Intranet，即企业内部网）或电子数据交换（Electronic Data Interchange，EDI）进行的交易活动，所以从这一点出发，也有人将电子商务称为 Internet 商务（Internet Commerce，IC）。目前，电子商务主要指狭义的电子商务。

与电子商务相关的英文定义目前常用的有 Electronic Business（e-Business）和 Electronic Commerce（e-Commerce）。也有一些观点认为，所谓 e-Business 强调的是“电子事务”，指利用电子手段实现企业商务活动的各个环节；而 e-Commerce 则是“电子贸易”或者“电子交易”，强调的是利用网络进行商业交易的行为，侧重于网络交易中的各类问题，例如认证、支付、安全等。本书参照 IEEE 的分类，以 e-Commerce 统称电子商务。

电子商务的基本目标是以企业的“商务整合”为目的，通过整合企业的业务流程和信息资源，将信息技术和企业商务策略整合，形成有助于提升企业竞争力的新的组织结构、商业模式和业务流程。

电子商务也是企业信息化中的一个过程，它是企业从传统商务向电子商务转型的过程。其目的不是使企业抛弃既有业务，而是追求利用电子化手段，提高企业商务活动的效率，节约成本，向客户提供更有价值的服务和产品，从而实现企业价值链的增值。

电子商务支持的内容包括企业商务活动的各个环节，例如售前的广告、商务谈判，售中的签约、订单、支付结算等，售后的供给、配送、服务等。

1.1.2 电子商务系统

从电子商务的定义可以看出，“电子手段”、Internet、EDI 这些概念本身就是电子商务的构成要素，如果离开这些概念所代表的技术手段，企业的商务活动就不能称为电子商务。事实上，在现代企业商务活动的诸多环节中，都需要各种不同的技术手段加以支持，例如，可以通过网站发布信息，依靠网络与商务伙伴进行沟通等，而这些技术手段在为企业的商务活动提供支持时，往往都是以电子商务系统的形式加以实现。

那么究竟什么是电子商务系统？电子商务系统具备什么特征？它与传统的企业信息系统又有什么联系呢？

1. 电子商务系统

所谓电子商务系统，从广义上讲是支持商务活动的电子技术手段的集合。从狭义上看，电子商务系统则是指：在Internet和其他网络的基础上，以实现企业电子商务活动为目标，满足企业生产、销售、服务等生产和管理的需要，支持企业的对外业务协作，从运作、管理和决策等层次全面提高企业信息化水平，为企业提供商业智能的信息系统。

电子商务系统与电子商务一样，发展的时间并不很长，所以人们对这一系统的体系结构及设计开发也有不同的看法，例如某些文献将电子商务系统称为网络商务系统或网络商务处理系统，也有人将其称为电子商务应用系统，甚至有人将其作为网站建设的一部分。本书将帮助企业完成电子商务活动的信息系统（包括企业网站、与电子商务相关的企业内部系统等）统称为电子商务系统。

2. 电子商务系统与信息系统

如前所述，电子商务系统是一种信息系统，那么什么是信息系统呢？关于信息系统的定义众说纷纭，没有定论，但一般都认为：所谓信息系统（Information System，IS），是为了满足某种业务需求，利用信息技术并基于计算机而构建的系统，它包括几个要素，分别为硬件、软件、人及相应的处理功能，其中软件又包括程序、数据和文档，而处理功能则代表了信息系统的价值所在。

信息系统的外延十分丰富，其中很多系统都可以为现代企业的经营管理服务，根据其功能、应用场合等可以将这些系统分为管理信息系统（Management Information System，MIS）、供应链管理（Supply Chain Management，SCM）系统、企业资源计划（Enterprise Resource Planning，ERP）系统、客户关系管理（Customer Relationship Management，CRM）系统、决策支持系统（Decision Support System，DSS）、办公自动化（Office Automation，OA）系统等。电子商务系统也是一类信息系统，它与其他信息系统的区别也正是其特点所在，下面就对电子商务系统的特点进行分析和总结。

1.1.3 电子商务系统的特点

电子商务系统作为支撑企业商务活动的技术平台，与其他信息系统之间既有联系，又有区别，并具有自己的特点。

① 电子商务系统是支持企业以交易为核心的商务活动的技术平台。

从企业内部管理的角度看，企业的活动包括日常的操作、管理和决策3个层面。电子商务系统依托企业内部网络（Intranet），支持企业内部的事务，不仅服务于企业日常操作层面的库存、订单、结算等事务，而且也对决策环节提供支持，例如IBM公司提出的商务智能（Business Intelligence，BI）实际上作为电子商务系统的一部分，更多地侧重于企业的决策分析层次。

从企业之间的商务活动看，电子商务系统通过Internet、企业间专网（或称企业外部网Extranet），使得企业之间构成紧密、动态的商务协作关系，支持企业的电子化协作（e-Collaboration），使企业之间能够快速适应市场需求的动态变化，进而在一定意义上帮助企业及其合作伙伴形成一种虚拟的联盟关系或者共同市场。

所以，无论是企业内部的生产、销售，还是企业外部的市场活动，都可以依托电子商务系统这一平台，这是电子商务系统与MIS、DSS等不同的地方，充分支持企业商务活动的各个环节就成为电子商务系统的一个重要特点。

② 电子商务系统是企业业务流程重构、价值链增值的技术平台。

众所周知，电子商务追求的是通过“商务整合”，完成企业业务流程的再造，充分利用企业信息资源，提升企业的竞争优势。电子商务系统作为实现这一目标的技术支撑平台，其分析、建造就不能简单地立足于实现企业业务流程的电子化。尽管在管理信息系统的分析设计中，也强调需要从业务流程重组（Business Process Rebuilding，BPR）入手，但是相对而言，电子商务系统更为强调如何通过信息技术手段实现BPR，甚至从某种意义上讲，能否实现企业价值链的增值，是电子商务系统是否成功的一个标志。

案例 1.1

思科（Cisco，http://www.cisco.com）1991年开始利用Internet进行增值服务。1994年该公司开发了电子商务系统，其内部的业务和外部的销售、服务业务转移到此平台上。2001年，其85%的客户服务和95%的在线业务更新依靠其电子商务系统的支持，思科公司的业务几乎完全根据网络订单（98%）来安排，基本实现了“零库存”的管理。事实上，借助这一系统，1996年思科公司的网络订单为1亿美元，1998年为40亿美元，2000年这一数字则为70亿美元。思科公司从一个传统的网络设备制造商，也逐渐成为业界公认的成功的电子商务企业。

③ 电子商务系统依托于网络，提供基于Web的分布式服务。

电子商务的形式多种多样，但是支撑企业电子商务运作的电子商务系统却基本上都是依托于Internet、企业内部网（Intranet）或者企业外部网（Extranet）构造的。以TCP/IP协议为基础的网络环境是所有电子商务系统的共同基础，因此，电子商务系统是一个在分布式网络环境中提供服务的系统。

此外，从应用的处理方式上看，大多数电子商务系统中都含有Web服务功能，或者是通过B/S这种方式向客户提供在线服务。在这种方式下，电子商务系统的核心软硬件都集中在B/S结构下的应用服务器或者Web服务器，而客户端得以大大简化，并通常表现为浏览器的形式。这是电子商务系统的一个突出的技术特点。

④ 电子商务系统在系统、应用的安全方面有较高的要求。

虽然几乎所有的信息系统在安全方面都有需求，例如强调操作系统的安全等级、数据的安全、主机设备的备份等，但是相对而言，电子商务系统在安全方面的要求更高一些。其原因在于：首先，电子商务系统一般处理的是与企业交易活动相关的数据，由于业务数据涉及企业的敏感信息，自然对安全等级的要求很高；其次，电子商务系统依托于网络尤其是Internet，一般是在一种开放的、公共的网络环境中运行，这种开放环境相对于封闭系统而言，存在着一些不安全因素，所以需要强调安全措施来降低风险；最后，企业传统的商务活动是在法律保护下开展的，企业的交易行为通过契约、合同的形式得到法律保障，开展电子商务活动时，有形的纸质合同转变为电子契约，而电子契约存在的公钥体系本身就有很高的安全规范。

⑤ 电子商务系统的服务对象不仅包括企业内部人员，还涵盖了企业外部的客户和合作伙伴。

对于一般的企业信息系统而言，其服务对象主要是企业内部的相关部门和人员，例如，在前述的几种常见信息系统中，ERP的涵盖范围最广，可以涉及企业的产、购、销、存等部门，甚至可以囊括人事、财务等信息的管理功能，但不管其涉及的业务领域如何繁杂，都脱不开企业内部这个边界，而电子商务系统则不然，它可以利用网络等媒介将企业与其上、下游环节联系起来，通过电子商务系统帮助企业完成与其客户或合作伙伴之间的商务活动。

案例 1.2

昆塔斯（Qantas）是澳大利亚最大的一家航空公司，2000年为了减少燃油价格上涨带来的压力，更新机型和扩大机群，提升竞争能力。在澳大利亚经济不景气的条件下，昆塔斯公司开始利用 Airnew 公司 B2B 的电子交易市场，采购燃油并由此与其他服务商协作，以此节约经营成本；同时，建立自己的电子商务系统，通过网络销售机票，并利用电子邮件增强客户的忠诚度，通过 http://www.qantascu.com.au 完成其在线交易。到 2003 年，该公司的业务大多可以通过其电子商务系统运行，每年节约的费用约 8 500 万澳元。

1.2 电子商务系统的发展历史

电子商务系统作为企业开展电子商务活动的支撑手段，其发展主要源自两个方面的驱动：其一是信息技术的进步，其二是电子商务经营理念、业务模式的创新。当然，反过来，电子商务系统的发展也在不断推动着这两个方面的前进和变革。因此，探讨电子商务系统的发展，应该从这两个方面入手（参见图 1-1）。

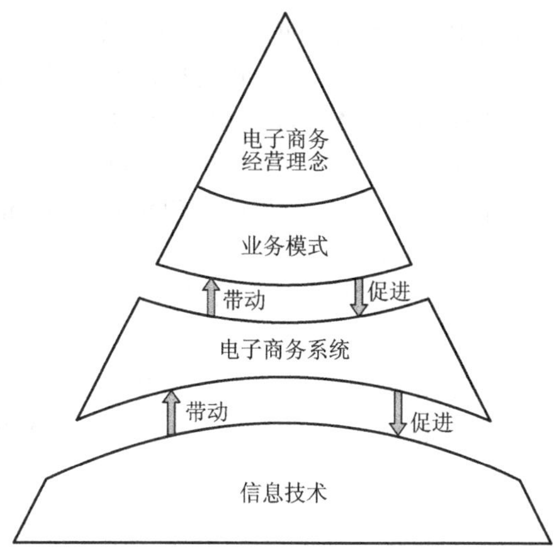

图 1-1 电子商务系统发展的驱动力

如果严格按照电子商务系统的定义来看，电子商务系统的产生可以追溯到 20 世纪中期。从那个时候开始，电子商务系统经过了一段较长的缓慢发展时期，直到 20 世纪 90 年代，随着 Internet 的迅速普及，电子商务系统才迎来其真正的起步加速期。总体来说，电子商务系统的发展历史可以分为 3 个主要阶段。

1．第一阶段：电子商务系统的酝酿阶段（20 世纪 60 年代—90 年代初）

从电子商务活动的发展来说，在这一时期，EDI 产生并在一些大中型企业得到了广泛应用。

尽管电子商务这一概念是到了 20 世纪 90 年代才出现的，但作为开展电子商务的形式之一，EDI 在此之前 20 多年即已出现。事实上，早在 20 世纪 50 年代，计算机问世不久，一些大型企业就已经开始利用计算机处理业务数据，并把相关内容打印到纸上或存储到磁带上，并通过邮政寄给其他企业，之后，再由对方把纸面上的信息人工录入计算机或利用磁带直接导入，以此实现双方系统的信息共享和交换。进入 20 世纪 60 年代后，通信技术的发展逐渐允许人们利用电话线来完成信息的传输，而不再需要邮寄纸质的文件或磁带，这标志了最基本的 EDI 的诞生。但这时的 EDI 缺乏标准，所交换的信息只能为交换双方两家企业的系统识别，不能在更大范围内实现共享和交换，其使用成本相应也很高。直到 1968 年，一些从事货运和航运的公司共同组建了一个名为 Transportation Data Coodinating Committee（TDCC）的组织，并由该组织负责制定了航运业的标准信息集，其中包括航运业务所涉及的发货单、装船单、发票等纸质表单中的所有数据项。这样，借助于该标准，航运企业可以大幅度减少用于打印单据、二次录入、检查数据正确性以及建立适用各种格式的数据转换程序等方面的费用，这使得EDI在航运业率先得到广泛应用，而这种应用又进一步促进了EDI在其他众多行业的推广。11年之后，美国国家标准化组织（ANSI）成立了一个委员会，并命名为ASC X12（Accredited Standards Committee X12），专门负责制定各个行业的EDI标准，并在美国国内实行。到20世纪80年代中期，联合国的相关机构开始着手有关EDI的国际标准，并于1987年发布了EDI for Administration, Commerce, and Transport（EDIFACT或UN/EDIFACT）。

从信息技术的角度来看，企业全面利用现代信息技术，建立企业内部的生产及管理系统是这一阶段的重要特征。

这一阶段所解决的主要问题是如何利用IT技术为企业内部价值链增值服务（参见图1-2）。经过EDP（Electronic Data Processing，电子数据处理）、MIS、DSS和BI（Business Intelligence，商务智能）这样的发展过程，形成了一整套完整的理论体系和应用技术。

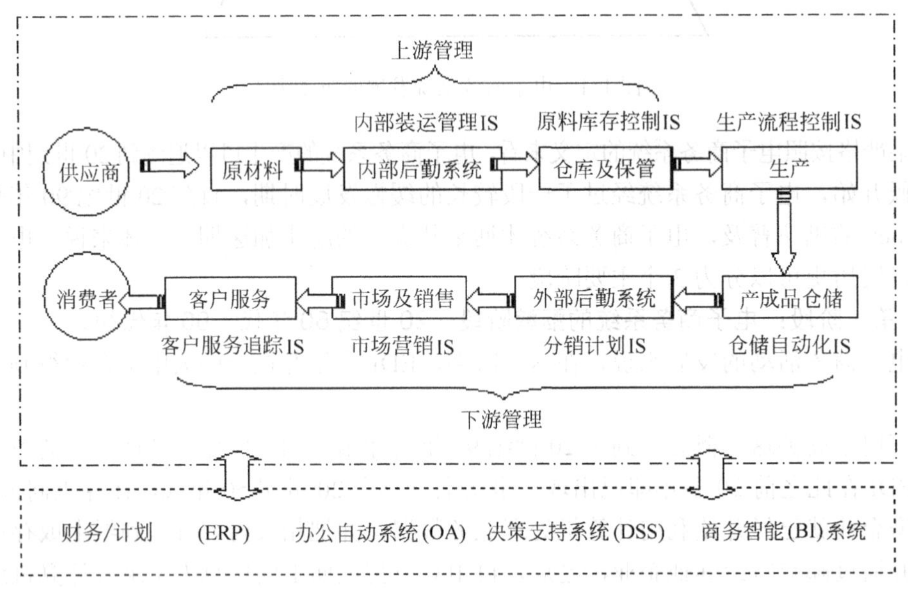

图1-2　企业增值过程中的信息系统支持

运筹学、管理学、控制论、行为科学、信息科学等构成了这一阶段的理论基础，数据库、计算机网络、信息处理、数据自动识别及人工智能等是这一阶段最主要的技术手段。从20世纪60年代起，这些理论和技术广泛地应用于企业中，随着应用的深入又对IT技术及理论产生了新的促进，所以到20世纪90年代，相关的理论和技术成果形成了比较完整的体系。其中比较有代表性的技术成果表现为：MRP-II、ERP、OLTP/OLAP系统、CIMS等系统，与之相关的计算机网络及数据通信技术、分布式数据库管理系统、分布式计算环境、供应链理论等都得到了充分的发展。

在这一阶段，人们对商务系统的认识主要集中在如何采集、处理和加工企业内部商务过程中的数据，信息技术手段一般被认为是辅助生产和管理的，它本身并不能直接产生效益。《信息系统原理》一书对此做了非常精彩的阐述。

随着认知程度的提高，人们发现只有将传统的经营与 IT 技术紧密的耦合，才能有效地产生 1+1>2 的结果，这种认识直接导致了业务流程重组（BPR）的出现。可以说，在这一阶段，支持企业内部商务信息系统开发应用的主要技术基本成熟，人们对商务活动和信息技术相互关系的认识逐渐深刻，它为新的电子商务系统的构建进行了技术上的准备。

2．第二阶段：电子商务系统的雏形阶段（20 世纪 90 年代初—2000 年）

在这一阶段，首先应该介绍的是相关信息技术的进步。可以说，在这一时期，信息技术的发展奠定了电子商务系统最重要的技术基础，也由此拉开了电子商务作为一种商业形态正式登上历史舞台的序幕，以下就择其要点进行简要回顾。

在这一阶段涌现的新技术，最早也是最重要的当数 Web 的诞生。1990 年 11 月，第一个 Web 服务器 info.cern.ch 和第一个浏览器 World Wide Web 诞生于欧洲一位物理学家 Berners Lee 的实验室中，其后，他所在的研究机构 CERN 在 1991 年正式发布了 Web 技术标准，由此确立了作为 Web 基础的几项关键技术——HTML、HTTP 和 URL。1994 年，W3C（World Wide Web Consortium）成立，从 CERN 手中接过了研究制定相关规范或标准的职责，正式开始其不断推动 Web 技术向前发展的历程。

几乎在与 Web 诞生的同一时间，作为继美国国防部之后 Internet 的第二任监管机构，美国科学基金会（NSF）放松了对 Internet 商业化的限制，开始允许私人资本经营 Internet，并最终在 1995 年将 Internet 的运营完全交给了几个私营电信企业，从而使得源于军队内部网络 ARPANet 的 Internet 在经过 30 多年的发展之后，终于结束了作为军队和学术机构专享工具的时代，开始走近社会公众。通过运营商提供的网络接入服务，普通人就能访问 Internet 了，而这些运营商，就是最早的 ISP（Internet Service Provider）。此后，接入 Internet 的计算机数量激增，从 20 世纪 90 年代初期的 1 万余台增加到 2000 年的 9 300 多万台（指拥有独立的 IP 和域名的计算机），访问 Internet 的人数也迅速增长，从 1995—2000 年的 5 年期间，Internet 的用户数从 3 000 万增加到了 5.5 亿。

Internet 的迅速扩张与 Web 技术的发展进步相辅相成，相互促进。一方面，Web 为人们访问 Internet 上的资源提供了十分方便的手段和方法，从而推动了 Internet 用户的增加；另一方面，Internet 的推广普及也给 Web 相关技术的发展进步注入了强劲的动力。短短数年时间，浏览器从 Berners Lee 开发的仅支持文本的 World Wide Web，发展到首次支持图形界面的 Mosaic，再到后来的 Netscape Navigator 和 Microsoft Internet Explorer（IE）等，在功能和性能上都有了长足的进步。与此同时，Web 的开发技术也日新月异，不断推陈出新。

从客户端技术来说，1996 年，刚刚问世一年的 Java 便衍生出 Java Applet 和 JavaScript 这两种技术，并得到了 Netscape Navigator 和 Internet Explorer 的支持。同年年底，W3C 提出了 CSS（Cascading Style Sheet，级联样式表）的建议标准，并马上被 IE 3.0 所支持，次年，Microsoft 发布了一套完整的客户端开发技术体系，并将其命名为 DHTML。此外，这一时期在客户端开发技术方面产生的新事物还包括插件技术、ActiveX、Flash 等，时至今日，它们依然是客户端开发中最重要的技术基础。

再来看看服务器端开发技术的发展。最早的 Web 服务器只能简单响应浏览器发来的请求，将存储在服务器上的 HTML 文件返回给浏览器，之后出现的 SSI（Server Side Include）技术可以在将 HTML 文件返回给客户端前更新其中的某些内容，但功能十分有限。1993 年由美国 NCSA（National Center for Supercomputing Applications）正式发布的 CGI（Common Gateway Interface）技术真正实现了动态生成网页的目标，从而使得 Web 应用领域迅速拓展到各个领域，浏览器的作用也不再局限于浏览网页，而是逐渐变成了人们聊天、发表观点、填报表格、管理事务以及完成其他各种任务的工具。1994 年，PHP（Personal Home Page）作为第一种专门用于 Web 服务器编程的语言面世，它的出现使得 Web 应用程序的开发变得更加简单、快捷。1996 年，ASP（Active Server Pages）语言由 Microsoft 公司推出，并迅速成为 Windows 平台下 Web 服务器端的主流开发技术。与此相对应，以 Sun 公司为代表的 Java 阵营则在随后的两年间相继推出了 Servlet 和 JSP 两种技术，大大丰富了 Web 开发技术这一领域的成果。

伴随着 Web 开发中各种编程语言的不断更替，相应的软件体系结构也在发展变化。首先是动态页面生成技术的出现将分布式软件体系架构由 C/S（Client/Server，客户/服务器）时代引入了 B/S（Browser/Server，浏览器/服务器）时代，从而在很大程度上将开发人员从构造用户界面的繁杂任务中解脱出来，转而把更多的精力投入业务处理逻辑的实现上。在此基础上，1998 年，Sun 公司首先提出了所谓“3 层架构”的概念，即将软件的体系结构分为 3 层，分别是表示层（Presentation Layer）、应用层（Application Layer）和数据层（Data Layer）。其中，表示层以 Web 服务器为基础，负责信息的发布；应用层负责处理核心业务逻辑；数据层的基础是数据库管理系统 DBMS，主要负责数据的组织并向应用层提供接口。3 层架构的概念提出后不断被引申，一些包含 4 层、5 层甚至更多层的模型被提出，为此，BEA 公司 1999 年在其 WebLogic 产品白皮书（WebLogic White Paper）中提出了一种统一的 N 层架构模型。图 1-3 中展示了一种在这一框架下的 5 层结构。

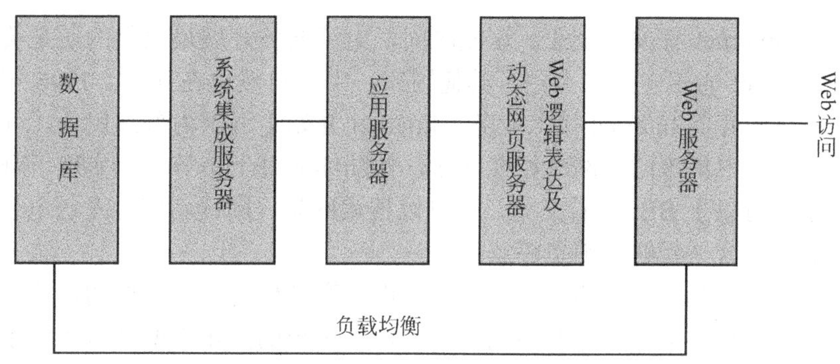

图 1-3 *N* 层结构示意图

N 层结构的概念使基于 Web 的系统在各个实现层次上具备明确的界限和分工。各个层次都采用业界标准，从而保证业务系统的运行可以和具体的平台无关，使应用程序开发完全集中在业务逻辑的处理上而非表达、通信等方面，简化了程序开发的难度。同时该 *N* 层结构在瓶颈出现时，允许用户仅调整相应层次的性能，而不必对整个系统进行更新，从而使企业投资容易得到保护，系统的可扩充性得以增强。

除上述进步之外，有关 Internet 上安全与支付技术的发展也是电子商务系统发展中的一个重要分支。在这一阶段，随着基于 Internet 的应用日益广泛，开展网上交易的需求被提出了。为了降低在线交易过程中的风险，有关的一些电子中介机构，例如认证中心（Certificate Authority，CA）、银行支付网关（Payment Gateway）逐步建立起来。此外，保证交易过程安全的一些标准也得以制定，例如安全电子交易（Security Electronic Trading，SET）标准、安全套接字（Security Socket Layer，SSL）标准等。CA 通过发放数字证书实现对交易双方的合法身份的识别，防止在供应商与消费者交易过程中出现欺骗行为。同时负责对交易结果的确认，以保证安全性、真实性和不可抵赖性。银行支付网关与电子商务系统建立接口，负责完成交易过程中资金的转移。CA 及银行支付网关的出现不仅意味着通过网络实现交易有了可靠的、安全的环境，而且意味着电子商务系统的体系结构趋于完整。

在电子商务系统发展的第二阶段，电子商务经营活动不再以 EDI 为主，基于 Internet 的各种商业行为开始出现并迅速扩张，掀起了电子商务发展的第一次高潮。

20 世纪 90 年代中期，Internet 已初具规模，很多人首次接触到了这种全新的网络，它为人们提供了一种十分便捷快速的、低成本的、具有广泛通达性的信息传播渠道和交易方式。面对 Internet，人们仿佛看见了新大陆一般，大量风险资本被争相投向形形色色的关于在 Internet 上赚钱的“创意”，一时间，电子商务成了最热门的话题，大量的网络（dot-com）公司如雨后春笋般蓬勃兴起。仅 1997—2000 年间，就有 1 000 多亿资金注入其中，创办了超过 12 000 家与 Internet 有关的企业。这段时间，电子商务开展最火热的还是美国，但这股风潮也随着 Internet 的延伸而扩大到了其他国家，中国自然也在其中。1996 年，随着瀛海威公司在北京率先开展 Internet 接入业务，Internet 开始走近国内普通民众。其后的两三年中，新浪、搜狐、中华等门户网站相继开通，并陆续通过上市等渠道实现了融资。通过 Internet，人们不仅可以上 BBS、看文章，还可以搜索网站、阅读新闻、发送电子贺卡，甚至可以尝试网上购物这一新鲜的消费模式了。

总之，从 20 世纪 90 年代中期到 2000 年，电子商务作为一种重要的商业形态，正式登上了历史舞台，并且马上展现出旺盛的生命力，在短短的几年中便使得“电子商务热”席卷全球。

3. 第三阶段：电子商务系统的发展阶段（2000 年以来）

尽管基于 Internet 的电子商务在 20 世纪 90 年代后期取得了超乎寻常的发展速度，然而，在这股风潮中蕴涵更多的还是一种非理性的狂热。从 2000 年开始，由于缺乏有效的赢利手段，大量的网络公司在苦苦支撑一段时间，花光投资之后，陆续倒闭了。在新世纪的头两年里，刚刚经历了第一次发展高峰的电子商务却迎来了来自各方面的怀疑目光，很多人都认为“Internet 泡沫”即将破灭或已经破灭。电子商务由此进入了彷徨期，直到 2003 年之后，随着 Internet 的进一步普及，上网人数进一步增加，网络通道带宽得到大幅提高，加上相关技术的进步，电子商务才真正步入了理性、平稳、健康的发展期。在这一时期，首先是投资主体变得多元化，除了风险资本之外，很多从事传统产业的企业也开始着手投入资金，将电子商务引入自己的经营活动中；其次，电子商务的业务模式变得丰富多样，B2B、B2C、C2C、拍卖、中介、E-mail 营销等各种模式层出不穷；再次，电子商务逐渐摆脱叫好不叫座的尴尬局面，发展出包括广告、销售、下载、佣金等在内的多种赢利模式，从而开始直正创造经济效益。因此，有人将这一时期称为电子商务的第二次浪潮。

从电子商务系统的支撑技术看，在第三阶段，也有显著的进步，其中第一个就是两大平台的出现。2000 年前后，在电子商务强劲的发展势头推动下，为了适应企业级应用开发的复杂需求，以 Sun 为首的 Java 阵营和以世界头号软件企业 Microsoft 公司为主的 Windows 阵营分别推出自己的企业级开发平台——J2EE 和.Net，并展开了激烈的竞争，而正是这种竞争推动了 Web 技术持续、快速的发展，直至今日。值得一提的是，在这一时期，出现了一批颇有影响的商业软件平台，其中最知名的如 IBM 的 Websphere、BEA 的 Weblogic 等，它们为企业电子商务软件的开发和运行提供了良好的平台，此外，还有不少开源的软件也取得了不小的进步。

在软件体系架构方面，在这一阶段又有新的体系出现，其中最重要的是基于服务的体系结构（Service Oriented Architecture，SOA）。事实上，SOA 作为一种概念被提出已有些时日，但一直未得到重视，直到 2000 年，电子商务的发展迫切需要一套全新的、基于 Internet 的开放通信框架，以满足企业对电子商务中独分立系统之间通信的要求。在这一时期，在已经发展较为成熟的 XML 技术的基础上，W3C 先后发布了简单对象访问协议（Simple Object Access Protocol，SOAP）、Web 服务描述语言（Web Service Description Language，WSDL）与通用服务发现和集成协议（Universal Discovery Descripition and Integration，UDDI）3 个标准和规范，由此奠定了作为目前 SOA 最主要的实现形式的 Web 服务的基础。此后，Web 服务迅速获得了两大平台的支持。直至今日，有关 SOA 和 Web 服务的研究与应用仍是业界的热点之一。

此外，在这一时期，随着电子商务的兴起，Web 应用日益复杂，其开发工作量和复杂程度大增。这时，人们逐渐意识到，单纯依靠某种技术很难实现快速开发、快速验证和快速部署的目标，为此，研究者们开始尝试着将已有的 Web 开发技术综合起来，形成完整的开发框架或应用模型，并以此来满足各种复杂的应用需求。除了客户端各种插件与 Internet Explorer 的集成之外，在服务器端也出现了几种技术融合方式，其中包括 MVC（Model-View-Controller）设计模式、门户服务（Portal Service）、Web 内容管理（Web Content Management）等。

总之，在这一阶段，电子商务在经历了短暂的波折之后，步入了正常的、良性的发展轨道。相应地，其支撑信息技术也在应用需求的强力推动下，不断向前发展，形成了一批新技术、新方法，其中不少至今仍是研究与应用的热点。

1.3 电子商务系统发展中的热点技术

随着电子商务系统的发展，围绕系统的开发和建设，不仅原有的信息系统建造技术被赋予了新的活力，而且很多前所未有的新技术也得到充分发展，图 1-4 是著名的 Gartner Group 公司 2003 年对电子商务系统相关的技术发展的预测分析。

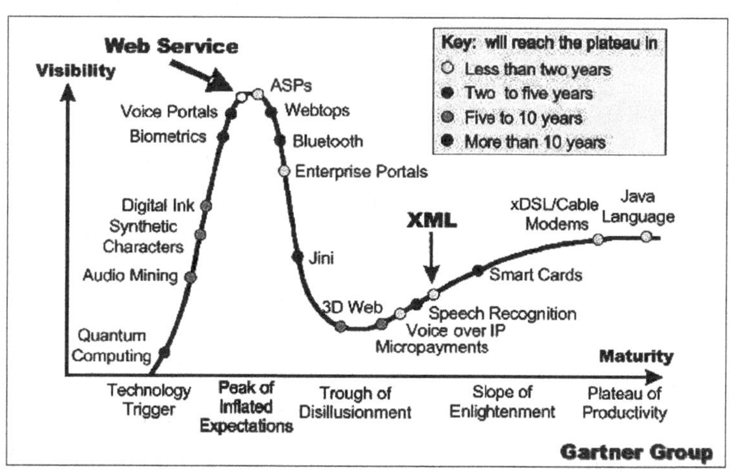

图 1-4 Gartnet Group 公司 2003 年对电子商务系统相关技术发展趋势的预测

这一预测发布至今已经数年，从目前实际情况来看，这一预测总体上还是较为准确的。在图中所涉及的各项技术中，目前，Enterprise Portals、XML、Java 语言、Web Service 等都已十分成熟，xDSL/Cable Modem 的传输速率则仍在不断提高，Voice over IP 技术也还在持续前进，新的语音压缩算法仍不断被推出，从而使得 VoIP 占用的带宽越来越小，传输质量却得以不断提高。Smart Card 本身的技术进步虽不是太显著，但其应用却正在众多领域蓬勃兴起。此外，语音识别技术已经开始进入实用化的阶段，但离大规模推广还有些距离，而微支付技术更是在最近成为人们的热门话题。

在这些技术热点中，比较有代表性的主要包括以下几种。

1. 搜索引擎与网站优化技术

这里所说的搜索引擎主要是指全文搜索引擎。它们定期或不定期地利用所谓蜘蛛（Spider）程序从 Internet 的特定网站上下载网页文件，并沿着网页中的 URL 转到其他网页，在下载这些网页的同时，再沿着其中的 URL 转到其他网页，如此循环往复，不停地收集 Internet 上的页面，并将所下载的网页信息存入自己的数据库中。当用户通过搜索引擎的搜索页面向其发出搜索请求时，搜索引擎就按照一定的算法在所建立的海量数据库中检索与用户查询条件匹配的相关记录，然后按照特定的排序算法，将结果返回给用户。

搜索引擎与网站优化技术主要有两个研究方向，分别站在搜索引擎与被搜索网站这两个角度，探讨优化问题。其中，针对搜索引擎自身的优化问题如：如何更有效地实现对网页的遍历？如何提高数据库检索速度？如何让检索结果更好地满足用户需求？等等。站在被搜索网站角度的优化问题则是指通过深入剖析搜索引擎所使用的各类算法，尤其是排序算法，研究如何设置网站的链接结构、首页内容、关键字布置等，以增加网站被搜索到的概率，同时将网站在搜索结果中的排序位置尽量提前。由于搜索引擎在 Internet 世界所扮演的角色越来越重要，很多企业都希望利用搜索引擎扩大自己的网站的访问量，进而更好地实现自己的电子商务经营策略，因此，上面所说的第二个研究方向又被称为搜索引擎营销。

2. 微支付技术

所谓微支付，也称小额支付，就是对一些特别小的消费金额进行电子支付的技术。微支付技术的产生主要源于在 Internet 上销售某些信息产品或服务的需要，如下载音乐、下载电子书、在线杀毒等。与电子商务中普通的支付技术相比，微支付技术除了同样要求具有高安全性外，还要求具有简便、高效、低成本的特点。目前，常见的微支付方式包括网络在线支付、手机支付、电子支票支付、信用卡支付等。

目前微支付研究的重点是协议和系统模型。微支付协议分为离线方式和在线方式两大类。典型的离线微支付协议包括 MPTP、Payword、Agora 和 MiniPay 等，这些协议以消费者的信用为基础，消费者在真正付款之前就可以完成交易，因此对重复消费（同一凭据反复使用）和恶意透支消费缺乏有效的控制。典型的在线微支付协议如 Millicent，它采用交易代理在线实时验证消费者账户信息的方式，可以有效防止重复消费和恶意消费，但也因此降低了协议的运行效率。

3. 新的开发工具

正如 1.2 节所述，2000 年以来，Web 开发工具在 Windows 和 Java 两大阵营之间的竞争中发展到了现在。这场竞争的主角——.Net 和 J2EE 始终保持着不断进步。到目前为止，.Net Framework 已发展到 3.5 版。相应地，Visual Studio 2008 也已问世。Java 阵营的进展更为显著，在服务器端不仅出现了以 MVC 设计模型为代表的开发框架，而且还得到了 IBM、BEA 等大企业的支持，推出了 WebSphere、WebLogic 等一批企业级应用平台，同时，还涌现出 Struts、Jetspeed、jPortlet、Cocoon 等开源的优秀解决方案；另一方面，在客户端，使用 Ajax 技术框架，可以为浏览器提供与服务器进行异步通信的能力，从而在很大程度上优化了用户的浏览体验。

4. 对数据的深度应用

对任何信息系统而言，数据都是其最重要组成部分之一，电子商务系统同样不例外。近年来，随着数据仓库、数据挖掘等学科的发展和电子商务的蓬勃兴起，如何更好地利用电子商务系统中的数据也成为研究的热门课题。与普通信息系统不一样的是，电子商务系统中可利用的数据不仅包括了客户的交易数据，还包括客户的浏览行为记录、客户的注册信息等，因此，对于电子商务系统来说，其数据应用除了传统的对交易记录的分析、处理之外，还应该包括对其他信息的获取及分析功能，而后者正是目前一个方兴未艾的研究方向。

5. 移动商务

移动商务是近年来出现的一个新概念，目前其准确定义尚未形成，但一般可以认为，所谓移动商务是那些依托移动通信网络，使用手机、掌上计算机、笔记本计算机等移动通信终端和设备所进行的各种商业信息交互和各类商务活动。与普通电子商务相比，移动商务具有位置相关性（Location Relevance）、紧急性（Time Emergency）及能提供随时随地的访问（Ubiquitious Access）等几大特性。

目前，除了对作为移动商务技术基础的移动通信技术的研究外，对移动商务的研究主要集中在其商务模式、应用方式以及与移动支付、移动安全相关的各项内容。

1.4 本书的内容安排

本书针对电子商务系统的建设过程，以系统开发生命周期模型（SDLC）为主线，同时充分考虑电子商务系统与其他信息系统相比的特殊性，介绍了电子商务系统从规划、分析、设计到实施及维护过程中的主要概念、方法和技术。全书共 10 章，各章主要内容如下。

第 1 章：概论。主要阐述电子商务系统的基本概念、发展历史及热点技术。

第2章：电子商务系统的建设与运营过程。本章首先简要介绍普通信息系统的建设、运行与维护中基本的过程模型，然后对电子商务系统的建设与运营过程进行概要介绍，讨论电子商务系统的建造方式，最后简要阐述电子商务系统建设项目中的项目管理过程及主要工具。

第3章：电子商务系统的规划。本章首先从商务角度总结了电子商务战略规划，然后介绍电子商务系统规划的内容、制定电子商务系统规划的人员及不同背景下系统规划的成果。最后引入一个案例，并在后续几章中对该案例进行了持续的讨论。

第4章：电子商务系统的分析。本章首先就企业商务活动的类型及各种类型下典型的电子商务业务需求进行讨论，然后，从方法论的角度对电子商务系统分析的基本过程和方法进行简要介绍，最后重点对进行系统分析时所要用到的主流的软件工程方法进行介绍。

第5章：电子商务系统总体设计。本章从信息系统的设计过程入手，探讨了电子商务系统的设计原则，介绍电子商务系统总体结构设计的内容，并对作为系统组成基础的基础设施平台、软件支撑平台的设计进行讨论。

第6章：商务应用软件设计。本章在前一章的基础上，着重对电子商务系统组成中应用软件部分的设计进行讨论，其中包括对应用软件的子系统划分及模块设计、详细设计、数据库及联机事务处理设计、输入/输出设计等。

第7章：电子商务网站的设计。本章同样在第五章的基础上，重点讨论作为电子商务系统重要组成部分之一的电子商务网站的设计。其中首先对电子商务网站、企业信息门户等基本概念进行辨析，然后对网站的设计原则、设计过程等进行探讨，最后介绍了典型的电子商务网站的功能设计。

第8章：电子商务支付子系统的设计。本章阐述了电子支付的相关概念、主要协议，然后对认证中心（CA）的概念、结构及主要功能进行介绍，最后，给出了电子支付系统的建设原则和主要功能，并对主要的第三方电子支付平台及其选择原则和实施过程作了简要总结。

第9章：电子商务安全子系统的设计。本章针对电子商务系统安全问题，首先分析其可能受到的潜在安全威胁，介绍ISO的安全体系结构及其对电子商务系统安全的要求，在此基础上，说明相关的安全策略、安全措施，并介绍有关网络安全和防火墙的设计以及电子交易过程中的信息安全，重点介绍有关公钥构架（PKI）、IPSec协议等内容。

第10章：电子商务系统的实施和运行维护。本章首先介绍了电子商务系统实施和运营中的主要任务，然后对各项任务中的关键环节作了详细论述。

在上述10章中，第1章和第2章属总论部分，对全书内容及本门课程所涉及的学科知识给出了概要的介绍；第3～10章按照SDLC的架构依次介绍了电子商务系统建设过程中所包含的规划、分析、设计、实施及维护，其中第5章对电子商务系统的设计任务整体情况进行了阐述，在此基础上，第6～8章则分别从不同的角度对系统设计中的若干环节进行了深入探讨。

在本书中，除各章均安排了若干主要用于帮助读者领会所讲授内容的小案例外，第 3～7 章还安排了一个贯穿各章的案例，以便于读者更好地掌握在电子商务系统规划、分析、设计过程中需要用到的主要方法和技术。

本章小结

本章首先对电子商务系统相关的若干概念进行了回顾和辨析，并通过与其他信息系统的对比，分析了电子商务系统的特点；之后，循着信息技术的进步和电子商务经营理念、业务模式的创新这两条脉络，对电子商务系统的发展历史进行了总结回顾；在此基础上，简要介绍了目前电子商务系统相关的热点技术，最后给出了全书的内容安排。

通过对本章的学习，要求读者对电子商务系统的概念能够有一个清楚的认识，同时，对电子商务系统的发展历史及当前热点技术能够有所了解。

思考题

1．企业商务活动的基本特征是什么？

2．所谓广义的电子商务和狭义的电子商务分别指什么？举例说明它们之间的区别。

3．有人认为：电子商务系统就是电子商务网站，请结合电子商务系统的概念及特点对此观点加以辨析。

4．请结合电子商务系统的特点，讨论其与 MIS、ERP、SCM、CRM、DSS、OA 等信息系统的异同。

5．电子商务这一概念的正式提出是在 20 世纪 90 年代，为何本书中却把电子商务系统的萌芽前推至 20 世纪 60 年代？

实践环节

1．登录联邦快递网站（http://www.fedex.com），了解联邦快递的发展历史，学习了解联邦快递电子商务发展的过程、内容和形式，根据其统计资料，思考联邦快递电子商务应用是否取得了效果。

2．登录新浪网站（http://www.sina.com.cn），了解新浪的发展历史，并与 1.2 节中所述电子商务系统的发展历史相对比；同时，尝试仿效书中介绍的思路，按照技术进步与经营模式两条主线分析新浪的发展过程。

3．登录阿里巴巴（http://www.alibaba.com）、淘宝网（http://www.taobao.com）、当当网（http://www.dangdang.com）等电子商务网站，了解其各自的经营内容、发展历程，同时通过这些网站的招聘栏目了解其所需人才的类别、技能要求等方面的信息，并找出其中与本门课程教学内容及教学目的有关的职位需求。

第 2 章　电子商务系统的建设与运营过程

电子商务系统的建设与运营是一个复杂的系统工程，其中涉及众多的人员和部门，囊括繁杂的工作任务，同时需要持续一段时间。因此，完成这样的复杂任务需要遵循一定的方法论，需要对问题进行分解，将其转变为若干相对较小、较简单的问题，再分别加以解决。对于这种分解，一般来说有两种思路：一是按照时间顺序，把解决问题的过程分为若干阶段，然后针对每一阶段确定目标，划定任务，再依次完成；二是按照逻辑关系，把问题分解为若干子问题，再针对每一个子问题，分别寻求解决方案，最后把这些解决方案拼合起来，形成原问题的解。本章所要介绍的主要内容就是前一种思路在电子商务系统建设与运营中的体现，而本书后续章节将要介绍的一些方法，如结构化系统分析设计方法等，则是后一种思路的应用。

本章将重点从阶段任务划分的角度对电子商务系统开发建设及运营过程进行概要描述，并介绍相关模型，而后续章节则将对其中每一阶段的内容进行详细论述。此外，本章还将对其他一些涉及全局的重要问题进行讨论，如电子商务系统的建造方式、电子商务系统建设项目管理以及信息系统开发的主要方法等。

2.1　信息系统的建设、运行和维护

如第 1 章所述，信息系统是一个广义的概念，它包括各种管理信息系统、办公自动化系统、决策支持系统等，而电子商务系统只是信息系统中的一类。因此，本节首先对有关信息系统的建设、运行和维护过程进行介绍。同时，由于在信息系统的各组成要素中，软件占据着最重要的地位，而且，随着技术的进步，硬件成本越来越低，相反，软件的建设费用却在逐渐上升，其在信息系统的建设成本中所占比重越来越大，时至今日，软件的生命周期已成为决定信息系统生命周期的关键因素，因此，本章的介绍将从软件的生命周期开始。

2.1.1　软件生命周期

正如现实生活中的其他事物一样，软件作为一种客观存在的事物，也有一个孕育、产生、发展、成熟和衰亡的过程，软件工程中将这一过程称为软件生命周期（Software Life Cycle，SLC），它是指软件产品从形成概念开始，经过设计、编码、测试及运行维护等过程，直到它被新的软件所代替而废弃的一段时间。

关于软件生命周期，学者们从不同的视角提出了若干不同的模型，如瀑布模型、演化模型、螺旋模型、喷泉模型等，其中，最基本、影响也最大的是所谓“瀑布模型”。

根据瀑布模型，软件的生命周期由前后相互承接的若干阶段组成，这些阶段依序分别为：问题定义阶段、可行性研究阶段、需求分析阶段、系统设计阶段、编码与测试阶段和运行维护阶段。

1．问题定义阶段

此阶段的中心任务是：明确将要建设的软件系统要解决什么问题。具体而言，在这一阶段，人们通过对用户进行访问调查，提出关于问题性质、工程目标和规模的书面报告，并与用户进行讨论，澄清含糊不清的部分，改正理解不正确的内容，直到得出一份双方都满意的关于问题性质、工程目标和规模的书面报告书为止。

2．可行性研究阶段

此阶段的中心任务是要探讨欲解决的问题是否有可行的解决办法。具体而言，在这一阶段，人们需要进行简化的系统分析、设计，导出系统的高层逻辑模型，并制定粗略的开发计划，最终完成可行性研究报告或软件项目计划书，提交管理部门审查。总之，可行性研究并不是具体解决问题，而是在研究解决问题的思路。

3．需求分析阶段

此阶段的中心任务是要回答“目标系统必须做什么？”的问题。在这一阶段，一方面，要通过深入的调研，围绕问题定义阶段提出的系统目标，明确和细化用户的需求；另一方面，要结合可行性研究确定的路线、计划及其他约束条件，对各种需求进行权衡、取舍，进而确定关于目标系统所要满足的各项功能及性能需求，并以书面形式，记录在软件需求说明书、系统功能说明书等文档中。

4．系统设计阶段

此阶段的中心任务是要回答“如何构造目标系统？”这一问题。根据所完成任务的层次不同，又可以将系统设计阶段划分为总体设计与详细设计这两个子阶段。其中，总体设计阶段需要对软件系统的模块层次结构进行设计，确定系统的组成（模块划分），并确定每个模块的功能及模块间的逻辑关系，在此基础上，通过进行详细设计，即：自顶向下逐步求精，对每个模块要完成的工作进行具体的描述，从而为源程序编写打下基础。系统设计阶段的成果是系统的设计说明书，其中可以包括概要设计说明书和详细设计说明书。

5．编码及测试阶段

在这一阶段，首先需要将软件设计成果转换成计算机可以接受的程序代码，在此过程中，结合代码的编制，需要对每一模块的功能和结构进行测试，以确保其符合设计要求，之后，还需要进行集成测试，以测试各模块之间的接口是否正确，以及整个软件系统是否满足用户功能、性能需求。由于软件生产过程的特殊性，这一阶段中的编码与测试这两种活动通常是交替进行的。经过编码与测试阶段，系统设计成果将转变为满足用户需求，可以提供用户使用的软件产品。

6. 运行维护阶段

在这一阶段，系统将投入运行，开始为用户服务，但这并不意味着系统已达到完美的程度，而不再对其做任何修改，相反，还需要通过进行各种维护，不断完善之，从而使系统持久地满足用户需求。但这里所说的持久是一种相对的持久，任何软件系统都不可能永远满足用户需求，当这种不满足累积达到一定程度时，就将开始酝酿一个新系统，从而进入另一个系统的生命周期，而旧系统则终将停止运行，结束其生命周期。

2.1.2 信息系统的开发建设方法

在信息系统的开发建设中，除考虑软件的开发建设外，还需对相关的硬件设备、网络环境进行建设，并对人员、机构等进行组织和培训。随着信息技术的发展，信息系统的应用越来越广泛，其开发建设所使用的方法、技术、工具等也随之得到了丰富和完善。

从信息系统的开发建设方法上看，目前居主流地位的有结构化分析与设计（Structured Analysis and Design，SAD）方法、面向对象的分析与设计（Objected Oriented Analysis and Design，OOAD）方法、联合应用开发（Joint Application Development，JAD）方法和快速应用开发（Rapid Application Development，RAD）方法等。

结构化方法是一种相对传统的系统开发方法，它引入了称为“系统开发生命周期”（System Development Life Cycle，SDLC）的概念，将系统的开发过程划分为若干阶段，这与人们解决复杂问题时常常按照解决问题的时间顺序对问题进行分解，并依次解决的思路相吻合。因此，这种方法相对易于理解，也正因为如此，尽管结构化方法最早产生于 20 世纪 60 年代，但时至今日，它依然占据着统治地位，在众多的项目实践中得到应用。由于结构化方法主要是利用一些过程模型来描述信息系统，即：它所关注的焦点在于如何通过执行相关处理功能，实现数据的流动，以及将各种原始数据转换为对用户有用的信息这一过程，因此，结构化方法又被称为是面向过程的方法。

由于结构化方法以实现功能的过程为中心，而用户的需求变化主要是针对功能的，且功能变化往往会引起较大的结构变化，由此带来的后果是：系统稳定性相对较差。此外，由于系统有明确的边界定义，且系统结构依赖于系统边界的定义，从而造成系统不易扩充和修改，且可重用性（Reusability）较差。为此，自 20 世纪 70 年代开始，人们逐渐开始考虑引入新的方法来进行信息系统的分析设计。由于现实世界本身是由相互联系的各种事物组成的，而每一事物均有其自身的属性和特定的行为，因此，人们便考虑遵循这一思想，尽量以最自然的方式针对现实世界建模，力图借此简化问题模型，降低求解难度，于是诞生了面向对象的分析设计方法。

在结构化方法中，数据和处理是彼此相关但又相互独立的两类建模元素，而在面向对象的方法中，通过对象（Object）这一概念将数据和处理统 在 起。其中，对象的属性

（Property）代表着数据，对象的方法（Method）代表了相关的处理，而对象本身则代表了与问题域有关的客观世界的各种事物。在对象的基础上，人们又提出了类（Class）的概念。所谓“类”是具有相同属性和操作的一组对象的集合，它为属于该类的全部对象提供了统一的抽象描述，同时，类与类之间可以通过继承、派生等关系发生联系，而对象之间则可以通过消息（Message）进行通信，从而实现它们之间的互操作。

例如，在一个关于学生成绩的管理系统中，可以设计“人员”这个类，并由它派生出“学生”与“教师”这两个类，而“张三”、“李四”则可以是两个从属于“学生”类的对象。

经过近 30 年的发展，面向对象方法已形成了包括面向对象的分析、面向对象的设计以及面向对象的编程等一系列的方法体系，支持完成信息系统开发建设的全过程，并得到了广泛认同和应用。

在前面所介绍的结构化分析设计方法和面向对象的方法中，参与系统开发建设的主要人员是 IT 技术人员，业务人员——系统未来的用户虽说也参与其中的分析、测试等环节，但总体上说，处于一种被动地位，其所发挥的作用十分有限。这样的开发方式导致很多系统在开发完成后不能很好地满足用户的业务需求，为了弥补这一不足，人们意识到必须加强最终用户在系统开发建设过程中的作用，让他们积极参与到整个系统开发过程的每一个阶段中，所谓联合应用开发（JAD）方法就体现了这一思想。

此外，前述的方法基本上是遵循 SDLC 模型的，即都是按照规划、分析、设计、实施与运行维护这样的流程进行的，这类方法的优点是成熟、规范，有一套完善的理论、方法作为支撑，在面对大中型系统开发建设的任务时，可以较好地保证最终成果的质量；但与此同时，由于这类方法要求系统的建设遵照一定的步骤进行，且每一步都有特定的工作内容、明确的成果形式以及严格的质量控制，因此，其实施需要相对较长的时间周期和相对较多的投入，而这对于一些小型项目而言，常常是难以承受的。为此，人们在实践中又提出了一些新的方法，快速应用开发（RAD）方法就是其中之一。

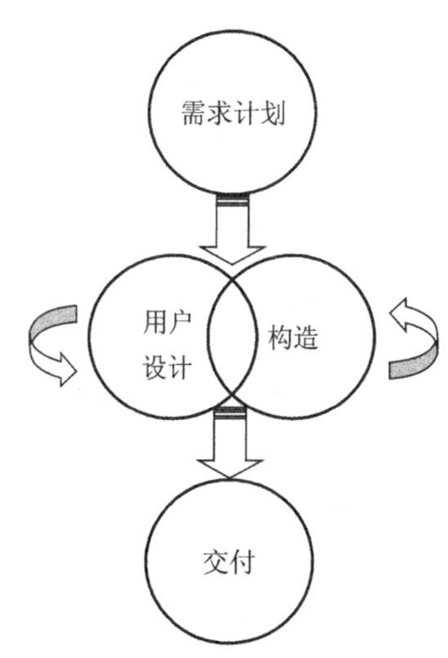

图 2-1 RAD 的阶段划分

与 JAD 一样，RAD 也需要开发人员与代表系统未来用户的业务人员的共同参与，同时，它将系统开发建设过程划分为与传统 SDLC 模型有所不同的 4 个阶段，分别为需求计划阶段、用户设计阶段、构造阶段、交付阶段，如图 2-1 所示。

① 需求计划阶段。该阶段包括了 SDLC 模型中系统规划及系统分析阶段的一些工作内容，在这一阶段，业务人员、管理人员和技术人员一起讨论并确定系统的目标、边界、约束以及需求等。

② 用户设计阶段。在这一阶段，用户与系统分析人员一起利用 CASE 工具及其他手段进行系统建模，并使用原型来表现系统的输入、输出以及工作过程。借助于系统原型，用户可以与技术人员对需求进行具体而深入的讨论，并通过对原型的不断修改，保证未来拟建成的系统能够最大限度地满足用户的需求。

③ 构造阶段。该阶段相当于 SDLC 中实施阶段的前半部分，其主要工作是系统软、硬件的开发、实现，但与 SDLC 不同的是，用户在这一阶段将作为重要参与者，继续与开发人员进行讨论，并针对已开发出的部分提出意见建议。

④ 交付阶段。该阶段主要完成 SDLC 中实施阶段后半部分的工作，包括数据转换、培训以及系统切换等。

在上述 4 个阶段中，用户设计阶段与构造阶段可能在某一时期是同时进行的。

与传统方法相比，RAD 方法尤其强调用户在系统开发建设过程中的全程参与，同时重视发挥系统原型的作用，因此，RAD 方法有时又被称为原型法。此外，由于对阶段的划分及各阶段的任务内容进行了简化，RAD 方法通常能够加快系统开发、建设的速度，缩短系统投入使用所需的时间。

2.2 电子商务系统的建设与运行

2.2.1 电子商务系统的生命周期

电子商务系统作为一类特殊的信息系统，同样具有一个从产生、发展到衰亡的过程，换句话说，它同样拥有自己的生命周期。针对这一问题，IBM 曾提出一个模型，将该周期划分为 4 个阶段，分别是商务模型转变阶段、应用系统构造阶段、系统运行阶段、资源利用阶段。

1. 商务模型转变阶段

这一阶段的主要任务是转变核心商务过程，也就是要将现有的商务模型扩展到网络世界，以建立起基于电子商务的经营模式，从而应用 Internet 技术最大限度地为企业创造价值。在转变过程中，需要考虑电子商务技术对商务流程中各项商务活动的影响，并将电子商务系统和企业内部的信息系统、企业与商务合作伙伴之间的信息共享作为一个整体来考虑。这样，所构造的电子商务模型才能够真正反映企业生产管理的整体效果，才能形成紧密联系的、更新的企业价值链；否则，未来的电子商务系统只能支持离散的商务过程，无法带来期望的改善客户服务和创造电子商务价值的效果。

2. 应用系统构造阶段

这一阶段的主要任务是构造新的支持电子商务的信息系统，这需要遵循进行信息系统建设的一般规律，并使用相应的方法和技术。构造阶段也包括通过采用开放标准，将已有的应用系统迁移到 Web 上，将电子商务系统的网络环境、支持平台、应用软件与外部信息系统集成为一个整体，从而使得最终构造的电子商务系统是一个基于标准的、以服务器为中心的、可伸缩的、可快速部署的、易用的和易管理的系统。

3. 系统运行阶段

系统运行阶段不仅是计算机系统的正常运转，它也涉及将企业的商务活动迁移到电子商务系统上来，系统运行阶段只有将计算机系统和企业的商务活动凝聚成一体，才能真正达到目的。

4. 资源利用阶段

资源利用是指对知识和信息的利用，且利用的重点是知识管理。与信息管理不同，知识管理包括对显式知识和隐式知识的管理。所谓显式知识，是已经文档化的知识，可通过报告、分析、手册、说明书、实践、电子邮件、软件程序等多种形式来表达；而隐式知识指的是人掌握的知识，通常存在于头脑中，存在于管理者和员工的经验和专业技能中。知识管理通过对于信息和专业技能的系统开发和利用，改进和提高部门组织的创新、响应能力、生产力和技能素质。

在 IBM 的模型中，上述 4 个阶段首尾相连，组成了一个环状的生命周期，如图 2-2 所示。

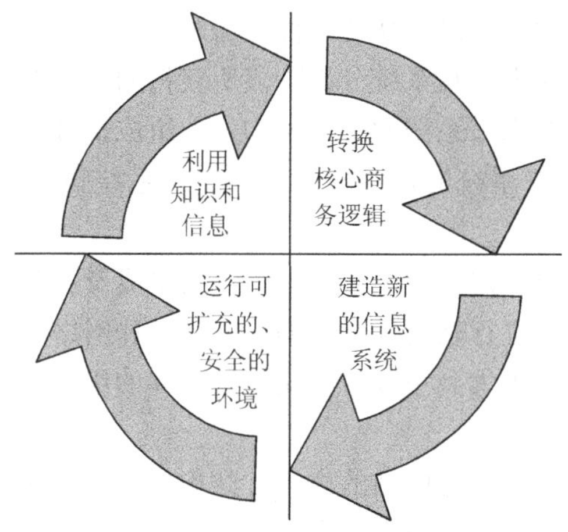

图 2-2 IBM 提出的电子商务系统生命周期模型

2.2.2 电子商务系统的建设与运营过程

电子商务系统作为一种特殊的信息系统，其建设与运营过程同样遵循信息系统建设与运营过程的一般规律，同时，也具有一些自己的特点。

从一般规律来说，电子商务系统的建设过程也就是其系统开发生命周期。因而，也可以按照 SDLC 模型分为系统规划、系统分析、系统设计、系统实现以及系统的运行和支持 5 个阶段。

电子商务系统的规划与其业务发展规划是紧密相关的，在系统规划阶段，企业管理人员、业务人员、技术人员等共同参与，以企业开展电子商务的战略规划为基础，确定所要建设的电子商务系统的目标和边界。同时，从企业既定的电子商务经营目标和经营策略出发，结合企业的历史和现状，勾勒出未来电子商务系统的轮廓，并据此制定企业建设电子商务系统的实施方案，决定建设方式、进度计划、人员组织、资金预算等方面的内容。需要注意的是，这里所说的是勾勒出未来系统的蓝图，而不是描绘出。

通过系统规划，企业对拟建设的系统的目标、规模、进度等有了初步的计划，但这一计划只是一个概要的计划，因为仍有一些问题是未确定的，例如：实现系统目标到底需要完成哪些具体工作？在需要做的工作中有哪些是在现有条件下能完成的？哪些是不能完成的？有哪些是一定要完成的？哪些是可以在以后逐步完成的？这些问题的答案都是制定详细计划所必需的，而找到这些答案正是系统分析阶段的主要工作任务。概要地说，系统分析阶段的任务主要包括 3 方面内容，即分析现状、明确约束和确定需求。所谓分析现状，就是要分析企业与电子商务业务相关的经营管理活动的现状；明确约束，则是要找出企业内外可能影响电子商务系统功能、性能的约束条件；在此基础上，要确定未来利用电子商务系统开展各项业务的作业流程以及功能和性能需求。

在系统设计阶段，工作人员从系统分析阶段所获得的关于系统的约束及需求出发，在系统规划成果的基础上，对未来系统的体系结构、各组成部分的功能、界面、逻辑等进行设计，从而描绘出关于未来系统的蓝图，具体而言，系统设计阶段的工作主要包括以下内容。

- 体系结构设计，即要决定企业电子商务系统的组成及各部分之间的相互联系。
- 选择软硬件平台，即进行软硬件平台的选型，设计网络环境。
- 应用软件设计，即要由大到小逐步细化应用软件的组成、功能、流程、数据等要素的设计。
- 网站设计，即决定电子商务网站的内容、结构、风格等。
- 安全子系统设计，即决定保障电子商务系统运行安全的技术措施和手段。
- 支付子系统设计，即设计完成电子商务支付功能的方式、流程及接口等。

由上可见，电子商务系统的系统设计阶段与软件生命周期瀑布模型中系统设计阶段的区别在于：后者仅针对软件进行设计，而前者则不仅要对软件部分进行设计，还要对硬件平台、网站、安全、支付等方面进行设计。

与软件生命周期瀑布模型相似，电子商务系统 SDLC 模型系统实现阶段的核心在于将前一阶段设计出的蓝图转化为一个实际存在的系统，但由于电子商务系统不仅包括软件，还包括硬件设备，此外，电子商务系统的建设常常采用自主建设以外的方式建设，因此，其实现阶段也有不同于瀑布模型之处，主要表现在：平台搭建以及系统集成在全部工作中所占的比例较高等。具体而言，电子商务系统的实现阶段主要完成以下任务。

- 系统平台搭建，指搭建信息基础设施和应用开发环境、配置系统运行支持环境和安全保障环境。
- 应用软件开发，包括编码、测试等任务。
- 系统集成，指安装新系统并将其与企业内原有信息系统及外部信息系统进行整合。
- 运行准备，包括培训、准备数据等。
- 系统评估优化，首先需要进行集成测试，以检查系统是否满足企业电子商务运作的基本要求，并对系统性能进行优化。
- 系统切换，指将业务从原有的模式或系统转移到新系统上。

系统的运行与支持是指系统投入运行后，为了使其稳定、高效、持续地发挥效益，需要针对系统软、硬件以及相关的人员、组织等进行不断的优化和调整，同时，还要针对数据进行更新、备份等活动。具体来说，系统的运行与支持主要涵盖以下几方面的工作内容：

- 系统维护，主要包括应用软件维护、数据维护、网站维护等工作。
- 运行维护的组织管理，主要指人员管理、维护作业流程管理、安全管理、商务流程管理等内容。
- 性能优化，指针对系统软、硬件性能的监测、评估与调整。

总之，按照SDLC模型可以将电子商务系统的开发过程分为若干阶段，其中每一个阶段都有自己的目标和任务，同时，它们之间又存在着相互联系。需要特别指出的是，这样的阶段划分不是绝对的，在不同的教科书中可能会有不同的划分方式和不同表述方法，但其思想应该都是基本相同的。此外，在实践中，各个阶段之间的界线也可能并不是特别清楚，而是存在重叠、交错等现象，为此，需要实践者在对此规律深入理解的基础上加以灵活运用。

2.2.3 电子商务系统的建设方式

随着时代的发展进步，社会分工越来越细，人们在生产生活中逐渐摆脱所有工作自己完成的方式；另一方面，工作内容的复杂化也使得电子商务系统的建造方式有许多种。比较常见的有3类，分别是自主开发、外包和购买。

1. 自主开发方式

自主开发（In-house Development）方式是指包括规划、分析、设计、实施等在内的电子商务系统建设过程中的主要工作均由企业内部人员完成，而企业外部人员没有或很少参与系统构建的方式。自主开发方式是一种较为传统的方式，很多企业，尤其是国内较为大型的企业在建设信息系统时都习惯采用这种方式。

自主开发方式的优点体现在如下几个方面。

① 企业内部信息技术人员对企业自身的业务及建设电子商务系统的需求比较了解，同时，相较于企业外部人员，他们与企业内业务部门人员也更容易交流和沟通，因此，能够更好地进行系统分析，把握系统需求。

② 企业自主开发的系统与其他企业的系统相比较，一般具有独创性和差异性，而这种独创性或差异性使得其他企业相对难以模仿，从而有助于保证企业在竞争中保持一种差异化的竞争优势。

③ 以自主开发方式建设的系统可以较好地满足由于企业既有系统等环境条件带来的约束，这类约束的示例包括：新系统需要与其他既有系统构造接口、新系统需要利用既有的硬件设备、新系统需要与既有其他系统共享软件平台等。

④ 通过自主开发建设，企业可以培养和锻炼自己的 IT 人才队伍，并且由于系统开发工作完全由其内部人员承担，因此可以保证系统建成后完全由企业自主进行系统维护，同时也便于日后进行升级等工作。

2．外包方式

外包（Outsourcing）方式是指企业以合约的形式，将电子商务系统的开发或运行维护工作交给其他能够提供相应专业化服务的企业来承担的方式。

根据外包内容的不同，外包又可以细分为两种方式，即外包开发和租用。顾名思义，外包开发是指企业将电子商务系统的开发建设工作部分或全部交给承包商完成，建成的系统则交由企业自主运营。这里所说的开发建设通常涵盖了电子商务系统建设周期中的分析、设计、实现等环节，但不包括运行与支持。租用则是指开展电子商务的企业并不拥有或并不完全拥有相关的技术设备、应用软件，而是通过向应用服务提供商（Application Service Provider，ASP）租用设备和软件的使用权，以开展自己的电子商务活动。在租用方式下，承租企业不仅不用考虑系统的开发、建设，甚至系统运行支持中的大部分工作，如系统维护、性能优化等也都交给 ASP 来完成，承租企业本身只需使用相关软、硬件即可，除此之外，最多只是负责与自身业务紧密相关的简单维护工作。

企业在开展电子商务时，不管是采用外包开发，还是采用租用的方式，通常来说至少出于两方面的考虑：一是技术，二是成本。由于对一般的外包企业而言，其核心业务都不是 IT 业务，或者即使从事 IT 业务，但也与拟外包业务不相关，因此，在建设、运营系统所需的技术储备方面存在着不足。另一方面，从系统的建设或运营所需的总成本（Total Cost of Ownership，TCO）来看，尽管自主开发的方式不需对外支付外包所需的佣金或租金，直接成本可能相对较低，但由于承包商是专业化的公司，在人才、经验、技术等方面都有着自身的优势，且可以发挥规模效应，因此，在进行电子商务系统的开发或运营方面可以保证较低的成本，这使得外包企业有可能降低人力成本、时间成本等间接成本，进而获得较低的总成本。

值得注意的是，租用方式在近年来得到了迅速发展，尤其是针对以 Internet 为基础的一些业务系统，包括电子商务系统中，主机托管是其中最常见的形式之一，此外，还有一些企业专门提供基于 Web 的具有强大交易功能的软件服务，例如订单处理、财务结算以及客户关系管理等，并且由此衍生出了一种新的产业模式，称为 SAS（Software As Services）。

尽管外包正得到越来越多的关注和越来越广泛的应用，但在选择外包之前仍然需要慎重考虑：

① 选择外包的方式通常意味着企业不能通过电子商务系统的建设和运营在人才、设备、技术等方面实现很好的积累，因此，需要权衡这是否与企业的长期发展战略相吻合。

② 选择外包的方式之后，企业电子商务系统的运行要达到稳定、高效的目标，将在一定程度上依赖于承包商的支持，因此，有必要对承包商的技术实力、经营状况、稳定性等方面进行深入的考察。

此外，如果准备选择租用的方式，则还需对以下方面的不利进行评估。

① 提供租用服务的设备和应用软件一般仅具有某种类型电子商务所需的基本功能，缺乏针对性，因此，这种方式虽然可以满足企业的大部分需求，但企业的特色服务恐怕难以得到全面满足，企业在经营手段、经营策略等方面的创新性难以得到充分体现。

② 企业在使用所租系统时，势必要将自己的与生产、经营有关的数据录入系统，其中一些数据可能属于商业秘密，例如：客户信息、交易信息、合同信息等，因此，可以说，选择租用的方式将在一定程度上面对商业失密的风险，尤其是在未有效建立相关法律约束以及选择信用不够好的出租企业的情况下，这种风险尤其突出。

3. 购买方式

购买方式是指企业通过向其他厂商付费，以换取成熟的、商业化的软件产品，并以此作为核心支撑，开展电子商务的方式。

企业采用购买的方式建设电子商务系统时，可以有两种选择：一种是购买整体解决方案（Enterprise-wide Solution），另一种是购买一些独立的软件包（Packaged Software）。其中，前者往往不仅涵盖企业内与电子商务直接相关的业务，如网上销售以及电子采购等，而且也涉及其他诸多关键业务，如生产、库存的管理等，这类软件通常只有一些大型软件企业能够提供，而且一般都需要进行定制修改，价格也较贵，适用于规模达到一定程度的大中型企业。后者则一般都是针对某一特定业务，如订单处理、客户关系管理等，适用于业务相对简单、尚处于起步阶段的中小企业。

采用购买方式也是目前比较流行的一种选择，其优点如下。

① 较低的费用。由于软件供应商将软件开发成本分散到了众多的用户身上，因此，尽管还需要支付软件供应商的利润，购买现成软件的费用却一般都比自主开发同类软件的费用低不少。

② 节省开发时间。即使包括定制、修改、集成等工作时间在内，采用购买方式也比自主开发同类软件节省不少时间。

③ 软件可靠性和性能较有保障。对于那些已经在市场上销售了一段时间，并已积累一定销售数量的软件来说，主要的错误往往都已得到暴露并已被排除，其性能往往也已得到优化，从而保障了较高的软件可靠性和性能。

④ 不需要强大的开发团队。从市场上购买现成的软件使得企业不需拥有太多的技术人员，或者即使拥有技术人员，也可以将精力集中于其他软件的研发上。

案例 2.1

Salescart 是 ComCity 公司开发销售的一种电子商务软件，厂家将其命名为 Design-Tool E-commerce software（如图 2-3 所示），并且声称“Design-Tool E-commerce software allows anyone to quickly add a storefront to their website out-of-the-box, leveraging their existing web sites look and feel and their existing skills”，也就是说，用户购买了该软件之后，可以不用写任何代码，而只需要利用一些网页设计工具（如 FrontPage、Dreamweaver）“画”出相应的页面，即可实现以网上交易的购物车为核心的商务处理功能，且提供了高度的灵活性和伸缩性。

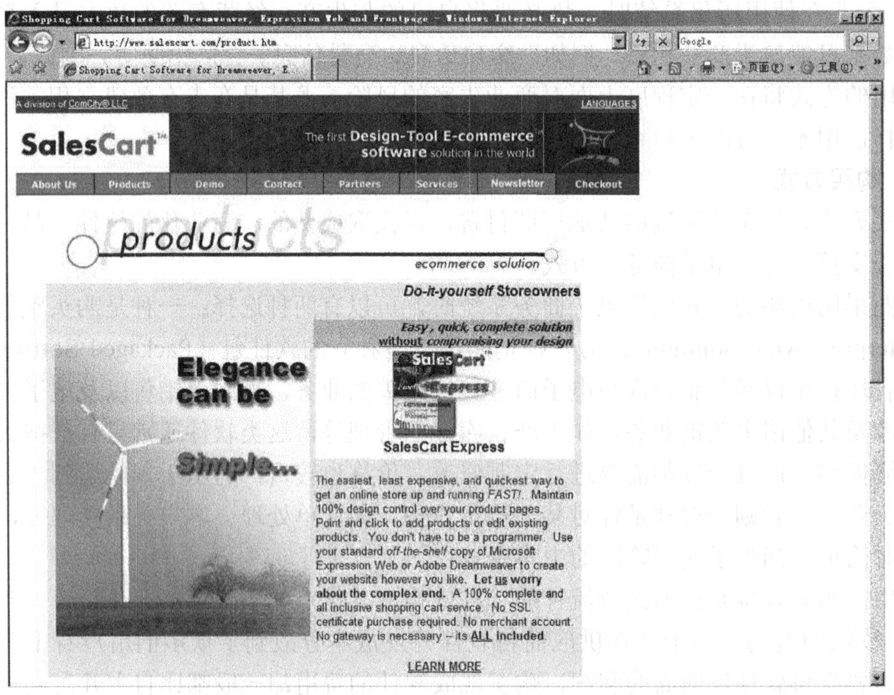

图 2-3　专门销售电子商务购物车软件的 www.salescart.com 网站

以上介绍了建设电子商务系统时可以采用的3种居主流地位的方式，除此之外，还有其他很多种方式。同时，随着时间的推移，开展电子商务的新的经营方式、经营理念不断创新，支撑电子商务的新技术层出不穷，建设电子商务系统的新方式也将随之发展、变化，并持续地推陈出新。

案例 2.2

AWS 是 Amazon 公司提供的一个平台，其全称为 Amazon Web Services（见图 2-4）。利用该平台，人们可以在自己的应用软件中，通过访问 Web 服务的方式使用 Amazon 提供的各种功能，例如：列出商品目录、获取商品信息，甚至下订单等。这样，创业者们只需要开发一个前台界面，而把后台处理都交给 Amazon，从而相当于借用 Amazon 的资源来开展自己的电子商务，其营利则可以来自 Amazon 根据交易额给付的佣金。由于这样的方式可以大大降低电子商务系统建设与运营成本，因此，自诞生以来，AWS 已经使不少人赚到了从事电子商务的第一桶金，同时，它作为一种新的电子商务系统建设方式，也为企业如何利用一些新技术来创新自己的经营方式、经营理念给出了一个很好的范例。

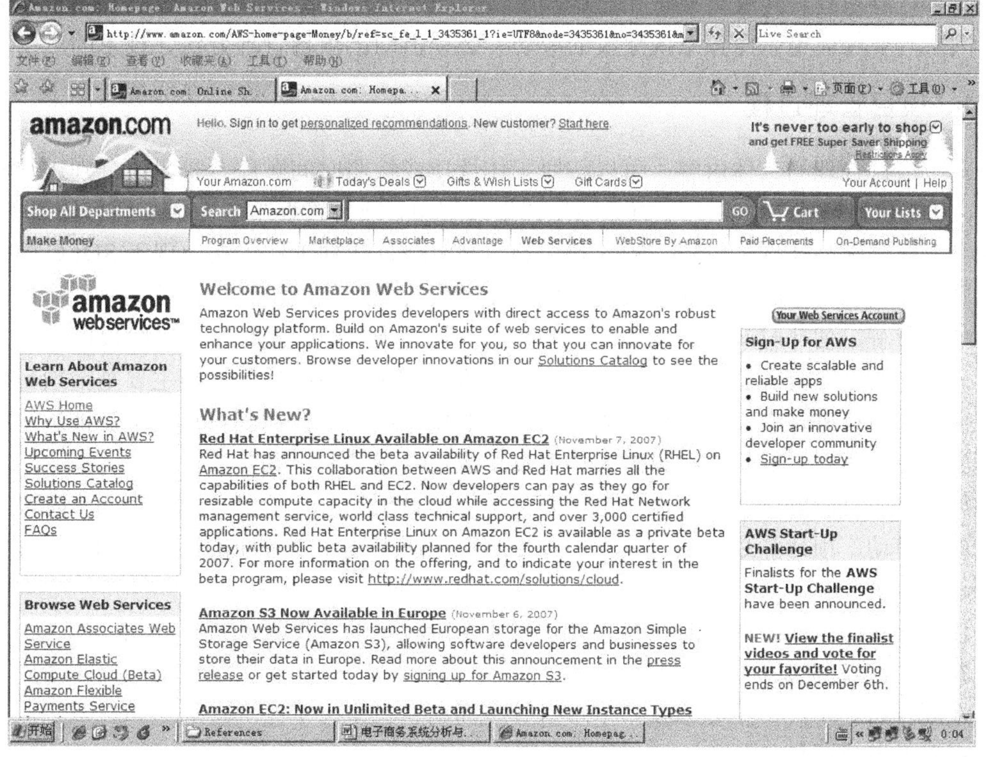

图 2-4 Amazon Web Services 主页

2.3　电子商务系统建设项目管理

所谓项目管理，是一套专门的知识、技术、工具和方法的集合，用于对项目进行计划、组织、领导和控制，以保证项目既定目标的实现。项目管理最早起源于 20 世纪 50～60 年代的美国，当时军队与一些企业合作开发大型的武器系统，这些武器系统是如此庞大和复杂，以至于项目管理人员不得不求助于管理学、运筹学等领域的专家，并由此逐渐形成了项目管理这一新的应用学科体系。

电子商务系统的建设是一项系统工程，牵涉众多的人、财、物和活动。电子商务系统建设项目管理就是要对电子商务系统建设过程进行计划、组织、领导和控制，以实现在预定时间内，以不高于预算的成本支出，交付一个满足用户需求的电子商务系统的目标。由此可见，衡量一个电子商务系统建设项目成功与否主要有 3 项指标，即是否满足用户需求、是否在预定截止时间前完成、开发成本是否小于等于预算。

项目管理在电子商务系统的整个开发生命周期中都很重要，这是因为，电子商务系统作为一种信息系统，其成果质量相对难以度量，建设周期较难估计，建设过程也不容易控制。因此，要保证电子商务系统建设的成功，必须借助于项目管理方法、技术的应用。

2.3.1　项目管理过程

对于项目管理的具体内容，可以按照工作性质或按照时间顺序两种思路分别进行归纳总结。从工作性质来看，在电子商务系统建设过程中，项目管理主要完成 4 个方面的工作。这 4 个方面分别是计划、组织、领导和控制。其中项目计划工作主要出现于 SDLC 中每一个阶段的开始和结束时，其任务就是为成本和进度管理工作制定目标，其主要工作内容则包括任务分解、估计时间、编制预算、安排进度等；项目组织是项目启动阶段的一项重要工作内容，其主要内容是确定项目组的组织结构并分配任务；项目领导主要是指项目管理人员需要在项目进行中发挥指导、监管和协调的作用；项目控制则重点指项目推进过程中对进度情况的监视、对阶段成果的评估以及相应的对策的制定和实施。

如果按照时间顺序，则可以将电子商务系统建设项目管理的过程划分为 4 个阶段，分别为项目启动、项目计划、项目执行和项目结束。而上述 4 个方面的工作，则可以分别囊括到这 4 个阶段中。

以下就按照时间顺序，对项目管理过程 4 个阶段中的管理活动进行介绍。

1. 项目启动阶段

在项目启动阶段，主要涉及以下项目管理活动。

- 着手组建项目组。
- 建立与用户的联系。

- 制定启动阶段的计划。
- 建立管理规程，包括组织架构、会议制度、财务制度等。
- 建立项目管理所需的平台和环境，包括准备网络环境、安装项目管理软件等。

在本阶段，核心工作是要完成项目组织工作，为此，首先要确定项目完成人员的组成及其相互关系。最小的项目组可能只包括两三个人，特别大的项目组却可能包括几千甚至上万人，而一般的项目组则多由几个人到几十个人组成。不同规模的项目组，其组织形式是不同的，小的项目组通常只有一个项目经理，他（她）直接面对组内所有成员，稍大一些的项目组可能分为若干小组，项目经理直接面对各个小组的组长，组长则直接面对本组内的成员，特别大的项目则可能需要由若干个子项目组共同组成项目组，且每个子项目组还可能再进行一级或几级分解，直至可以针对每一个基本组成单元的人员和工作实现有效的管理和控制。

在项目组织工作中，还有一个重要的方面是在项目组成员之间合理地分配任务，也就是要实现项目人员调配的最优化。这里有两种基本的任务分配方式，一种是针对项目组成员，按照系统组成进行任务分配，例如：由某一人或几个人负责购物车的开发，另一人或几个人负责订单处理部分的开发等。另一种方式则是针对项目组成员，按照任务内容及工作性质进行任务的分配。前一种方式的优点是：项目组成员从头到尾参与系统某一组成部分的开发工作，有助于其熟悉和掌握相关内容，也有助于确定责任人。后一种方式的优点在于：项目组成员之间分工协作，每一个人可以集中精力专注于从事某一种工作，从而可以提高工作效率，改善工作成果的质量。这两种方式各有利弊，分别适用于不同的场合，其中，前者主要适用于一些小企业，其人力资源相对稀缺，项目规模一般也较小，后者则更适用于大、中型企业，它们具有丰富的人力资源，且拥有较完善的项目管理制度，尤其是与文档的撰写、审查、归档相关的一系列制度，因此，具备采用第二种方式的条件。

2. 项目计划阶段

在项目计划阶段，主要涉及以下管理活动。

- 界定目标、范围。
- 任务分解。
- 估计需要的资源并制定计划。
- 提出初步的进度表。
- 制定联络方案。
- 确定项目的管理规程。
- 识别和评估风险。
- 提出初步预算。
- 提交初始计划。

在上述各项活动中，首先要做的是任务分解，即将完成一个项目所需的所有工作分解为若干个独立的任务或活动，其中，每一个任务或活动代表了有始有终并需要耗费人力、财力或时间等资源的工作内容。常见的任务或活动的例子包括系统设计、采购设备、测试、单元测试、培训用户等。任务或活动可大可小，且通常具有层次关系，如前面所列的“测试”这一任务中就可能包括了“单元测试”和“集成测试”两项任务，其中“单元测试”又可以被划分为“订单输入单元测试”、“订单处理单元测试”等。鉴于“任务”是项目管理工作最基本的对象，因此，最底层的“任务”应该尽可能小，并且是可管理的。而对于什么是“可管理的”任务，通常有以下几条判定原则：

- 可以由一个人或一个明确的团队完成。
- 具有可标识的成果。
- 已知其完成方法或技术。
- 具有明确定义的前导及后续任务。
- 过程可度量。

任务分解之后，下一步的工作是估计需要的资源并制定计划，其中又包括时间和费用估计、软硬件资源需求计划和其他资源需求计划。

所谓时间估计，就是要针对任务分解后得到的任务清单，逐个估计其所需的完成时间。在进行估计时，所依据的主要是任务的规模、复杂程度、外部条件、个人经验和历史数据。对于成熟而规范的企业，一般都比较注重在平时的项目研发中积累相关的文档和数据，这样，企业在进行新项目的计划时，就可以有丰富的历史数据可供参照，项目管理人员只需在现有的项目资料库中寻找过去完成的与当前任务相近的任务数据，即可较为准确地估计出所需时间。相反，对于一些较小的企业，或项目管理不够完善的企业，对任务时间的估计往往主要基于项目管理人员的个人经验和主观判断，因此，其准确性常常较低，这也是很多项目不能如期完成的一个重要原因。

针对每一任务，除了进行时间估计外，还需要对其他所需的资源进行估计，如软硬件设施、人员、场地等，进一步地，基于对这些资源需求的估计，还要估计出完成项目所需的资金费用，即所谓成本预算。对于电子商务系统建设项目而言，主要的资金成本来自两个方面，即建设成本和运营成本，其中每个方面又可能包括人员工资、场地租借、软硬件购置或租赁、差旅费用等。在这一环节，要坚持实事求是的原则，按照当前社会平均水平或企业实际执行情况，计算各项费用，必要时应进行充分调研。

无论是对时间，还是对设备、人员以及资金需求的估计，都要求尽可能准确，而这一目标的实现在很大程度上依赖于任务分解情况，任务分解得越细，越容易针对各项内容进行准确估计。

项目计划的另一项重要工作是安排进度，即安排各项任务的先后顺序、起止时间。在安排进度之前，需要首先确定各项任务之间的依赖关系，即确定每一个任务是否必须安排在另外的某一特定任务之前或之后完成，在此基础上，结合前面对各项任务的时间估计及对其他资源需求的估计，借助于专门的工具，排定每一项任务的开始、结束时间。目前，在进度安排中最常用的两种工具是甘特图（Gantt Chart）和网络图（PERT/CPM）。本节的后半部分将针对这两种工具进行详细介绍。

制定联络方案是指制定项目组内部成员或团队之间、项目组与用户之间或项目组与其外部环境，如与公司领导之间的联络方案。其中重点包括3方面的内容，即建立联络渠道、建立会议制度及建立报告制度。这里所说的联络渠道可以有各种形式，如项目组通讯录、电子邮件组、QQ群以及与用户或协作企业之间的固定联系人等。

对于电子商务系统建设项目来说，确定项目管理规程，主要指针对人员组织、作业流程、文档规范等建立相关制度，以约束项目组成员，并为其日常工作提供可遵循的、统一的执行标准。

在项目计划阶段，还需要对项目执行过程中可能面临的风险进行评估，即从技术、人员、用户等方面入手，分析可能存在的风险，估计其发生的概率，并研究其相应的规避策略。

基于以上工作内容，作为项目计划阶段的工作成果，项目组应提交包含预算在内的初始计划方案，以供评审，并在根据评审结论修订完善之后正式形成项目计划方案，作为项目执行阶段的依据。

3．项目执行阶段

项目执行阶段是整个项目管理过程中持续时间最长的阶段，是决定项目成败的关键环节。在本阶段，项目组内的大多数人员将按照项目计划中所确定的分工职责，各自着手完成所承担的任务，其具体内容依项目的不同而不同。但不管什么项目，作为项目管理人员，其所从事的工作将具有相当多的共性，归纳起来，就是前述项目管理工作4个方面中的项目领导及项目控制工作。下面先对项目管理人员进行简单介绍。

对于任何一个项目来说，不管其项目组成员数量有多少，也不管项目组织的形式如何，必然都有一个对整个项目负责的人——项目经理，除此之外，对于较大的项目来说，还有子项目经理、组长等各种领导角色。这些角色向上或者对用户负责，或者对上一级管理人员负责，向下则都肩负着指导、监管和协调等管理职责，因此，在这里将他们统称为项目管理人员。

就项目领导环节而言，项目管理人员主要担负着指导、监管和协调的职责。

首先，项目管理人员有责任对其下属团队成员进行指导，以帮助其理解项目目标、明确自己的任务、确定工作思路，对于最基层的项目组织来说，其负责人还有责任对其团队成员进行培训，以帮助其尽快掌握所需的工作技能和方法。

其次，项目管理人员还应对所属团队成员的工作发挥监督、管理的职责，以确保每一个成员认真履行自己的职责。对于较大项目的中、高层管理人员来说，他们所面对的将不是最基层的工作人员，而是一些较低级别的管理人员，这时，他们同样需要发挥监督、管理的职责，只不过所针对的不再是具体某个人，而是下属的团队。

最后，项目管理人员还需要在项目执行中发挥协调作用。这里所说的协调，既包括项目组内部人员、内部组织之间的协调，也包括项目组与外部环境的协调，如与用户的协调、与供应商的协调、与公司各个部门的协调等。协调的目的是尽可能减少各种不利影响，保证项目组以最佳状态高效率、高质量地完成项目任务。

项目管理人员所从事的项目控制工作主要体现在3个环节：监视进度、评估成果和采取对策。

这里所说的进度并不仅指任务完成情况，同时还包括设备、资金等资源占用情况。为了有效地监视进度，在项目管理中引入了所谓“里程碑”（Milestone）的概念，它是指在项目进行过程中发生的一系列可识别的事件，这些事件作为一种参照物，与任务完成情况具有密切关系，它的发生标志着一系列任务的完成。因此，里程碑是项目建设过程中阶段划分的重要依据，而所谓监视进度，也就是在各个里程碑点，对任务完成及资源占用的实际情况与计划进行对比，找出不同之处。

在各个里程碑点，除了监视进度之外，还要对其对应的阶段成果进行评估。评估可能采用各种不同的方式，如测试、交换评审、走查（Walk Through）等。对于评估中所发现的问题，应及时进行反馈和改正，如果由此引起与初始计划不相符合的情况，则应对初始计划加以变更处理。此外，初始计划的变更还可能来自用户需求的变化、外部因素的影响（如设备到货时间推迟）等。为了解决变更所带来的不同版本计划之间的对应和同步问题，人们通常使用称为配置管理工具的软件加以管理。目前常用的配置管理工具有WinCVS、Microsoft SourceSafe等。此外，变更的过程还应该遵循相应的管理规程，如首先由变更发起人提出申请，然后经项目经理审核批准，并对项目组进行广播，最后才是真正采取变更。

在电子商务系统建设项目执行阶段，还有两项重要的工作：一项是维护文档；另一项是报告项目状态，即从项目组普通成员开始，定期或不定期地逐级向上报告工作进展、遇到的问题、拟采取的解决措施等。

4．项目结束阶段

项目结束阶段的工作相对简单，主要是由项目的建设方出面，对项目建设成果——新的电子商务系统进行全面的检查验收，合格后签字认可，最后进行项目的结算和总结。

2.3.2 项目管理工具

本节将针对项目管理实践中常用的几种工具进行简要介绍。首先介绍的是两种常用的项目计划工具——甘特图和网络图，之后再简单介绍项目管理的工具软件。

1．甘特图

甘特图（Gantt Chart）作为一种生产控制技术，由Henry L. Gantt发明。该图以日历的格式列出项目活动及其相应的开始和结束时间，借此展示项目计划和进度信息。在甘特图中，通常用横坐标代表时间，而用纵坐标代表活动，从高到低，按照起始日期的顺序加以排列。例如，如图 2-5 所示的甘特图就表示了某个项目中 11 项任务的进度计划信息。其中，每一个水平条代表一项任务，水平条左右端的横坐标代表了相应任务的起止时间，而水平条的长度则代表了相应任务的持续时间。在图 2-5 中，横坐标表示的是绝对时间，但实际上也可以使用从项目最初开始时间算起的相对时间作为横坐标。

ID	任务名称	2007年11月			2007年12月					2008年01月				2008年02月				2008年03月					2008年04月		
		11-11	11-18	11-25	12-2	12-9	12-16	12-23	12-30	1-6	1-13	1-20	1-27	2-3	2-10	2-17	2-24	3-2	3-9	3-16	3-23	3-30	4-6	4-13	4-20
1	编制计划																								
2	分配任务																								
3	采购硬件																								
4	编写程序																								
5	安装硬件																								
6	单元测试																								
7	编写用户手册																								
8	准备运行数据																								
9	集成测试																								
10	用户培训																								
11	试运行																								

图 2-5　甘特图示例

对于一个中等规模的项目而言，通常会将其任务划分为包括几十项，这时，使用一张甘特图表示尚可接受；但对于一个稍大的项目而言，其任务划分的结果往往会包含几百甚至上千项任务，此时，如果仍然延用一张甘特图表示，必然因为图形过度复杂而使其失去实际使用价值，这时，通常就需要利用任务分层的机制，使用多张甘特图来共同表示项目进度计划。

除表示进度计划外，甘特图还可被用于跟踪项目的实际执行进度，如图 2-6 所示的甘特图就代表了利用甘特图跟踪项目执行进度的表示法。其中深色部分表示已完成的工作，浅色部分则是尚未完成的部分。此外，甘特图还有许多不同的画法可以用来表示这些信息，例如，可以用一个指向每一任务条的倒三角形表示当前实际执行进度，也可对每一个任务使用上下两根任务条来分别表示计划进度和实际执行进度，等等。

利用甘特图可以清楚地显示出每一项任务的开始和结束时间，同时可以直观地反映出实际执行进度是否与计划相符。但由于该类图中所包含的信息有限，因此，它对于较复杂的项目的管理便显得不够强大。

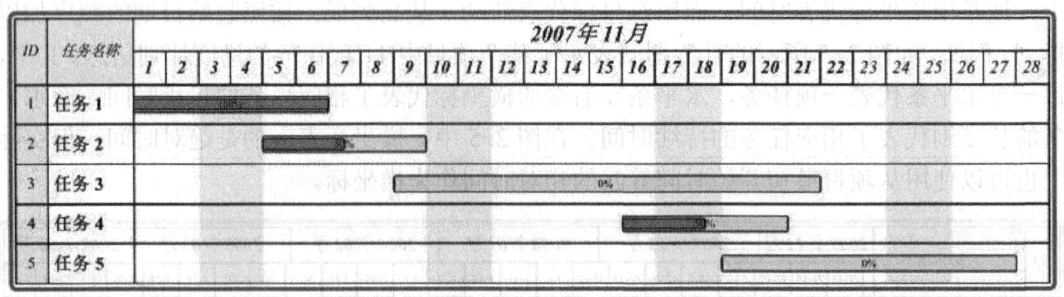

图 2-6　利用甘特图同时表示计划进度与实际进度的示例

2. 网络图

网络图是运筹学中进行网络计划的一种主要工具，它起源于 20 世纪 50 年代发展起来的两种用于编制大型工程进度计划的有效方法，即 CPM（Critical Path Method，关键路径法）和 PERT（Program Evaluation Review Technique，计划评审方法），随着时间的推移，这两种方法互相影响，互相融合，逐渐形成了现在得到广泛应用的一种方法，因此，既可以称其为 CPM，也可以称其为 PERT，或称为 CPM/PERT。

网络图的构成元素有两类，其中节点代表任务，连接节点的弧则代表了任务之间的前后接续逻辑关系。而对于每一个节点而言，除了用于进行标识的任务名称和编号外，还包括了以下 5 项要素。

- T——任务的持续时间，其单位可以是小时、天、周、月等，但在同一张网络图中必须是统一的。
- ES——即 Earliest Start（最早开始时间），指可能的开始执行该任务的最早时间。
- EF——即 Earliest Finish（最早结束时间），指可能的执行完该任务的最早时间。
- LS——即 Latest Start（最晚开始时间），指在不延误项目整体进度的前提下，开始执行该任务的可接受的最晚时间。
- LF——即 Latest Finish（最晚结束时间），指在不延误项目整体进度的前提下，执行完该任务的可接受的最晚时间。

上述有关任务的要素可以用如图 2-7 所示的图形来表示。

ES	T	ET
任务编号，任务名称		
LS		LF

图 2-7　网络图中的任务节点表示

在开始绘制网络图之前，需要进行如下准备工作。

① 列出所有任务的清单，并估计每一项任务的持续时间。

② 确定各项任务之间可能存在的必须遵循的前后逻辑关系。例如，“安装设备”这一任务就必须在“采购设备”这一任务之后开始。

③ 对各项任务进行编号，并利用一张表表示出上述信息。表 2-1 就是一张这样的表。

在确定任务之间的逻辑关系时，需要注意，有些任务可能需要另外的两项或多项任务均已完成之后才能开始。例如在表 2-1 中，“用户培训”必须在“编写运行手册”与“准备运行数据”这两项任务均完成之后才能开始。

表 2-1 任务列表示例

任务代码	任务名称	所需时间（天）	紧后工序
A	编制计划	1	B，C
B	分配任务	4	D
C	采购硬件	17	E
D	编写程序	70	F
E	安装硬件	10	G，H
F	单元测试	30	I
G	编写用户手册	25	J
H	准备运行数据	20	J
I	集成测试	25	K
J	用户培训	20	K
K	试运行	25	/

接下来就可以着手绘制网络图了。首先，根据任务列表绘出网络图框架，如图 2-8 所示。在绘制该框架时，从第一项任务开始，从前往后依次画出每一个任务对应的节点，填入其编号、任务名称及估计的持续时间，并利用有向线段表示出它们之间的前后逻辑关系。

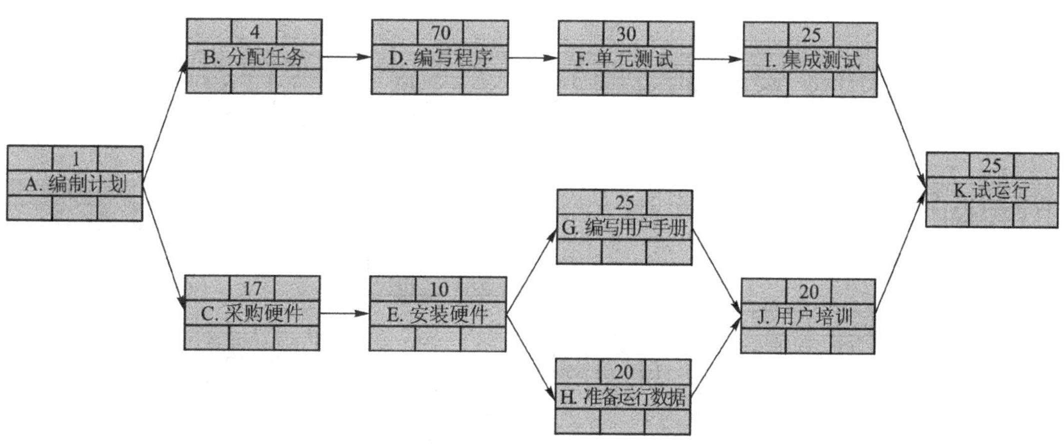

图 2-8 绘制网络图的第一步——画出框架

第二步，从第一项任务开始，依次计算每一项任务的最早开始时间（ES）和最早结束时间（EF），如图 2-9 所示，计算方法如下。

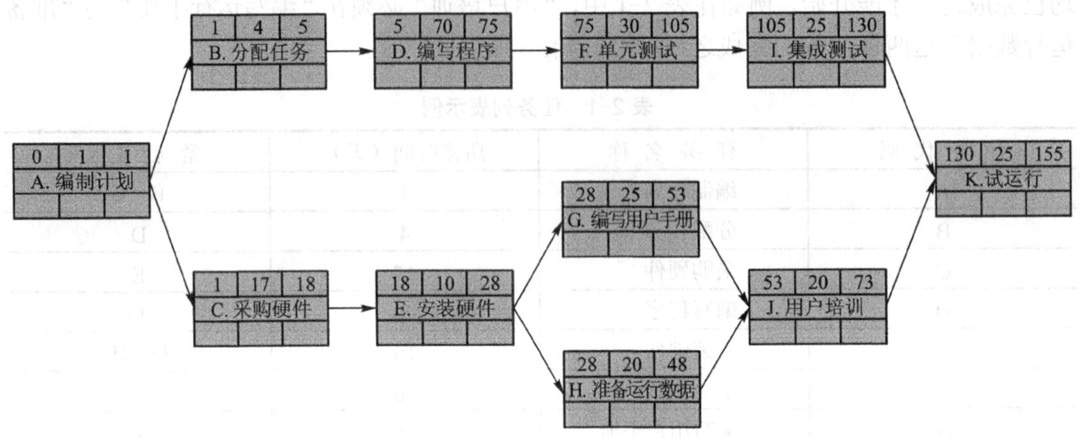

图 2-9　绘制网络图的第二步——计算 ES 和 EF

① 第一项任务的最早开始时间为 0。

② 每项任务的最早结束时间等于其最早开始时间加上其估计持续时间。

③ 如果一项任务前面只有一项任务与其直接相连，则该任务的最早开始时间就等于其前面紧密相连的任务的最早结束时间。

④ 如果一项任务前面有两项或更多项任务与其直接相连，则该任务的最早开始时间等于其前面紧密相连的各项任务的最早结束时间中的最大值。

第三步，从最后一项任务（EF 最大的任务）开始，向前依次计算每一项任务的最晚结束时间（LF）和最晚开始时间（LS），如图 2-10 所示，计算方法如下。

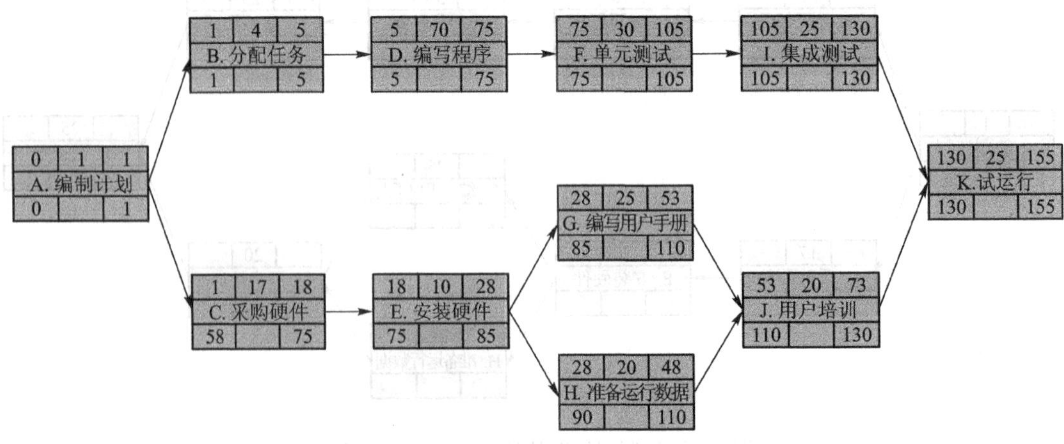

图 2-10　绘制网络图的第三步——计算 LF 和 LS

① 最后一项任务的最晚结束时间等于其最早结束时间。

② 每项任务的最晚开始时间等于其最晚结束时间减去其估计持续时间。

③ 如果一项任务后面只有一项任务与其直接相连，则该任务的最晚结束时间就等于其后面紧密相连的任务的最晚开始时间。

④ 如果一项任务后面有两项或更多项任务与其直接相连，则该任务的最晚结束时间等于其后面紧密相连的各项任务的最晚开始时间中的最小值。

第四步，确定关键路径，即找出所有最早开始时间（ES）与最晚开始时间（LS）一致的任务，它们构成的一个任务序列就是关键路径。对于关键路径中的每一个任务，其开始时间及持续时间都不能有延迟或延长，否则，整个项目的最终进度就将受到影响，因此，构成关键路径的任务通常是项目经理需要格外关注的。

在上述过程中，有一项很重要的工作是估计每一项任务的持续时间，这不仅对于网络图的绘制，而且对于项目管理的其他计划方法也很重要。对此，PERT 在常规的单点时间估计法（即直接对每一项任务的持续时间给出一个估计值的方法）的基础上，提出了一种 3 点时间估计法，其具体计算方法是：针对每一项任务的持续时间，均给出 3 个估计值，分别是最好情况下的值（B）、最坏情况下的值（W）和介于两者之间的最可能的值（P），然后，给它们赋予不同的权重，进行加权平均，作为最终的估计值。实践中最常用的权重分配方法是为 B 和 W 均分配权重 1，而为 P 分配权重 4，这样就得出计算公式：

$$T=\frac{B+4P+W}{6}$$

这种计算方法同样可以推广应用到各种项目计划活动中。

3. 项目管理软件

项目管理软件可以帮助项目管理人员完成项目的规划、估计、进度安排、监测和报告等工作。完善的项目管理软件常常可以提供包括 PERT/CPM 图、甘特图、资源安排、成本跟踪及成本效益分析等在内的诸多功能，Microsoft 公司出品的 Microsoft Project 就是这类项目管理软件中应用最为广泛的一个，此外，近年来出现的 MinuteMan、Delegator、ProjectKickStart 等共享软件也是不错的选择。

本 章 小 结

本章首先对与信息系统建设密切相关的重要理论基础——软件生命周期模型及开发信息系统的几种主流方法进行了介绍，然后对建设电子商务系统的过程进行了概要阐述，以期使读者对这一过程的全貌有初步了解。在此基础上，本章对电子商务系统建设中一个重要的决策问题——建造方式的选择进行了讨论，对主要的建造方式及其优缺点进行了总结。此外，本章还论及贯穿电子商务系统建设过程的一项任务——项目管理，对其基本过程、主要任务及工具进行了介绍。

通过对本章的学习，要求读者对电子商务系统建设过程有初步了解，同时，能理解不同建造方式的特点，并掌握项目管理的基本方法和常用工具。

思　考　题

1. 软件生命周期瀑布模型中包括哪几个阶段？每个阶段的中心任务是什么？请对每个阶段使用一句话来概括描述。

2. 在信息系统开发建设的各种主流方法中，JAD 与 RAD 方法各自所蕴涵的主要思想是什么？

3. IBM 提出的电子商务系统生命周期模型中包括哪几个阶段？该模型主要传达了哪些思想？

4. 对比软件生命周期瀑布模型与 SDLC 模型，并说出两个模型中所包含阶段的对应关系。

5. 请使用表格，并从成本、时间、人员要求、维护便利性等多个方面对几种主流的电子商务系统建造方式进行对比。

实 践 环 节

1. 查阅相关书籍，安装并学习使用 Microsoft Project。

2. 假设你作为一个负责人，从现在开始组织筹备一次义演，时间为 3 个星期之后，你所领导的小组成员除进行演出的准备工作外，还需自行编排节目，并外请若干演员参与演出，请利用项目管理的有关方法及 Microsoft Project 对此过程制定一个计划，并提交一份简要的方案说明。

3. 请通过上网调研目前在国内进行主机托管所需的平均费用情况及运作方式。

第3章 电子商务系统的规划

规划（Planning）是做任何一件复杂工作时都应该首先进行的活动，其主要任务是确定目标、可行性和计划。

规划的首要任务是确定目标，只有目标明确了，才能围绕目标制定方案，采取行动。在确定目标的过程中，应尽可能站在较高的层面对要做的事进行抽象，并以文字形式将其表述出来。同时，目标应该是有层次的。在规划阶段，目标通常应包含两级，即应围绕着总目标，再分解出若干分目标，其中总目标常常利用一段话加以概括，而每一个分目标则利用一句或几句话进行描述。

研究并确定目标中所涵盖的各项内容的可行性是规划阶段的另一重要任务。这是因为：能够一下子实现所有目标固然最好，但在很多时候，或者由于企业当前自身条件所限，或者由于政策、市场等外部环境尚不具备合适的条件，或者在经济上不够合算，凡此种种的因素常常使得一些目标不能或不宜在现阶段实现，因此，有必要通过可行性研究，针对目标中所涵盖的各项内容逐一进行评估，以确定哪些内容是目前可以做的，哪些可以放在以后实现，哪些则是最好不做的。

在规划阶段，还有一项必须进行的工作是计划，而且只有通过计划，才能体现出规划的目的和成果。正因为如此，在一些书中甚至直接将规划阶段称为计划阶段。在这里，计划所针对的不仅指时间、资金，还包括人员、设备、软件、场地等各种可能的资源，而计划工作就是要在对实现目标所需要的这些资源的数量进行估计的基础上，统筹安排，制定出一份合理、可行的方案。

在信息系统建设生命周期（SDLC）模型中，规划阶段同样是第一个阶段。在此阶段，系统分析人员会同相关业务人员一起对未来系统的目标、规模、范围等予以明确。对于电子商务系统来说，由于其目的是利用IT手段融合企业的业务流程，帮助企业实现新的业务模式，因而，对该系统的规划与企业拟实现的业务流程、业务模式关系十分密切。也正因如此，在IBM提出的电子商务系统生命周期模型中，第一个阶段就是转变核心业务逻辑，之后才是第二个阶段——建造新的信息系统。其中，转变核心业务逻辑的实质就是对企业的电子商务战略进行规划，而建造新的信息系统的第一步则是对电子商务系统进行规划。由此可以看出：电子商务战略规划虽然不是SDLC中的一个环节，但它与电子商务系统规划存在着密切的联系，两者不仅在时间顺序上紧紧相连，在逻辑上也存在着直接联系。为此，本章将在深入介绍电子商务系统规划之前，首先对电子商务战略规划及其与电子商务系统规划之间的关系进行讨论。

电子商务战略规划作为一种战略层的规划，其目的是要明确企业将核心业务从传统方式转移到电子商务模式时需要采取的策略，确定企业的新的商务模型，概括地说，就是要确定企业在电子商务时代如何开展业务。

相比较而言，电子商务系统规划相当于一种战术层的规划，它侧重于以商务模型为基础，规划支持企业未来商务活动的技术手段，确定对未来信息系统的基本要求，简单地讲，就是要规划企业可以采用哪些电子手段开展业务。

电子商务战略规划应当确定企业未来业务的路线。尽管这样的规划也离不开对计算机技术、网络技术的了解，但总体上说，它还是一种主要面向业务的活动，因此，制定战略规划的人以商务管理和决策层的人员为主，只是辅以少量的 IT 人员。

电子商务系统规划的目的是给出电子商务系统开发可依据的一个基本框架，所要解决的基本问题是如何实现商务活动。由于这种规划过程侧重于技术的实现，所以在传统上，它的主要参与人员以熟悉网络和计算机技术的各类工程技术人员为主，但近年来，随着JAD方法的逐渐完善，其蕴涵的思想也得到了越来越多人的认同，因此，现在很多电子商务系统项目的系统规划阶段也要求管理和业务人员有较多的参与。

3.1　电子商务战略规划

对于一个从事电子商务的企业来说，是否能够有效地规划、设计和实现电子商务战略是十分重要的，尤其是在当今这个 Internet 发展日新月异的时代，谁能够抢先在 Internet 上开展某种新业务，谁就有可能找到在这个迅速增长的市场上占据有利地形，进而获得优厚回报的重要依托点。为此，企业必须对开展电子商务新业务的首要环节——电子商务战略规划加以认真研究，慎重决策，以便为后续的工作打下坚实的基础。

在进行电子商务战略规划时，最初的动机通常来自企业的决策层。他们可能在企业的日常经营管理活动中观察到一些不尽如人意之处，并认为可以通过开展某种形式的电子商务业务加以弥补，或者是在分析研究别人的经营之道时，受到启发，想到了某种新的电子商务业务可能蕴涵的巨大商机。但不管是哪种情况，这样的想法一般不会太具体，而是往往只有相对模糊的思路。这时，作为帮助企业决策层进行战略规划的管理人员、业务人员就需要对决策者的这种最初的想法加以整理，提炼出其中的核心思想，加以条理化，并用简短的语言描述出：企业到底要利用电子商务实现什么目标？这就是电子商务战略规划中的第一项任务——确立电子商务经营目标。

在确立了电子商务经营目标之后，相关人员还需要围绕既定目标，结合企业自身实际情况及当前环境状况，采用市场调查等手段开展可行性研究，之后，选择或制定若干种经营策略，以作为落实目标的具体措施。

在上述过程中，要注意将目标与措施进行区分，这里的措施即指企业的经营策略。目标与措施相比较，目标的抽象程度更高，而措施则相对具体，它是为实现目标服务的。目标就像航标，是一旦确定之后就不会轻易改变的；而措施则类同于航线，是可以根据当前现状进行调整的，但不管怎样调整，都是为了更快更好地接近目标、实现目标。当然，严格地说，目标与措施的划分也是相对的，它们之间并没有本质区别，两者都是企业准备做的事，都反映了企业计划通过电子商务系统实现的功能。事实上，对于同一件事，当它与某件事放在一起时，可能被认定为目标，而在与另一件事相提并论时，很可能就变成了措施。如果要说绝对意义上的目标，那么对于所有企业，应该都只有一个，那就是“最大限度地获取经营利润”，与之相比，本节中所说的待确立的经营目标也不过是为其服务的措施而已，但也正因为如此，讨论这个绝对目标就失去了意义。因此，以下所说的目标都是指位于其下面一层的内容，即所谓的经营目标，同时，为区别起见，将这个绝对目标称为最高目标。

目标与措施之间的关系，即经营目标与经营策略之间的关系如图 3-1 所示。由图可见：经营目标直接为“最大限度获取经营利润”这一默认的最高目标服务，而各项经营策略又直接为经营目标服务，另外，同一个经营策略可能同时为几个经营目标服务。

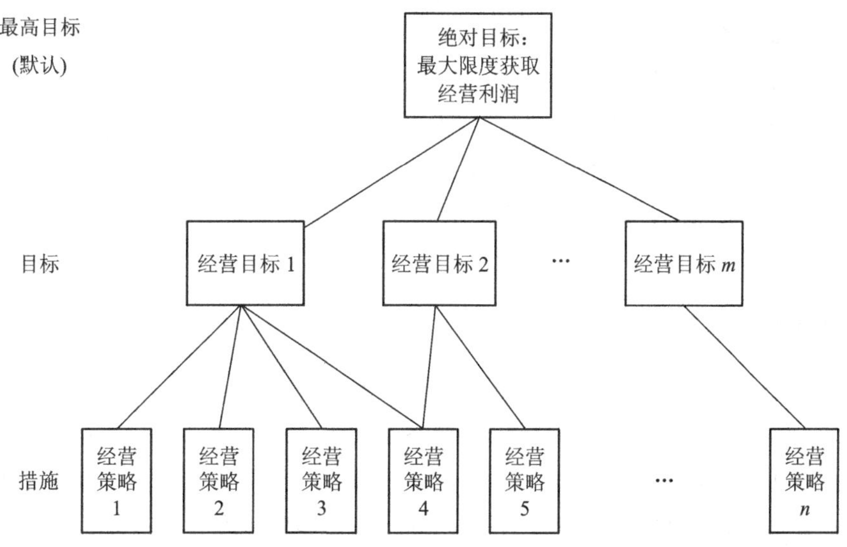

图 3-1 企业经营目标与经营策略

以下介绍几种企业在开展电子商务活动时典型的经营目标与经营策略。

1. 典型的电子商务经营目标

在实践中常见的比较典型的电子商务活动经营目标如下。

- 在已经存在的市场上增加销售（份）额。这里，所谓“已经存在的市场”是指尽管目前相关的电子商务业务尚处在规划阶段，但企业已经通过传统的商务模式或其他方式在对应的市场中开展经营活动，而开展新的电子商务业务的目的不过是要在现有基础上，占有更大的市场份额或取得更多的经营收入。
- 开拓一个新的市场。与上一个目标不同，此目标意味着，拟开展的电子商务业务所蕴含的是一个全新的、从未有人涉足的市场，或者尽管该市场已经存在，但本企业尚未进入过。
- 降低上游成本。这个目标一般指借助于对上游采购供应环节或物流运输环节的优化，直接降低采购成本或通过创造新的价值间接地降低采购成本。
- 降低经营成本。这一目标通常意味着，企业希望通过实行业务流程重组（BPR），并借助于新的电子商务系统，提高企业内部相关部门或人员的工作效率，改善各部门及个人之间的相互配合协调程度，从而降低企业的经营成本。
- 更有效地招纳人才。目前，通过网络进行招聘已成为众多企业的选择，因此，利用网络更有效地招纳人才也成为企业开展电子商务的可能目标之一。

除了上面列出的经营目标外，企业在实践中还可能有很多种选择，但不管是确立哪项目标，都一定要与企业的现实状况及需要相吻合。例如：对于一些小企业来说，可能会确立“帮助现有的、利用传统渠道开展的经营活动赢得更多的顾客”作为目标，而不是选择“利用在线交易降低经营成本”。这是因为，要建立一个具有在线交易功能的网站远比建立一个仅提供产品或服务信息的网站复杂得多，其投入也要高许多，因此，对于这些交易量较小的企业来说，建设在线交易网站可能不仅不会降低经营成本，反而可能增加经营成本。

案例 3.1

麦当劳是世界排名第一的快餐业巨头，在中国国内大中城市也开设了数量众多的连锁店，在消费者中拥有极高的品牌知名度。从该企业的中文门户网站（www.macdonald.com.cn，如图 3-2 所示）上可以看出，作为一个富于营销经验的快餐连锁店，其开展电子商务的目标主要在于开展市场推广活动，即：利用网站，培育和强化客户忠诚度，促进实体店面经营效益的保持和提高，同时，帮助吸引更多的投资者和就业者。

图 3-2 麦当劳中国网站主页

案例 3.2

百事集团同样是一家跨国的食品连锁企业，其旗下的“必胜宅急送”（www.phdelivery.com.cn，如图 3-3 所示）作为一家专门从事食品外卖的连锁企业，甚至没有设置餐厅对外营业，其经营口号是“美味 Hot 到家”。基于这样的背景，企业在开展电子商务时确立的目标是：利用 Internet，配合呼叫中心，开展企业的经营活动，以拓展其市场空间，同时，帮助吸引投资加盟者。

图 3-3 必胜宅急送主页

案例 3.3

我要叫饭网（www.51jiaofan.com，如图 3-4 所示）建于 2005 年 6 月，是一家以发布、查询外卖资讯为主的电子商务企业，目前设置有网上在线叫饭、餐位预订、折券下载、金地旺铺、花样厨房、人才供求等版块。该公司所确立的电子商务经营目标可以归纳为：利用 Internet，开展企业的主营业务——餐饮中介，同时，发现并培育其他网上经营活动，直接为企业的盈利目标服务。

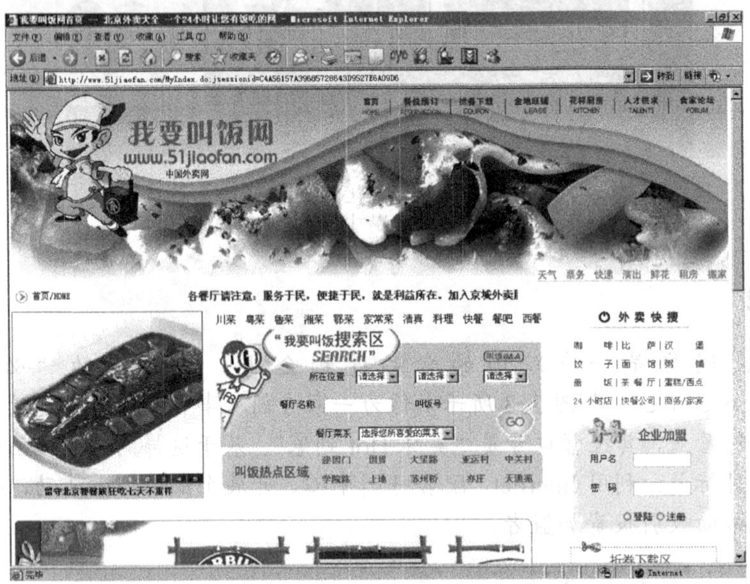

图 3-4　我要叫饭网主页

2. 典型的电子商务经营策略

对于很多公司来说，Web 是一种很有吸引力的销售渠道，然而，Web 绝不仅仅可以作为销售渠道，推而广之，开展电子商务也并不只意味可以在网络上售卖商品。事实上，企业可以开展的电子商务活动，或者说可以采取的电子商务经营策略是十分丰富的，而且随着时间的推移，新的经营策略还将不断涌现，这种丰富程度也将不断增加。

以下列出了到目前为止，应用较为普遍的、比较典型的一些经营策略。

- 树立品牌形象。
- 发布广告。
- 帮助获取客户需求。
- 改进售后服务。

- 销售产品和服务。
- 出售广告。
- 采购产品和服务。
- 管理供应链。
- 组织拍卖。
- 建立虚拟社区和 Web 门户。

以上所列的是一些基本的经营策略，在实践中通常要在其基础上进行丰富，并进一步明确和细化。此外，在确定企业的电子商务经营策略时，需要注意几点：

首先，经营策略必须紧密围绕已确立的经营目标，例如对于一个专门生产日用化工产品的中型企业来说，针对“通过开展电子商务，帮助企业提高产品销量”这一目标，便可以选择如下一些经营策略：面向最终消费者，增加网络广告投放力度；为消费者提供准确、翔实、专业、富有说服力的产品介绍；建立门户网站，树立企业品牌形象；建立面向经销商的网上订货平台等。

其次，在确定经营策略时，要注意把握其粒度。正如在确定目标时需要注意区分目标与策略一样，在这里，同样需要注意对经营策略与拟建立的电子商务系统具体功能加以区分。这两者之前的区别主要体现在其具体程度上，经营策略相较更为抽象或更为宏观，而系统功能则较为具体、较为细致。关于系统功能的规划将在 3.2 节介绍。

最后，当确定某一经营策略时，最好同时明确其相应的目标收益，这一方面是出于在规划阶段与成本相比较，帮助进行决策的需要；另一方面也是为了将来在系统投入运行一段时间之后，对其实施效果进行评价，分析各项策略的成败，并据此进行调整。

3. 针对各种经营策略收益的度量

对于不同的经营策略而言，其收益度量的方法是不相同的。有一些经营策略的效果很容易度量，例如针对“销售产品和服务”，就可以使用销售额来进行度量，“出售广告”也可以用广告收入来度量。相反，另一些经营策略的效果则很难直接度量，例如“改善售后服务”这一策略的收效就很难直接进行定量评估。对于那些不能或难以直接度量收益的经营策略，管理人员在进行战略规划时，应该尽可能地通过某种形式的变通，选择一项或几项可间接度量其收益的量化指标，并相应地确定一个可行的、合理的目标值。例如，前述的“改善售后服务”这一策略的实施效果就可以通过对顾客满意程度的调查或对售后服务支出成本降低程度的计算来进行衡量，而对于“树立品牌形象”的实施效果则可以通过市场调查来获得。

以下列出的是一些常见的经营策略及其相应的收益度量方法：

- 创建品牌——对品牌知名度的市场调查结果。
- 加强市场活动的力度——各销售机构的销量变化。
- 改善客户服务——客户满意度调查结果、客户投诉数量变化。

- 降低售后服务成本——不同种类的售后服务活动的数量变化。
- 管理供应链——外购材料或服务的成本、质量及按时交货情况。
- 进行拍卖——拍卖次数、竞拍人数、拍卖人数、注册用户数、成交商品数、成交金额等。
- 提供虚拟社区或门户网站——注册人数、访客人数、每位访客的访问次数、停留时间等。

案例 3.4

Philips Lighting 是 Philips 旗下专门生产照明设备的企业，其直接销售渠道除了一些较大的代理商外，还包括很多中小规模的经销商。过去，公司主要通过电话和传真来接收来自这些中小经销商的订单及其他请求，由于中小规模经销商的数量较多，因此，处理这些请求耗费了大量人力。为此，公司计划建立一个系统，专门用于未开通 EDI 的中小规模经销商提交订单，以降低这些订单的处理成本。公司首先建立了一个测试用的网站，并选择了一定数量的经销商，要求他们通过该网站提交订单，结果发现来自这批经销商的电话和传真减少了 80%，公司按照这一比例进行测算，结论是：通过建设该系统节省下的订单处理所需成本高于建设系统所需费用，于是公司投入资金，正式建立了这样一套系统。

尽管不同的收益需要用不同的指标来进行直接或间接的度量，但在实践中，为了便于进行成本和收益的对比分析，或者针对不同经营策略进行评估和比较，通常还需要将各种各样的度量指标换算为以货币计算的费用指标。当然，在有些情况下，这种转换十分困难，这时就往往只能凭借粗略的估计了。

以上就是在着手酝酿开展一个新的电子商务项目之初，从业务角度进行的所谓电子商务战略规划的主要内容。归纳起来，主要包括 3 个方面的工作：确立经营目标、确定经营策略、明确目标收益。接下来，来自 IT 部门的人员将会同管理人员、业务人员一起，在此基础上从系统的角度作进一步的规划，我们将这部分工作称为电子商务系统规划，并将在本章的后面几节中对其进行详细介绍。

3.2 电子商务系统规划的内容

电子商务系统规划是电子商务系统建设过程中紧随电子商务战略规划的一项活动，其目的是在电子商务战略规划的基础上，分析确定针对实现该战略所需的信息系统的基本要求，评估其可行性，并制定实现这一信息系统的实施方案。换言之，电子商务系统规划的内容主要包括 3 个方面：初步的系统需求、可行性研究和实施方案。

3.2.1 确定初步的系统需求

在进行电子商务战略规划时，企业已经明确了拟采取的经营策略，或者说拟开展的营销活动，但对这些活动的描述都是从业务的角度给出的，其着眼点是企业如何经营，而系统规划则是要从信息系统的角度，将已确定的经营策略，转换为对信息系统的要求，这种要求属于需求信息，但与后面系统分析阶段要搞清楚的需求信息相比却粗略得多，它只是概要地描述了拟利用信息系统提供的大的功能，以及实现经营目标所需的基本性能要求。

在电子商务系统规划阶段，首先需要从功能入手，将已确定的经营策略转化为相应的对信息系统的要求。这些要求描述了为实现既定的战略目标、贯彻既定的经营策略，未来的电子商务系统应该提供的基本功能。

下面针对一些典型的经营策略讨论如何进行这样的转换，推而广之，对于其他经营策略，也可以类似方法完成这一任务。

1. 树立品牌形象

按照国际知名广告公司 Young & Rabicam 的研究结论，构成品牌的要素主要有 4 个，分别是差异度（Differentiation）、相关度（Relevance）、美誉度（Esteem）和认知度（Knowledge）。其中，差异度是一个品牌区别于同类竞争者的能力；相关度就是品牌在消费市场上真实的且能够被感知的重要程度，用以衡量品牌与消费者之间的关系程度；美誉度是指消费者对品牌质量以及流行趋势的感知程度；认知度是消费者对品牌及其身份的理解程度和知识广度。

围绕上述的品牌 4 要素，在建设电子商务系统时可以首先考虑架设企业的门户网站，并满足以下部分或全部要求。

- 网站风格要符合企业识别（Corporate Indentity，CI）要求，例如前述的麦当劳网站就采用了红、黄两种颜色作为主色调，让人一眼就能看出麦当劳特色。
- 可以设置关于企业历史、企业文化等的文字说明版块。
- 可以设计一些贯穿了企业形象宣传的 Flash 小游戏之类，并提供下载服务。
- 可以设置相关版块，以提供有关企业形象代言人的图片及音、视频资料的下载服务。
- 可以设置论坛、博客之类，作为用户参与的互动环节，帮助提高企业品牌相关度。

此外，为支持针对网站的上述功能要求，还应该考虑提供相应的后台业务功能，如：

- 为管理通过网站发布的诸多信息，提供后台的内容管理功能。
- 为提供下载服务，建立相应的 FTP 服务。
- 提供针对论坛、博客的管理功能。

2. 发布广告

为了对外发布广告信息，企业既可以通过自己的网站直接推出产品或服务的宣传资料，也可通过其他网站上的链接或广告专区传递给用户，还可以利用搜索引擎、电子邮件以及手机短信等多种方式。其中，除了通过其他网站上的链接或广告专区发布的方式外，其余方式都可能利用专门设计的信息系统予以支持。例如：

- 借助于内容管理在本企业的网站上管理广告发布。
- 对网站的架构进行专门的优化，以利于在搜索引擎的搜索结果中占据更有利的地位。
- 提供电子邮件的自动生成、自动发送管理功能，并可与客户资料库相连接。
- 建立与电信运营商的短信网关，提供手机短信的自动生成、自动发送及自动回复功能，并可与客户资料库相连接。

3. 帮助获取客户需求

了解和掌握客户的需求信息是所有营销活动的基础。在传统的商务模式下，企业与客户往往能够通过面对面的交谈、电话交谈等方式直接接触，营销人员可以从接触中所获得的直观印象、双方交谈的内容、客户的反应等渠道提取出有关客户需求的各种信息。在电子商务模式下，这类直接接触的渠道虽然还能通过一些特殊的技术手段予以保留（如基于 IP 的视、音频聊天等），但毕竟已不同于传统模式，而且在很多情况下，这类渠道将完全被取消。因此，通过专门设计的信息系统，获取客户需求是电子商务系统建设中的一项重要任务。

以下列举出一些常见的获取客户需求信息的电子商务系统功能。

- 支持网络问卷调查功能，其中包括问卷生成、问卷管理、问卷发布、结果管理和分析等。
- 提供留言板/讨论区，其中既需要前台的注册、登录、发文、回复、留言等功能，也需要后台的用户管理、版面管理等功能。
- 开展点击流信息获取与分析技术的应用，这里所谓的点击流（Click Stream）是指用户在一个或多个 Web 站点上的点击行为构成的序列，它反映了用户的浏览行为模式，同时也在一定程度上蕴含着用户的需求信息。
- 提供电子邮件处理功能，其中包括电子邮件的自动生成、自动发送、自动回复以及分类管理、转存等功能。
- 支持客户信息管理，提供包括客户信息录入、维护、查询等功能。
- 提供对上述各类信息的统计分析功能。

4. 改进售后服务

提供高质量的售后服务是提高客户忠诚度，培育稳定的客户群体的重要条件。在传统的商务模式下，售后服务中与客户的联络通常是利用电话、传真、信函等方式进行，其处理效率相对低下。在电子商务模式下，开展售后服务的渠道变得更加丰富，在此条件下，通过在电子商务系统中建设以下功能模块，可以提高对各种信息处理的自动化程度，改善售后服务工作效率，进而实现改进售后服务的经营策略。

- 提供留言板/讨论区。
- 支持客户信息管理。
- 提供电子邮件处理功能。
- 支持投诉管理，提供对客户投诉信息的录入、维护、查询、统计分析、处理流程跟踪以及回访安排等功能。
- 建立呼叫中心（Call Center），这是近年来在开展售后服务方面应用越来越普遍的一种方式，其基本功能包括坐席管理、来电信息管理、数字录音、呼出管理等。
- 建立下载中心，提供针对使用手册、驱动程序等资源的下载服务。

5. 销售产品和服务

销售产品和服务是很多企业开展电子商务的一个重要方面，因此，与其相关的技术、理念等也是电子商务发展最为成熟的领域之一，但同时，到目前为止，它也依然是最主要的研究热点之一。

销售产品和服务这一经营策略对电子商务系统的要求通常包括：

- 提供产品（服务）管理功能，以对拟销售的产品或服务的介绍材料、价格、促销政策以及可售产品的数量等进行维护。
- 提供产品（服务）展示功能，指在 Web 上设置专门的一个或若干个版块，利用文字、图片、音视频信息等媒介向访问者提供产品或服务的各种信息，同时，还可以提供分类、搜索、关联查询等手段，便于用户获取所需信息。
- 提供购物车功能，可进行已选商品清单的显示和修改、结账、订单生成、支付及交货方式选择等。
- 支持网上支付，指通过银行或其他专门机构的支付网关，实现交易资金的网上划拨。
- 实现客户信息管理，包括对客户信息的记录、维护、查询、统计等功能。
- 实现消费历史记录管理，包括对消费信息的自动记录、转存、维护、查询、统计等功能。
- 对商品交付活动的支持，对于音频和视频信息及计算机软件等数字产品，其交付通常可直接通过网络进行，但应该考虑采用防止盗版的措施，对于其他实物产品，其交付离不开实际的物流，这时，电子商务系统的作用主要体现在对物流过程的管理，例如：对运输过程的跟踪等。

6. 出售广告

目前，在 Web 上的广告主要分为 4 类，包括旗帜广告（Banner Ads）、弹出式广告（Pop-up Ads）、空隙广告（Interstitial Ads）和多媒体广告（Rich Media Ads）。其中多媒体广告包括各种利用 Flash、音频片段和视频片段等作为表现手段的广告。随着 Internet 的发展，Web

上的广告费用越来越高，广告收入已成为不少门户网站的主要收入来源。对于这些长期发布大量广告的网站来说，其后台系统一般应具备如下功能。

- 针对广告客户信息进行管理，包括对广告客户的基本信息、合作历史、目前的现状等进行管理。
- 广告内容管理，为作为广告载体的各种媒体格式文件提供存储、分类、检索等功能。
- 广告发布管理，对广告发布的时间、周期、位置、形式等进行计划和调度，并可根据排定时间表实现广告内容的自动更换。
- 广告收益管理，通过对广告位定价、销售方式等的优化实现企业广告收益的最大化。

7．采购产品和服务

对于所有企业而言，要维持正常的经营活动就需要从其外部采购产品或服务，例如：商品零售企业需要从上级批发商处进货，批发商需要从生产企业处进货，生产企业则需要从原材料经销商及其他厂商处购买生产所需的原材料和设备，而那些咨询公司虽然不从事实物生产，但仍然需要从外部采购办公用品以及电信、网络等运营商提供的服务等。总之，对于任何企业来说，都可以通过对采购环节的改进和优化，降低采购成本，进而降低生产经营总成本，提高企业的经营效益，这就是所谓的“上游策略”。

- 对原材料、零部件的库存进行管理，以决定合适的采购时机、采购数量，从而达到降低采购成本的目的。
- 对产品或服务的供应商的信息进行管理，以跟踪各个供应商的供货（服务）价格、产品（服务）质量、供货周期等历史记录以及联系方式、联系人等基本信息，从而帮助确定最佳的供应商。
- 对采购合同的谈判、签订以及执行过程进行管理，以确保采购任务的顺利实施。
- 建立竞价平台，并通过该平台，利用供应商之间的竞价行为，尽可能降低采购成本，并规避采购风险。

案例 3.5

家乐福（http://www.carrefour.com.cn/biz/bidding.asp，如图 3-5 所示）作为世界上最大的零售企业之一，每年需要在全球范围内采购巨额的商品，且其经营收益与其采购成本密切相关。为了扩大供货商的选择范围，并最大限度地降低采购成本，提高所采购商品的质量，家乐福于 2001 年开始正式启用由 GNS 提供的网上竞标平台。GNX 是全球零售业的电子商务解决方案供应商，其客户可以在网上通过买卖、贸易或拍卖双向交换服务和货品。通过 GNX 系统，家乐福为其所有供应商提供了一个公平竞价的平台，使各个供应商能够在异地同时参加在线竞价，使价格透明化、公平化。GNX 系统简化了采购和供应链中的业务流程，从而帮助与家乐福合作的零售商、制造厂商以及贸易伙伴降低成本、提高效率。

图 3-5 家乐福的网上采购平台

8. 管理供应链

所谓供应链，是指围绕核心企业，通过对信息流、实物流、资金流的控制，从采购原材料开始，经制成中间产品以及最终产品，最后由销售网络把产品送到消费者手中的将供应商、制造商、分销商、零售商，直到最终用户连为一个整体的功能链。供应链管理（SCM）作为一种集成的管理思想和方法，主要执行供应链中从供应商到最终用户实物流的计划和控制等职能。

- 支持对原材料、半成品及成品的库存管理，并将其作为连接供应链上、下游环节的关键环节，更好地发挥其纽带作用。
- 对运输单据进行管理，并借此实现信息在运输企业内部的流动和在相关各方之间的共享。
- 利用条码、RFID 等标识技术以及其他技术（如 GPS 技术）实现对货物运输过程的跟踪、管理。
- 借助于相关决策支持系统，通过分析历史记录和需求预测信息，实现对运输费率的管理，进而实现企业收益最大化的目标。
- 提供对车、船等运输工具的信息管理。

9. 组织拍卖

由于电子商务具有交易不受地域限制、受众广泛、交易成本低等特点，因此，拍卖甚至被认为是最适合开展电子商务的交易方式之一。作为一个拍卖平台的电子商务系统，通常应具备如下功能。

- 对发起拍卖或参与拍卖的用户信息进行管理，尤其要记录其参与拍卖的历史信息，其中包括信用等。
- 允许注册用户在平台上发布信息，介绍所要拍卖的产品的图片、规格、特色等信息。
- 按照既定的拍卖规则，允许竞买客户利用拍卖平台参与对拍卖品的竞价。
- 提供基于银行或其他专门机构的支付。

3.2.2 开展可行性研究

在确定了初步的系统需求之后，人们对于将要开展的业务、将要建设的系统已经建立起了初步的认识，换句话说，对要做的事已经做到心中有数，此时，就需要从技术、经济等角度，对这件事情的可行性进行认真分析，以便为决策提供依据，这就是可行性研究的工作内容。

在进行可行性研究时，首先需要考虑的是企业有可能采用哪种方式建设规划中的电子商务系统，是依靠自主开发，还是选择外包开发，抑或是租用某一现成的平台？市场上是否存在符合要求的成套解决方案？如果选择自主开发或外包开发，是否有可能部分采用市场上已有的软件包产品？等等。凡此种种的问题都需要规划人员认真加以思考，其中的要点在本书的 2.2 节有专门论述。通常情况下，为简便起见，在进行初步的分析、判断和评估之后，应去除那些完全不可行的、存在致命缺陷的或明显不如其他方式的选择，然后针对余下的方式进行详细的可行性分析。

一般而言，可行性分析主要从以下几方面入手：技术可行性、经济可行性和进度可行性，下面对它们分别予以介绍。

1. 技术可行性

技术可行性分析主要是确定提出的建设目标在现有技术条件下是否有可能实现。这里所说的现有技术条件，应该是指社会上已经比较普遍地使用了的技术、本公司已经掌握或能得到的技术，不应把尚在实验中的新技术、公司不能得到的技术和尚不确定的管理方法作为分析依据。

技术可行性分析可从设备条件和技术力量两方面来进行。

设备条件方面的分析内容应包括：

- 是否已有服务器？如果有，是否满足需求？如果没有，是否可能购买到？
- 是否已有局域网？是否已有 Internet 接入通道？已有的带宽是否满足需求？
- 是否需要特殊的外设？是否可能购买？

- 其他考虑因素还包括 PC 配置情况、网络安全措施、电力负载容量等。

技术力量方面的分析主要考虑从事系统开发与维护工作的技术力量，考虑在系统开发、使用和维护各阶段需要的系统分析人员、系统设计人员、程序员、操作员及软硬件维修工程师等各类专门人员能否满足要求。如果不满足要求？在一定时间内经过培训是否能满足？在人才市场是否能找到满足要求的人才？是否有合作伙伴满足这种要求？总之，主要从以下几个方面衡量所需技术力量：

- 内部技术力量。
- 外部技术帮助。
- 所用软件是否可以获得。

2. 经济可行性

经济可行性分析主要是对开发电子商务系统项目的投资与效益做出预测分析，即：从经济的角度分析电子商务系统的建设有无价值，分析电子商务系统所带来的经济效益是否能超过开发和维护成本。

经济可行性分析主要是从成本与效益两方面着手进行，其中关于效益的分析已经在 3.1 节中讨论过，下面主要针对成本分析中要注意的问题进行介绍。

在进行成本分析时，应该从多个方面考虑，即应计算所谓总拥有成本（Total Cost of Ownership，TCO），而不是单纯关注某一项或几项成本。一般说来，TCO 的构成包括如下几个方面。

- 硬件成本——含服务器、路由器、防火墙、负载均衡设备等的购置费用。
- 软件成本——含操作系统、Web 服务器、DBMS、应用软件等的使用许可证费用。
- 外包成本——针对有外包任务的项目。
- 人工成本——含项目所涉及人员的工资、奖金等费用。
- 运营维护成本——指项目开发完成，投入运行之后所需的能源费、材料费以及人员费等。

3. 进度可行性

所谓进度可行性分析是指对项目是否可以在可接受的时间范围内得以实施进行评估。在评估进度可行性时，规划人员必须考虑时间和成本的相互关系，例如：加快项目进度可能会使项目可行，但却可能会消耗更大的成本。

其他与进度可行性相关的问题包括：

- 公司或者项目组能够控制那些影响进度可行性的因素吗？
- 在系统开发阶段，哪些条件必须被满足？
- 加快进度会带来什么风险吗？如果会，这些风险可以被接受吗？
- 可以采用什么项目管理技术来协调和控制项目？

4. 其他方面的可行性

此外，针对实际项目还应有针对性地考虑一些其他方面的可行性问题，例如：

- 项目的建设及运营，尤其是未来的运营过程中，是否存在可能违背现行法律、法规的内容？
- 认真评估市场方面的情况，是否可能存在市场在短期内饱和等风险？
- 假如新的商务模型中涉及较为关键的合作伙伴，则目前所选择的合作伙伴是否可靠？是否稳定？假如与其合作出现问题，是否能在短期内找到新的合作伙伴？
- 是否存在来自政策方面的风险？

3.2.3 制定实施方案

根据可行性研究的结论，接下来的任务就是制定实施方案。在这一环节，首要的是确定建设方式，即：依据已进行的分析、对比结果，并经企业决策层的定夺，最终选择确定一种建设方式。

确定建设方式之后，便需要着手制定相应的项目实施方案，对后续的工作进行计划。这一部分的工作内容可参见 2.3 节中“项目启动阶段”和“项目计划阶段”部分。在此不再赘述。

当然，如果某一项目可行性研究的结论是不可行，或不适宜、或不值得建设，那么，这一部分的工作也就自然不必再往下进行。

3.3 参与制定电子商务系统规划的人员

由于电子商务系统无论在技术上还是运作方面牵涉的内容很多，这一系统又没有唯一的成功道路，所以在电子商务系统的规划过程中，能够尽可能多地吸收多方面的意见和建议是非常必要的。

那么我们需要什么样的人员参与呢？首先，毫无疑问，企业的经营人员是非常必要的，因为他们了解企业的核心业务是什么，对于企业现在甚至未来的赢利点有清醒的认识，而且他们对企业与其合作伙伴的联系与协同过程也非常清楚。

其次，还需要企业外部的专业技术咨询人员、咨询顾问专家参与。专业技术咨询人员会对企业电子商务系统需要的技术及集成提供建议。与此同时，电子商务方面专门的咨询顾问则会对企业的未来和商务模式设计提供有用的建议、案例，甚至他们对电子商务方面的一些启蒙性的讲座对企业的经营者来说都是很有启发的。

第三，规划过程中应当包括各方面的专业技术人员。这些人员包括负责控制项目进度的项目管理人员、熟悉 Internet 和计算机网络、数据通信方面的技术人员、熟悉 Web 应用开发人员。

最后，有电子商务成功运行经验的合作伙伴、有电子商务营运经验的人员（例如某些 ISP）能够参与，对于系统规划也是很重要的，尽管他们对企业的业务不熟悉，但是他们对企业未来电子商务运行及管理会有很多建议。

综合以上的分析，可将电子商务系统规划的制定人员归纳到表 3-1 中。

表 3-1 电子商务系统规划的人员组织

规划人员	领域知识	对规划的贡献
企业领导层	企业的核心业务 业务流程	控制、决策
企业经营人员	市场 客户 产品 业务流程 增值点、业务延伸 与其他企业的协作 转向电子商务的需求	商务模式 服务内容 业务流程重组 对业务逻辑的决策 系统评估 运行决策
咨询顾问： 商务顾问	 电子商务 成功案例 系统设计 项目实施	 商务模型规划建议 商务系统规划建议 系统设计建议 系统投资与收益建议
技术顾问	系统设计 技术产品 系统集成	业务逻辑实现 系统外部接口 系统集成 系统实施
其他咨询人员： ISP 或者成功的电子商务运营商	 电子商务运营经验 经营风险	 商务模式建议 系统运行管理
物流专家	物流及供应链管理	企业供应链设计
金融投资顾问	项目风险评估	投资效益评估

续表

规划人员	领域知识	对规划的贡献
技术人员： 项目经理	规划组织 协同工作 知识管理	规划实施 项目风险 项目管理
网络专家	Internet/Intranet/Extranet 数据通信 网络互联 设备	网络基础设施规划 网络互联 数据交换
Web 应用专家	B/S 计算模式 HTML/HTTP/信息发布 分布式应用 数据库/数据仓库 Web 应用开发	客户服务 应用平台 应用逻辑设计
其他人员（如文档管理人员、法律人员等）	特定的专业知识	规划建议及辅助工作

3.4　电子商务系统规划的成果

根据不同的项目、不同的环境，电子商务系统规划成果的形式也是不同的，其中，比较常见的有 3 种：可行性研究报告、方案建议书或招投标文件，它们分别适用于不同的场合，其内容和格式也有所不同。

3.4.1　可行性研究报告

可行性研究报告常作为企业内部文件出现，即：从事系统规划的是企业的内部人员，可行性研究报告作为其工作成果，被呈报到企业管理人员乃至企业决策层手中，以帮助他们进行决策。撰写可行性研究报告的另一种可能的情况是，企业雇请了某咨询公司或研究机构等专门为其提供管理咨询和 IT 咨询，这种情况下的可行性研究报告作为合同规定的交易内容，将被提交给委托企业，以帮助其决策人员做出决策，同时帮助其管理人员组织和管理后续的建设任务。

基于上述背景，可行性研究报告通常包括如下内容。

1．企业拟开展的新的电子商务模式的战略目标

在可行性研究报告的开头，应该首先将战略规划阶段形成的、源于企业决策层最初动机的、经过整理、归纳、总结后获得的企业拟开展的电子商务模式的战略目标加以明确，并以尽可能简练的语言加以阐述。

2. 企业拟实施的新的电子商务模式的经营策略

接下来的内容是同样在战略规划阶段形成的、企业未来拟实施的电子商务经营策略，即：要通过语言及图表，描述出将来计划依赖于新系统实现的经营手段、经营措施。

3. 市场调查与竞争能力预测

对于拟实施的经营策略，应通过市场调查等手段，对其市场前景进行定性或定量的预测。并将调查方法、调查结果及分析结论写到可行性研究报告中。同时，报告中还应将本企业与相同或相近行业内的企业进行必要的对比，以分析评估本企业在可能面临的竞争环境中的优势和不足，以帮助进行可行性分析。

4. 电子商务系统的建设目标

通常，可以利用一个长句将电子商务系统的建设目标概括清楚，有时，也可在此基础上，将目标分解为几个小的分目标，并分别阐述清楚。

5. 电子商务系统的建设内容

利用信息系统的语汇，针对拟着手建设的电子商务系统如何贯彻落实前面已确定的经营策略，进而实现经营目标，从功能、性能等方面进行诠释，列出对未来系统的初步要求。

6. 技术可行性和成熟性分析

除 3.3.2 节中已讨论过的技术可行性分析相关话题外，着重对本系统建设过程中拟遵循的技术路线及可能应用的关键技术加以阐述。

7. 风险分析

对系统建设过程中可能遇到的风险进行分析，并提出相应的规避方案。

8. 成本分析与收益预测

给出建设过程中及投入运营后的成本预算，并列出其计算依据，同时，对系统建成后的收益进行合理预测，评估项目的经济可行性。

9. 建设方式

基于本项目的实际情况，对不同建设方式下的利弊进行深入分析，并给出建议的方式。

10. 进度计划

运用项目计划的相关理论、方法，借助于甘特图、网络图等手段，给出项目的时间进度计划。

11. 人员组织

对建设和运营规划中的电子商务系统所需的人员结构、数量、组织方式等提出建议。

12. 资金筹措与投入计划

对建设和运营本系统所需的资金来源进行说明，并对其筹措及投入计划加以阐述。

3.4.2　方案建议书

方案建议书也是在电子商务系统规划中常见的一种成果形式。它有时是作为一种合同约定的服务内容，由作为受委托方的咨询公司提交给咨询服务的委托方——正计划建设新的电子商务系统的企业。此外，在非公开招投标的情况下，方案建议书有时也作为代表自己实力及合作意愿的载体，由有意参与系统建设的专业公司，提交给系统的建设方，以争取说服建设方企业将系统的全部或部分开发任务，外包给自己。后一种情况尤其在国内目前仍有不少应用。

方案建议书的编制一般需要其编制者事先对建设方企业进行认真调研，以掌握其目前所确定的战略规划内容，同时了解企业内的相关背景情况，并进行初步的需求分析，在此基础上，提出关于系统建设内容、系统组成等的建议方案。

方案建议书的内容及格式五花八门，但一般都需要包含以下内容。

1．背景

阐述建设本系统的由来及相关的企业内外环境现状，这一方面是为后面的方案设计进行铺垫，另一方面，也可借此向建设方传达一个信息——我方已经深入理解了本项目的背景。

2．已确定的电子商务战略目标及经营策略

同样，将自己所理解的拟通过本系统实现的战略目标及经营策略罗列出来，其目的同上。

3．电子商务系统建设目标

这一条通常就需要建议书编写者自己进行总结了，它可以直接反映出编写者对于本项目的理解与建设方企业自己确定的目标相一致的程度。

4．建设原则

阐述自己在编制本建议书及将来如果参与承建本系统时将遵循的原则。

5．系统组成

对作为本项目成果的电子商务系统的体系结构提出建议，描述组成系统的各个部分及其相互关系。

6．主要功能

介绍新系统中拟实现的主要功能。其详略程度与从功能角度对系统进行规划的成果相当。

7．软件平台

介绍计划采用的新系统运行的软件平台，包括操作系统、数据库管理系统、Web 服务器、应用服务器、开发平台等。

8. 硬件组成及网络拓扑结构

介绍计划采用的新系统运行的硬件平台及网络环境。

9. 系统建设概算

给出基于上述建议方案计算而得的系统建设费用。

10. 实施建议

从进度及人员等方面进一步提出系统实施建议。

3.4.3　招投标文件

与前两种成果形式相比，招投标文件最为正式，它其实包括两部分：一部分是招标文件，另一部分是投标文件。前者一般由系统建设方（即甲方）组织管理人员、业务人员、IT 人员、法律顾问等各个领域的专家共同编制，后者则由竞标企业（即乙方）依据招标文件的要求自行编制，作为招标文件的应答响应。

1. 招标文件

招标文件中除投标邀请、投标人须知、投标文件格式要求、合同条款等商务方面的内容外，还有一项重要内容是对投标技术方案的要求。其中商务方面的内容一般可由招标代理公司代为准备，或在律师的指导下完成。技术方案要求则可召集技术专家与业务专家一起共同组成专家组，负责讨论和起草。在技术方案要求中，重点从功能及性能需求的角度提出投标方案应满足的条件。需要注意的是，在描述这些条件时，应控制其详细程度，既不能漏过关键内容，也不要对投标方案形成过多约束，应留给投标方一定的空间进行发挥。这样，一方面可以避免投标方案之间过于同质化，不利于评标；另一方面，也有利于通过投标得到最优的方案。

2. 投标文件

与招标文件一样，投标文件同样包括了商务与技术两部分，其中商务部分主要包括资质证明、报价及说明、商务承诺等，技术部分则重点针对招标文件中技术要求部分逐条予以响应，以提供两方面的信息：一是承诺，即承诺自己能满足招标文件所提要求；二是解决思路，即应通过技术方案中的描述告诉招标方自己是如何满足要求的？在撰写技术方案前，应逐字逐句认真阅读招标文件，以保证对其所有内容均给出响应。一般情况下，技术方案应尽可能满足招标文件中的所有要求。如果自己的解决方案确实与招标文件要求有不同之处，则应详细说明其原因，以证明己方坚持本方案的理由。此外，在商务部分与技术部分均应以表格或其他形式对招标文件中所有内容进行逐条应答，明确“满足/不满足”、“同意/不同意”、“包含/不包含”等意见。

案例 3.6——家具公司电子商务系统

红河谷家具公司是一家中型家具生产企业，其生产的民用及办公家具在国内市场上具有一定的知名度。目前，该家具公司在其深圳总部设有一个生产基地，在北京及其他一些大中城市设有若干办事处及门店，负责各地的市场及销售业务。

公司所生产的家具以标准化的系列产品为主，同时也承接定制业务，即用户在选定公司某一产品之后，可以根据自己的情况对其尺寸进行修改定制，公司收取一定比例的定制费。

经过多年的发展，企业陆续建立起了财务系统和生产调度系统，并在相关业务部门安装了 AutoCAD 软件，以帮助进行家具的设计工作。

近来，通过各种渠道，企业负责人对电子商务有了一些了解，对其产生了浓厚的兴趣，于是考虑是否可以将电子商务也引入本企业的经营活动中，并以此为契机，对企业的信息化工作进行全面、认真的规划，以期通过信息化手段的运用，帮助企业提高效率，增加收益。为此老板要求企业的相关人员邀请某 IT 咨询企业为其进行规划，并提交可行性研究报告。

以下就对该可行性报告的内容进行简单介绍。

（1）企业开展电子商务的经营目标

经与企业管理人员反复交流，最终确定现阶段企业开展电子商务的目标主要包括 3 个方面，分别是：

- 增加企业销售额。
- 降低企业经营成本。
- 更有效地招纳人才。

（2）经营策略

从上面所确定的目标出发，结合企业作为家具公司的业务特点及现有条件，确定企业在初期主要实施以下几条经营策略。

① 通过网络进行企业品牌形象宣传。

② 产品展示。利用丰富的图片及其他资料展示企业当前销售的各种家具的外形、尺寸、材质等信息，帮助进行产品宣传。

③ 网上销售产品。

- 重点针对办公家具，建立网上商城，实现网上订货。
- 网上订货时允许客户在现有产品基础上进行尺寸、材质的定制。
- 向客户提供其订单当前处理情况的跟踪服务。

④ 利用电话和网络处理报修及服务。

- 允许客户在网上进行家具的咨询、报修。
- 结合 Call Center 开展客户服务。

⑤ 网上招聘。

（3）市场调查及竞争能力预测

首先，针对家具行业开展电子商务的现状进行调研，结果如下：

目前家具行业开展电子商务的企业有不少，其中国外很多家具厂商都提供了网上购买的服务（如www.furniture.com、www.ikea.com 等），但国内家具企业主要是通过网络进行品牌及产品宣传，目前未见实行在线销售的厂家。

其次，编制调查问卷，在多个家具城附近，针对过往行人进行了随机抽样调查，以对市场情况进行预测。

市场调查的问题主要针对以下方面设计。

- 愿意（可能）通过网络查找民用/办公家具信息的消费者比例为多少？
- 阻碍用户通过网络查找民用/办公家具信息的因素有哪些？
- 愿意（可能）通过网络购买民用/办公家具的消费者比例有多少？
- 阻碍用户通过网络购买民用/办公家具的因素有哪些？
- 假如用户在线购买了家具，其希望的支付方式依次是哪些？
- 愿意（可能）通过网络寻求售后服务的消费者比例有多少？
- 关于家具，用户希望了解哪些方面的信息？
- 用户更新民用/办公家具的周期一般为多长？

（其余略）

针对以上各项内容的答案按年龄组成、职业分类、收入等级、单位性质等进行分析，得出结论：所确定的经营策略具有一定的市场潜力，……（详细内容略）

最后对本企业实施前述经营策略的优势进行分析，并得出如下结论。

- 用户信任度：具有一定的名牌知名度，用户相对较为信任。
- 经营策略上：在线销售重点针对办公家具进行，而对民用家具初期还是主要依靠店面销售。
- 利用电子商务的手段，能够充分发挥企业可定制生产的优势。

（4）电子商务系统的建设目标

基于上述分析和决策，拟定目前电子商务系统建设的目标如下：

利用相关信息技术，建立同时面向个人及集团客户的电子商务系统，帮助企业开展市场推广、产品销售、售后服务等活动，同时，通过与企业内生产、管理等环节的信息系统进行整合，促进企业提高运营效率，降低运营成本，最终增加企业收益。

（5）建设内容

- 门户网站。
- 企业信息内容管理：含企业招聘栏目信息管理。
- 产品展示（搭配环境的效果图）。

- 产品信息内容管理。
- 购物车。
- 产品规格定制。
- 订单跟踪。
- 支付。
- 网上报修。
- 呼叫中心。
- 留言板/讨论区管理。
- 客户信息管理。
- 统计分析。

此外，还确定了如下建设策略：

- 建立基础设施并与原有系统进行整合。
- 建立容错及故障恢复机制。
- 外购平台，支持呼叫中心功能。
- 外包开发其他的核心功能对应的信息系统。

（6）技术可行性和成熟性分析

① 技术路线。

- 外购与外包相结合。
- 在制定企业信息化全面规划的基础上，建设电子商务系统。
- 尽可能整合、利用原有的信息系统。

② 关键技术。

- 家具效果图的动态显示技术。
- 在途跟踪技术。
- 支付技术。

（7）风险分析

① 网上虚假购物。

规避方案：先收取订金，再投入生产。

② 外包、外购产品的维护问题。

规避方案：在外购方面，选择成熟的产品。

在外包方面：

- 选择较有实力，信誉比较有保障的承包商。
- 加强合同管理及项目过程监管。
- 在合同中对系统未来的维护进行约定。

③ 与已有系统之间的整合可能遇到问题。

规避方案：准备多套技术方案。

（8）成本分析与收益预测

成本分析主要针对以下几个方面进行（具体数值略）：

- 外购产品价格估计（依据某产品）。
- 外包费用估计。
- 设备购置费用。
- 网络改造费用。
- 运营成本，包括Internet接入费和人工成本。

同时，明确第一年的系统目标收益如下：

- 品牌知名度提高5%。
- 名牌信任程度增加5%。
- 网上销售额第一年达100万元。
- 客户反映问题处理周期降低50%。

（9）建设方式

如前所述，决定系统的建设采用外购与外包相结合的方式：

- 外购平台，实现呼叫中心功能。
- 外包开发其他的核心功能对应的信息系统。

（10）进度计划（略）

（11）人员组织（略）

（12）资金筹措及投入计划（略）

本 章 小 结

本章就电子商务系统开发建设过程中的第一个阶段——规划阶段进行讨论。首先，阐述了规划的两个层面及其相互关系，这两个层面分别是：主要针对商务模式转变的战略规划与主要针对技术实现的系统规划。之后，分别介绍了这两种规划的主要工作内容，并通过列举典型的经营目标、经营策略以及若干案例帮助读者更深入地理解相关概念与方法。本章的后两节专门对制定电子商务系统规划的人员组织及3种常见的成果形式做了介绍。

在学习本章时，读者应结合网络营销类课程相关内容，充分领会电子商务战略规划的基本步骤及方法，同时，还应理解从战略规划到系统规划的视角转换以及相应的基本思路，了解开展可行性研究、制定实施方案的常规方法，掌握撰写可行性研究报告及方案建议书等的基本要领。

思 考 题

1. 电子商务经营目标与经营策略之间存在什么关系？试举例说明。

2. 假设某企业确定采用建立面向经销商的网上订货平台的经营策略，请据此分析提出其初步的系统需求。

3. 仿照下例以各 50~150 字的篇幅描述下面两项功能：购物车、库存管理。

例：供应链管理中的运单管理——运单管理功能针对每一笔货物运输请求生成一条具有唯一标识的运单记录，并提供对已有的运单信息的修改、维护以及备份转存等操作，此外，利用该项功能还可根据货物名称、交货时间、发到站等信息查询相应的运单，并可对运单信息执行统计、分析任务。

实 践 环 节

1. 上网选择主营电子商务与非主营电子商务的企业网站各 1~2 个，通过浏览其网站的自我介绍，观察其版块设置等，尝试对其经营目标、经营策略及相应的电子商务系统功能进行归纳总结。

2. 假定你是一个试图从事电子商务的人员，打算从事网络上的玩具、音像制品或其他消费品的销售，请制定你的电子商务战略。

3. 假定你的同学准备将实践环节 2 中制定的电子商务项目外包给你，你打算如何制定相应的系统规划?

4. 从以下几个题目中选择一个，考虑其实施的可行性，并就此拟定一份可行性报告的框架。要求不能简单地给出可行或不可行的结论，而应结合调查和分析，得出较为全面、客观的报告：

（1）为学校餐厅及周边餐馆提供网上订餐服务。

（2）建立校内旧货转让网上市场。

（3）在校内开设一家小超市，并提供网上订货及送货上门服务。

（4）面向邻近高校建立化妆品或体育用品网上商店，提供网上订货及送货上门服务。

第4章 电子商务系统的分析

系统分析又称需求分析，是信息系统建设生命周期（SDLC）模型中的一个重要阶段。在这一阶段，系统分析人员首先需要搞清楚在一个组织内部，现有的系统是如何工作的。这里所说的系统是一个广义的概念，它既可以指一个信息系统，也可以指一个人工系统，或者是上述两者的混合系统。之后，系统分析人员还需要搞清楚，针对一个新系统，用户希望它如何工作。

在 SDLC 中，系统分析阶段介于系统规划与系统设计这两个阶段之间。在这一阶段，系统分析人员围绕规划阶段确定的系统目标，按照规划阶段制定的方案，遵循规划阶段划定的边界范围，开展需求分析工作，其工作成果——需求分析报告及针对新系统建立的模型是开展系统设计的基础，需求分析是系统设计前必须经历的一个步骤。

系统分析的目的是获取系统需求信息，而这种需求信息从功能和性能两个角度描绘出了系统的行为特征。

电子商务系统的系统分析与一般信息系统的系统分析相比较，存在一些差异。一般地，传统信息系统的系统分析主要是调查企业内部的要求，描述企业内部数据流程及其相关的处理，而这些内容基本上是已经存在的，或者说是手工作业可以完成的，甚至于企业已经存在了有关的信息系统，即所谓的旧系统。进行电子商务系统的系统分析时，一方面，要了解企业开展电子商务所涉及的部门，除企业内部相关部门外，还包括其他外部对象，如客户或供应商等；另一方面，还要了解如果企业的电子商务活动尚未开展，企业并没有相关的手工流程，也没有相应的系统存在，未来需要建设的电子商务系统基本是全新的，而且在现实中，企业的业务人员对电子商务系统可以为他们带来什么好处、提供哪些支持往往也并不是非常了解。这种情况下，在系统分析阶段，系统分析人员不仅要针对企业内部进行调研，也要针对客户或供应商等相应的外部实体进行调研，不仅要了解企业现有的商务活动是如何开展的，而且要利用自身对电子商务的了解，在电子商务规划的指导下，创新性地进行业务设计，并结合典型的电子商务系统的常见功能，总结、归纳出企业未来电子商务系统的需求，描绘出未来系统所应实现的功能。

鉴于电子商务系统分析的对象就是企业的商务活动及其相应的业务需求，因此，本章将首先就企业经营过程中的基本商务活动及各种商务活动中典型的电子商务业务需求进行讨论，然后再从方法论的角度对电子商务系统分析的基本过程和方法进行简要介绍，最后重点对进行系统分析时所要用到的主流的软件工程方法进行介绍。

4.1　企业经营过程中的基本商务活动

在进行电子商务系统的系统分析时，需要了解企业经营过程中的基本商务活动、各类商务活动的特点、电子商务对企业商务活动的改善，使系统的调查分析过程具有针对性，同时有利于对企业电子商务业务活动的创新。

企业经营过程中基本的商务活动主要包括市场（Marketing）、销售（Sale）、订货（Order）、支付与交付（Payment & Delivery）和售后服务（Service）环节。这些环节有些是以企业自身为中心的（例如营销、客户服务），有些是客户的主动行为（例如订货、选购），也有一些是双方共同完成的（例如合同的履行）。在这些商务活动之间存在着信息的流转，如图 4-1 所示。在电子商务环境中，这些环节可能有一定的变化，各个环节需要实现的基本目标及变化情况见表 4-1。

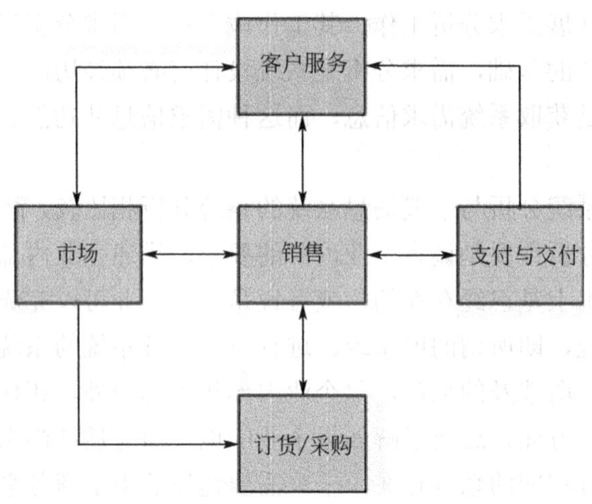

图 4-1　企业的主要商务活动及其间的信息流转

表 4-1　企业商务活动中各环节分析

商务环节	描　述
市场（Marketing）	市场活动的目标： • 增加客户对企业及相关产品或服务的认知程度 • 为企业发现潜在的商业机会，发掘潜在客户，发现客户需求 • 培养客户的忠诚度 要点： • 企业的形象 • 产品或服务的竞争力

续表

商务环节	描　　述
市场（Marketing）	• 客户（包括已有的和潜在的） • 发现客户的需求 借助于 Internet，电子商务还可以： • 获得不受地域限制的市场宣传空间 • 减少对外界力量的依赖，直接面对潜在客户 • 拥有最廉价的信息发布渠道 • 直接通过客户的浏览及消费历史记录获取用户需求信息
销售（Sale）	销售过程实质上是为用户提供备选产品或服务的过程，这一过程包括产品或服务的发现和选择两个基本环节 销售活动的目标： • 与顾客达成交易，并使交易结果符合企业利益需要 要点： • 产品的信息及描述 • 产品对客户的吸引力 电子商务中的销售活动可以： • 为客户提供发现产品的新渠道 • 带来交易方式的变革 • 使交易免受地域的限制 • 直接产生电子化的交易记录
订货/采购（Order）	订货/采购的目标： • 满足企业生产和销售的需要 要点： • 供应商的选择 • 运输 • 库存量 利用电子商务系统可以： • 优化订货需求 • 帮助扩大供应商的选择范围，优化供应商选择结果 • 提高订货过程的效率 • 改善对运输过程的监管
支付与交付（Payment & Delivery）	支付与交付的过程也就是履行订单的过程 支付与交付活动的目标： • 完成费用的给付 • 完成产品的包装、运输和递交 • 完成产品所有权的转移 要点： • 时间 • 费用

续表

商务环节	描　述
支付与交付 （Payment & Delivery）	电子商务系统可以： • 提供丰富而便利的支付手段 • 实现交付过程可视化 • 追踪订单执行过程 • 提供无形产品的交付渠道
服务（Service）	服务（或者客户服务、售后服务）是在上述环节完成后所产生的活动。它是前面活动的总结和新商务活动的准备。 服务活动的目标： • 培养客户忠诚度 • 从服务中发现客户需求，为市场及销售提供依据 要点： • 订单完成情况的检查 • 产品使用情况的反馈 • 订货及客户历史记录 • 客户行为分析 电子商务可以： • 提供新的客户服务方式（在线、远程、动态） • 使服务超越地域和时间的限制 • 加快服务的反馈 • 提供 One-To-One 的个性化服务 • 提供自助式服务 • 进行服务过程的记录及发掘

企业经营过程除了以上这些基本商务活动环节外，还包括企业内部的管理（如财务、人力资源管理等）以及生产过程的管理等。

4.2　典型的电子商务业务需求

企业的电子商务可以划分为 B2B、B2C 等几种模式。具体到某个企业，因为产品和服务的不同，所以需求千差万别，但是在几种典型商务模式的业务需求方面，还是具有一定共性的。了解这些典型需求，对于具体企业的电子商务系统分析，总结归纳系统对其目标系统的需求是有帮助的。

4.2.1　B2C 的电子零售系统的基本需求

B2C 的电子零售系统是目前比较成熟的一种电子商务模式，也是服务于个体消费者的零售企业应用得最为广泛的一种电子商务模式。支持这种电子商务模式的电子商务系统应当满足消费者购买过程中的各种需要，帮助消费者更好地做出购物的选择。

B2C 电子零售系统的基本需求包括如下几个方面。

1. 用户管理需求

- 用户注册。
- 注册用户信息管理。

2. 客户需求

- 提供电子目录，帮助用户搜索、发现需要的商品。
- 进行同类产品比较，帮助用户进行购买决策。
- 商品的评估。
- 购物车。
- 为购买产品下订单。
- 撤销和修改订单。
- 能够通过网络付款。
- 对订单的状态进行跟踪。

3. 销售商的需求

- 检查客户的注册信息。
- 处理客户订单。
- 完成客户选购产品的结算，处理客户付款。
- 能够进行电子拍卖。
- 能够进行商品信息发布。
- 能够发布和管理网络广告。
- 商品库存管理。
- 能够跟踪产品销售情况。
- 能够和物流配送系统建立接口。
- 和银行之间建立接口。
- 实现客户关系管理。
- 售后服务。

此外，从目标系统的构成上看，B2C 的电子商务系统至少包括以下 3 个部分：

- 商品管理子系统：商品信息管理、发布。
- 交易子系统：处理订单、支付。
- 客户管理或客户关系管理子系统。

4.2.2 B2B 电子商务的基本需求

1. B2B 电子商务的基本形式

企业与企业之间的电子商务主要有两种形式，即传统的 EDI 方式和电子交易市场方式。

传统的 EDI 方式指企业按照 EDI 的相关标准完成相互之间的交易，这种方式已经有比较规范的定义，相对比较成熟，在有关的著作当中已经有很多阐述。这里主要介绍的是基于因特网的 B2B 的电子商务。

B2B 的电子商务之所以被称为电子交易市场，其原因在于它通过虚拟的、功能完备的电子中介将不同的企业联系在一起，从而消除了传统交易过程中中介众多的弊端，这样不仅使各个企业的协作和联系更为紧密，更为重要的是由于消除了中间环节，可以降低企业生产中的成本，增加企业的利润。例如，通用汽车公司每年需要从 2 万多家供应商那里购买 20 余万种产品，总采购额超过 1 000 亿美元。传统的采购方式是通过信函邀标的方式进行的，这一招标过程经常要经过几轮、几个月的时间，招标成本较高。为了改变这一局面，通用公司开发了 TradeXchange B2B 交易系统，利用系统对每笔订单进行对比，以帮助决定供货商，从而使这部分工作的管理成本降低了近 40%。

B2B 电子商务的基本形式如图 4-2 所示。

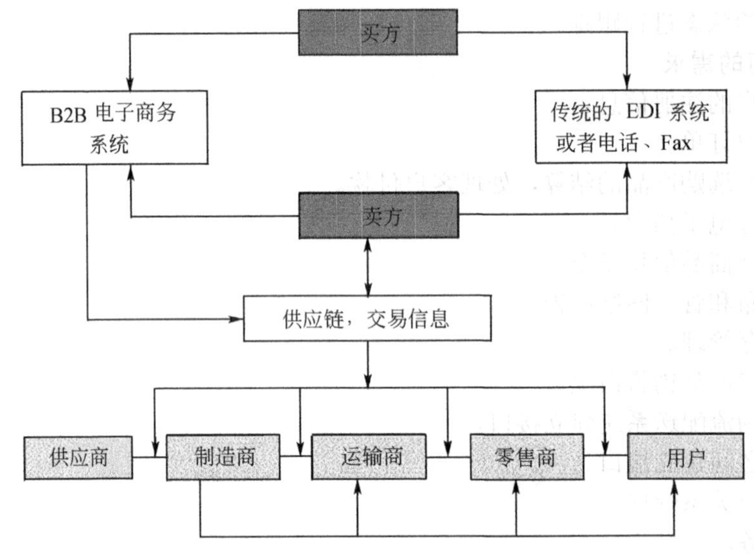

图 4-2　B2B 电子商务活动中的供应链关系

2. B2B 电子商务中的主要实体

B2B 的电子商务活动中，主要参与的用户包括卖方企业、买方企业、中介（如银行）、物流企业（含运输、仓储、包装等）和政府机构（如税务、海关等）。

B2B 电子商务活动中处理的信息主要包括：

- 产品或服务——性能、规格、价格等。
- 买卖企业——名称、特点、产品、销售历史等。

- 供应商——名称、产品、交货方式、价格等。
- 运输企业——名称、运输路线、运力、费用等。
- 仓储企业——名称、仓储能力、费用等。

3. B2B 电子商务的基本需求

（1）会员管理

所有参加交易的机构都必须先注册成为会员，同时，系统提供完善的会员管理机制。注册会员可在网上进行产品信息发布及销售（卖方）产品、浏览购买（买方）。会员管理包括会员身份管理、会员资料管理和权限控制。

① 会员身份管理。

一个会员机构中将只有一个机构管理员，但可定义多个交易操作员，这些操作员可具有不同权限。一般成员可分为两大类：管理员和一般会员。管理员负责用户角色分配、产品目录管理、组织管理及一些日常的管理工作。

② 会员资料管理。

- 审批交易会员及其成员的注册申请。
- 创建新的交易会员。
- 注销会员资格。
- 修改交易会员信息。
- 删除交易会员信息。

会员注册允许新的成员（用户或组织）进入交易市场进行交易，并在注册过程中收集成员信息，这些信息可用于以后的用户个性化服务。

非注册用户也可以进入交易市场，但他们的行为可能要受到限制，如只能浏览产品目录，无权进行交易。

③ 权限控制。

（2）产品目录管理

主要包括：

- 目录管理。交易会员（卖方）可在平台上发布自己的产品信息，包括创建新的产品信息、设置交易方式、选择修改产品信息、删除产品信息。
- 目录视图。包括目录浏览、管理产品、我的目录。
- 目录查找。用户可按产品名称、描述或产品交易类型进行查找。

（3）审批流程

主要包括：

- 注册审批。
- 交易审批。创建、修改和删除交易物品、合同验证、合同提交。

（4）订单管理

- 当交易会员通过标准价格或合约价格方式采购产品时，可先将需要采购的产品放入购物车中，当采购完毕后，可进入购物车浏览选择的产品并修改购物车中的内容。
- 对购物车内容修改完毕后，可生成采购订单。若交易会员采购多家其他交易会员（卖家）的产品，每个卖家生成一张采购订单。

（5）交易定价

- 定价销售。
- 协议价格：买卖双方就某种产品的价格进行协商。
- 请求报价。

（6）拍卖与投标采购

- 电子拍卖。
- 电子采购。

（7）网络支付

4.2.3 企业信息门户的基本需求

企业信息门户 EIP（在 7.2 节将会进一步介绍）是电子商务系统的一个重要组成部分。一般的企业电子商务系统建设之前，只对企业业务活动进行分析，很难完整地提出有关信息门户的用户需求，所以在系统需求分析的创新分析当中，必须考虑这一典型需求。

一般而言，企业信息门户网站的需求主要包括：

- 企业基本信息发布。
- 企业动态与新闻。
- 企业产品与服务。
- 搜索与索引，可帮助用户尽快找到相关的信息。
- 电子邮件与客户反馈。
- 用户访问统计。
- 网站访问分析与统计。
- 个性化服务。
- 电子社区。
- 相关链接。

4.2.4 电子商务的物流配送系统需求分析

物流配送是电子商务企业交易后，完成实物流动的重要环节，很多电子商务企业在建立电子商务系统时，也会考虑有关物流配送方面的需求。在一般的电子商务环境下，物流配送系统的需求主要包括如下内容。

1. 合约议定

合约议定的过程是物流服务极重要的一环。传统上，当每一季或每一年重新议定物流合约时，物流服务商与货主之间的谈判，多是基于直觉或短期的印象，并无实际的数据分析来辅助；再者，由于合约谈判的过程耗时耗力，货主往往无法寻找更多的物流服务商进行议价及比价。合约议定就是物流服务商和货主就服务的价格进行协商。

2. 仓储管理

（1）收货管理

仓库可以在验证（根据预先到货通知及采购订单）或是未验证（无预先到货通知或采购订单）模式下收货。仓储管理系统可接受经由键盘输入、电子数据交换（EDI）或是专属主机接口输入的采购订单及预先到货通知等信息。

（2）储放管理

在仓库接收货物进入仓库后，必须确定货物的储位（即货物放置的位置），以便进行货物状态查询等仓储管理。储位的安排可以根据货物的性质、货主要求、商品编号预先指派，或根据到货当时的空置储位机动指派。

（3）出货通知

仓储管理系统可以利用键盘输入、电子数据交换或是专属主机接口来接收出货通知。经由电子数据交换或是专属主机接口的方式，又可分为定时批次作业或单笔自动作业两种模式。

（4）拣货管理

仓储系统根据出货通知及装载计划，编制拣货计划，安排拣货业务。

（5）循环盘点

为了确定存货实际数量与系统所计算的存货数量相吻合，仓库将依照事先决定的固定周期，根据货物品项进行盘点。盘点工作的分派则可依据货物类别或储位区域安排。

（6）实物盘点

实物盘点的目的在于将在库货品进行全盘清点。一般而言，这项作业需要安派两组各自独立的职工来执行。通过比较两组职工的盘点结果，找寻并改正其差异，再将此结果与仓库管理系统的账面数量进行比较，再次寻找与改正差异，最后将此最终盘点结果登录到仓库管理系统中。这项作业能确保实际库存数量与仓库管理系统的账面数量能够相符合。

3. 货物追踪

不论货物是在仓库内或在运输途中，物流业主或货主均能追踪了解货物的状态。物流企业可以授权客户，直接向仓库管理系统与运输管理系统进行查询，使客户得以取得实时的信息，避免以往诸如传真与纸上作业造成的延误。在追求效率的同时，必须保障信息的安全控管，严格限制客户仅能查询与其自有货物的仓储与运输相关的信息。

4．运输管理

（1）舱位预订/运输订单

运输订单是运输管理系统为客户安排运送货物的根据。运输订单的内容，包含货物明细、运送日期、地址及运送路线。当客户的出货通知输入仓库管理系统后，通过系统整合，转换为运输订单进入运输管理系统，再由运输管理系统进行货物装载计划编制。

（2）装载计划编制

装载计划编制是运输管理系统接收到运输订单（单笔或多笔）的需求后，进行货物装运计划安排的过程。装载计划编制可以经由人为判断来进行，亦可运用软件自动编制。

（3）装载计划确认

装载计划确认是运输管理系统向货运业者提出装载计划后，对货运业者决定接受或是拒绝装载计划的确认。这是一个来回交涉的过程（可能牵涉不止一家货运业者）。运输管理系统将货运业者所接受的装载计划传送至仓库管理系统，仓储管理系统据装载计划和运输订单进行拣货计划编制。

（4）装载确认及装载组合更改

仓储系统在完成拣货计划后，装载确认的信息将会从仓库管理系统传送到运输管理系统，以提供给货运业者制定派车计划进行实际装载。在装载确认的过程中，运输管理系统可以对最后实际的装载组合进行查核，或是进行必要的更改。装载确认通常用来确定货物的材积、重量、数量等相关信息。

（5）运输状态更新

运输管理系统将采集和更新货物运输状态，并提供给相关单位或货主。当货车司机向仓库回报货物接受单位和个人签收送货单的信息时，仓库管理系统将此货物送达交付信息上传运输管理系统，系统浏览器将自动更新货物的运输状态（即“已送达”）。

5．客户管理

对于第三方物流企业，其客户可能为买方、卖方或运输业者。除了客户的基本资料（如名称、地址等）之外，尚有许多与客户有关的资料需要加以管理，如产品信息（编号、计算单位等）、装箱方式（依体积、重量或数量等而定）、储位信息（储存区、拣货区等）。

6．费率管理

由于面对各种不同的客户，专业第三方物流企业必须有能力通过不同的方式来管理其费率，以配合客户的需求。如可根据合约类型，定义各式费率加以管理，其中包括基本费率（收货、储存、运送等）、加值费率（如包装、装配、贴卷标等）及其他特殊费率等。

7．账务管理

能产生应收账款、应付账款及总账明细，供自行转入会计系统中以利后续的财务作业。

8．报表管理

能产生详细的报表，供物流企业与客户进行有效的仓储管理与运输管理。各种标准的报表可自仓库管理系统与运输管理系统处取得。除此之外，由于所有资料均存放于关联性数据库中，因此可轻易开发定制化报表，以满足不同的特殊需求。

4.3 电子商务系统分析的过程

4.3.1 信息系统分析的基本思路

在系统分析阶段，需要全面、准确地了解企业的现状和对未来系统的要求。该阶段最为关心的问题是要解决系统到底要“做什么”的问题，至于“怎么做”的问题，可以等到系统设计阶段去完成。因此，在系统分析阶段需要对企业生产、经营全过程的数据收集、存储、加工、处理和传递等信息处理工作进行调查分析；此外，系统分析阶段还要调查和分析企业的主要商务活动的功能，如数据处理、预测、计划、辅助决策和公共信息服务等。系统分析完成后，技术人员能够明确企业商务活动的内容、数据和处理过程，理清企业各项业务活动的相互关系。从某种意义上讲，系统分析的结果就是建立起表述企业业务流程的清晰的、准确的、动态的模型。

那么，怎样才能建立起这种能够清晰而完整地描述企业商务活动的模型呢？在一个企业中有不同的业务，而且即使是一项相对独立的业务活动，其处理过程也可能涉及种类繁多的对象。例如，企业中有不同的商务活动，包括销售、市场、财务等，以销售为例，可能处理的对象又包括产品、顾客、订单等。面对这样一个复杂的问题，人们从不同的角度提出了很多不同的方法，有代表性的方法主要分成面向数据/过程的结构化分析方法和面向对象的分析方法。

尽管每一种分析方法都有其各自的特点，但是这些系统分析方法的共同思路可以归结为“自顶向下、从静到动、去伪存真、不断迭代”。

所谓“自顶向下、从静到动”，主要指系统分析过程的层次和顺序。“自顶向下”意味着系统分析首先从比较宏观的抽象层次上进行分析，在结构化分析方法中，体现为数据和处理过程不断细化；在面向对象的分析方法中，这一思路体现为对象的层次不断丰富，识别抽象出父类后，再考虑子类、派生等细节。

“从静到动”则意味着系统分析过程可以先从孤立的个体出发，然后再考虑不同个体的联系；首先考虑业务的静态特征，然后再考虑其动态行为。在结构化分析方法中，这一思路体现为先独立分析企业商务活动中的实体、处理过程、数据，然后将实体与数据、数据和处理过程联系起来；而在面向对象的分析中，则体现为先识别独立的对象，然后考虑对象之间的关系；先进行静态分析，然后进行动态分析等。

“去伪存真、不断迭代”主要体现系统分析过程的反复性。所谓“不断迭代”表明系统分析过程是一个不断深入的过程。由于系统分析是自顶向下在不同抽象层次上进行细化的过程，所以在每一层当中，分析方法是类似的，在每个分析层次上可以不断地、重复地利用相应的分析方法；另外，在实际的系统分析过程中，不见得通过一次就能了解清楚企业的所有需求，可能需要重复若干次系统分析后，才能明确把握企业对目标电子商务系统的要求。在这种情况下，每次分析过程都可以用同样的方法，去除不确切的地方，以便了解企业商务活动的真实状况。

4.3.2　电子商务系统分析的基本过程和方法

案例 4.1——铁路物资总公司电子商务系统

铁路物资总公司是位居国内物资流通行业前三强的企业，主要负责铁路部门燃油、机电产品、配件等消耗材料的采购、供应。在全国各地拥有上百个仓库、铁路专用线，并依托自身的优势，开展第三方物流服务。2000 年铁路物资总公司决定利用电子商务降低企业的采购成本，拓展企业市场空间。2000 年 11 月建立了由公司业务人员、科研人员、IBM 和 i2 公司有关人员组成的项目组负责电子商务系统的规划、开发。

物资总公司在电子商务系统的规划阶段，确定了其未来的商务模式由“B2B 的电子交易市场、第三方物流平台和企业内部集采专供”3 个部分组成。在这一规划的指导下，项目组开始对公司总部、全国 17 个办事处、物流仓库等单位进行了艰苦、细致、深入的调查分析。在调查过程中，采用了用户交流会、问卷调查等形式，收集了企业现有的报表、历史数据，然后针对各项业务，总结归纳了每项业务的功能、数据和业务处理过程，并在此基础上，分析了未来要建设的电子商务系统中应该处理的业务对象、各个业务对象的加工处理过程及相互关系。这种分析过程从 2000 年 11 月持续到 2001 年 5 月，不断将分析的结果与业务人员进行交流，最终给出的系统功能得到了企业的认同。

2001 年 6 月到 11 月，系统完成了编码和调试，2002 年 3 月系统投产运行。2003 年该系统被中国计算机用户协会评为 2002 年十大最佳电子商务系统之一。

由上述材料可以看出，针对铁路物资总公司电子商务系统的分析工作是在规划阶段结束之后进行的，该项工作涉及包括企业的业务人员、IT 专家、承包商等多方人员，其指导纲领是规划成果，其工作范围遍及公司上下。在工作过程中，系统分析人员通过开会、访谈等形式，收集了大量报表、历史数据、访谈记录等信息，通过扎实的需求调查和分析，为系统后来的成功奠定了良好基础。

电子商务系统分析的基本过程主要包括两个环节：其一是需求调查，其二是整理、提炼和建模。但这两个环节并不是简单的前后顺序关系，而是共同构成了一个多次重复和迭代的过程，即：首先进行需求调查，并针对调查结果进行整理、提炼和建模，之后，一方面对已建成的模型进行确认，另一方面进行再次调查，并据此对上一轮的模型进行修改，如此反复，直到所建模型得到用户的完全认可为止。

在进行系统分析的过程中，有以下几个问题需要注意。

（1）关于参与人员

系统分析并不仅仅是系统分析人员的工作，它必须紧密依靠业务人员才能做好。

（2）关于进行分析的依据

进行电子商务系统分析的依据主要来自两方面：一是前期规划阶段的成果，包括电子商务战略规划和电子商务系统规划；另一方面可依据如前所述的典型的电子商务业务需求。

（3）关于需求调查可采取的方式

需求调查可以采取多种方式，如访谈、问卷调查、跟班、查阅资料等，此外，近年来还有一种新兴的方式获得了广泛的认同和应用，那就是2.1.2节所介绍的RAD方法，也称为原型（Prototype）法。

（4）关于需求调查可采纳的资料素材

需求调查可采纳一切真实可信的资料素材，但通常最常见的有：

- 有关机构组成和职责的规定。
- 报表。
- 历史数据。
- 访谈记录。
- 相关法律、法规、文件等。

案例4.2——家具公司电子商务系统分析

依据规划阶段确定的建设方式，家具公司在咨询公司的协助下，针对外包开发内容进行了招标，通过竞标，选择了某系统集成商作为中标企业，承担开发相应软件系统并与软硬件平台相集成的任务。另一方面，公司在咨询公司的帮助下，对Call Center的需求做了进一步细化，同时，对市场上的Call Center产品做了广泛的调研，在认真的遴选之后，确定选用某厂商的产品。

中标集成商在中标并与家具公司签订合同之后，开始组建项目组，在投标文件的基础上，详细制定项目计划，并着手执行。

在项目执行中，首先做的就是由集成商的系统分析人员与家具公司管理人员、各业务部门负责人、业务骨干以及咨询公司人员一起，开展需求调查工作。在需求调查活动中，系统分析人员通过查看家具公司组织结构图、阅读企业管理规章等逐渐了解了家具公司内部相关业务部门的设置情况、各自的工作职责、相互关系；然后，从各种报表及表单入手，仔细了解相关业务的工作流程、不同部门之间的信息流转以及每一步活动的工作成果等；在此基础上，与家具公司的人员一起确定未来建成的电子商务系统可能会对哪些环节产生影响、如何利用电子商务系统来辅助这些业务的实现、针对各项建设内容所需功能的详细描述、性能指标要求等，借此形成需求调查报告。以下是需求调查报告的部分内容：

《需求调查报告》（部分）

作为营销策略的组成部分之一，本公司对所售家具提供上门维修服务。保修期内完全免费，保修期外主要收取材料费，保修期自交货之日起算计一年。

维修服务的工作过程如下。

① 首先需要由客户进行报修，报修方式有两种，分别是网络和电话。

② 所谓通过网络报修是指：客户登录我公司主页，并打开专门的报修页面，利用该页面填写报修单。原报修单格式及内容见报修单。经技术人员与管理及业务人员交流之后，确定在原报修单内容基础上，增加几项内容，以利于今后的管理。修改后的栏目内容包括：客户姓名、电话、地址、报修时间、家具品类名称、故障现象、购买时间、方便的上门时间等。其中，客户姓名和电话是必填内容，其余可以选填。电话最好能同时填写固定电话和移动电话，但其中至少应填写一项，如仅填写固定电话，要求同时填写方便联系的时间。报修时间最好由系统自动生成。家具品类名称应提供选择，且最好是多选（客户有可能一次要求修理几件家具）。此外，原报修单上的填报时间与填报人两项内容保留，但不在此处填写，而由进行电话确认的客服人员填写。

<table>
<tr><th colspan="4">报　　修　　单</th></tr>
<tr><td>客户姓名</td><td></td><td>电话</td><td></td></tr>
<tr><td>地址</td><td></td><td>家具品类名称</td><td></td></tr>
<tr><td>故障</td><td colspan="3"></td></tr>
<tr><td>填报时间</td><td></td><td>填报人</td><td></td></tr>
</table>

③ 如果用户选择电话报修，则可以拨打本公司的指定客服电话，由客服人员接听后，将报修信息录入系统，信息的具体内容与网络报修的一样，但要求所有字段都填写，即客服人员将引导客户提供所有需要的信息，并负责录入。客服人员录入的界面应该从客服系统进入，且在录入时应自动记录接听电话人员的姓名、编号。

④ 对于网络报修的记录，客服人员将能够及时看到，并根据其填写情况采取不同的处理措施，如果该报修记录未填写联系电话，则该记录将被标为无效，如果已填写联系电话，则客服人员将拨打所登记的电话号码，向其核实所填内容，同时，补充报修时未填写的内容。填报时间、客服人员（填报人）的姓名、编号同时可以被自动记录。

⑤ 无论采用哪种方式进行的报修，都将生成一份修理任务单，并被转到维修部门，维修人员将根据其接到报修的时间先后、位置、方便的上门时间等，初步排定修理时间，并与用户电话联系进行确认。

⑥ 维修人员上门为用户进行维修服务，并将结果录入系统。可能的结果有几种：

- 未修理，此时应录入具体原因。
- 免费修理，此时应录入损坏部件、损坏原因、修理结果。
- 收费修理，此时应录入损坏部件、损坏原因、修理结果、收费金额等。

⑦ 所有维修记录保留以供统计分析，帮助改进产品质量。

⑧ 客服人员在看到维修结果之后三天之内将对客户进行回访，以了解维修结果、维修人员服务态度等信息，并记录在案。

4.4 系统分析的软件工程方法

4.4.1 结构化分析方法

结构化分析方法的基本出发点是：一个计算机处理系统是由数据流和一系列的处理转换过程构成的，处理转换过程将输入数据流转化为输出数据流，即计算机数据处理过程可以归结为“输入数据（Input）→处理转换（Process）→输出数据（Output）”这样的 IPO 过程，所以结构化分析方法将分析的重点集中于数据及其处理过程。

结构化分析方法采用数据流图（Data Flow Diagram，DFD）作为刻画数据流及其处理转换的工具，通过一些图形符号表述数据源、数据流向、处理转换等；此外结构化分析方法采用数据字典（Data Dictionary，DD）来表示各类数据；可以通过判定表、决策树的方式描述处理转换的过程和细节。

1. 数据流图 DFD

数据流图以直观的形式描述系统中数据的流动和数据的变化。需要注意的是，数据流图和程序设计中的程序流程图（Flow Chat）是不同的，数据流图关心的是企业业务系统中的数据处理加工的客观过程，并不关心未来电子化处理的加工过程；数据流图中流动的只是数据，并没有控制过程，但在程序流程图中，必须有控制逻辑。

数据流图的基本元素包括数据流、处理、实体和存储，如图 4-3 所示。

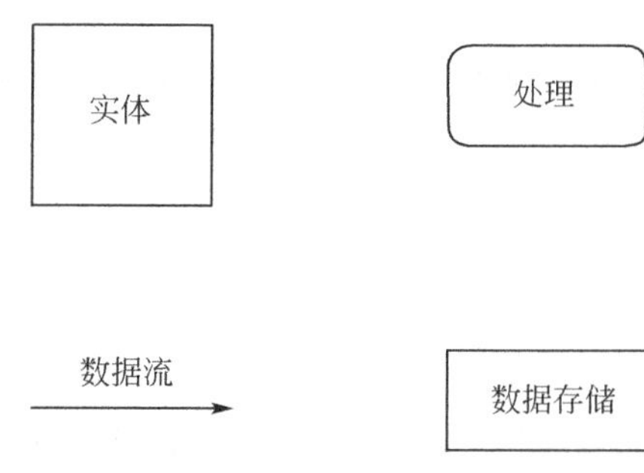

图 4-3 数据流图的基本元素

（1）数据流

数据流是数据在系统内传播的路径，由一个或一组数据项构成。除了数据存储之间的数据流以及一些含义比较明显的数据流不用命名外，其他数据流应该用名词或名词短语命名。数据流的准确定义可由数据字典给出。

（2）处理

数据处理也称为数据加工，它表示对数据流的某些操作或变换。每个处理要有名字，通常是动词短语，简明地描述完成什么处理。在分层的数据流图中，处理还应有编号。

（3）数据存储

数据存储指暂时保存数据，这些数据可以是数据库表、文件或其他任何形式的数据。流向数据存储的数据流可理解为写入存储或提交查询请求，从数据存储流出的数据可理解为从存储设备读数据或得到查询结果。数据存储也可有编号。

（4）实体

实体代表了系统边界之外的，与系统存在数据交换的人员、组织或其他系统。

需要注意的是，这些符号都是概念性的，也就是逻辑上的表达。数据流可以是一张订货单，也可以是一个发货单，也可以是由通信线路传递来的某项数据请求。数据流相当于工厂中的传送带，那么对数据流的处理逻辑就相当于工厂里的工人，它把数据用某种方法转换成另一种形式的数据，例如计算应付款或是合并某项数据等。数据存储的地方可以是库存账本、产品目录表，也可以是磁盘上的一个文件。数据的来源或去处可以是人或单位。

当被分析的系统比较复杂、庞大的时候，可以在不同抽象层次上，采取“分而治之”的方式，可以通过逐步细化的方法来减少问题的复杂度。在使用 DFD 时，可以采取分层的 DFD 方式，自顶向下逐步求精。例如可以将一个企业的销售部门、财务部门先当成独立的一个处理过程，然后再细化销售部门内部。

2．数据字典

在结构化分析方法中，单纯采用 DFD 很难具体表示出数据的详细内容，例如在某系统的 DFD 中，有一个数据流是“订货单”，订货单的内容究竟是什么呢？DFD 无法回答这一问题。所以结构化分析方法又采用数据字典描述数据的细节。

例如，在上述例子中，订货单实际上至少包括了 3 项主要内容：一是有关订货单本身的标识，如编号、日期；二是有关顾客的详情，如单位名称和地址等；三是有关配件的详情，如配件名称、价格等。采用数据字典可以将其表述如下。

- 订货单：
  - ➢ 订货单标识
  - ➢ 顾客详情
  - ➢ 配件详情

同 DFD 的逐步求精类似，数据字典中的数据也可以逐步求精，例如该订货单可以进一步细化为：

- ➢ 订货单标识
  - ✧ 订货日期
  - ✧ 订货单编号
- ➢ 顾客详情
  - ✧ 单位名称
  - ✧ 联系人姓名
  - ✧ 电话
  - ✧ 开户银行
  - ✧ 账号
- ➢ 配件详情
  - ✧ 名称
  - ✧ 规格
  - ✧ 配件编号
  - ✧ 数量

3．建模过程

在结构化建模过程中，数据流图表达了系统的数据来源和去向，指出了系统的各个逻辑功能，同时也说明了一个逻辑功能可以通过一组数据元素和另一个逻辑功能联结起来。在数据流图中还表示出了每一个要进行数据访问的数据存储。在对数据流图中每一个数据流详细分析以后，要把它所有的数据元素以及由这些数据元素组成的数据结构明确定义出来，并把它记录到数据字典中去，作为对数据流图的补充和解释。对数据流图中的每一个逻辑功能都可以采用“自顶向下”的方法逐级分解成更为详细的数据流图，直到每一个逻辑功能不可再分为止。这样就可以用判定树、判定表、结构式语言等方法表达这个处理逻辑。数据流图中的每一个数据存储，对其内容都要经过仔细分析，要尽量简单，必须对数据存储结构规范化，以保证数据的一致性。

数据流图的绘制可以使用很多工具来完成，Microsoft Visio 是最常用的工具之一。Visio 作为一个专门的绘图工具，提供了非常丰富的形状（Shape）库（即图元库），并利用模具（Stencil）对其进行分类管理。使用 Visio 时，应首先选择绘图类型（Drawing Type），系统会自动将相应的模具打开，并叠放于窗口左侧，窗口的右侧主要部分是绘图区，下侧通常用于编辑属性、显示输出等其他任务。绘图时，利用鼠标直接将模具中的形状拖放到绘图区的相应位置即可，同时，Visio 提供了种类繁多的连接线，只要将连接线与各个形状的连接点连接在一起，系统就会根据已有的形状对连接线进行动态布局和调整，此外，系统还可以对形状的布局、大小等进行自动调整，从而让使用者更加集中精力于内容上。当图比较复杂、内容较多时，可以将图分块或分层，放在不同的页（Page）中。

利用 Visio 绘制数据流图时，可以选择软件类中的数据流模型图（Data Flow Model Diagram）。默认情况下，系统将自动打开一个模具—— Gane-Sarson，其中包含了 4 个形状，分别是：处理（Process）、接口（Interface）、数据存储（Data Store）和数据流（Data Flow）。

Visio 的使用界面如图 4-4 所示。

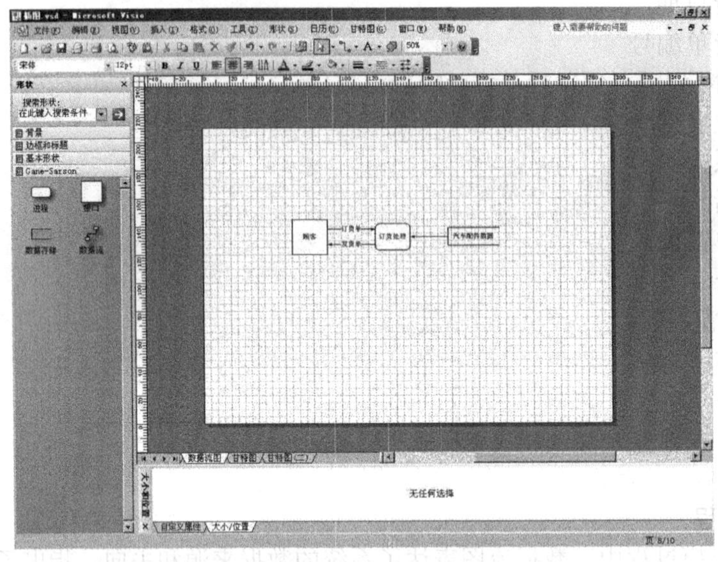

图 4-4　Visio 使用界面示例

案例 4.3——家具公司电子商务系统数据流图

根据需求调研结果，集成商的系统分析人员进行了需求建模。假设他们选择使用结构化分析方法，则可得出如图 4-5～图 4-7 所示的数据流图。

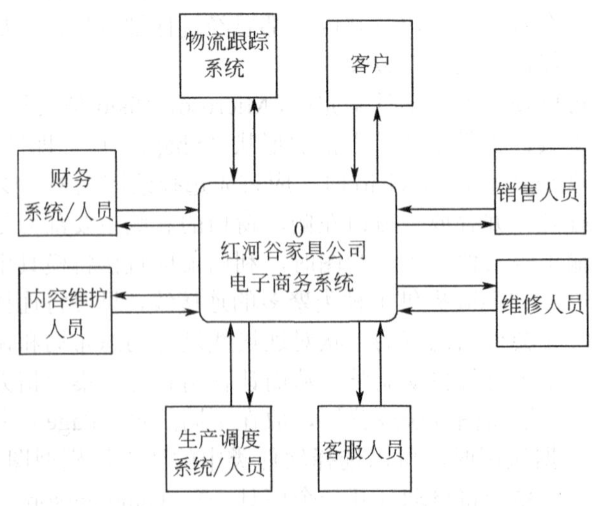

图 4-5　家具公司电子商务系统顶层数据流图

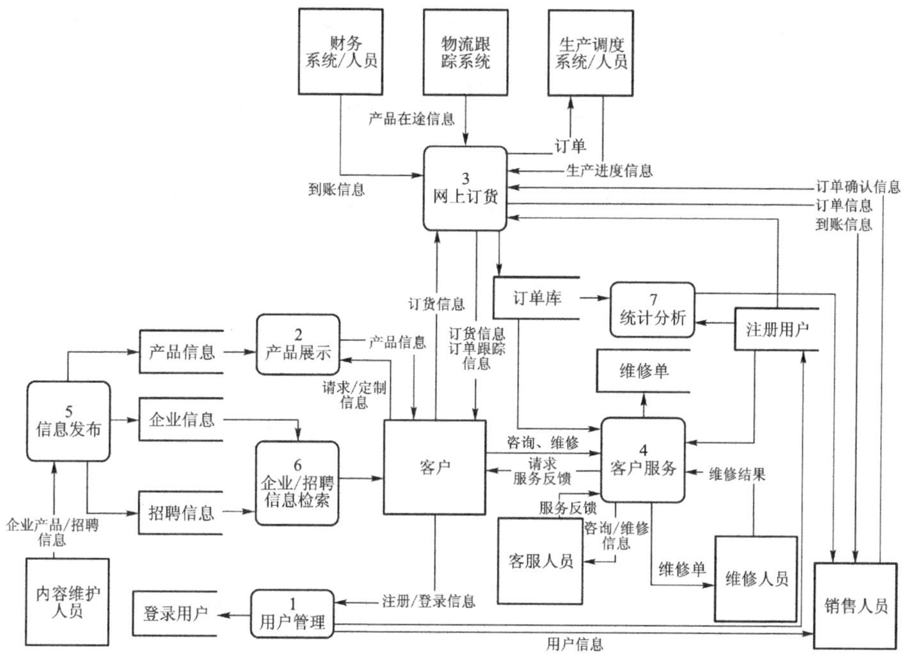

图 4-6 家具公司电子商务系统第 0 级数据流图

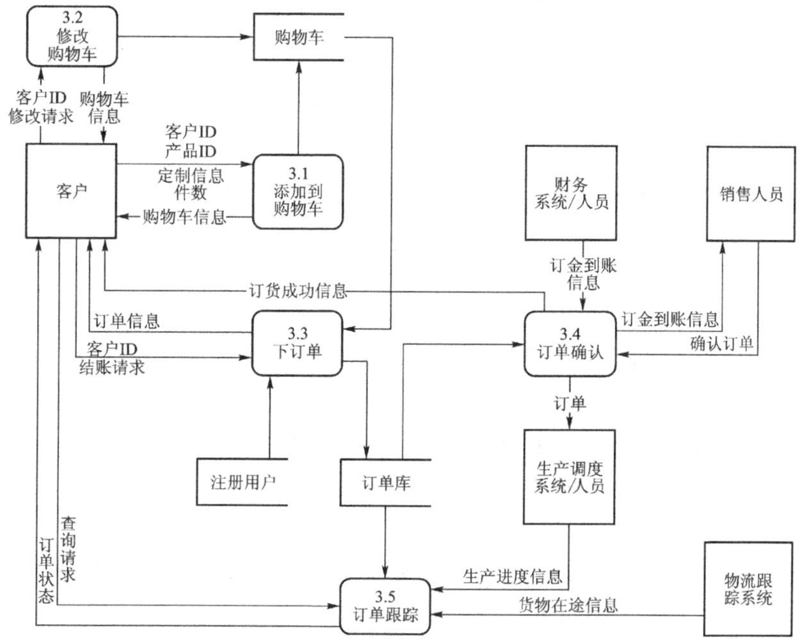

图 4-7 家具公司电子商务系统中网上订货业务数据流图

以上所讨论的结构化分析方法以实现功能的过程为中心，而用户的需求变化主要是针对功能的，且功能变化往往会引起较大的结构变化，因此，系统稳定性不好。此外，由于系统有明确的边界定义，且系统结构依赖于系统边界的定义，因此这样的系统不易扩充和修改， 可重用性（Reusability）也较差。为此，人们开始研究如何克服面向过程模型的这些缺点，于是提出了新的系统分析设计方法体系，这就是面向对象的分析设计方法。

4.4.2 面向对象的分析方法

面向对象方法的基本思想是：由于现实世界由相互联系的各种事物组成，每一事物均有其自身的属性和特定的行为，因此，不妨遵循此思想，以最自然的形式针对现实世界中的问题建模，并按人们通常的思维方式对问题进行求解，以期简化问题模型，降低求解难度。

在面向对象的方法体系中，有几个基本的概念，即“类”、“对象”和“消息”，其中对象是最核心的概念，它具有如下属性。

- 所有的事物都是由对象构成的，任何复杂的事物都可以通过对象的某种组合结构构成。
- 对象包括属性和方法两方面内容。属性描述的是对象的信息特征，例如一张订单的订单号、日期等；方法描述的是改变订单属性的操作处理，例如订单的编辑。
- 对象之间的联系主要是通过消息的传递来完成的。
- 对象可以按照属性进行归类。类和类之间可以有继承、派生等多种关系。

面向对象的分析方法有很多，历史上曾经发挥巨大影响的有 Coad/Yourdon 方法、OMT 方法和 Jacobson 的 OOSE 方法等。但近年来出现的一种新的方法体系，将这几种方法融合在一起，集中了它们的诸多优点，因此，迅速成为了最有影响力的一种方法，这就是基于 UML 的分析方法。

UML（Unified Modeling Language，统一建模语言）于 1996 年由 Rational 公司的 G. Booch、J. Rumbaugh 和 I. Jacobson 共同提出，并由若干大公司共同推荐，为 OMG 所采纳，进而成为可视化建模的事实标准。本节将主要针对 UML 建模的方法和技术进行介绍。

UML 主要包括 UML 语义和 UML 表示法两个组成部分。

- UML 语义描述基于 UML 的精确元模型定义，也就是 UML 所有元素在语法、语义方面的说明。
- UML 表示法描述了 UML 的各种图形符号的使用方法。这些图形符号分别是使用者实例图、静态图（含类图、对象图、包图）、行为图（含状态图、活动图）、交互图（含顺序图、合作图）、实现图（含部件图、配置图）。

UML 的特点主要体现在如下几个方面。

- 它是一种可视化的语言。
- 它是一种可用于详细描述的语言，具体表现在 3 个方面，即精确、无歧义和完整。
- 它是一种构造语言，既可用于正向工程，也可用于逆向工程。
- 它是一种文档化的语言。

UML 目前主要应用于软件系统的分析、设计工作中，但它同时也可被用于其他领域的建模中。

1. UML 的基本元素

UML 中的基本元素主要有类、对象、用例（Use Case）和参与者（Actor），此外，还有一类元素是专门用于连接其他元素的关系（Relation）。

（1）类

UML 中类的表示法如图 4-8 所示，它具有以下特点：

- 表示由 3 部分构成。
- 必须包含名称，其余可省略或陆续添加。
- 可说明属性及操作的可见性。
- 可说明属性的类型。
- 可说明操作的参数、返回值。

（2）对象

UML 中对象的表示法如图 4-9 所示，它与类的表示方法基本相同，两者的主要区别在于：

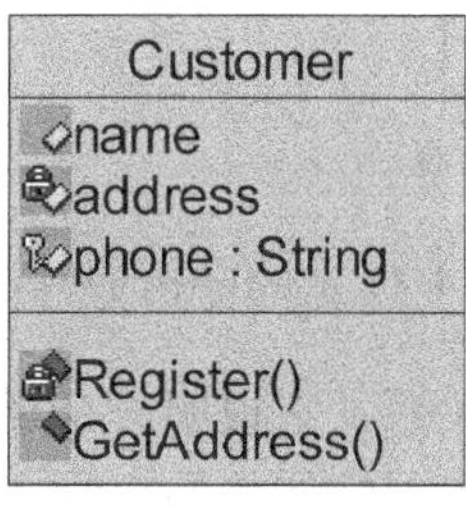

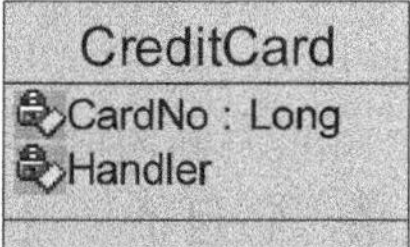

图 4-8 UML 中的基本元素——类

张三 : Customer

系统分析与设计

图 4-9 UML 中的基本元素——对象

- 表示由两部分组成。
- 没有操作。
- 必须包含名称。
- 名称带下划线。
- 名称后可跟类名。
- 其余可省略或陆续添加。
- 可说明属性的类型。

（3）用例

用例的表示如图 4-10 所示，使用实线椭圆，椭圆内可包含其名称。

（4）参与者

参与者是指存在于作为研究对象的系统之外的实体，可以为人、机构、设备和系统等，利用人形表示，通常仅包含其名称。参与者的表示如图 4-10 所示。

（5）关系

在 UML 中，最基本的关系有 3 种，分别是依赖关系、关联关系及泛化关系，它们的表示如图 4-11 所示。

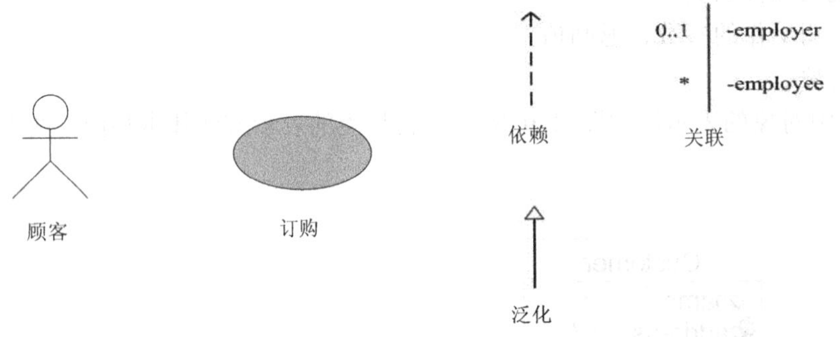

图 4-10　UML 中的基本元素——参与者与用例　　　图 4-11　UML 中的基本元素——关系

依赖关系（Dependency）代表了使用与被使用的关系，它说明一个事物规格说明的变化可能影响到使用它的另一个事物。依赖关系的箭头指向被依赖的事物。

泛化关系（Generalization）指一般事物（称为超类或父类）和该事物的较为特殊的种类（称为子类）之间的关系。这里，一个子类可以有 0 个、1 个或多个父类，没有父类且最少有一个子类的类称为根类或基类，没有子类的类称为叶子类，箭头指向被继承的类。

关联关系（Association）代表一种结构关系，它包括了自关联、二元关联和 *N* 元关联等类型。关联可以有一个名称。

图 4-12 给出了几种常见的关系的示例。

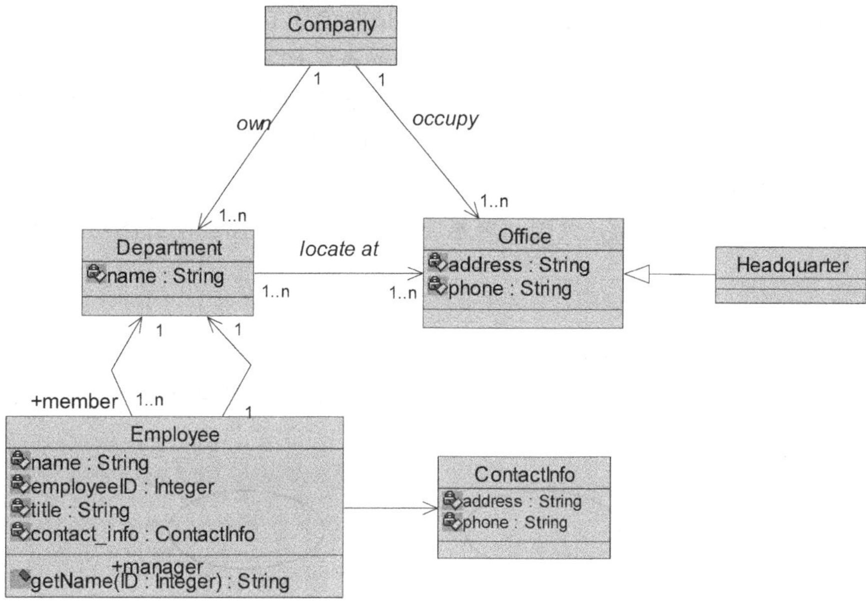

图 4-12　几种常见关系的示例

此外，还有一种特殊的关联关系，名为聚集（Aggregation）。它用于表示整体与部分的关系，以菱形表示，并可进一步细分为共享聚集和组合。

- 共享聚集（Shared Aggregation）：即普通聚集，指整体与部分可以单独存在，以空心菱形表示。
- 组合（Composition）：指整体拥有部分、部分与整体共存这样一种关系，以实心菱形表示。

聚集的表示如图 4-13 所示。

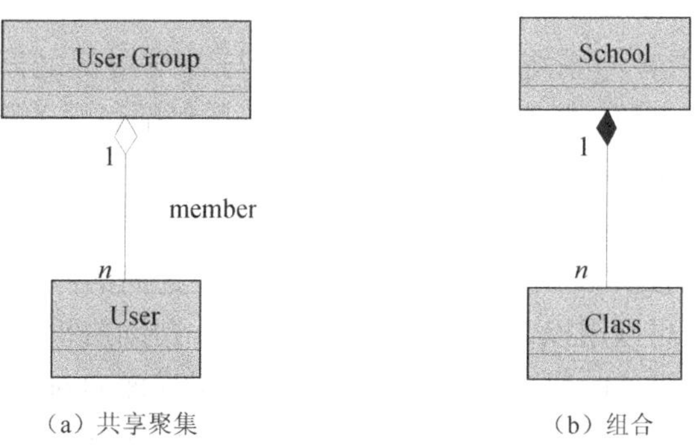

图 4-13　聚集关系

利用 UML 进行系统分析建模的过程主要包括两个环节：

- 静态建模。主要是根据系统需求建立系统静态结构。
- 动态建模。主要描述系统的动态行为，反映各个对象实例在一定消息触发下，状态变化的行为，其最终目的是要使各种静态对象活动起来，使静态对象能够可执行。

2. UML 静态建模

静态建模主要使用用例图、类图、对象图、包图、部件图和配置图对系统进行分析和描述。

（1）用例图

用例图（Use Case Diagram）的要素包括参与者、用例和关系。它描述了谁将是系统的使用者、使用者希望系统提供什么服务（功能）等信息。图 4-14 给出了一个用例图的示例。

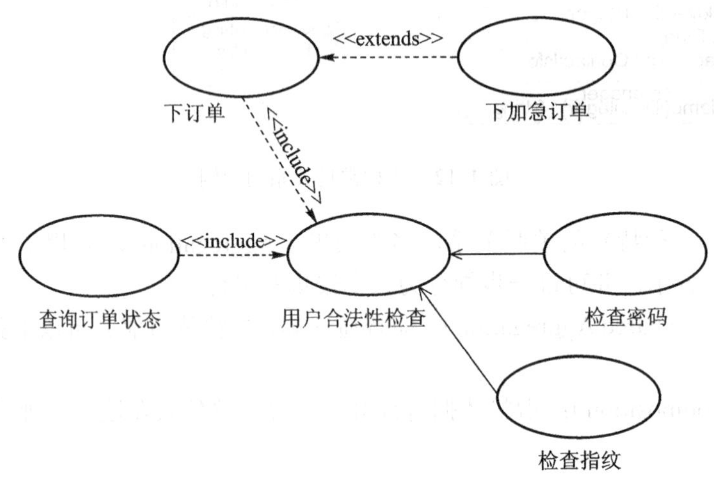

图 4-14　用例图示例

在用例图中，使用者与系统之间的交互（参与者与用例之间的关系）是关联关系（Association），系统所提供的服务（用例）之间的关系包括包含关系（Include）、延伸关系（Extend）和泛化关系（Generalize）。

（2）类图

引入类图（Class Diagram）的目的在于描述类与类之间的静态关系。

在分析阶段，类图可以用以帮助识别系统的主体，帮助辨析系统的属性和行为，描述应用领域中的概念；在设计阶段，类图可以用于直接引导面向对象的设计，描述类与类之间的接口；在实现阶段，类图可以用于描述软件系统中的实现。

前面的图 4-12 和图 4-13 均是类图的示例。

（3）包图

引入包图（Package Diagram）的目的在于将复杂的大系统拆分为若干小系统。这里所说的包是指将若干元素集合成一个更高层次的单位，形成的一个低耦合、高内聚的元素集合。包中的元素也具有可见性。

包图利用类似于文件夹的符号表示包，包图主要用于描述包之间的包含及依赖关系。图 4-15 中给出了一个包图的示例。

（4）组件图和配置图

组件图（Component Diagram）描述各个代码组件的结构及组件之间的相互关系；配置图（Deployment Diagram）则描述系统运行环境，定义系统的软硬件结构。这两个图主要在系统设计和实现阶段使用。

组件图的基本元素是组件，也叫构件，是指定义了良好接口的物理实现单元，是系统中可替换的部分。在 UML 中，组件用一个左侧带有突出的两个小矩形的矩形来表示。组件图的示例如图 4-16 所示，该图表示客户信息管理模块由客户信息维护与客户信息查询统计两个子模块构成。

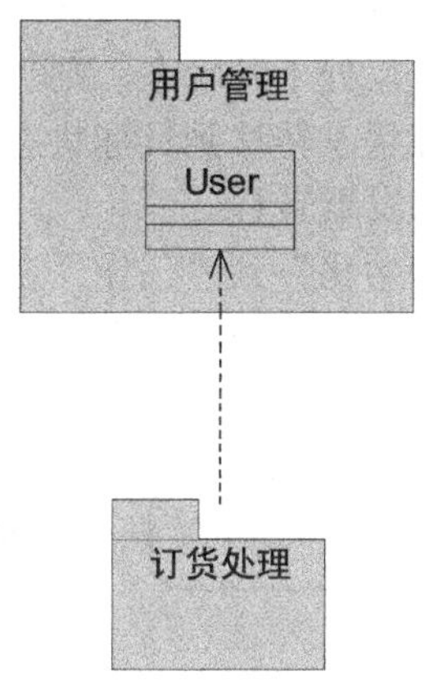

图 4-15　包图示例

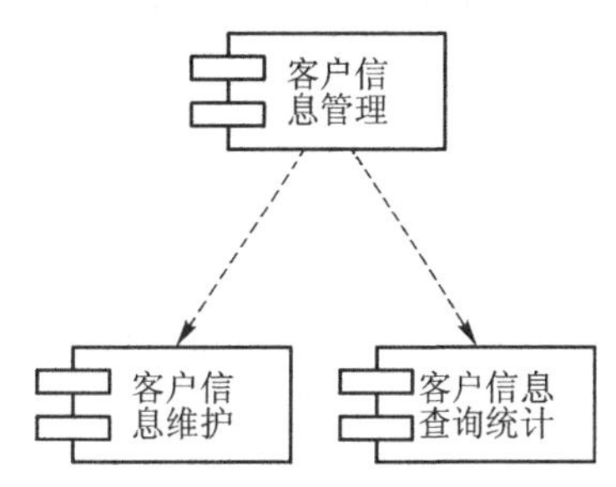

图 4-16　组件图示例

配置图又称为部署图、实施图，其基本组成元素是节点。它是存在于运行时并代表一项计算资源的物理元素，一般至少拥有一些内存，而且通常具有处理能力。在 UML 中，节点被表示为一个正立方体。节点与组件十分相似，其主要区别在于：组件是参与系统执行的事物，而节点是执行构件的事件；组件表示逻辑元素的物理打包，而节点表示组件的物理部署。图 4-17 给出了一个配置图的示例，它表示了一台使用 RAID（磁盘阵列）的服务器及一台 PC 之间的连接关系。

3. UML 动态建模

在 UML 的动态建模过程中，需要描述清楚系统中各个对象是如何操作的，各个对象在外界消息的触发后是如何发生变化的。在 UML 动态建模过程中，主要使用状态图、活动图和交互图来进行描述。

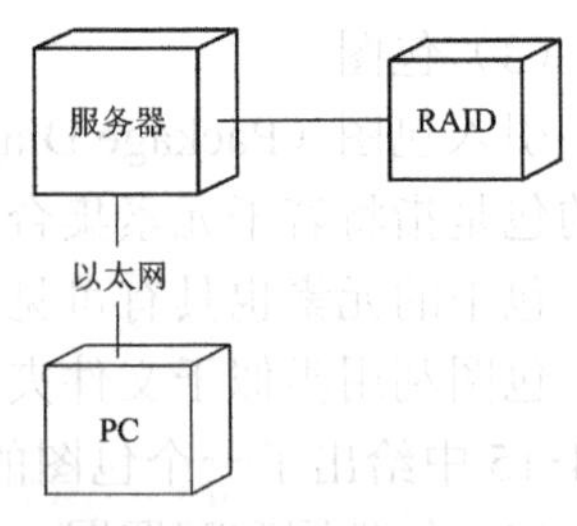

图 4-17　配置图示例

（1）状态图

状态图（Statechart Diagram）用于描述一个实体基于事件反应的动态行为，显示了该实体如何根据当前状态对不同的事件做出反应。状态图的要素有两个，分别是状态和状态转移。其中，除两个特殊状态——起始状态和终止状态外，状态一般使用圆角矩形来表示，起始状态和终止状态则分别使用一个实心圆点和一个带框的实心圆点表示。状态转移使用有向箭头表示。

状态与状态转移均可以设置属性（特征）。状态的属性主要有名称、进入/退出操作、子状态、内部转移、延迟的事件等。其中，所谓子状态是一种状态的嵌套结构，它可以分为顺序子状态与并行子状态两种；内部转移是指在不使状态发生变更的情况下进行的状态转移，即子状态之间的转移；延迟的事件则是指未在该状态中处理而被延迟处理（即进入队列等待由另一个状态中的对象来处理）的一系列事件。状态转移的属性包括源状态、事件触发器、警戒条件、操作和目标状态。其中，事件触发器是指可以触发状态转移的事件；警戒条件则是一个布尔表达式。它们之间的关系是：假设对象处于源状态，则当对象收到触发事件并且满足警戒条件时，就可能引起对象的状态由源状态转移到目标状态。

状态图中允许在状态中嵌套子状态，同时，也允许无触发器转移。

图 4-18 展示了一个状态图的示例。在该图中，由“初始化”到“工作”之间就是无触发器转移，而状态“屏幕保护”中则设置了进入、退出操作，此外，还有内部转移——随机更换图片。

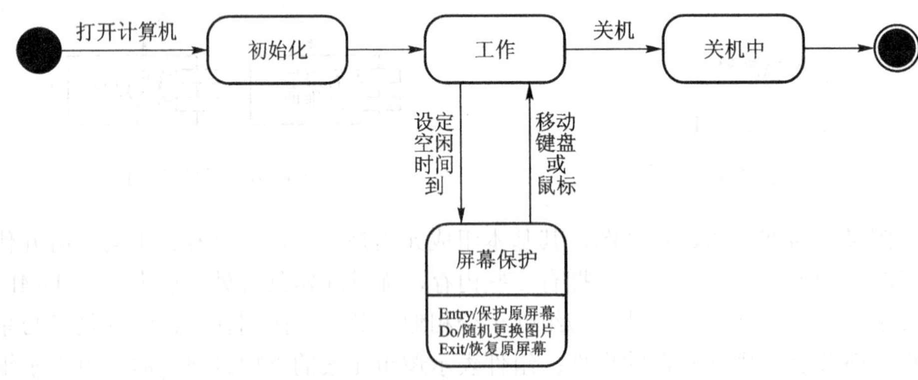

图 4-18　状态图示例

（2）活动图

活动图（Activity Diagram）的本质就是流程图，其要素主要有状态、控制流、对象流等，此外，还包括泳道等。

活动图中的状态一般可分为 4 种：初始状态、终止状态、动作状态和活动状态。其中，动作状态具有原子性、不可中断性和瞬时性；活动状态则与此相反，是可分解、可中断的，且需要占用有限的时间。控制流也称为转换，它又可分为几种主要类型：普通转换、分支、分叉和汇合。分支描述了软件对象在不同的判断结果下所执行的不同动作，用一个菱形表示，它可以有一个进入转换和两个或多个输出转换。分叉和汇合则用于对象在运行时存在两个或多个并发运行的控制流时。对象流表示在活动中输入或输出的对象。泳道用于将活动图中的活动状态分组。

图 4-19 中展示了两个活动图的示例：图 4-19（a）中“采购原材料”与“建造”之前就是分叉，之后，紧跟着是汇合，在上面的菱形则代表分支；图 4-19（b）是一幅带泳道的活动图，其中，还展示了对象流。

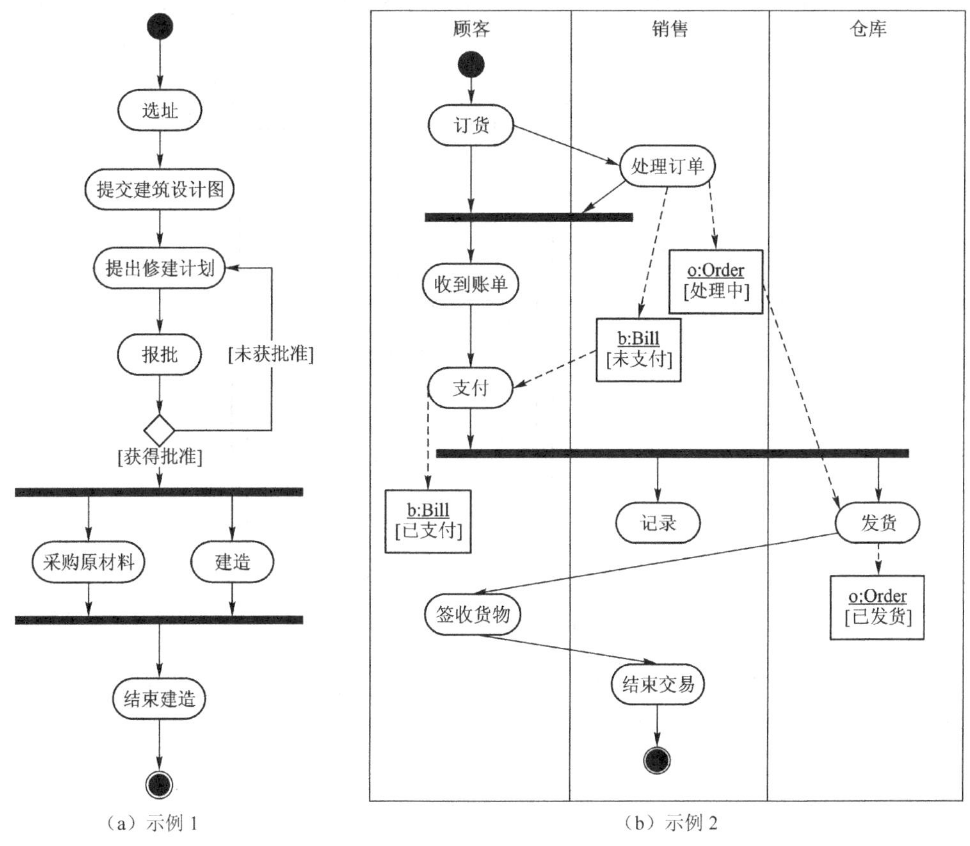

（a）示例 1　　（b）示例 2

图 4-19　活动图示例

活动图的主要用途在于：在分析阶段，辅助进行工作流分析以及对系统中主体行为进行分析；在设计阶段，则是设计类的依据，且最终可以细化到程序流程图。

（3）交互图

交互图（Interaction Diagram）与活动图一样，也用于对系统的动态特性建模。两者相比较，活动图强调从活动到活动的控制流，而交互图强调从对象到对象的控制流，它显示的是一种交互关系，由一组对象和它们之间的关系组成，包含它们之间可能传递的消息。

交互图由顺序图（Sequence Diagram）和协作图（Collaboration Diagram）共同构成，其中，顺序图强调时间顺序，协作图强调结构组织，两者在语义上是等价的。

顺序图的要素主要是对象和消息，其中对象沿 X 轴排列，且每一个对象都拥有自己的名称和生命线，此外，对象还可以拥有控制焦点，用于可视化消息的嵌套或实际计算发生时的时间。消息沿 Y 轴排列，其基本属性就是名称，此外，还可带有若干参数。消息可以为普通消息，也可代表调用消息。

顺序图的例子如图 4-20 所示。该图中展示了拨打电话时，从摘机到建立连接的过程，其中 s 和 r 均为 Caller 类，分别代表主叫方和被叫方，Switch 则是交换机，而 Conversation 则是一个代表会话的类。

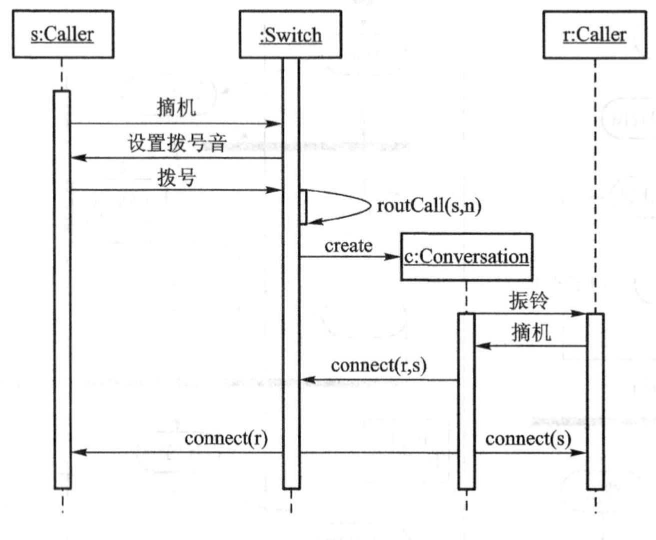

图 4-20　顺序图示例

与顺序图一样，协作图的要素中也包括对象与消息，但这里的对象仅有名称一个属性，而消息则在名称和参数这两种属性的基础上，增加了一个属性，即顺序号，它以嵌套的形式反映了消息间的先后顺序。此外，协作图中还包括一个要素，那就是被称为链的连接对象之间的弧。

图 4-21 中展示的协作图与图 4-20 中的顺序图所描述的是同一个过程，但站在不同的视角，采用了不同的方式，也就突出了不同的内容。

交互图的用途贯穿于系统的分析、设计及实现阶段。在分析阶段，交互图可以被用于帮助识别系统的相关主体，帮助分析业务流程；在设计阶段，交互图可以作为设计类操作的重要依据以及设计程序流程的出发点；在实现阶段，交互图又是编制测试用例的重要参考。

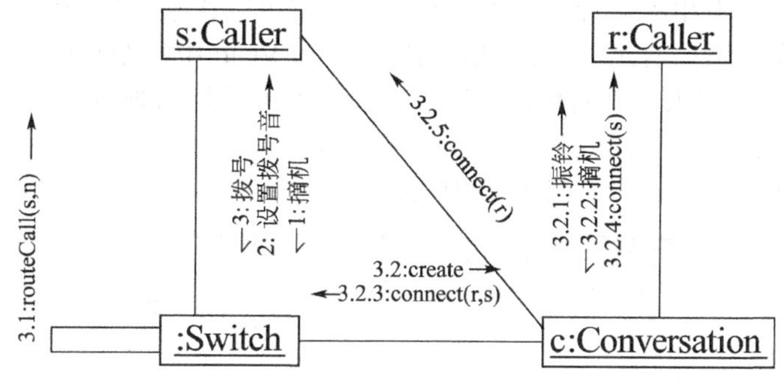

4-21　协作图示例

4．UML 分析建模过程

在利用 UML 进行分析建模时，主要应遵循以下基本原则。

① 用例驱动。所谓用例驱动是指要把用例作为出发点和中心，从用例出发进行系统分析和设计，得出其他各种静态和动态模型，同时，还要从用例出发，对系统开发过程中的各种成果进行验证。

② 以体系结构为中心。这一原则意味着，要以系统的体系结构作为一种基本的建模对象，用于在开发中对系统进行概念化、构造、管理和演化。

③ 迭代。这是指利用 UML 进行分析建模的过程是一个不断迭代的过程。

④ 增量。增量则是指在迭代的过程中，每经过一次迭代，将会对成果进行补充和完善。

在利用 UML 进行分析建模时，一般还需要使用如下的一些技巧。

① 每一个图中只包含与特定主题相关的内容。

② 使用工具。进行 UML 建模同样可以使用前面介绍过的 Microsoft Visio，但目前最常用的 UML 建模工具是 Rational Rose。该工具作为一种经典的可视化建模工具，不仅全面支持 UML 建模标准，可以在同一个模型中实现业务建模、需求建模、应用建模和数据建模，而且支持多种语言（C++、Java、VB 等）的代码生成及双向工程，此外，利用它自带的模块测试工具，可以在设计阶段就及早对设计模型进行测试，从而降低系统设计失误的风险。

与 Visio 相似，Rational Rose 在启动时也会提示用户选择一类模型，如 J2EE、oracle8-datatypes、VC6 MFC 6.0 等，其目的在于：便于进行正向或逆向工程，同时，如果用户指定了某种类型的模型，则系统还可据此生成一个默认的模板，其中包含了该种类型模型的框架和部分基本内容。当然，用户也可不指定模型，选择取消后，建立一个全空的文件。

进入 Rational 之后，在默认情况下，窗口下部为日志、输出等信息，窗口上部的左侧分为两部分，其中上面为导航栏，下面为文档栏，显示当前选中内容的文档（Documentation，通常为一些辅助性的说明文字）。窗口上部的右侧是绘图区，在绘图区中可以同时打开多个子窗口。在绘图区的左侧竖直排列的是工具栏，其中显示了对应于当前位于顶端的子窗口中可能用到的各种元素，默认情况下只显示一部分，也可利用右键菜单选择定制

（Customize）命令后进行添加或删除等自定义工作。绘图时，首先选择工具栏上对应的元素，然后单击绘图区中相应位置，并输入其名称，就可以在绘图区中添加各种元素了；当然，通常还需要为所添加的元素设置相应的属性。与 Visio 中每个页面都有固定大小不同，Rose 中对每一个窗口的大小没有限制，因此，理论上可以将图画得无穷大，但实践中不建议这样做，而应该把过大的图分为多幅小图来表示。

Rational Rose 的界面示例如图 4-22 所示。

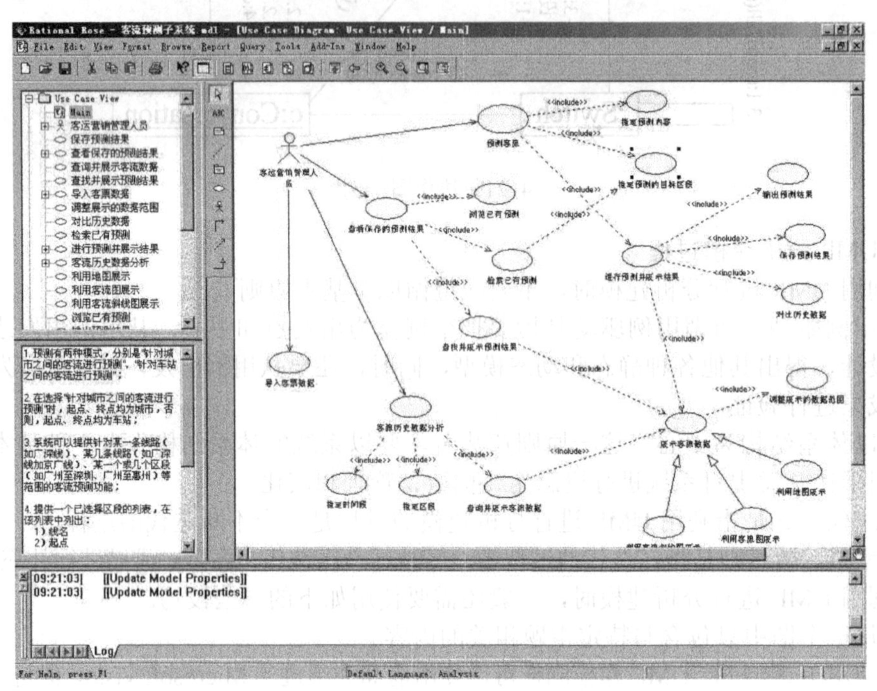

图 4-22　Rational Rose 使用界面示例

③ UML 的状态图适合于描述使用多个实例的对象，所以，一般需要将状态图和顺序图、协作图、活动图配合使用。

④ 顺序图、协作图适合于描述系统对象间的相互关系，但是一般适合于描述关系比较简单的情况；一旦对象实例之间的关系比较复杂，则需要使用活动图描述对象之间的关系。

⑤ 顺序图和协作图都只能描述对象间的关系，而不能描述这种关系是如何变化的，所以，一旦需要确切了解对象的行为变化过程，应当使用状态图。

案例 4.4——家具公司电子商务系统建模过程

假设使用面向对象的分析设计方法，则根据需求调研结果，集成商的系统分析人员将使用 UML 进行需求建模。按照 UML 建模的思路，首先建立用例图，之后，根据需要建立其他动态和静态模型。图 4-23～图 4-25 按照顺序展示了部分建模成果。

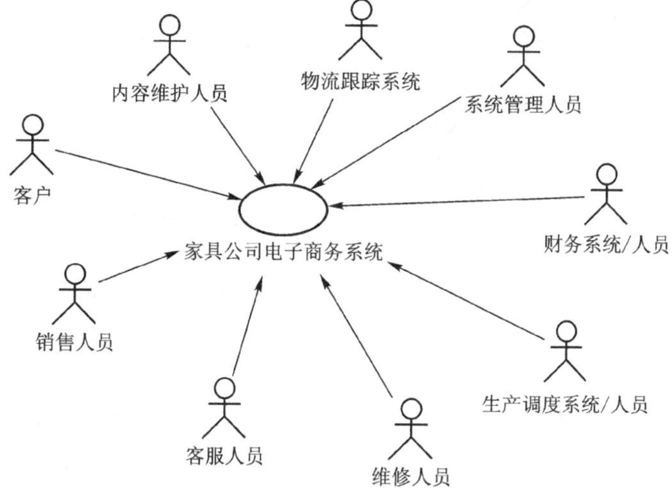

图 4-23 家具公司电子商务系统用例图（一）

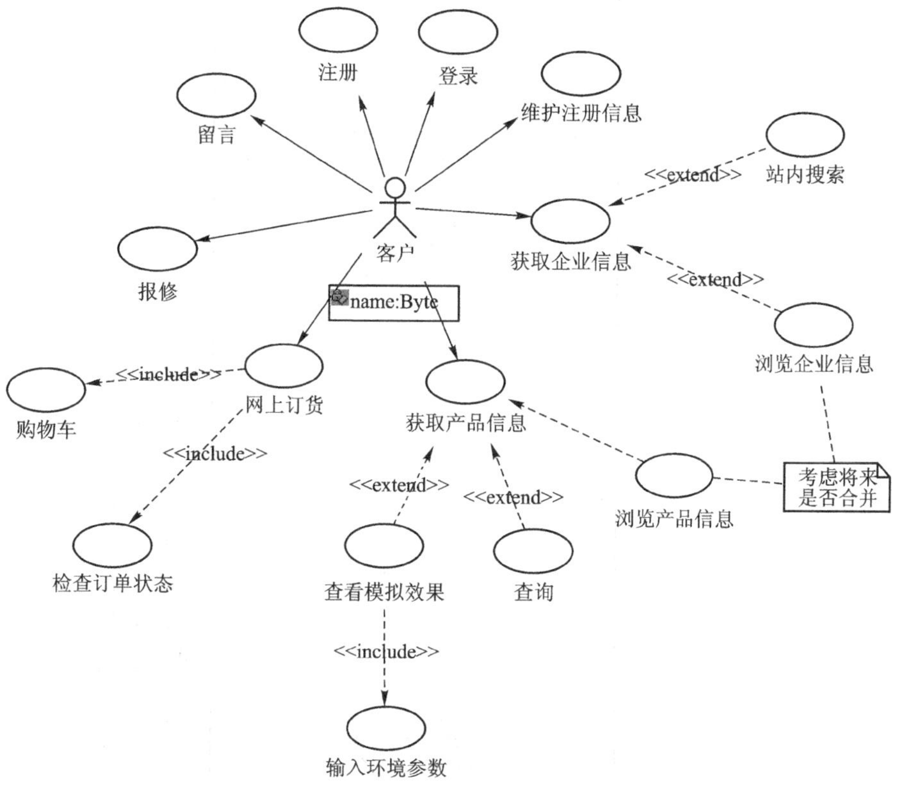

图 4-24 家具公司电子商务系统用例图（二）

登录
领受修理任务单
维修人员
填报修理完成情况

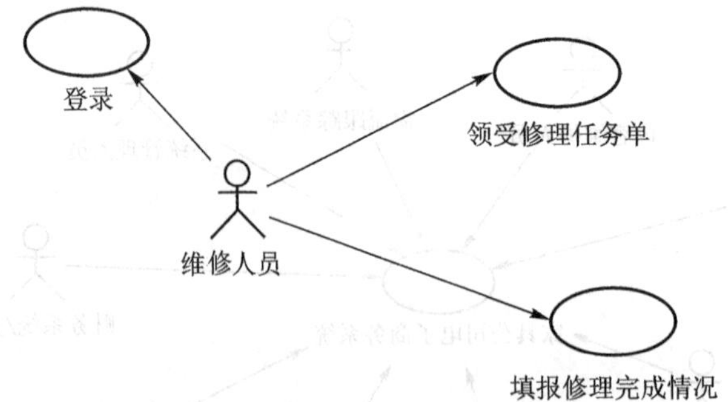

图 4-25　家具公司电子商务系统用例图（三）

以下重点针对该系统中报修及修理业务进行动态建模（参见图 4-26）。

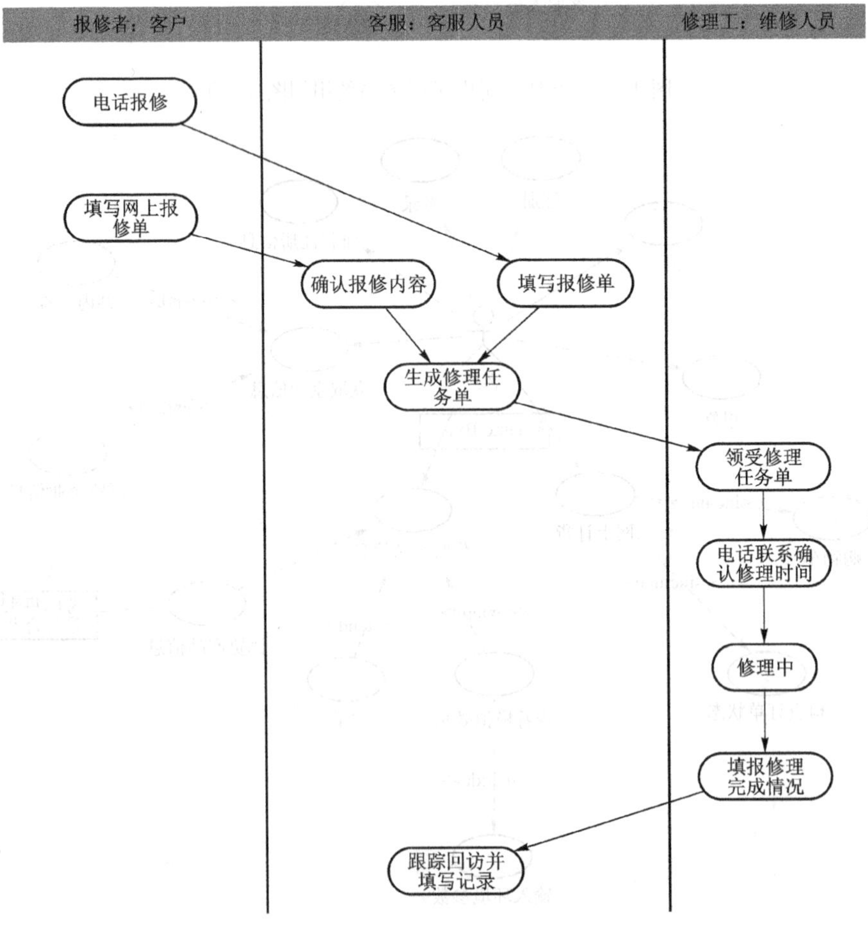

报修者：客户
客服：客服人员
修理工：维修人员
电话报修
填写网上报修单
确认报修内容
填写报修单
生成修理任务单
领受修理任务单
电话联系确认修理时间
修理中
填报修理完成情况
跟踪回访并填写记录

图 4-26　家具公司电子商务系统报修及修理业务活动图

本 章 小 结

本章首先明确了 SDLC 中系统分析阶段的任务，然后对电子商务系统分析与普通信息系统分析的异同进行了分析，在此基础上，本章对企业经营活动中的基本商务活动的分类、目标、要点及电子商务对该类活动的影响等进行了总结，同时对一些典型的电子商务业务需求进行概括，以期帮助读者在进行电子商务系统分析时，确定基本的、常规的电子商务业务需求。4.3 节对电子商务系统分析的过程进行了阐述，最后对这一过程中可以使用的软件工程方法——结构化分析法和面向对象的分析法作了较详细的介绍。

学完本章之后，读者应该对电子商务系统分析的基本过程拥有较清晰的认识，初步领会根据系统规划成果分析、确定电子商务基本业务需求的思想和方法，此外，还应深入、牢固地掌握数据流图和 UML 等常用的分析工具，并学会使用相关的 CASE 软件。

思 考 题

1. 电子商务系统分析与传统的信息系统分析之间有什么异同？
2. 请分析确定图 4-1 中不同商务之间信息流转的内容。
3. 信息系统分析的基本思路是什么？如何理解？
4. 试画出家具公司电子商务系统案例中报修服务的数据流图。
5. 依赖、关联和泛化是 UML 中 3 种最重要的关系，它们分别代表什么意思？请举例说明。
6. UML 动态建模包括哪些图，请针对每一种图，选择一个案例，并利用 UML 图加以表示。

实 践 环 节

1. 针对图书馆的图书借阅过程，采用结构化的分析方法，描述借阅过程的数据流图。假定图书借阅过程是手工操作过程，那么经过你的进一步分析，提出未来使用计算机管理所要满足的需求，并描述出未来系统的数据流图。
2. 利用 UML 补充完成家具公司电子商务系统案例的分析建模。

第5章　电子商务系统总体设计

电子商务系统的总体设计是系统设计的一个重要部分，是在系统规划的体系结构的基础上，针对企业电子商务的目标，界定系统的外部边界和接口，刻画系统的内部组成及其相互关系，描述系统的处理流程，确定未来电子商务系统的逻辑结构。换句话说，完成电子商务系统的总体设计后，对未来电子商务系统的整体构成就能够有一个清晰的理解，为后续的系统开发工作奠定基础。

为了更清晰地认识电子商务系统，可将整个系统划分为不同的层次，如图5-1所示。总体设计的重点是描述清楚系统由哪些部分构成以及各部分间的相互关系。因此，在本阶段所关心的重点是：在所设计的电子商务系统的各个层次中都有哪些内容？它们相互间的关系是怎样的？

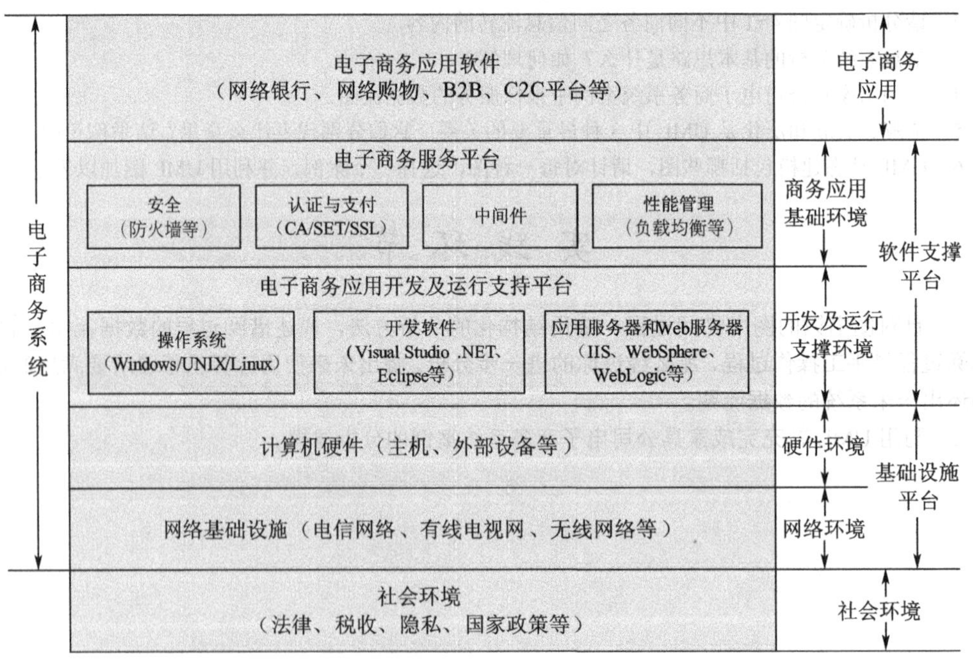

图5-1　电子商务系统的层次结构

因此，在总体设计阶段所要完成的工作主要包括：

• 系统总体结构设计。主要描述系统总体上包括哪些商业应用功能、各主要功能模块或子系统间的关系。

• 软件支撑平台设计。主要描述系统设计所需的操作系统、应用服务器、安全、性能管理等各类软件的选择及应用。

• 基础设施平台设计。主要描述电子商务实施所需的硬件、网络等条件的选择及应用等内容。

由于企业电子商务的内容不同，规模大小不一，所以在设计阶段所要做的工作详尽程度可能不同，但是所做的工作是大同小异的。例如，一个企业的电子商务系统采取租用形式建设，那么其信息基础设施部分的设计可能会内容相对较少，而在其他方面的描述相对较多。

5.1 信息系统设计的过程

电子商务系统利用包括 Web 技术在内的多种信息技术实现对各类商务信息的管理，因此从本质上说它也是一种信息系统。信息系统的发展历史相对较长，其设计及开发方面已积累了大量比较成熟的经验，相关理念和方法值得电子商务借鉴。

信息系统的设计主要按从上至下的顺序，首先设计系统的总体结构，然后再逐层深入，直至进行每一个子系统和模块的详细设计。其中，总体设计是指在系统分析的基础上，对整个系统的结构、功能划分（子系统及模块）、系统软硬件环境（包括系统运行的软件环境架构、硬件设备）的配置、系统接口及集成和部署方案等方面进行合理安排。详细设计则是在总体设计的基础上，对各子系统及模块的输入、输出、处理和数据存储等内容进一步细化，使其能直接指导后续的系统开发工作。下面将简要介绍信息系统设计的基本过程及其主要内容。

5.1.1 总体设计

总体设计的主要工作包括系统边界确定、模块结构设计、信息流程设计以及软硬件配置方案设计等。

1. 系统边界确定

在总体设计中，首先需要确定系统的边界，其目的在于明确新系统涉及的范围、规模和功能，使系统开发的成本尽可能低，功能尽可能全，从而使新的信息系统能实现最大的性价比。为完成这一工作，一般可按如下步骤来进行。

① 描述系统总体功能，绘制出系统的总体信息流程图。

② 在系统的总体信息流程图上划定范围，确定哪些信息是由系统内部进行处理，哪些信息作为系统外部输入。

③ 根据第②步划定的范围与客户进行讨论和协商，确认系统信息处理的范围。

④ 最终确定系统边界，并给出分析说明。

通过上述步骤，系统的功能就被确定在某一固定的范围内，在此基础上，就可以进行具体的系统模块结构、内部信息流程等一系列设计工作了。

2. 系统模块结构设计

系统模块结构设计的任务是实现子系统的划分，并进一步确定子系统的模块结构，画出模块结构图。系统的模块结构设计过程就是把一个复杂系统的功能逐层次分解，使之成为多个功能较单一的组成单元的过程。这种分解为多个功能较单一的模块的方法称为模块化方法。模块化是一种重要的设计思想，这种思想把一个复杂的系统分解为一些规模较小、功能较简单的、更易于建立和修改的部分，使各模块间具有相对独立性，可以分别加以设计实现；同时，模块之间具有一定的从属和调用关系，各模块在这些关系的约束下共同构成一个统一的整体，完成系统的功能。图 5-2 是一个简单的系统模块结构图，限于篇幅，在第三层只给出了人员管理子系统的模块结构。

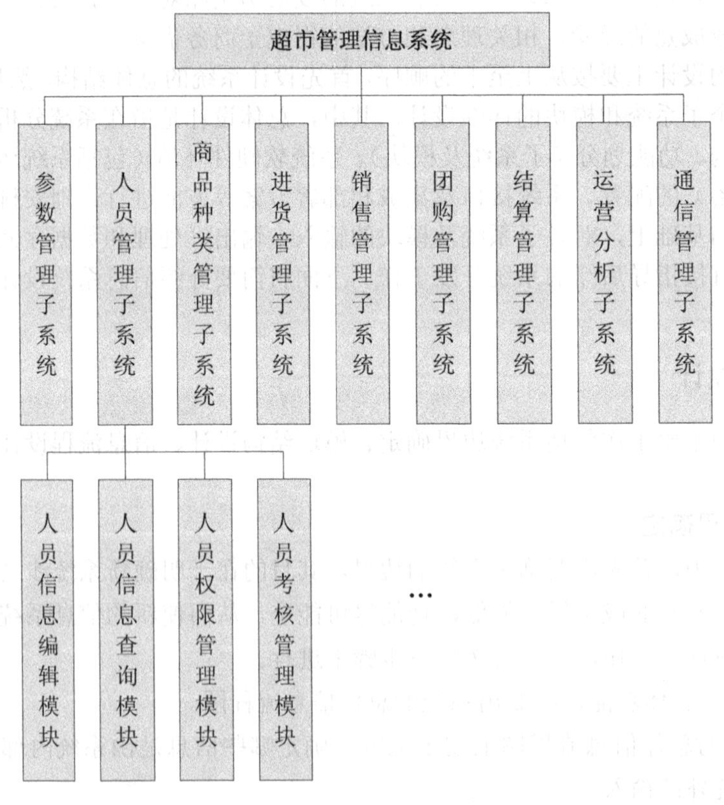

图 5-2　系统模块结构图

3．系统信息流程设计

功能结构图主要从功能角度描述系统的结构，但并未表达各功能之间的数据传送关系。事实上，MIS 系统中许多业务或功能都是通过数据库或数据文件联系起来的。例如，某一功能模块向某一数据库/文件中存入数据，而另一个功能模块则从该数据库/文件中取出数据；在某些情况下，虽然某两个功能模块之间原来并没有通过数据库直接发生联系，但为了处理方便，在具体实现中有可能在两个处理功能之间设立一个临时的中间文件或中间表以便把它们联系起来。因此，在描述系统功能结构后，需要进一步对子系统或模块间的关系进行描述，一般这些关系在设计中是通过绘制信息系统流程图来从整体上表达的。如图 5-3 所示。

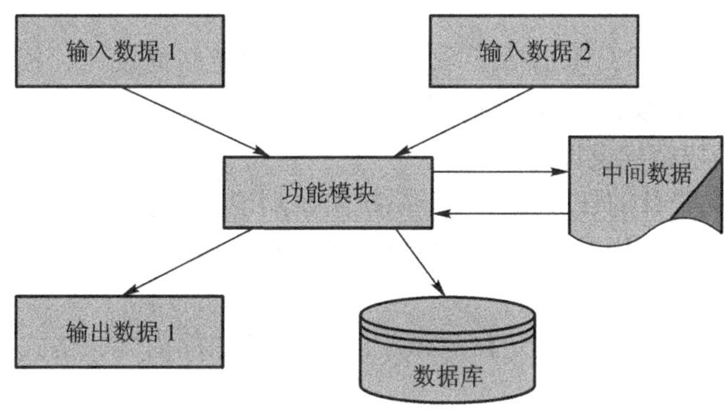

图 5-3 系统信息流程图

将多个信息流程图联系起来，就可以比较清晰地展现出系统模块间的相互关系以及整个系统中信息的流动过程。

4．软硬件配置及部署方案设计

当系统的功能结构及信息流程描述清晰后，接下来就为系统选择各类软硬件，以构建系统的运行和开发环境。系统软硬件配置方案的选择依据主要包括如下几个方面。

① 系统的吞吐量，即每秒钟系统需执行的作业数。系统的吞吐量越大，系统的处理能力就越强，同时就需要选择更高性能的计算机和网络系统。

② 系统的响应时间。从用户向系统发出一个作业请求开始，经系统处理后，给出应答结果的时间称为系统的响应时间。如果要求系统具有较短的响应时间，就应当选择运算速度较快的计算机及具有较高传递速率的通信线路。

③ 系统的可靠性要求。系统的可靠性可以用连续工作时间表示。例如，我们常说一些系统是 7×24 小时运行，意为每周 7 天、每天 24 小时运行，即不间断运行。此类系统的可靠性就应该很高，这时可以采用双机热备的结构方式并对数据实行多套并行热备的存储方案。

④ 系统的分布方式。如果一个系统的处理方式是集中式的，则信息系统既可以是主机-终端方式的系统，也可以是 C/S 结构的网络系统；若系统的处理方式是分布式的，则采用网络系统将更能有效地发挥系统的性能。对于分布式系统，要根据系统覆盖的范围决定采用广域网还是局域网。

软硬件的选择主要需考虑计算机硬件、网络、操作系统、数据库以及应用软件共 5 个方面的内容。

选择完毕后，可对这些软硬件的配置及部署方案进行具体描述，绘制出系统的硬件部署方案图或网络配置图等。

5.1.2　详细设计

系统详细设计的主要工作包括子系统或模块的功能结构设计、模块的处理流程及输入/输出设计、信息编码设计、数据存储设计等内容。

1．子系统的模块结构设计

子系统模块结构设计的任务是实现子系统所属功能模块及子模块的划分，并画出模块结构图。子系统的功能结构设计的内容与总体设计基本相同，但其模块划分更加细致。

2．输入/输出设计

这里的输入/输出设计是指确定信息系统的输入/输出的内容、格式、方式或输入/输出设备、输入/输出界面形式等内容。

在输入设计中，一个重要的目标是要尽可能减少数据输入中的错误。为此，在输入设计中要对全部输入数据设想其可能发生的错误，并对其进行校验，要确保最后输入到系统中的数据是正确的。

在输出设计中，对输出信息的基本要求是：准确、及时而且适用。输出设计主要考虑输出要求的确定、输出方式的选择和输出格式的设计，同时输出设备和介质的选择也要考虑在内。

3．信息编码设计

编码设计的主要目的就是以数字或字符的形式来表示信息系统中涉及的信息。在此过程中，要求信息系统的编码要唯一化，同时编码还要规范化和可识别性好，以便于计算机、开发人员及使用者识别和进行高效处理。常见的编码方式有顺序码、数字码、字符码和混合码等。

4．数据存储设计

信息系统的主要任务就是处理大量的数据以获得支持管理决策所需要的信息。这必然要存储和利用大量的、不同类型的数据。数据的存储设计就是要根据数据的不同用途、使用要求、数据量等特性，设计系统的数据库和数据库表的结构或数据文件结构。好的数据结构应该能使系统在既有条件下，具有处理速度快、占用空间少、操作处理过程简单、维护管理容易等特点。

5．模块处理流程

模块处理流程设计一般是系统设计的最后一步，它是下一步编程实现的基础。一旦系统的总体结构、模块划分、数据结构以及系统 I/O 等确定下来后，就需要进行模块处理流程设计，描述模块内部的处理流程和功能以及模块之间的关系等。模块处理流程设计也可分为详略不同的多个层次，可分级逐次进行设计，直至可以直接指导程序员的代码编程为止。这一步可以通过 HIPO（Hierarchy Plus Input-Process-Output）图和处理流程图的形式来描述。图 5-4 显示了某信息查询模块的处理流程。

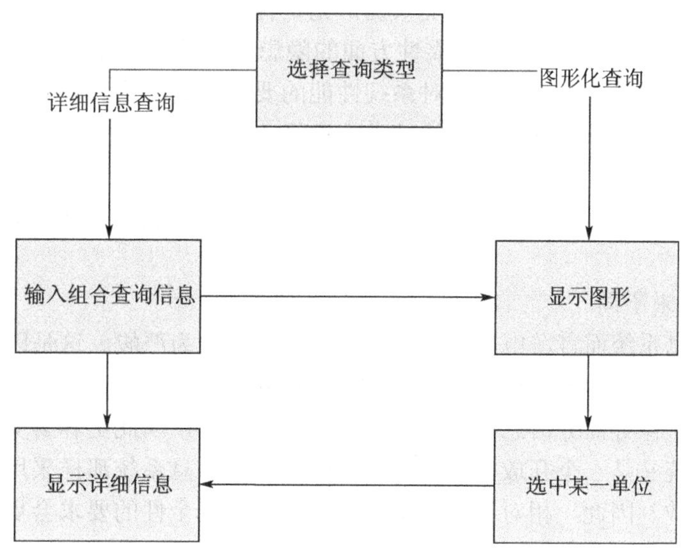

图 5-4　信息查询模块处理流程

5.2　电子商务系统的设计原则

5.2.1　电子商务系统与传统信息系统的区别

前面说过，电子商务系统本质上也是一种信息系统，因此上面介绍的内容也可作为信息系统设计的参考依据。但是，与传统的信息系统相比，电子商务系统又有其自身的特点，在系统设计过程中必须充分考虑这些因素。这些特点包括：

1．系统结构模式不同

电子商务系统中更多地采用 B/S 模式，而传统的信息系统主要采用 C/S 模式。由于结构模式的不同，系统在功能设计时需要考虑的问题也会有较大差别，主要体现在以下两个方面。

① 在 B/S 结构中，作为系统处理核心的服务器处于完全被动的地位，只能根据客户端（即浏览器）发送的请求进行相应的处理，从而导致某些需要交互的功能的实现代价可能会非常大，因此在系统设计，特别是详细设计中必须考虑到上述特点，综合评估各模块实现的性价比等问题，合理安排系统的功能以及模块的处理流程。

② B/S 结构是一种标准的瘦客户机/胖服务器结构，几乎全部的功能实现都由服务器端来完成，作为客户端的浏览器基本上无法完成除展示结果之外的任何功能（即使数据校验这类功能，对于严谨的电子商务系统来说，无论客户端是否已做过，都必须在服务器端再进行一次，以尽可能杜绝安全及可靠性方面的隐患）。因此，在电子商务系统中服务器的压力非常大，使电子商务系统设计中对系统性能的要求更高，从而影响到整个系统的功能结构、软硬件平台的选择以及所采用的技术方案等。

另外，由于受到相关技术的影响，电子商务系统的输入及结果输出形式等也会受到相关限制，不可能完全按照传统信息系统的输入/输出形式进行设计，这些都是设计中需要考虑的问题。

2. 安全性要求不同

相对传统信息系统而言，电子商务系统的安全环境更为严峻。这是因为一方面大多数电子商务系统是直接面向 Internet 或至少部分面向 Internet，同时电子商务系统中又存在大量的客户、合作伙伴等商务信息以及资金交易等敏感信息，因此更容易受到攻击；另一方面，电子商务系统又是一个开放的系统，无法像传统的信息系统那样采用专用客户端来提高系统的安全系数。因此，相对而言，电子商务系统对安全性的要求会更高。

5.2.2　系统设计原则

电子商务系统设计结果是后续开发实施的基础，所以系统设计非常重要。电子商务系统设计受到很多因素的影响，例如技术条件、业务的规模、设计人员对系统的理解程度等。西方有句谚语“条条大路通罗马”，说明在目标确定的情况下，可能存在多种达到同一目的的不同手段。同样，对于电子商务系统而言，即使是在系统规划明确了系统的目标和规模的前提下，由于不同的考虑，设计人员给出的系统结构也可能是有差异的。例如联邦快递公司（FedEx）和联合包裹服务公司（UPS），这两家企业从业务范围、向客户提供的服务和产品、电子商务的形式方面看，具有很多的共性，然而这两家企业的电子商务系统的结构却有着非常大的差别：UPS 公司全球业务的数据集中在公司总部处理，而 FedEx 公司的数据处理则分散到全球 5 个区域中心完成，两者的应用处理方式、主机设备选择、系统软件等方面都有很大差异。

既然存在目标一致，殊途同归的情况，就表明没有一个统一的标准衡量系统设计的结果是否完美，这就涉及系统设计所应当遵循的普遍原则。一般而言，电子商务系统的设计应当注意以下原则。

1. 技术的先进性

电子商务是利用现代信息技术开展的商务活动，所以，技术因素在电子商务中所占有的地位是非常重要的。所谓先进性，是指在系统设计中应当立足先进的技术，采用最新的技术成果，从而使系统具有一个较高的技术起点。

之所以要求系统设计具有先进性，原因在于电子商务系统的实现技术发展很快，而系统的建造过程则需要一定时间，当技术成为企业保持竞争优势的一个重要因素时，如果在设计伊始，没有在技术方面领先的话，那么将对企业电子商务的竞争能力产生不利影响。

此外应当注意的是，电子商务技术发展速度很快，对采用的技术是否先进的评判依据可能不一样，这时应当注意从是否满足标准、是否是未来发展的方向加以判定。考察如果没有国际标准，那么是否有事实上的工业标准，可选择的技术或产品是否符合未来技术的发展方向。例如，当考察一个产品是否易于集成、是否可以具有可重用的特征时，在这一方面的确没有国际标准，但是我们发现至少现在 J2EE、CORBA 和 COM 是这一方面比较流行的，它们也被公认为是未来产品发展的方向。所以，在选择时，可以采取的策略就是尽可能选择主流的、有代表性的产品，这样才可能保证未来构造的系统有生命力。

2. 符合企业信息化的整体技术战略

很多企业的电子商务系统建设并不是白手起家的，我们经常遇到的情况是：企业为了满足生产和管理的需要，已经制定或者建立了信息技术政策并建立了相关的信息系统。基于这样的背景，在进行系统设计时，就需要考虑到未来的系统应当作为企业信息化的一部分，符合企业的整体技术战略。

例如，从操作系统的体系结构上看，目前主流的产品分为 UNIX、Linux 和 Microsoft 等多种产品系列，产品所要求的硬件环境、开发手段和维护都有所不同，假如企业在制定整体技术策略时，已经选定以 UNIX 系统作为企业信息系统的主要操作系统环境，那么在建设电子商务系统时是否采用 Windows 平台，就需要充分考虑企业在这一系统上的支持能力、维护成本等方面的开销，反之也是一样。因为一般来讲，企业支持不同的平台、不同的应用系统比单纯支持一个平台需要在系统的移植、技术人员培训、系统维护方面付出更多开销。Sun 公司就是这方面的一个例证，早期 Sun 公司同时支持 Sun OS 和 Solaris 两个操作系统，尽管这两个操作系统的核心相似，但也有很多不同点。在支持过程中 Sun 必须配置两套技术支持人员。最终的结果是 Sun 公司将 Sun OS 和 Solaris 统一在了一个版本中。

3. 良好的可用性

电子商务系统的可用性是指系统为客户提供连续、便捷地访问系统的能力。系统的可用性可体现在两个方面：一是便捷性，即系统能为用户提供访问的便捷程度，这一点在后面的网站设计中会进一步讲述；二是可靠性，即系统可提供连续不间断访问的能力，常见的系统可用性与连续访问时间的标准如表 5-1 所示。

表 5-1　常见的可用性测量标准

可用性等级	可用性值	年停机时间
2 个 9	99%	3.7 天
3 个 9	99.9%	8.8 小时
4 个 9	99.99%	53 分钟
5 个 9	99.999%	5.3 分钟

4．满足开放、可扩充的要求

如果设计的系统满足开放性的要求，那么不仅意味着电子商务系统可以独立于硬件、操作系统，系统开发建设中能够获得更多的技术支持，容易升级，而且开放的系统结构应当与企业已有的信息资源集成。

产品的可扩充性好，意味着设计开发的电子商务系统投产后，一旦需求发生变化，那么系统能够尽快得到扩充，原有的投入可得到有效的保护，从而在整体上得到良好的投入产出效益。例如，在选择 Web 服务器时，如果候选的产品支持服务器集群，那么当计算机资源不足以满足性能要求时，仅仅需要扩充硬件资源，而 Web 及 Web 上的应用不需要变化，这样可以免去应用上的升级开销。

5．与现行的应用具有良好的兼容性

兼容现行的应用意味着电子商务系统可以有效地利用已有的信息资源、节约投资，并在更大程度上实现信息的增值。

例如，企业内部通过 Lotus Notes 建立了工作流（Work Flows）系统，而在实现电子商务系统的过程中，又需要进一步将原有的基于工作流的应用扩充到 Web 平台上，如果所选择的平台能够和已经建立的系统兼容，共享已有的数据，那么在两者之间就不需要进行数据的转换，从而节省了数据共享方面的开销。

6．成熟性

所谓成熟性是指设计中选用的技术、工具、平台应当是符合标准或者是受到市场欢迎并得到广泛认同的。

由于电子商务系统建设是一个复杂的工程，而工程建设强调用成熟的技术去满足企业的实际需要。如果不注重技术的标准化和成熟程度，那么带来的后果可能是造成企业的损失，在企业的服务、形象等方面带来不利影响。例如，FreeBSD 是一个很好的操作系统，但是这一产品缺乏足够的技术支持，在一个金融机构的电子交易系统设计中，如果采用这一技术，那么可能的风险是，故障发生时难以得到有效的技术支持，直接造成系统的可用性降低，最终影响的是企业形象。

7. 安全性

安全性是指保证系统物理实体（主机、网络、存储设备等）及交易过程具有抗攻击、不受侵害的能力。

前面已经说明过，电子商务系统直接关系到企业商务活动中的交易、营销等至为关键的敏感数据，而且关系到企业能否得到客户和合作伙伴的信任，所以系统的安全非常重要。这里再次强调系统的安全性，在系统设计时，至少要从两个方面考虑系统的安全，即从物理实体安全方面考虑主机系统、操作系统、网络、数据存储与备份等安全问题，另一方面从电子交易方面考虑身份认证、数据加密等安全措施。

在系统设计时应当注意，对企业来讲，将电子商务带来的效益与系统不安全可能带来的风险做比较，一些大的企业（例如银行、证券行业）往往更关心后者。

5.3 电子商务系统总体结构设计

5.3.1 总体结构设计内容

第 3 章谈到了电子商务系统的体系结构包括较多的内容，既有网络、主机设备，也有支持平台软件和应用软件。这些内容居于不同的层次，并对系统有不同的贡献，而系统的总体结构则进一步明确目标系统的各个组成部分是什么、都有什么样的作用、其相互关系是什么。如果说系统规划中给出的体系结构是一个宏观的战略层次上的说明，那么系统的总体结构设计则是战术层次上的描述。

系统总体结构设计完成后，要给出系统总体结构设计方案。这一方案需要明确构成整个电子商务系统的外部接口和内部组成，是后续细化设计（基础设施设计、系统平台设计、应用软件设计等）的基础。所以，有了系统总体结构设计后，不仅对系统的结构能够有较为清晰地把握，而且可以进一步对系统的各个部分进行有侧重的设计。从项目管理的角度看，完成系统总体结构设计也使得后续的设计工作的分工安排有了依据。从某种意义上讲，如果将电子商务系统比作一台由若干部件协调运转的机器，那么总体结构设计则类似于这台机器的设计总图。

总的来说，系统总体结构设计不强调系统的细节，但是需要阐述清楚系统的组成情况以及与外界的关系等。因此，电子商务系统总体设计的内容可大致分为系统边界确定、组成结构设计、信息流程设计、软硬件配置方案设计等几个主要的部分。本节主要讲述前两部分，后两部分内容则放到下两节中详细介绍。

5.3.2 系统边界及接口设计

系统边界的划分也是确定系统内外部环境的过程。企业商务活动发生于企业及其客户、合作伙伴之间，所以电子商务系统不是一个封闭系统，系统是开放的，与其他系统之间存在着数据交换和接口。在总体设计中，首先应当确定的是系统的外部边界，即通过分析，将电子商务系统与其外部环境区分开来，从而使总体设计有一个明确的范围。

一般来讲，系统边界设计过程的主要任务是确定系统与外部环境的接口，具体包括以下方面（如图 5-5 所示）。

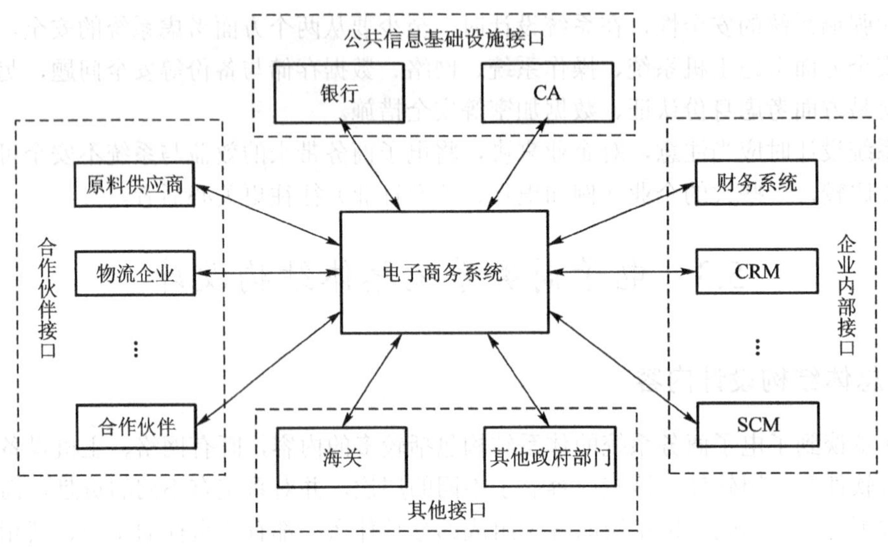

图 5-5　系统的外部接口

（1）与企业合作伙伴之间的接口

该类接口主要存在于企业与其商务合作、业务往来的商务伙伴之间，目标系统将与这些企业之间发生数据交换。

这类接口一部分可能是标准化的，例如企业之间采用 EDI 方式实现票据交换，或者利用 eb-XML 的形式来开展交易；也有相当部分是不标准的，需要企业与其伙伴之间协商确定。

（2）与企业内部既有信息系统的接口

该类接口存在于电子商务系统与企业内部原有的信息系统[1]之间。如 1996 年 FedEx 建立其电子商务系统 FedEx Ship 时，将该系统与企业原有的包裹追踪系统整合为一体，FedEx Ship 作为通过 Internet 向客户提供服务的一个窗口，和企业已有的信息系统之间发生数据交换，实现信息共享。

这类接口一般由企业单方面界定。

[1] 有的文献中，将这类系统称为“遗留系统（Legacy）”，主要指在电子商务系统建造前，企业实施信息化过程中已经建立的信息系统（及数据资源）。例如，企业生产管理信息系统、企业财务系统等。

（3）与交易相关的公共信息基础设施之间的接口

该类接口主要指企业电子交易过程中，介于企业与商务中介和公共信息环境（如 CA 认证机构、银行）之间的接口。

这类接口一般具有标准化的形式，常常由对方（如 CA、银行）来提供标准，企业需要满足相关标准的要求，同时接口的数据交换时序、流程等也具有标准的规范要求。

（4）其他接口

主要是企业与政府或其他机构之间的接口。例如，企业与政府的电子政务之间实现网络保税、网络通关等。

这类接口一般遵循政府机构实施电子政务时确定的规范。

在系统总体结构设计阶段，需要确定企业外部环境，其一般方法如下。

① 将系统作为一个“黑箱（Black Box）”，不关心系统内部，而只关心系统和哪些外部实体发生数据交换。

② 针对每一外部实体，考察它和系统之间的数据交换方式，确定这些数据与目标系统之间是输入还是输出关系。

③ 针对每一个外部实体，考察它和系统之间发生交换的数据的内容、格式、频度以及交换时遵循的规范或者标准。

另外，并非每一个系统都需要确定上述所有类型的接口，而是要根据系统的需求及现状具体确定所需接口的种类。

5.3.3　系统组成结构

当系统边界确定之后，接下来就要进一步描述说明目标系统内部的组成部分，以及系统内部与外部环境的相互关系，即系统的组成结构。

应用软件是电子商务系统的核心，在总体的组成结构描述中，应当根据前面系统分析的结果，进一步给出应用软件的主要功能，并说明系统应用软件的构成，即应用软件由哪些子系统组成，各个子系统的主要功能及其相互之间的关系。

因此，在本部分设计中，首先要由上至下分层次对系统的功能进行划分，进一步确定子系统的模块结构，画出类似图 5-2 的模块结构图。

案例 5.1——家具公司电子商务系统

第 4 章已经针对家具公司的需求进行了深入分析，根据分析的结果，可以进一步给出家具公司电子商务系统的模块结构，如图 5-6 所示。

在此基础上，还要进一步确定各主要功能模块之间的关系，并进行较详细的描述，以便更清晰地确定整个系统的业务处理逻辑及系统结构，并绘制出系统的功能结构图。图 5-7 显示了家具公司电子商务系统的功能结构。

通过图 5-7，可以清楚看出系统最主要的组成功能模块有哪些，以及模块相互间有哪些关系（主要是相互间有哪些信息流动或功能调用关系），从而从整体上了解系统的总体功能与结构。

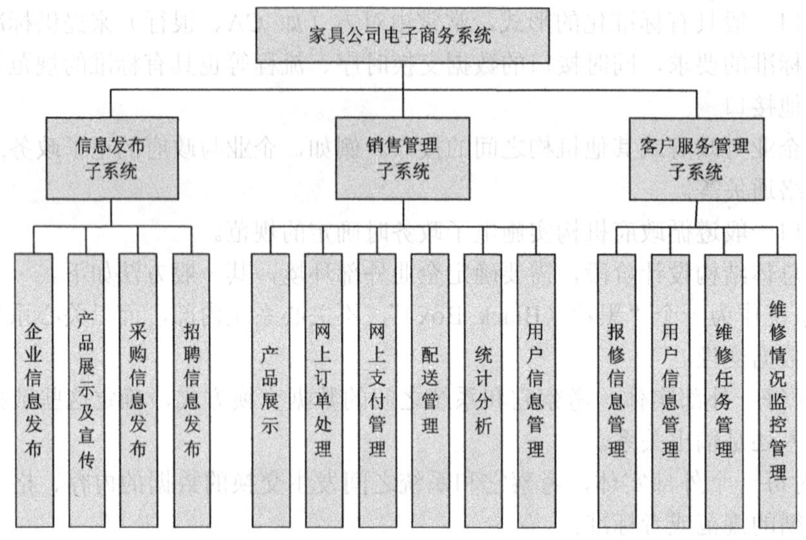

图 5-6　家具公司电子商务系统模块结构

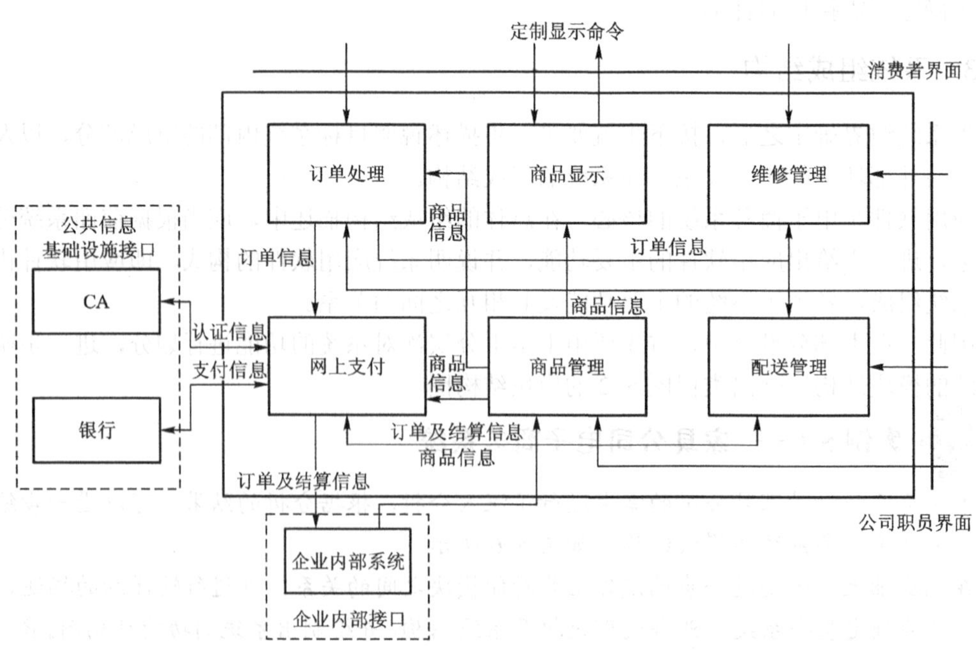

图 5-7　系统的功能结构

需要注意的是，在系统总体结构设计中主要描述的是对应用软件系统的子系统划分及其所要完成的核心功能。对于一些功能较简单的系统，在总体结构设计中即可基本给出系统的详细结构；而对于一些功能较复杂的系统，在总体设计中只要细化到子系统的组成即可，至于每个子系统进一步有哪些模块组成、每个模块的功能以及详细流程等都可以放在第 6 章将介绍的应用软件设计中完成。

当一个电子商务系统的规模比较大时，通常会在地域上形成一种分布式的关系，此时还需要进一步说明系统的各类功能模块、硬件设备是如何部署的，这也是总体结构设计的重要组成部分。图 5-8 显示了铁路物资总公司电子商务系统的总体结构。

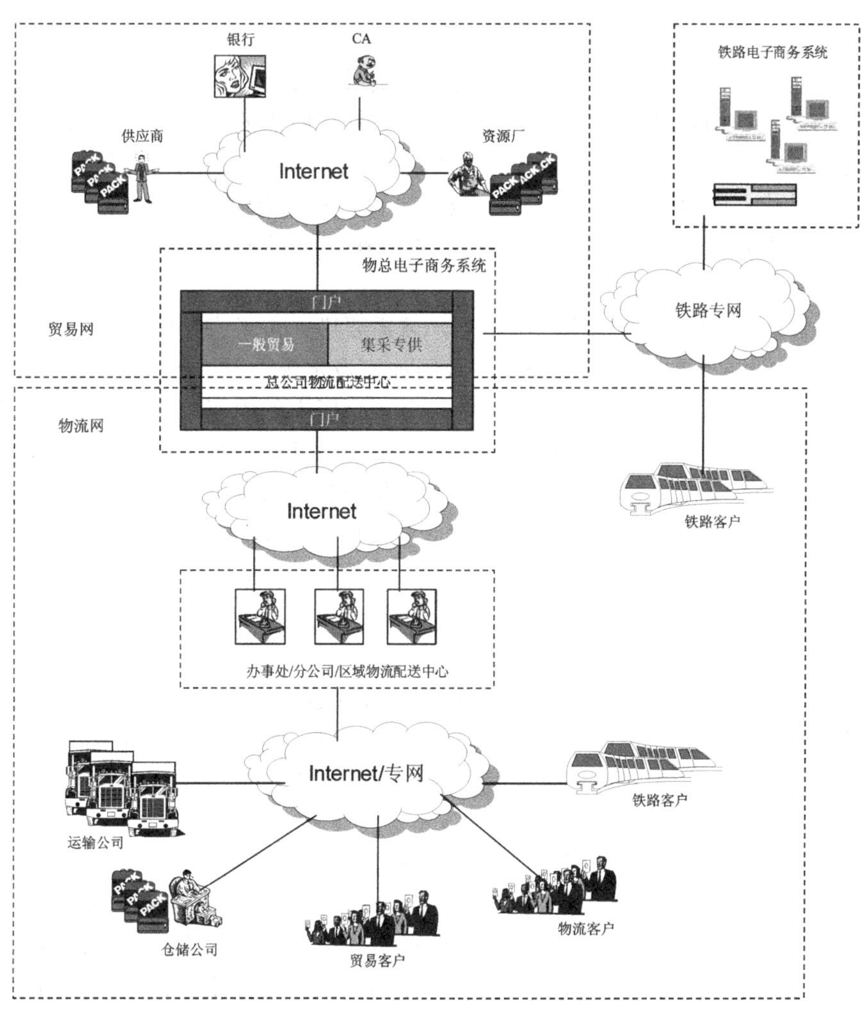

图 5-8 铁路物资总公司电子商务系统总体结构

5.4 基础设施平台设计

5.4.1 网络环境设计

电子商务系统的网络环境设计主要包括 3 个内容：网络逻辑结构设计、网络硬件设计（即网络物理结构设计）以及网络环境的管理配置。

网络的逻辑结构设计主要指网络的拓扑结构、子网划分、各类服务器的配置、安全设备的配置等；网络硬件设计则是指这些网络逻辑设备都是由哪些物理设备构成。二者的区别在于，前者主要从网络功能的角度设计网络，而后者则重点考虑前面所设计的功能是如何利用物理设备实现的。例如，网络逻辑结构中从系统安全的角度出发，为系统设置了安全设备——防火墙，而硬件结构设计中则需要根据系统所需的安全性能需求，具体考虑设置哪一种防火墙，即设置硬件防火墙还是软件防火墙？具体选择的型号是什么？再比如，在逻辑结构设计中，为网络中设置了 Web 服务器和其他各类应用服务器，而在物理结构设计中，就需要具体考虑这些逻辑服务器哪些可以放在一台服务器中，哪些需要单置服务器，需要的服务器是什么型号等。

当网络的逻辑结构及物理结构都确定后，就需要进一步考虑网络如何进行管理，如网络 IP 如何划分和设置、网络内的各类用户权限如何设定等。

此外必须说明的是：在网络环境设计中，并不是所有的电子商务系统都需要从头开始设计全部内容，因为对于许多中小电子商务系统来说，其网络环境很多情况下是通过租用的方式或者以 VPN 的方式实现的。正是基于这样的一种理念，所以基础网络的运营服务商才提出了所谓主机托管、数据中心等模式来帮助企业实现电子商务基础网络环境的建造。

① 主机托管是企业电子商务环境外包建设的最简单的形式，它的主要特征是电子商务系统的拥有者将主机系统安装在数据通信网络运营商提供的环境中，由网络运营商提供高速网络及维护接口，并由其负责进行硬件维护。

② 数据中心或者智能数据中心（Intelligent Data Center，IDC）可以说是主机托管业务之后，网络运营商为企业提供的一种新的基础网络环境。数据中心将宽带网络、高性能设备及系统运行管理软件等集成在一起，为需要将基础网络环境进行外包建设的电子商务系统经营者提供一揽子服务。

所以，对于电子商务系统的设计来讲，其基础网络环境设计有两种方案可以选择：一种是依靠自身的力量建立自己的完整的计算机网络环境，大型电子商务企业通常会选用该种方式；另外一种就是利用数据中心实现外包建设，这也是众多中小电子商务企业所采用的模式，在这种情况下，由于主机及其相关环境由网络运营商来提供，因此用户可能只需考虑如何将内部的客户机连接到电子商务主机以实现日常管理功能即可。

电子商务系统的网络环境设计完成后，一般包括 Internet、Intranet 两个组成部分，其基本的网络逻辑结构如图 5-9 所示。

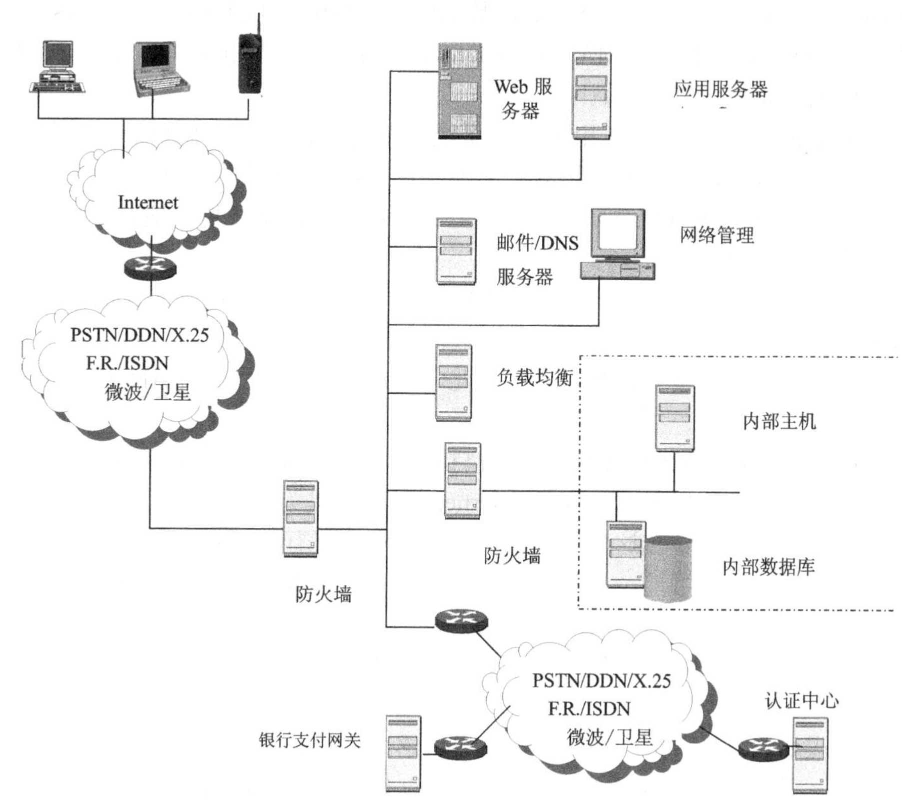

图 5-9　电子商务系统网络结构示意图

一个良好的电子商务系统的网络环境应当满足以下要求。

- 支持网络的互联和应用的互操作。
- 能够隔离和控制对系统的访问，保证网络设备的安全。
- 网络环境是可以管理的。

电子商务系统的网络环境设计的主要内容包括两部分：Internet 接入和支持电子商务系统的局域网。

（1）Internet 接入

Internet 部分是企业电子商务系统的用户访问接口，换句话说，Internet 是企业与客户之间相互交流的通道。

建设电子商务系统 Internet 部分的主要目的是实现企业内部网和 Internet 之间的互连，它的主要内容是完成接口方式、接口规格的设计，实现两个部分的连接。所以这一部分涉及的主要是网络互联技术和网络互连设备。

电子商务系统与 Internet 的互连方式很多。目前常见的方式是通过公共电话网、数字数据网（DDN，如 ChinaDDN）、分组交换数据网（PSDN，如 ChinaPAC）ADSL、卫星通信网、公用无线通信网（GPRS、CDMA、TD-SCDMA）等方式将企业电子商务系统接入 Internet。

（2）支持电子商务系统的局域网

除了与 Internet 连接外，由于电子商务系统本身的 Web 服务、邮件服务等都是在一个分布环境下运行的信息系统，所以其本身也还需要有自身运行的网络环境。

支持电子商务系统 Web 服务器、应用服务器等运行的网络环境一般是局域网。该局域网一般需要满足以下要求。

① 由于在局域网当中的计算机主机设备的用户访问流量是难以估计的，而且用户通过 Internet 访问服务器上的服务时，要求比较高的响应速度，除配置高性能的服务器外，网络能够具备较高的带宽是非常必要的。因此，该局域网一般通过 LAN 交换机构造，以实现较高的速度。

② 电子商务系统的局域网必须具备隔离措施，提供可靠和安全的网络环境。

由于电子商务系统的局域网不仅和 Internet 互连，而且为了存取企业内部数据，该 LAN 还和企业的内部网络连接。在这种情况下，在 LAN 上运行的企业内部信息系统在理论上都存在被非法用户入侵的可能，而且商务应用系统一旦遭到恶意攻击，企业的商务活动就可能受到影响，所以强化网络的安全是非常必要的。

从网络安全的角度看，如果试图减少系统遭受破坏的可能，那么可以通过以下措施来加以实现。

- 设置防火墙（Firewall），将网络隔离成敏感程度不同的区域。

一般而言，对于企业的电子商务系统 LAN 和 Internet、LAN 和 Intranet 之间可以划分为两个信任程度不同的区域。LAN 上的应用允许 Internet 用户访问，而企业内部的信息资源仅能得到授权的内部用户访问。所以这样可以设置两道防火墙，分别隔离电子商务系统与 Internet、电子商务系统与企业内部信息系统。

但是，由于防火墙基本上都需要通过对 IP 报文进行地址过滤来实现授权访问，所以防火墙虽然增加了系统安全性，但是设置的防火墙层次越多，系统响应时间的开销就会越大。因此，为保证系统的安全应当设置防火墙，但是至于网络需要划分多少区域则需要在安全和效率之间求得平衡。

- 将网络划分为信任等级不同的网段，通过路由设备隔离。

由于电子商务系统的基础网络及应用是以 TCP/IP 为核心协议的，同时 LAN 上的各类设备的访问者是不同的，例如 Web 服务器主要由用户访问，应用服务器、数据库服务器则主要由系统中的应用来访问，所以可以将必须直接面对用户的设备及应用作为一个网段，而将其他的设备配置在其他网段，在两个不同的网段之间设置路由设备来实现不同安全级别主机的隔离。

事实上，可以将需要保护的 IP 主机设备的 IP 配置为虚拟 IP（例如 10.0.0 网段），使 Internet 用户无法直接访问，这样也对提高网络的安全性有所帮助。

关于网络安全的其他相关内容参见第 9 章。

5.4.2 服务器主机的选择与设计

电子商务系统的服务器主机是应用系统运行的主要环境。一般地，对于传统的信息系统而言，主要根据系统未来支持的应用、负荷及运行环境等基本参数来选择服务器主机的配置参数。但是，对于电子商务系统而言，它所面临的是用户对系统响应时间的苛刻要求、动态变化和难以预估的未来负荷、未知的升级周期等特殊问题，所以在服务器主机的选择时，一般除了遵循高性能、网络吞吐量大、可靠性和可用性好这样一些基本原则外，还应当注意以下问题。

（1）可靠性和安全性

电子商务系统所支持的企业商务活动要求 7×24 小时不间断工作，而且系统处理的数据很多是重要的商务数据。为此，电子商务系统的服务器必须具备非常良好的安全性。所以，应当注意服务器是否支持诸如自动系统恢复（Auto Recovery）、动态系统重新配置（Dynamic Re-configuration）、模块化结构、冗余或可热更换关键部件、在线升级等特性。

（2）可扩展性

当系统的负荷增大到一定程度时，可能需要对系统进行扩展。这种扩展可以通过两类方式实现：一种方式是增加系统的配置，例如增加内存、更换 CPU、增加系统外部存储设备等；另外一类是通过增加服务器，建立服务器集群来满足需求增长的要求。不管哪种方式都需要硬件本身具有可扩展的结构（例如冗余插槽、托架、电源等）。

（3）网络吞吐量及网络接口能力

服务器的计算能力和网络吞吐能力不一定呈线性关系，例如应用于计算机仿真领域的某些高性能计算机的 CPU 运算性能、图形处理能力很强，但其网络接口及网络吞吐量却非常有限。由于支持电子商务系统的服务器必须在大量用户访问的情况下仍然能够具备良好的响应时间，所以相对来说，在选择服务器时，对其吞吐能力的要求甚至比对其计算速度要求可能更高。

此外，服务器的网络适配器类型及插槽的数量差别也很大，在选择过程中，需要注意选择网络适配器类型和接口都较多的产品。

（4）开放的体系结构

服务器是否具有开放的体系结构直接影响到系统日后的升级换代和维护问题。专用体系结构的计算机设备（例如 IBM AS/400、Compaq Tandam 系列）并不是不好，这些系统具有良好的整体性能，但是专有的结构本身意味着在系统升级时，用户只有选择生产商提供支持，而且在另一方面由于熟悉专用结构的人员是有限的，所以系统维护也就有一定风险。

目前，服务器分类有很多种，从性能角度来说，有入门级、工作组级、部门级以及企业级 4 类，另外服务器集群也已成为电子商务系统的重要选择之一，这些服务器的特点如下。

① 入门级服务器的配置与高档PC相差并不多，通常只有1个CPU，采用SCSI或SATA硬盘，通常采用 Windows 操作系统，一般只用于办公室型的中小型网络用户的文件共享、数据处理、Internet 接入及简单数据库应用的需求。

② 工作组服务器较入门级服务器来说性能有所提高，功能有所增强，一般可扩展至 2 个 CPU，具有大容量 ECC 内存和增强服务器管理功能的 SM 总线，一般采用 Windows 或 Linux 操作系统，用于办公室型的中小型网络用户的文件共享、数据处理、Internet 接入及简单数据库应用的需求，并具有一定的可扩展性，但其容错和冗余性能仍不完善、也不能满足大型数据库系统要求，因此对于运行可靠性及安全性要求较高的电子商务系统也较少采用此类服务器。

③ 部门级服务器一般都是支持双 CPU 以上的对称处理器结构，具备比较完全的硬件配置，如磁盘阵列、存储托架等。部门级服务器的最大特点就是，除了具有工作组服务器的全部特性外，还集成了大量的监测及管理电路，具有全面的服务器管理能力，可监测如温度、电压、风扇、机箱等状态参数，结合标准服务器管理软件，管理人员能够及时了解服务器的工作状况。同时，大多数部门级服务器具有优良的系统扩展性，能够满足用户在业务量迅速增大时及时在线升级系统的需要，充分保护了用户的投资。部门级服务器一般采用 IBM、Sun 和 HP 各自开发的 CPU 芯片，这类芯片一般是 RISC 结构，所采用的操作系统一般是 UNIX 系列操作系统，现在的 Linux 也在部门级服务器中得到了广泛应用。目前，随着 Intel 和 AMD 64 位芯片性能的提升，部分服务器也开始采用该类芯片，因而 Windows 也在一些服务器中得到应用。这类服务器硬件配置较高，其可靠性和处理速度也比前两种服务器要高一些，比较适合中小型电子商务系统使用。

④ 企业级服务器一般采用 4 个以上 CPU 的对称处理器结构，有的高达几十个，具有独立的双 PCI 通道和内存扩展板设计，具有高内存带宽、大容量热插拔硬盘和热插拔电源、超强的数据处理能力和群集性能等。企业级服务器产品除了具有部门级服务器的全部特性外，最大的特点就是它还具有高度的容错能力、优良的扩展性能、故障预报警功能、在线诊断，RAM、PCI、CPU 等具有热插拔性能。有的企业级服务器还引入了大型计算机的许多优良特性。这类服务器所采用的芯片也都是几大服务器厂商自己开发的专门的 CPU 芯片，所采用的操作系统一般是 UNIX，也有部分可采用 Linux 系统。企业级服务器主要适合运行在需要处理大量数据、高处理速度和对可靠性要求极高的金融、证券、交通、邮电、通信或大型企业中，一般只有大型电子商务系统才会采用该类服务器。

⑤ 服务器集群。在某些情况下，为保证系统有较高的性能和较好的可扩展性，服务器集群也是一种经常会被采用的方式。所谓服务器集群，并不是指某一种类型的服务器，而是由多个服务器共同组成，通过集群管理软件，将至少两台服务器连接到一起，使这些服务器能够像一台机器那样工作或者看起来好像一台机器。例如，一个有两台服务器构成的 Web 服务器集群系统，它对每个终端用户是透明的，看起来完全就像一个 Web 服务器。在运行过程中，通过某种机制，可以将用户的请求均衡地分配到不同的服务器上。采用集群系统通常是为

了提高系统的稳定性和网络中心的数据处理能力及服务能力。当系统的业务量较小时，企业可采用单服务器的结构，而当业务量逐渐增大后，即可通过服务器集群的方式逐步扩展系统的处理能力，实现整个电子商务系统功能的提高，从而使企业有较大的灵活性。

下面给出系统的硬件及网络配置结构，如图 5-10 所示。

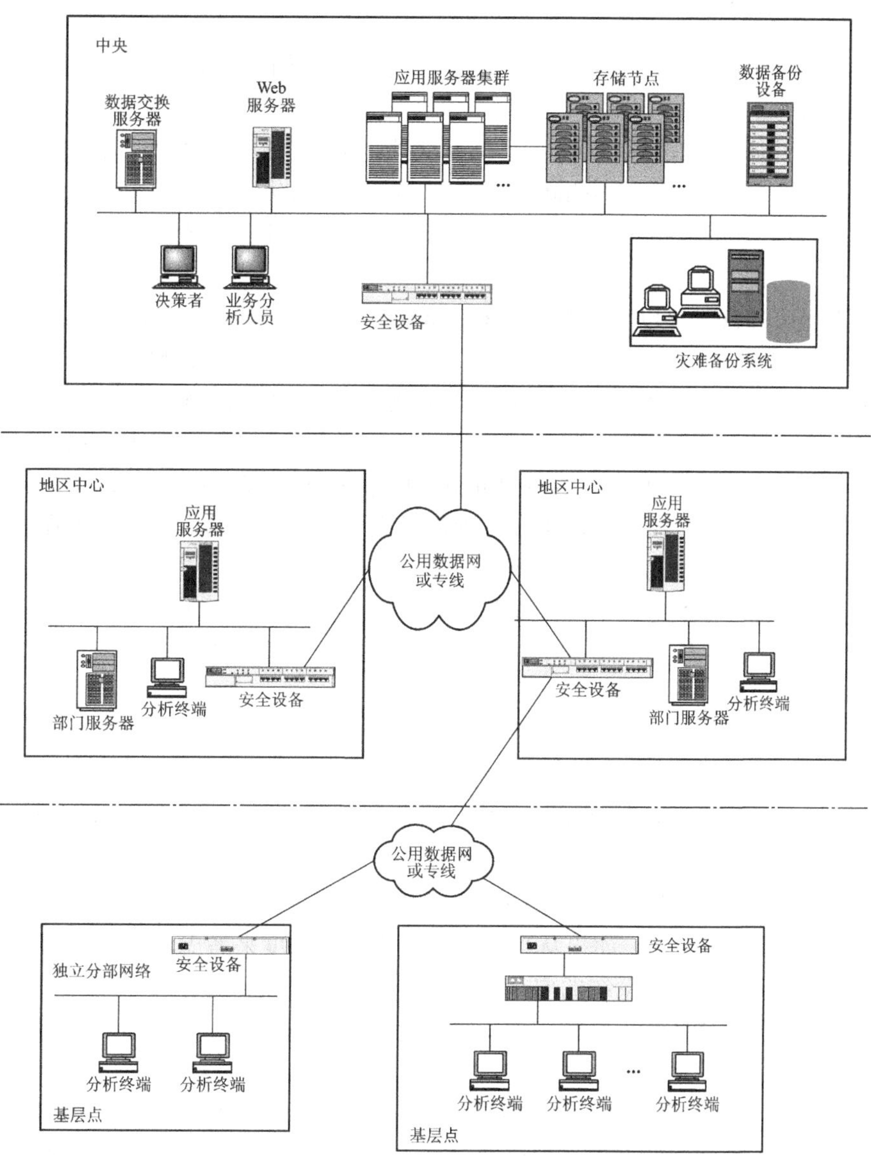

注：安全设备与数据网部分由信息安全保障平台和通信网络基础平台提供，主干网络要求具有备份通道

图 5-10 硬件及网络配置图

5.5　软件支撑平台设计

5.5.1　操作系统的选择

目前支持电子商务系统运行的主流操作系统主要有 Microsoft Windows 系列和 UNIX/Linux 系列。

Microsoft Windows 系列主要运行于 Intel 生产的 CISC 芯片的 CPU 上，目前许多 PC 工作组级服务器均支持 Microsoft Windows。Window 系统的优点在于使用普遍，软件比较丰富，管理难度及管理成本相对较低；缺点在于其系统稳定性及安全性较 UNIX/Linux 要差一些。

UNIX/Linux 阵营又可以分成 UNIX 和 Linux 两个部分。传统的 UNIX 操作系统主要运行于 RISC 结构的 CPU 上，目前主流的 UNIX 操作系统主要包括 IBM 公司的 AIX、Sun 公司的 Solaris、HP 公司的 HP-UX；Linux 操作系统以共享软件为基础，也具有很多版本，例如 Red Hat、Red Flag 等，Linux 操作系统既可运行于各种 PC 服务器上，也可以运行于某些 RISC 结构 CPU 的小型机上。UNIX /Linux 的优点在于系统稳定性及安全性好，性能高，平台上的各类专业软件比较成熟，可较好地满足大型商务运作的需要；缺点在于软件不够丰富，且需要专门的管理人才，管理成本相对较高。

操作系统的选择并不是孤立的，而是与电子商务系统性能要求、服务器主机、开发技术、数据库及其他相关软件的选择密切相关的，它们之间相互影响，共同决定了系统软硬件的具体选型。

操作系统的选择受服务器主机选择的影响较大，一旦选定了服务器主机类型，其操作系统往往就会被限制在一定范围之内，反之亦然。一些电子商务系统中常用的部门级和企业级服务器只能运行 UNIX 类型的操作系统，如 IBM 的企业级服务器可能必须运行 AIX、Sun 的服务器只能运行 Solaris 等，这些大大限制了用户对操作系统的选择。因此，服务器主机具体型号和操作系统的选择应该是同步进行的。另外，目前一些中低端服务器一般可同时运行 Windows 和 Linux，如果从当前的管理成本的角度来考虑，则 Windows 是比较理想的选择；而如果侧重考虑系统的安全性与稳定性，则 Linux 更合适一些。

另外，如果考虑到系统扩展的需要，用户可能更倾向于选择 Linux。因为如果系统日后扩展至一定规模后，可能会需要性能更高的服务器，而这些服务器大多无法运行 Windows，而对 Linux 系统的支持相对要好一些。选用 Linux，可以使用户在日后的扩展过程中对既有软件系统、软件支撑平台以及管理方式等方面的改动最小，以更好地实现系统的平稳过渡。

从开发技术和数据库的选择来看，虽然大部分技术可以实现跨平台应用，但这些技术却往往有其更合适的平台，在相应的平台上才能发挥出其长处，例如 JSP 技术最好应用在 Linux 或 UNIX 中，而.NET 技术目前只能应用在 Windows 平台上。因此开发技术的选择与操作系统也会在一定程度上相互影响。数据库也是如此。

5.5.2 数据库系统的选择

1. 数据库系统的选择原则

数据库是电子商务系统的重要组成部分之一，数据库系统选择的合适与否直接关系到系统的建设进度、性能、管理难度以及可扩展性等问题。因此，如何选择一个合适的数据库系统就成为电子商务系统设计中的一个关键性的任务。在数据库选择过程中，设计人员需要综合考虑多方面因素。

（1）数据库性能

数据库性能是数据库选择过程的基本要求，所选数据库能否满足电子商务系统的需要（包括日后系统功能扩展的需要）是在数据库系统选择过程中需要考虑的首要问题。数据库的性能主要包括：响应时间、单位时间数据吞吐量、内外存使用情况、系统输入/输出速率、SQL 语句的执行效率、数据完整性约束、并行处理能力、稳定性等。

用户在选择过程中，首先需要清楚自己的电子商务系统对数据库性能的需求，考虑到价格及日后管理的需要，数据库并不是越大及功能越全越好，那些能满足系统核心需求，而且没有太多多余的其他附加特性的数据库才是最好的选择。这就要求用户根据电子商务系统的预计访问量、业务内容、单笔业务数据量及数据特点等因素进行综合考虑，对数据库做出选择。一般来说，SQL Server 和 MySql 比较适合中小型电子商务系统的应用，而 Oracle、DB2 等比较适用于大型电子商务系统中。

（2）系统开发难度

电子商务系统的核心业务处理往往是紧密围绕数据库系统来进行的，在系统开发过程中将不可避免地存在大量的各种类型的数据库操作，因此，在满足性能需求的前提下，尽可能降低系统的开发难度也是数据库选择过程中需要认真考虑的问题。数据库的开发难度可主要从两个方面考虑：一是数据库对于 SQL 语句的支持及扩展程度和存储过程编制的难度，二是数据库所提供接口的开发应用难度。

（3）数据库系统的价格

数据库系统的价格往往在整个电子商务系统中占有很大比重，因此价格也是数据库选择过程中的重要影响因素。数据库的价格一般会根据用户的性能需求（主要是并发用户数）而有所不同，用户只需选择可以满足自己当前一段时间内的需要，并适当考虑今后系统的扩展性的数据库即可。当然，如果系统规模不是特别大，而且日常可以有精通数据库技术的人员进行管理，那么一些免费的数据库也是不错的选择，这些数据库中比较典型的是 MySql。但是对于预算比较充足或大型电子商务系统，最好还是选择售后服务比较完善的数据库，这样，当数据库在运行过程中出现问题时，可以及时得到厂商的技术支持，避免更大的损失。

（4）系统管理难度

电子商务日常运营过程中，数据库的管理与维护占有重要地位，往往占据相当大的工作量，因此管理难度也是数据库选择过程中必须考虑的问题。这一方面关系到整个系统日常管理维护的成本；另一方面也关系到问题发生时的解决速度，问题越快解决，对网站造成的损失就越低。目前，包括 MySQL 在内的各类数据库都提供了图形化的管理界面，但相对来说，SQL Server 的管理最为容易，而其他各类数据库的管理则要复杂一些。

2. 常见数据库系统的比较

目前，常见的数据库系统主要有 SQL Server、MySQL、Oracle、Sybase、DB2 等，这些数据库各有特点，可以满足用户不同条件下的用户需求，这些数据库的特点对比主要如下。

（1）跨平台特性

在上述数据库中，除 SQL Server 只能应用于 Windows 外，其余均可跨平台应用。但是，Oracle 等数据库在 UNIX 下具有更长的使用历史，同时考虑到操作系统性能等方面的影响，因此总体来说，在 UNIX 下这些数据库具有更高的性能。

（2）数据库性能

在并行处理方面，Oracle 和 DB2 的性能最好，其中 Oracle 一直在 TPC-C[1]测试中保持最高纪录，而 DB2 在大型机上针对大型企业和超大型企业的并行事务处理和负载均衡方面的表现尤为出色；MySQL 的并行处理能力相对最差，不大适合大量并发的情况；而 SQL Server 与 Sybase 的并行处理能力比较前两种要稍逊一筹，二者在 Windows 上的并行处理能力相差不多，但在 UNIX 下 Sybase 的性能表现要稍好一些。但这些差别在一些中小型系统应用中可能表现并不明显。

在系统可伸缩性方面，Oracle 的表现最好，已将数据库管理扩充到了并行的、多节点的环境中，对服务器集群的支持较好，使数据库系统更具伸缩性，可根据用户需求较方便地扩充数据库规模；DB2 和 Sybase 的并行部署能力则相对要差一些；SQL Server 和 MySQL 则不大适合并行部署，其数据库的可伸缩性比较有限。

从系统的稳定性上来看，SQL Server 和 MySQL 由于发布时间相对较短，其系统整体的稳定性比其他 3 种老牌数据库要差一些，特别是 SQL Server 只能运行于 Windows 平台，平台本身的不足也严重影响了数据库的稳定性。

（3）开发特性

在 Windows 平台下，各类数据库均支持 ODBC 方式的连接，但在以 ODBC 方式连接

---

[1] TPC-C 是联机事务处理(On-Line Transaction Processing，OLTP)的基准程序，它定义了 5 种事务类型，通过这些事务类型的测试，主要测试事务吞吐量和性能价格比两个重要的指标。

时，由于各类数据库提供的接口均经过了较多层次的包装，因此其效率并不是最高的。因此，各类数据库均提供了多种开发接口，可以配合不同的开发环境使用，具体的开发难度要根据所选的开发环境和接口类型以及用户的开发习惯综合分析而定。

（4）数据库价格

目前，对于普通低端用户来说，除 MySQL 外，其余数据库的价格相差并不是特别大，但对于中高端用户来说，随着功能的增强，其价格差距逐渐拉大。总体来说，在中高端用户应用中，Oracle 的价格相对较高，DB2 比较适中，Sybase 和 SQL Server 相对较低，但是运行在大型机上的 DB2 的价格则十分昂贵。

（5）数据库管理难度

目前各类数据库均同时提供图形界面（GUI）和命令行两种管理方式，而且不同平台上的操作基本相同。对于一些日常操作，如建库、建表、数据库备份及恢复等，由于具有较完善的 GUI 界面，几种数据库的管理操作难度相差并不大。数据库管理的难点在于数据库的规划、性能调节、安全以及稳定性等方面的管理。相对而言，SQL Server 的管理最为简单，Sybase 的管理也不算太复杂；MySQL 的 GUI 界面不够完善，其管理相对复杂；而 Oracle 和 DB2 的管理则要复杂得多，特别是在大型机环境中应用 DB2 时，其管理最为复杂。

综上所述，具体选择哪一种数据库，要考虑到用户系统的需求、数据库性能、价格、开发及管理难度等多个方面的因素。总体而言，MySQL 比较适合于预算不足但是有较强技术力量的中小型用户使用；而 SQL Server 的优势在于其易用性，对于性能要求不是特别高的中小型用户也是不错的选择；Oracle 在商务领域应用较广，可以适用于不同规模的系统，其系统的可伸缩性也比较强，可以较好地适应系统的发展，但价格相对较高；而 Sybase 的运用和管理比较简洁，价格比较便宜，在工程及无线应用领域应用相对较多；DB2 则更适用于需要海量数据处理的高端用户，当然，目前中小型用户也是其近年来的主要发展方向。

5.5.3 开发/运行环境与工具选择

.NET 和 J2EE 是当前两个主流的电子商务系统开发环境，二者在技术方面的比较如表 5-2 所示。

表 5-2 .NET 和 J2EE 的对比

	J2EE	.NET
操作系统	可以跨平台应用	目前只能应用在 Windows 系统中
开放性	开放性更高，各类软件厂商均对 J2EE 提供了较好的支持，可选产品类型丰富，功能齐全	主要由 Microsoft 提供支持，开放性较差
编程语言及开发技术	只能选用 Java 作为编程语言，主要采用 JSP+JavaBean+Servlet 技术进行系统开发	可选择余地较大，包括 C#、VB.NET、J# 等，所有语言统一应用 ASP.NET 技术开发系统，且各种语言可以混合应用

续表

	J2EE	.NET
运行方式	先编译成为 JVM 下的伪代码，后运行，运行效率比较高	先编译成为 CLR 下的伪代码，后运行，运行效率比较高
应用服务器	Weblogic、WebSphere 等多种	只有 IIS
开发及调试工具	Eclipse、WSAD、JBuilder、Jdeveloper 等，种类很多	Visual Studio .NET，种类单一
易用性	一般	好

总体来说，二者都是非常优秀的开发平台，但 J2EE 走的是开放路线，具有非常好的跨平台特性，可以较好地处理企业内部众多系统的整合、系统的可拓展性、安全性等问题，这些都是 J2EE 的优势，也是.NET 的不足之处；而.NET 的优势在于其易用性，用户使用.NET 技术开发和运行电子商务系统时，环境准备、开发工具和语言的使用以及运营维护管理都相对更易于上手。

需要注意的是，由于大型电子商务系统往往需要更高性能的软硬件平台的支持，而这些平台目前基本都运行 UNIX 或 Linux 类操作系统，这就大大限制了.NET 技术的应用范围，因此目前大型的电子商务系统基本都是 J2EE 技术一统天下，这种情况随着 Window 平台下各类软硬件性能的不断提高也许在将来会有所改善。而在中小型电子商务系统中，如果对跨平台及未来系统的拓展性等方面的要求不是很高的话，.NET 平台则是非常不错的选择。

5.5.4 应用服务器的选择

1. 应用服务器基本概念

电子商务系统是一个 B/S 结构的应用系统，因此 Web 服务器是电子商务系统的重要组成部分。但是电子商务系统又是一个多层结构的系统，需要一定的系统软件平台支持，除了数据库、操作系统及 Web 服务器之外，还需要有专门的软件环境对电子商务系统的商业逻辑处理、安全、性能等方面提供支持，因此在电子商务系统中还有一个重要的部分就是应用服务器（Application Server）。

应用服务器是一个系统软件平台，该软件在操作系统之上将一些通用的、与企业核心商务应用无关的环境和软件集成在一起，作为一个软件包提供给开发者。这样一来，在软件包中预装部分功能，从而简化用户的接口，减少开发的难度。

一般来说，传统的 Web 服务器仅仅处理 HTTP 的请求并给出响应消息，但是在电子商务系统中，用户的请求在处理过程中往往需要完成一系列商业逻辑，例如从企业数据库中提取相关信息，并实现资金结算、支付等功能，由于这部分处理负担较重，因此需要考虑处理过程中的性能等问题。为提高整个系统的处理效率，应用服务器的概念就被提出来了。

Web 服务器与应用服务器的主要关系如图 5-11 所示。

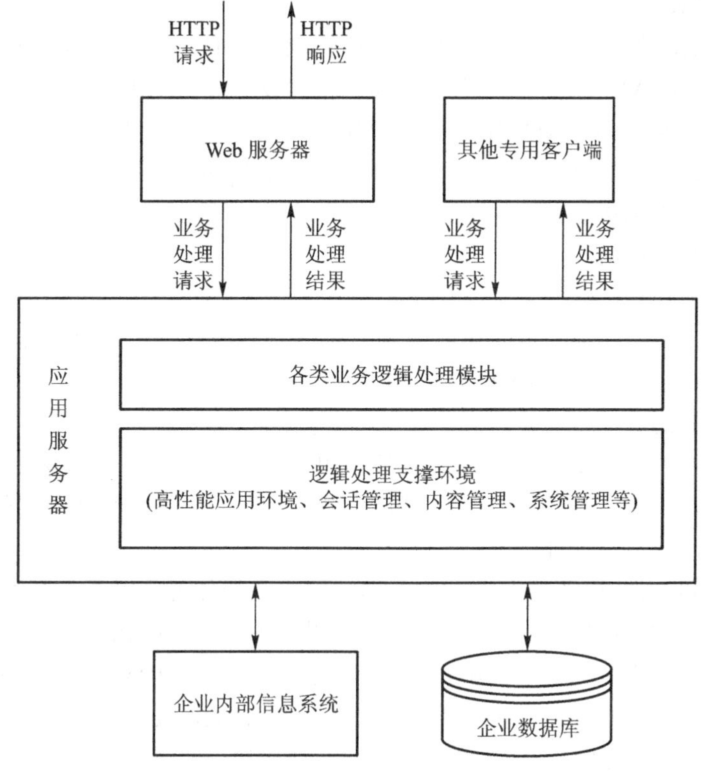

图 5-11 Web 服务器与应用服务器

目前各类应用服务器大多自带 Web 服务器，因此，一般可认为 Web 服务器是应用服务器的一个组成部分。虽然应用服务器包含了 Web 服务器的功能，但是在大中型电子商务系统中，开发者很少把应用服务器与 Web 服务器部署在一起，而是通常会把 Web 服务器独立配置，和应用程序服务器一前一后。这样配置后，从性能上来说，一方面简单的 Web 请求就不会影响应用服务器的处理；另一方面，由于应用服务器逻辑处理复杂，通常性能要求更高，这种配置可以为应用服务器配置性能更高的服务器甚至服务器集群。这样，不但可以提高应用服务器甚至电子商务系统的总体性能，还可以为电子商务系统中各类软硬件产品的选择和扩展留有更大的余地。

2. 应用服务器的组成

从目前应用服务器产品的基本结构看，应用服务器软件包当中一般包括两部分：一个是增强了功能的 Web 服务器，另一个是专门为应用提供服务的应用服务器部分。这两个部分在某些产品当中是合并在一起提供的，例如 IBM WebSphere 和 BEA WebLogic。也有些公司将这两部分作为两个独立的产品分开提供。

（1）增强型 Web 服务器

在应用服务器软件包当中的 Web 服务器尽管也是以 HTTPD 为核心的，但是基本上可以说它是一种增强的 Web 服务器。它一般向系统开发者提供以下功能：

- 静态 Web 页面（包括 HTML 和 DHTML）发布。
- 动态页面脚本（如 JSP、ASP、Servelet 和 Java Applet 等）的执行。
- 用户自定义的 MIME 类型信息的发布。
- Java 虚拟机（JVM）。
- 传统的 HTTPD 服务。
- 服务器管理功能（例如页面访问控制、Web 访问统计、Web 服务器配置等）。
- Web 开发接口（例如 NSAPI、ISAPI 等）。

（2）应用服务器

从逻辑角度看，应用服务器与 Web 服务器相互配合共同完成业务逻辑。Web 服务器向应用服务器提供用户的请求，并表达处理的结果。而应用服务器及其上层的应用负责完成业务逻辑的处理，并反馈处理结果。

应用服务器和 Web 服务器有很大的差别，这些差异体现在以下几个方面。

① Web 服务器只能帮助将应用程序处理结果以 HTML 页面的形式发布给用户，它对于应用程序不能提供更多的帮助。例如，如果应用程序需要和 IBM 的 MainFrame（如 3270）交互，从 IBM 3270 这样的专用系统中提取数据，那么 Web 服务器是无能为力的，而应用服务器则不然，它可能提供与 IBM 大型机的中间件接口，这样用户应用可以很容易地存取数据。

② 应用服务器一般可以为企业级的应用提供一种可靠的、高性能的运行环境，而 Web 服务器是无法做到这一点的。

③ 应用服务器和 Web 服务器的另外一个差异在于：应用服务器可以提供很多预先安装的（或者预置）服务，例如搜索引擎、内容管理等，这样就使应用逻辑的处理可以提高效率，而不必额外开发类似的功能。

④ 这两者之间还有一个非常重要的差异是：很多应用服务器预先配置和快速构造商务模型的组件，企业可以迅速建立业务逻辑。利用这些功能，企业仅需要通过定义角色并定义相关规则，就可以快速地建立起一个电子交易市场，而不再需要进行开发。

3．应用服务器功能

一般来讲，应用服务器为应用程序提供的服务主要包括如下几个方面。

（1）高性能的应用程序运行环境

所谓的高性能主要体现在以下几个方面。

① 内容缓存。内容缓存使经常性的处理结果能够存储在内存中，从而使大量常用的

用户请求可以从内容缓存中提取结果，使系统的响应时间得到改善。

② 数据库连接缓存。在应用和数据库之间保持常连接。避免传统 CGI 应用在存取数据库过程中，由于经常性的数据库打开/关闭操作而导致的效率低下。

③ 支持进程的多线程执行。

④ 大量用户访问情况下的负载均衡。

⑤ 分布式联机事务处理。

⑥ 标准的应用开发环境和应用分布环境。

- 支持利用传统的编程语言（C/C++）和 Java 编写的应用。
- 支持混合编程模式，例如在 Java 应用或者 Servelet 当中调用 EJB 组件。

（2）为应用提供可伸缩性

如前所述，电子商务系统可能面临的用户访问压力是难以预知的，所以，应用系统具备很高的可伸缩性是非常必要的。应用服务器一般是通过两种方式提高系统可扩充性：一种方式是支持服务器集群（详见第 6 章），另外一种是对称多 CPU 系统。

此外，优秀的应用服务器还提供应用的动态负载均衡（Load Balancing）。

（3）会话管理

在用户和商务应用进行交互的过程中经常需要进行对话。以一次网络购物的过程为例，用户需要多次挑选才能够确定购物清单，而每次挑选货物并将其放入购物车的过程就是一次会话。在用户确定最终付款时，如果计算机系统无法记录用户的购物清单，那么就意味着用户一边在线挑选，一边用纸笔记录，否则在付款时经常可能已经忘记了整个购物的结果，这是一个非常令人尴尬的事情。所以会话管理的作用是对客户的每次人机会话过程进行记录和管理。一旦系统支持这样的功能，那么同样对于上述的在线购物过程，当用户确定付款时，电子商务系统会自动提供其购买清单。

因此，如果一次商务活动必须经过多个复杂的步骤才能完成，那么会话管理是非常重要的功能。

（4）支持多种应用编程模式

在应用服务器的基础上开发应用程序，除了可以使用多种语言外，也可以采取多种编写程序的方式。具体来讲包括以下内容：

- 应用表达可以利用 JSP、Servelet、Java 应用。
- 业务逻辑可以利用 JavaBeans、EJB 等。
- 数据库存取可以利用 JDBC、ODBC 等。
- 应用集成可以利用 XML、CORBA 等。

（5）目录及内容管理

一般应用服务器都提供目录管理和内容管理工具，这些工具提供对用户访问内容的控制、分层数据组织、目录更新及控制等服务。

（6）商务引擎

这一部分功能主要是指电子商务系统体系结构中的商务服务层的功能，主要是为商务系统提供业务支持。这些服务一般包括：个性化服务（例如 BEA 的 WebLogic Personal Server）、客户关系管理（例如 BroadVision、Oracle 公司的产品）、供应链管理、电子交易市场（如 Oracle iExchange）等。但是不同的应用服务器产品在这一方面的差异很大。

（7）系统管理

要保证应用系统能够正常运行，应当使应用程序的运行环境得到有效和方便的管理。目前的应用服务器都提供相应的系统管理工具，具体功能包括：

- 性能配置管理。性能管理主要围绕为商务应用配置合适的系统资源。例如对服务进程数的调整、结果缓存大小的调整等。
- 存取控制。存取控制也可以称为访问控制（Access Control），其目的是对系统资源的访问权限进行限制，以保护特定内容的安全。例如控制只有特定权限的用户才能访问系统中的某些应用或者页面等。
- 系统日志管理。这一功能对系统访问、应用运行、存取失败等情况进行记录，从而为系统的故障诊断、分析和性能优化提供依据。

4．应用服务器产品

目前应用服务器产品很多，常见的应用服务器主要包括：BEA 公司的 WebLogic 平台、IBM 的 WebSphere、Microsoft 的 IIS 等。这些产品的基本特点如表 5-3 所示。

表 5-3

产品名称	支持	服务
BEA Weblogic Server	HTTP, HTML, XML,WML	静态页面
	JSP，SEVELET	动态页面
	SSL, X.509, ACL	安全
	J2EE,	Java 2 Enterprise Edition
	EJB	Enterprise Java bean
	CORBA,	组件标准
	TUXEDO/JOLT	事务处理
	RMI	远程方法调用
	JMS	基于 Java 的可靠消息
	Personalized Service	规则 内容管理 用户和组管理 Web 页面管理
	Business Service （含 Session Management, Production Management, CRM）	会话管理、客户管理、购物指导、赠品管理、订单管理、产品管理、库存管理、发票管理、配送系统管理和客户服务

续表

产 品 名 称	支 持	服 务
IBM WebSphere	HTTP, HTML, XML, WML	静态页面
	JSP, SERVELET	动态页面
	HTTPS, SSL, X.509, ACL	安全
	J2EE	Java 2 Enterprise Edition
	EJB	Enterprise JavaBeans
	CORBA	组件标准
	XA	事务处理
	MQ Series	传输中间件
Microsoft Internet Information Server (IIS)	HTTP, HTML, XML,WML	
	SSL, X.509, ACL	
	ASP	Active Server Page
	COM	Microsoft 组件模型
	ISAPI	服务器开发接口
	ASP.NET	

在电子商务系统的设计与开发过程中，最终选择哪一种应用服务器，需要综合考虑系统的软硬件平台、操作系统及拟采用的开发技术才能确定，这些条件必须是相互配套的，也就是说，这些软硬件条件搭配到一起后，技术上必须是可行的。例如，如果用户选择了 Linux 系统作为系统运行平台，则很显然就不可能选择 IIS 和.NET 开发技术了。

此外，在保证技术可行的基础上，还必须考虑减少用户的开支以及系统以后的发展，绝不能盲目追求先进性。

5.5.5 中间件产品的应用

1. 中间件的概念及基本作用

中间件（Middleware）是基础软件的一大类，属于可复用软件的范畴。关于中间件，目前并没有一个比较统一的定义，在众多关于中间件的定义中，比较普遍被接受的是 IDG（国际数据集团）表述的：中间件是一种独立的系统软件或服务程序，分布式应用软件借助这种软件在不同的技术之间共享资源，中间件位于客户机服务器的操作系统之上，管理计算资源和网络通信。IDG 对中间件的定义表明，中间件是一类软件，而非一种软件；中间件不仅仅实现互连，还要实现应用之间的互操作；中间件是基于分布式处理的软件，最突出的特点是其网络通信功能。总的来说，中间件的目的是在分布式环境中，为处于自己上层的应用软件提供简洁、高效的运行与开发环境，其基本作用主要有以下两点。

① 简化用户开发，帮助用户灵活、高效地开发和集成复杂的应用软件，使用户尽可

能减少分布式环境中异构系统的影响，提高用户的开发效率。

② 对用户的通信、数据库操作等软件基本操作进行优化调度，提高应用软件的运行效率。

下面以通信产品中间件为例说明中间件的基本作用。目前，以分布式系统为代表的各类 C/S 结构的软件越来越多，在这些软件中，不同模块间的网络通信功能是最基础的功能之一，其中，利用 TCP 协议进行通信是最常见的方式。TCP 通信的基本原理如图 5-12 所示。

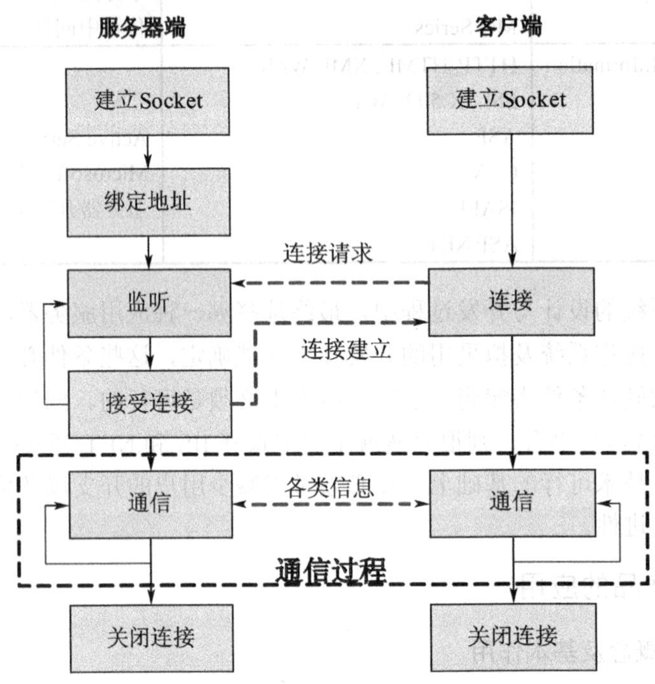

图 5-12　TCP 通信基本原理

在通信过程中，双方除需要传递数据信息外，还需要传递一系列控制信息以保证通信的准确与高效，常见的如异步通信过程中的心跳控制信息（定时在双方发送以确定连接是否仍然有效）、确认或重发信息等，如图 5-13 所示。

另外，在此过程中，为保证连接的有效性及通信过程的高效性与安全性，用户还必须进行任务调度（保证所有请求能被适当、高效地处理）、数据传输编码（保证数据传输的正确性）、重新连接控制等一系列工作。同时，如果服务器端与客户端的操作系统不同，那么在此过程中还要考虑各自系统通信设计及开发的不同。

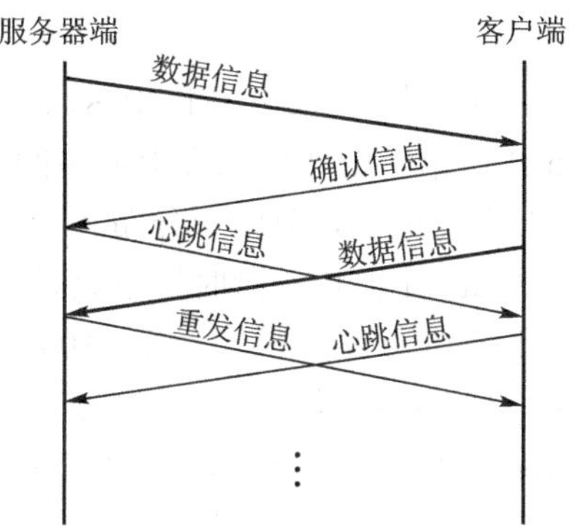

图 5-13　异步通信基本过程

在上述过程中，对于上层应用来说，仅有数据信息是有效的，其余则是与上层应用逻辑无关的控制消息。也就是说，在通信过程中，实际上大量的设计及开发工作被消耗在与上层应用逻辑无关的通信控制中，这就大大增加了设计及开发人员的工作负担。

为使相关人员从繁杂的通信控制中解脱出来，专心于应用服务逻辑的设计及开发，就出现了通信中间件产品，其基本结构如图 5-14 所示。

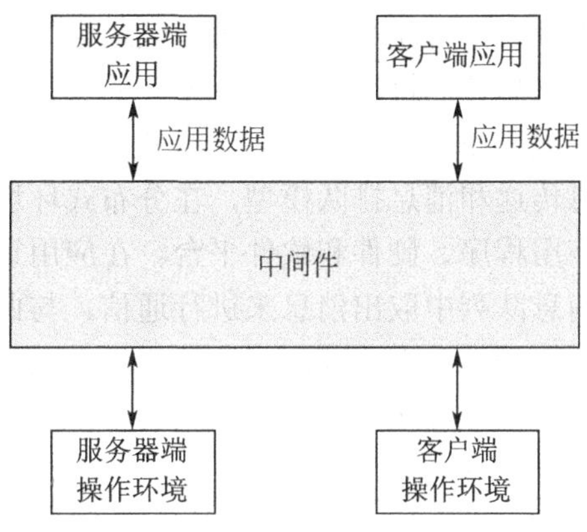

图 5-14　中间件基本结构

利用中间件后，应用端只需向中间件发送应用数据即可，其他连接控制、任务调度、数据传输的准确性及安全性控制等功能都由中间件来完成，相关人员只需关注应用的逻辑，这就大大简化了设计及开发人员的负担，使其能更高效地完成系统的设计和开发任务。另外，中间件被剥离出来后，其设计与开发更加专业化，从而使中间件的通信效率、稳定性和安全性等方面的性能会更高。因此，利用中间件在提高开发效率的同时，还能在一定程度上提高整个系统的性能。

2. 中间件的分类

最早具有中间件技术思想及功能的软件是 IBM CICS，但由于 CICS 不是分布式环境的产物，因此人们一般把 Tuxedo 作为第一个严格意义上的中间件产品。Tuxedo 是 1984 年在当时属于 AT&T 的贝尔实验室开发完成的，但由于分布式处理当时并没有在商业应用上获得像今天一样的成功，所以 Tuxedo 在很长一段时期里只是实验室产品。后来 Tuxedo 被 Novell 收购，在经过 Novell 并不成功的商业推广之后，1995 年被现在的 BEA 公司收购。尽管中间件的概念很早就已经产生，但中间件技术的广泛运用却是在最近十几年之中。BEA 公司 1995 年成立后收购了 Tuxedo，才成为一个真正的中间件厂商，IBM 的中间件 MQSeries 也是 20 世纪 90 年代的产品，其他许多中间件产品也都是最近几年才成熟起来。国内在中间件领域的起步阶段正是整个世界范围内中间件的初创时期。东方通科技早在 1992 年就开始了中间件的研究与开发，1993 年推出第一个产品 TongLINK/Q。而中科院软件所、国防科技大学等研究机构也对中间件技术进行了同步研究。

目前，中间件发展很快，已经与操作系统、数据库并列为 3 大基础软件。关于中间件的分类有很多，这里将中间件分为 3 大类：通信处理（消息）中间件、交易中间件、数据访问中间件。

（1）通信处理（消息）中间件

此类中间件是中间件中唯一不可缺少的，是销售额最大的中间件产品。该类中间件的主要功能是利用高效可靠的消息传递机制进行平台无关的数据交流，实现不同逻辑模块乃至不同平台之间的通信，实现分布式系统中可靠、高效、实时的跨平台数据传输环境。该类中间件一般通过提供消息传递和消息排队模型，在分布式环境下扩展进程间的通信，并支持多通信协议、语言、应用程序、硬件和软件平台。在应用该类中间件时，上层的程序将消息放入消息队列或从消息队列中取出消息来进行通信，与此关联的全部活动，如维护消息队列、维护程序和队列之间的关系、处理网络的重新启动和在网络中移动消息等都是中间件的任务，程序不直接与其他程序通话，并且它们不涉及网络通信的复杂性。该类中间件代表产品是 IBM 的 MQ Series 等。

（2）交易中间件

在分布式事务处理系统中要处理大量事务，在系统中常常要同时做非常多的事务。例如银行系统中，每秒钟可能会有上万乃至更多的交易。在联机事务处理系统（OLTP）中，每笔事务常常要由多台服务器上的程序顺序地协调完成，一旦中间发生某种故障时，不但要完成恢复工作，而且要自动切换系统，达到系统永不停机，实现高可靠性运行；同时要使大量事务在多台应用服务器能实时并发运行，并实现均衡的负载分配和合理的资源调度，以获得与大型计算机系统相同的性能，为了实现这一目标，要求系统具有监视和调度整个系统的功能。该类中间件代表性产品是 BEA 的 Tuxedo。

（3）数据访问中间件

数据访问中间件是为了建立数据应用资源互操作的模式，对异构环境下的数据库或文件系统实现连接的中间件。在分布式系统中，重要的数据都集中存放在数据库服务器中，它们可以是关系型、复合文档型、具有各种存放格式的多媒体型，或者是经过加密或压缩存放的，这类中间件将为在网络上虚拟缓冲存取、格式转换、解压等带来方便。数据访问中间件能屏蔽不同厂家、不同类型数据库之间的差异，实现异构数据的共享，从而使得企业在不同时代、不同地域的宝贵数据能够得到充分利用。由于早期用户使用的数据库产品单一，因此，该中间件一般由数据库厂商直接提供。目前其正在逐渐被为解决不同品牌数据库之间格式差异而开发的多数据库访问中间件取代。数据访问中间件一直存在于中间件技术的边缘上，独立的产品不多，大多由数据库厂商随数据库产品一起提供。而中间件与数据库之间的接口标准，如 XA 及 JDBC、ODBC 等已经非常成熟。

本章小结

本章对于电子商务系统总体设计的原则、内容和方法进行了说明。

电子商务系统本质上仍然是一种信息系统，因此本章首先介绍了信息系统设计的基本过程，作为电子商务系统总体设计的参考。

本章说明了电子商务系统设计的基本原则、内容和基本方法，并进一步介绍了电子商务系统总体结构设计、信息基础设施设计和基础支持平台设计 3 个方面内容。

在总体结构设计部分，本章主要就电子商务系统总体设计的内容以及方法和过程进行了说明。在信息基础设施设计部分，主要介绍了网络环境的设计和应用方法以及服务器主机的选择等内容。

在基础支持平台设计部分，主要介绍了操作系统、数据库系统、开发环境与工具、应用服务器及中间件的选择原则和方法等内容，其中，重点介绍了应用服务器的概念、功能及主流产品等内容以及中间件的基本概念和分类。

本章内容有助于读者理解电子商务系统设计的整体概念，并使其能尽快掌握电子商务总体设计的主要内容和方法。

思考题

1. 为什么要进行电子商务系统总体设计，其主要内容是什么？
2. 信息系统设计的基本过程和内容是什么？与传统信息系统相比，电子商务系统有哪些特色？
3. 电子商务系统总体设计的原则是什么，包括哪些内容？
4. 电子商务系统总体结构设计的主要内容与方法是什么？
5. 电了商务系统信息基础设计都包括什么内容？在网络环境设计中应当注意什么问题？

6. 选择电子商务系统运行的服务器主机时应当注意哪些问题？

7. 结合书中家具厂电子商务系统的例子，说明如何选择电子商务系统操作系统和数据库系统。

8. 什么是应用服务器？它主要有哪些功能？

9. 中间件的作用是什么？都有哪些种类？为什么电子商务系统设计中要选择中间件？

实 践 环 节

1. 登录 IBM（http://www.ibm.com）网站，考察 IBM 应用服务器 Websphere 的说明；登录 BEA（http://www.bea.com）公司的网站，考察其应用服务器 Weblogic，下载其评测版本。通过其说明和你的使用情况，比较这两个应用服务器的特点。

2. 登录淘宝网（http://www.taobao.com/）或当当书店（http://book.dangdang.com/），试分析其系统的功能及网站结构等内容。以此为基础，根据你的理解，尝试对一个开展 B2C 电子零售的网络商店的电子商务系统进行设计，给出总体结构设计方案。

第 6 章　商务应用软件设计

第 5 章介绍了电子商务系统总体设计，主要描述了电子商务系统的体系结构、主要功能、网络环境与软硬件环境、开发和运行环境以及其他平台环境的选择等方面内容，给出了关于电子商务系统的功能和层次的总体描述。本章将在第 5 章内容的基础上，对电子商务应用软件设计的内容及方法进行详细描述。

在电子商务系统的层次体系结构中，电子商务应用软件位于最顶层（见图 5-1），其主要作用就是实现电子商务系统的逻辑应用功能，换句话说，底层的诸如主机设备、网络、系统平台等都是为应用软件服务的。应用软件在电子商务系统中处于最重要的地位，其优劣直接关系到企业的电子商务活动是否能够顺利、有效地开展。

6.1　商务应用软件的功能

1．电子商务系统应用软件功能分析

从狭义上讲，电子商务就是通过 Internet 进行的商业活动，而广义的电子商务则将利用包括 Internet、Intranet、LAN 等各种不同形式的网络进行的所有商贸活动都归于电子商务。从发展的观点看，在考虑电子商务的概念时，仅仅局限于利用 Internet 进行商业贸易是不够的，将利用各类电子信息网络进行的广告、设计、开发、推销、采购、配送、结算等全部贸易活动都纳入电子商务的范畴则较为妥当。

电子商务涵盖的业务包括信息交换、售前售后服务、销售、电子支付、运输、组建虚拟企业、公司和贸易伙伴可以共同拥有和运营共享。

电子商务系统是一个包括商务、技术、支付、物流等许多角色与要素的系统工程。在开始建设电子商务系统之前，必须充分研究涉及电子商务系统的所有因素，全面分析，统筹规划，确定系统应具有的各项功能，形成尽可能完善的电子商务系统设计方案，在此基础上有条不紊地进行电子商务系统建设。

确定电子商务系统的商务功能是电子商务系统分析阶段的主要任务，这部分工作是在企业状况分析与市场需求分析的基础上完成的。

企业状况分析是对企业自身状况进行分析，包括对企业组织、管理、业务流程、资源、客户需求和未来发展等的分析。要结合电子商务的特点，从供应链的角度重新审视企业组织、管理与业务流程，寻找与电子商务的最佳结合点。

市场分析包括市场环境分析、客户分析、供求分析和竞争分析等。必须对拟建的电子

商务系统在未来可能面临的竞争尽可能做出分析，最大限度地提高企业的竞争优势。

2．电子商务应用软件的主要业务功能

由于电子商务系统的应用多种多样，从模式上讲有 B2B、B2C、B2G 和 C2C，从覆盖的行业来说可以有工矿企业、商业、交通运输业、邮电业、金融业、文化娱乐业等，其功能随应用模式及所在行业的不同而不同，但从基本的商务功能讲，电子商务系统一般具有以下几项扩展功能中的一项或多项。

① 信息服务功能：提供诸如产品（或服务）、价格、业务介绍等信息以及搜索与导航功能，方便用户获得相关信息。

② 交易功能：确定双方交易的形成，如处理订货、确认以及其他与交易有关的事项。

③ 支付结算功能：完成双方交易金额的清算。主要通过委托现有的金融机构来处理信用卡授权和结算。

④ 对商品（或服务）的跟踪功能：交易形成后，应提供用户对所购商品或服务的跟踪功能，使客户与商家能随时保持交流与沟通。

除此之外，电子商务应用软件还可视具体要求，以电子商务服务平台提供的功能和信息为基础，进行一定的整合后，提供一些与系统管理和维护相关的功能，主要包括网络管理功能、网络安全功能、网络应用功能、数据管理等，以方便用户对整个电子商务系统的管理和维护工作。

由于各电子商务系统面向的客户不同、从事的业务不同、系统规模不同，所以其提供的功能多少也会随各种情况而变化，且这些功能具体包含的内容也会随系统的不同而有很大的差别，这应在电子商务系统的设计时根据具体情况确定。

6.2 商务应用软件设计的基本内容

电子商务系统的应用软件是系统的核心部分，由于电子商务的种类很多，因此应用软件功能的差异也非常大。本节主要介绍应用软件设计的主要内容和一般方法。

在系统设计阶段，电子商务应用软件设计主要包括以下几项任务。

1．软件架构设计

软件架构表示了一个软件系统的高层结构。在电子商务系统中，软件架构主要描述了构成系统的成分、这些成分之间的相互作用、指导其组合的风格以及对这些风格的描述等。对于电子商务应用软件来说，在进行具体的设计之前，首先需要确定软件的架构，为下面的设计圈定框架，作为后续设计的基础和前提条件。

架构设计的主要目的就是把系统划分成为若干相对独立的部分。划分的方式通常有两种：横向划分和纵向划分。

横向划分是将系统按照商业逻辑进行划分，例如将一个网上书店系统划分成为进货、销售、库存管理、员工管理等。

纵向划分则不同，它按照抽象层次的高低，更多地从计算机处理的角度出发，将系统划分成若干层，每个层次完成一定的处理功能，如数据处理层、业务逻辑层等。目前，在电子商务软件设计中常见的层次结构主要有三层结构和多层结构两类。其中，三层结构主要应用于业务逻辑相对简单、访问量不是很大的小型电子商务软件中，而多层结构则多用于业务逻辑相对复杂、访问量较大的大中型电子商务软件中。

2. 子系统的划分与模块设计

应用软件子系统的划分目的是从计算机实现的角度入手，将整个应用软件分解为不同的、功能相对独立的子系统。在此基础之上，进一步将每个子系统细化为功能独立的模块，分析确定每个模块的处理流程，最终到可编程的应用程序模块。

在此过程中，一般可采用按功能逻辑、业务流程和业务部门功能等多种划分方式，而划分出的子系统及模块则应当满足功能独立、数据耦合较少等特点。

3. 数据库设计与联机事务处理设计

所谓数据库设计主要针对利用数据库管理系统（DBMS）管理结构化数据。数据库设计的内容主要是对数据的逻辑结构、存取方式等进行设计。其设计方法主要是利用 BNF 范式和实体模型等。

数据库设计主要针对应用软件中要处理的数据对象进行，其目的是使应用程序中用到的数据能够根据其性质、用途、要求等特征，组织成为有效的形式。

上述设计的最终目的是保证电子商务应用系统能顺利完成业务逻辑的处理，而这些业务逻辑在处理过程中必须保证其完整性。换句话说，电子商务系统中的业务逻辑处理大多是一种联机事务处理（On Line Transaction Process）的过程，而该过程的实现在很大程度上依赖于与数据库操作密切相关的隔离及锁等技术。

4. 输入/输出设计

输入/输出设计主要对应电子商务应用软件的表示层进行，其任务可包含两个部分：选择客户端设备，并根据客户端设备的基本特征选择或设计客户端应用软件；输入/输出软件设计，主要是对应用软件的输入/输出数据的格式、内容、方法、校验等方面进行设计，目的是保证应用软件所要处理的输入数据是合法的、准确的，系统输出的数据正确、直观和美观。需要注意的是，有关统计资料表明了一个有趣的现象“与应用软件核心业务逻辑处理相关的代码占总代码的 20%，而与输入/输出相关的代码则占 80%”。输入/输出软件设计的主要内容包括如下几项。

（1）输入设计

主要包括输入方式和输入界面设计两个主要内容。

电子商务系统应用软件的数据输入形式一般包括用户的键盘输入、其他系统的输入和自动识别输入等。

键盘输入主要是用户在客户端通过键盘，由网络将数据信息输入到应用软件系统中。该类输入主要用于小批量数据的输入。需要注意的是，客户利用浏览器输入的数据在应用软件中需要进行一定的处理才能够使用。另外在电子商务系统中，除非必要，应尽可能避免用户利用键盘一次性输入大批量的原始数据。

自动识别输入主要是客户通过条形码设备、射频识别设备等输入数据。这种数据输入方式在物流、运输、零售、海关等部门得到了大量应用。从发展的角度看，由于该技术与商业自动化的关系非常紧密，所以前景广阔，在电子商务系统输入设计中应当充分认识到这一点。

其他系统的数据主要是来自于企业内部信息系统、企业合作伙伴或用户的数据。例如，来自贸易伙伴的 EDI、来自用户的电子邮件等。这类数据一般数据量较大，多采用批量自动导入方式，界面设计方面的工作量比较小。

（2）输出设计

输出设计主要是设计系统输出结果的形式。一般的电子商务系统的输出数据根据其标准化的情况可以分成两类：一类是必须满足特定标准规范的数据，例如满足 EDI 要求、SET 协议要求的数据；另一类是非标准数据，例如输出给用户的数据。

输出设计中需要注意的问题是：电子商务系统输出的形式多种多样，尤其是 HTTP 协议的应用为系统的输入提供了非常大的灵活性，可以充分利用多媒体数据的特点，使得输出数据的形式直观并易于理解；另一方面，在 B/S 结构的电子商务系统中，由于客户端形式多样，所以在输出设计时，应当考虑到不同客户端的特点。

6.3　商务应用软件设计

6.3.1　商务应用软件层次结构设计

从系统的体系结构看，电子商务应用软件分别服务于应用表示、业务逻辑处理和数据存取，因此，电子商务应用软件可以按功能纵向划分的方法划分为应用表示层、业务逻辑层和数据层，如图 6-1 所示。

应用表示层的应用软件主要运行于 WWW 服务器和用户终端设备（例如用户的个人计算机、PDA、手机等）。应用软件的主要作用是为最终用户提供一个友好的交互界面，接收用户提交的事件，并将处理结果返回给用户。一般可以提供诸如网络广告、信息发布等功能。基本上所有的电子商务应用软件都具有这部分功能。

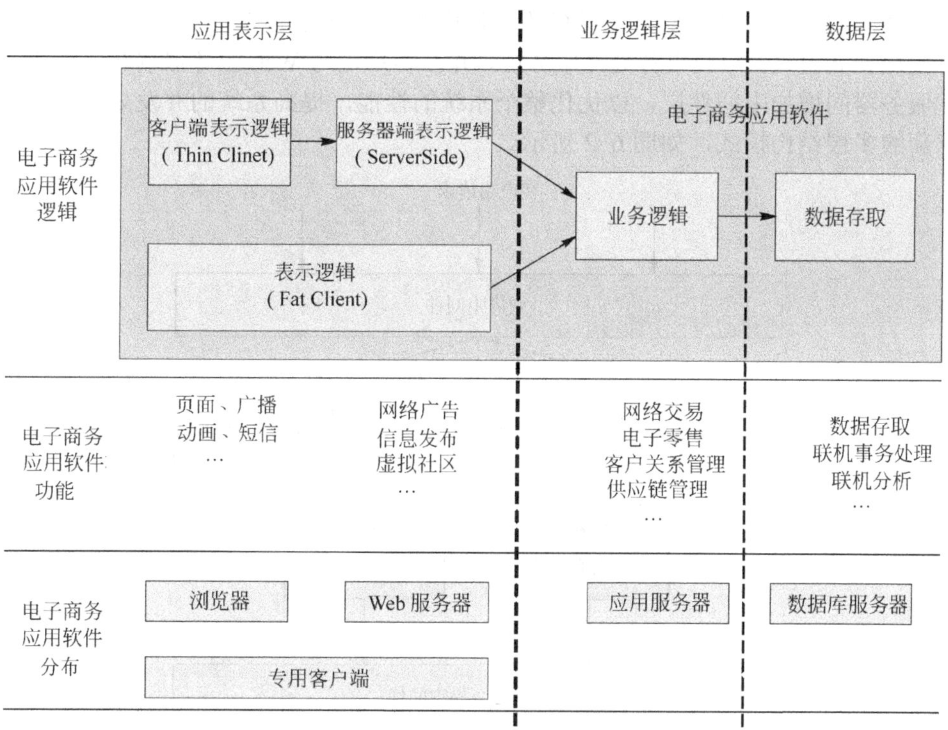

图 6-1 电子商务应用软件的层次与功能

业务逻辑层的应用软件主要运行于 WWW 服务器或者应用服务器。一般采用 CGI 方式编写的应用软件经常运行于 WWW 服务器上，而基于 JSP、EJB 的应用一般在应用服务器上运行。该部分软件主要实现企业业务逻辑的核心功能，主要作用是进行业务处理。

数据层的应用软件主要是完成数据的存取功能，可以运行于应用服务器或者数据库服务器上。这部分软件的基本功能是实现不同数据源的数据存取、联机事务处理或联机事务分析。而所谓的数据源可能是数据库管理的结构化数据、非结构化的数据或者其他系统中的数据。

特别需要注意的是，从逻辑角度可以将应用软件划分为这样的几个层次，但是并不意味着电子商务应用软件一定要分成这样几个部分。这样划分是为了从设计和分析的角度易于理解，实际上从应用软件编码角度来看，可能一个应用模块中既包括应用逻辑处理的部分，也包括业务逻辑的表示部分，这种情况在一些小型的电子商务系统中尤为常见。另外一个需要注意的问题是，某些小型的电子商务系统可能不使用应用服务器，在这种情况下，所有的应用都运行于 Web 服务器上，例如某些利用 PHP 编写的网络商店的共享软件就是这样的结构。

另外，随着越来越多的 C/S 结构的 MIS 系统转向 B/S 结构，电子商务系统特别是大型电子商务系统的功能越来越复杂，很有必要对其进一步分层处理。其中比较典型的做法是将事务处理独立出来，形成事务处理服务层，并在客户端与 Web 服务器端和应用服务器与数据库服务器间增加中间件层，以优化整个系统的性能，提高系统的并发处理能力，从而形成了新的多层结构模式，如图 6-2 所示。

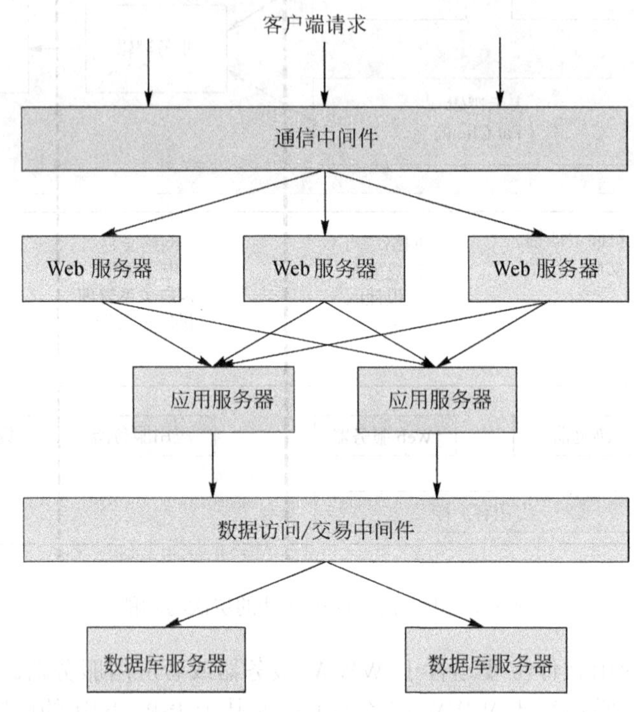

图 6-2　电子商务系统的多层次结构

6.3.2　子系统划分及模块设计

子系统的划分是电子商务软件设计的重要步骤，其主要任务是将系统划分为若干个子系统，然后再逐层深入，直至完成每一个模块的设计。

1．子系统划分原则

在此过程中，为了便于今后系统开发和系统运行，子系统及模块的划分应遵循如下几个原则。

（1）相对独立性

子系统及模块的划分必须使得其内部功能、信息等各方面的凝聚性较好。在实际中我们都希望每个子系统或模块相对独立，尽量减少各种不必要的数据调用和控制联系，并将联系比较密切、功能近似的模块相对集中，这样对于以后的搜索、查询、调试、调用都比较方便。

（2）耦合比较少

子系统及模块之间的耦合比较少是指相互之间的数据及功能调用等方面的联系要尽量减少，接口要简单、明确。一个内部联系性强的子系统或模块与外部的联系必然很少，所以划分时应将联系较多者或相对集中的部分划入内部，剩余的一些分散、跨度比较大的联系就成为这些子系统及模块之间的联系和接口。按这种方式设计的系统将来调试、维护和运行都是非常方便的。

（3）数据冗余较小

在划分子系统或模块的过程中，对于需要处理同一类数据的功能，尽可能放到同一子系统或模块中，以免系统中多个部分同时应用和处理同一类数据。例如，将所有的人员管理功能集中到人事管理子系统，而不是将人员管理分布到采购、销售等部门管理中。如果忽视了这个问题，就可能使相关功能的数据分布到各个不同的子系统及模块中，大量的原始数据需要被反复调用，大量的中间结果需要保存和传递，大量计算工作将要重复进行。这样所带来的后果就是使得程序结构紊乱、数据冗余，不但给软件编制工作带来很大的困难，而且系统的工作效率也会大大降低。

（4）考虑各类资源的充分利用

各类资源的合理利用也是系统划分时应该注意到的。适当的系统划分应该既考虑有利于各种设备资源在开发过程中的搭配使用，又考虑到各类信息资源的合理分布和充分使用，以减少系统对网络资源的过分依赖，减少输入、输出和通信等设备的压力。

（5）考虑今后管理发展的需要，便于系统分阶段实现

在子系统的设计过程中，应充分考虑到高层次管理决策的要求，对企业未来一段时间的发展要有正确的认识，为今后企业的发展及管理方式方法的变化留有必要的数据接口及功能扩充的基础，以便在未来的发展过程中顺利升级。

同时需要考虑到，电子商务系统的开发是一项较大的工程，它的实现一般都要分期、分步进行，所以子系统的划分应能适应这种分期、分步的实施。例如一些电子商务系统在开发初期，可能不会马上实施在线支付功能，而是考虑在业务扩大后再加入该功能。因此，在系统设计中就必须注意如下两点。

- 现行设计的系统必须能在没有在线支付功能的情况下正常工作。
- 考虑以后的扩展，当需要实现在线支付时，现有系统的改动尽可能小。

2. 子系统划分方法

一个合理的子系统或模块划分，应该是内部联系强，子系统或模块间尽可能独立，接口明确、简单，尽量适应用户的组织体系，有适当的共用性。对模块或子系统进行划分的方法通常有以下几种。

（1）按逻辑功能划分

把相类似的处理逻辑功能放在一个子系统或模块中。例如，对于一个网络商店，其中包括网络订单管理、客户关系管理、存货管理等几个业务，那么可以将涉及订单的处理部分集中在一个子系统中；又如，可以把“对所有业务输入数据进行编辑”的功能放在一个

子系统或模块中。那么不管是库存还是财务，只要有业务输入数据都由这个子系统或模块来校错和编辑。

（2）按职能划分

按管理的功能或部门职能将系统划分为若干子系统。例如，财务管理子系统、物资管理子系统和销售管理子系统等。

（3）按过程划分

从控制流程的角度看，同一子系统或模块的许多功能都应该是相关的，因此可以按业务的处理流程将系统划分为若干子系统或模块。

（4）按时间划分

把要在同一时间段执行的各种处理结合成一个子系统或模块。

（5）按通信划分

把相互需要较多通信的处理结合成一个子系统或模块。这样可减少子系统间或模块间的通信，使接口简单。

对于小型电子商务软件来说，直接按功能划分子系统和模块是比较常用的方法，这样可以使系统功能简捷而紧凑，并能有效地保持模块的独立性，便于系统开发及维护。

对于大中型电子商务软件来说，由于系统规模较大，常涉及众多部门的分工与协作问题，因此一般比较适宜采用先按职能划分子系统，再按功能划分模块的方法。这种方式一方面可以使各子系统功能明确而独立，便于企业的日常管理和运作；另一方面子系统内部又可以较好地保持模块的独立性，便于系统的开发组织，如图 6-3 所示。

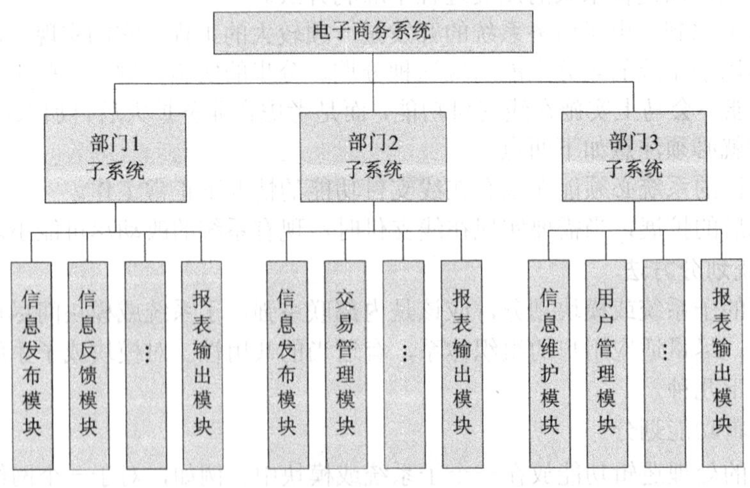

图 6-3 子系统及模块的划分

案例 6.1——家具公司电子商务系统子系统划分及模块设计

先回顾一下第 5 章中所述的家具公司的例子，在图 5-7 中将系统划分为 3 个子系统，其中：

- 信息发布子系统主要对应于该公司的市场策划、人力资源等部门的职能。
- 销售管理子系统主要对应于该公司的销售部门职能。
- 客户服务管理子系统主要对应于该公司的客服部门功能。

6.3.3　应用软件详细设计

应用软件的详细设计主要是面向软件开发需要，对系统各模块功能和处理流程进行更深入和详细地分析，完成系统模块的功能及处理流程设计、输入/输出设计、信息编码设计、数据存储设计等内容。由于目前主流的开发技术，如 JSP、ASP.NET 等，都采用了面向对象的编程技术，因此下面的设计将以面向对象的设计方法为主，同时，将通过案例来进行讲述，以便读者更好地理解相关内容。

案例 6.2——家具公司电子商务系统应用软件详细设计

第 4 章中已经利用面向对象的方法对家具公司的电子商务系统需求进行了深入的分析，给出了系统的用例图、活动图等资料，这里将进一步应用这些资料完成开发所用的类和交互图等内容的设计工作。

针对用户提交报修申请这一过程，根据系统分析结果可得到如图 6-4 所示的交互图。图中描述了完整的报修申请提交的过程以及此过程中所涉及的对象。

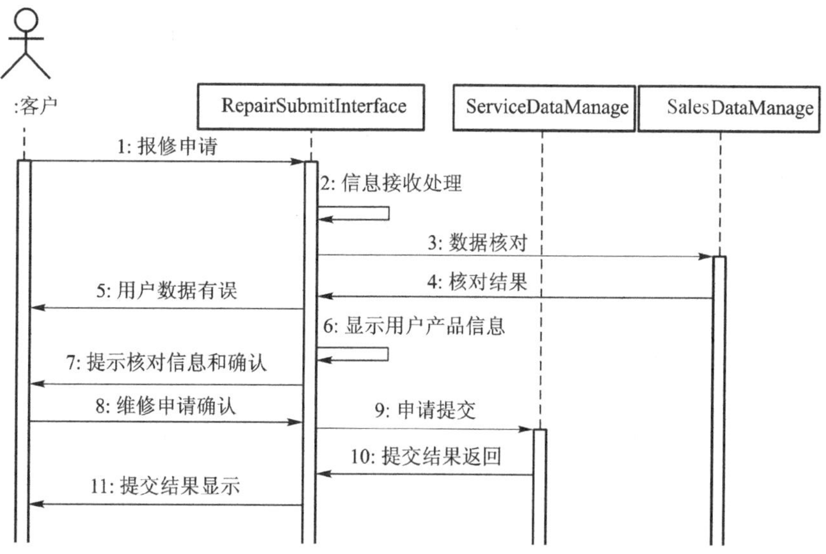

图 6-4　用户报修申请提交过程交互图

从图 6-4 可以看出，此过程主要涉及 3 个对象：RepairSubmitInterface（报修申请提交界面处理对象）、ServiceDataManage（客服数据管理对象）和 SalesDataManage（销售数据管理对象）。同时，可以由图 6-4 中发现各个对象在本次处理过程中所需的基本方法和属性。

• 对象 RepairSubmitInterface 需要处理申请信息的接收、销售数据核对等功能，因此对象应具备相应的方法；同时为保证各步骤处理时数据传递的需要，至少需要保存用户报修的信息（用于提交核对）和与该用户相关的销售信息（用于显示给用户确认），这些即为该类的基本属性。

• 对象 ServiceDataManage 需要处理用户报修申请的提交入库功能，因此需要具备“用户报修提交处理”这一方法；由于上述方法立即将结果返回给 RepairSubmitInterface 对象，因此在该过程中无须记录信息，也就不必设置本过程中所用的属性。

• 对象 SalesDataManage 需要处理核对用户提交的报修信息是否存在与之对应的销售信息，因此应该具备“销售信息核对”这一方法；同样，该对象在本过程中无须设置属性。

上述 3 个对象的方法及属性如表 6-1 所示。

表 6-1　用户报修过程处理相关对象表

对象名称	方　法	属　性
RepairSubmitInterface	信息接收处理 销售信息核对 显示用户产品信息 报修申请提交 提交结果显示	报修申请信息 销售信息
ServiceDataManage	数据核对	
SalesDataManage	报修信息提交	

在许多情况下，系统中的对象可以被多个处理过程所涉及，这样一些新的方法和属性就被不断加入到类中。例如，在客服管理人员对报修任务进行分配时，就会再次涉及 ServiceDataManage 对象，如图 6-5 所示。

在此过程中，ServiceDataManage 对象就必须增加任务查询和维修任务记录的处理两个方法。

这样，将所有的处理过程设计完成后，就会得到本系统所用到的类图。将得到的类进一步抽象，即可形成系统的类和包图。

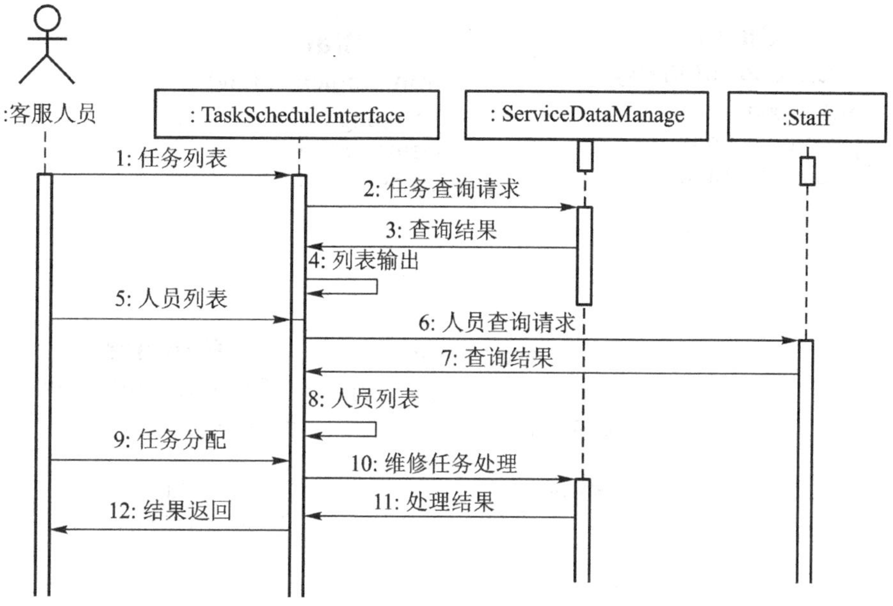

图 6-5　报修任务分配交互图

图 6-6 显示了家具公司电子商务系统的包图，从图中可以看出，该系统中主要包含 4 种类型的对象，分别完成不同的功能，如 Persons 包中的类主要完成系统中各种用户的管理。图 6-7 显示了包 Persons 中部分类的详细信息。

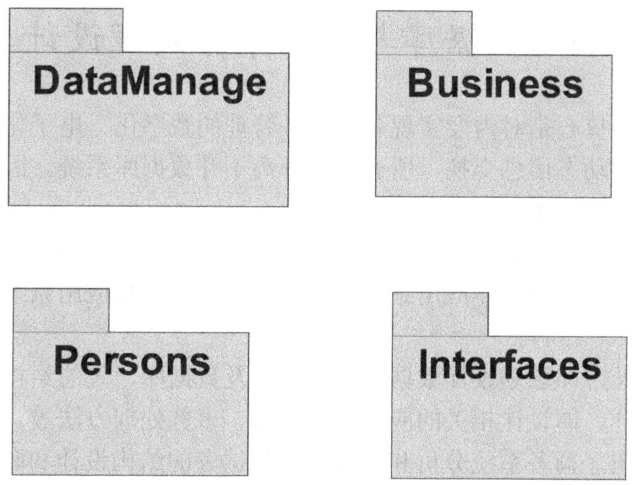

图 6-6　家具公司电子商务系统包图

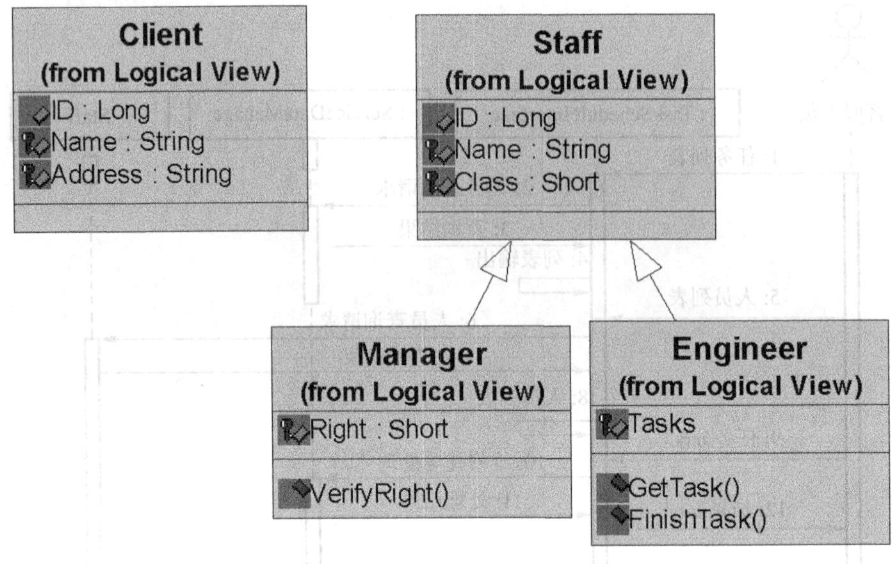

图 6-7　Persons 包中的部分类信息

其中，Client 类主要管理客户相关的信息，Staff 类主要管理公司内部员工的信息，Manager 和 Engineer 分别为管理员（部门经理）及维修工程师的信息。

上述分析全部完成后，用户即可将上述信息直接由 UML 图转化为系统开发所需的类代码，从而进行具体的系统开发操作。

6.4　数据库与联机事务处理设计

电子商务系统的核心是对内要实现各项业务管理的数字化、电子化，达到数据共享，对外要实现与客户的动态信息交换，所有这些都离不开数据库系统。因此，数据库设计就成了系统设计中一个非常重要的问题。

所谓数据库设计就是指对于给定的软硬件环境，针对现实问题，设计一个较优的数据模型，建立数据库结构和数据库应用系统。数据库设计应该与应用系统设计相结合，主要包括两大任务：

- 数据结构设计，即规划设计数据库的框架以及数据库、表的结构。
- 数据行为设计，即设计相关的应用处理逻辑、事务处理方法等。

在一般大型的电子商务系统分析和设计中，数据表的结构设计和联机事务处理是数据库设计部分通常都会涉及的内容，因此本节主要介绍关系数据库表结构及联机事务处理设计的内容及方法。

6.4.1 关系数据库表结构的设计

在电子商务系统分析阶段，强调的是数据库的逻辑设计，在关系数据库管理系统中集中体现在数据库的表结构设计上，也就是指出数据元素之间的逻辑关系，用数据结构即表结构表达出这种关系。而数据库的物理设计则是在数据库的逻辑设计之后、系统实施之前，在确定了准备采用的具体的关系数据库之后，根据应用系统情况对磁盘存储空间的设计。在磁盘存储系统中数据文件的具体组织与存放，则完全交由数据库管理系统处理。

1. 数据表设计原则

任何一个数据库中的数据都不可能是一成不变的，而是在不断变化着，由于业务管理的需要，可能随时修改数据库中的数据。例如增加某些新的数据、删除某些原有的数据或修改某些数据，甚至在必要时需增加一些新的数据结构、改变原有数据结构等。为了方便用户使用，要减少用户对数据库中数据的维护量，同时要尽可能减少由于数据或数据结构的变动对应用程序的影响。因此，如何为用户提供更多的方便，简化数据检索操作、消除在对数据进行插入、修改和删除时可能产生的相互影响以及在数据结构修改时尽量减少对应用程序的修改，成为数据库设计中首先要考虑的问题。

为了优化数据库结构、使其高效运行，在数据库设计时应考虑和兼顾以下几方面的问题。

（1）数据共享

共享不仅指现有的应用程序可以共享数据库的数据，而且新的应用程序也能对这些数据进行操作。换句话说，不向数据库中添加任何新数据也可能满足新应用程序的数据要求。

（2）减少冗余

在非数据库系统中，每个应用程序都有自己的专用文件。这种情况经常导致在存储数据上有相当大的冗余，结果浪费了存储空间，并带来数据维护上的麻烦。例如，一个有关人事的应用程序和一个有关财务管理的应用程序可能同时拥有包含职员部门信息的文件。但是，这两个文件可以集成起来消除冗余，只要充分考虑到两个应用程序对数据的要求即可。

（3）避免数据不一致

在数据库中有冗余数据存在，而开发人员没有意识到冗余的存在或对这些冗余数据维护处理不当时，则必然会有两个记录不一致的情况。如，当其中一个更新时，另一个不变。这种情况称为数据库不一致。显然，处于不一致状态的数据库可能提供给用户错误的或矛盾的信息。

当然，如果指定事实是由一条记录表示（也就是如果排除了冗余），那么不一致就不会发生。另一种选择是，冗余没有排除但是在设计与开发中受到了严格的控制，那么数据库管理系统就可以保证对用户来说数据总是一致的，确保两个记录中的任何一条改变会自动应用到另一条。这一过程即为传播更新。

（4）保持完整性

完整性的问题是确保数据库中的数据是正确的。同样事实的两条记录的不一致，就是缺少完整性的例子；当然，只要在存储的数据中有冗余，就会引起这样的问题。即使没有冗余，数据库也可能包含错误的信息。例如，可能显示员工一周工作了 400 小时而不是 40 小时，或者属于一个不存在的部门。数据库的集中控制可以有效地避免此类问题。具体做法是通过支持数据库管理员定义一些完整性约束（也称为商业规则），由数据库管理员加以实施，完整性约束在任何操作执行时都将得到有效的检验。

（5）增强安全性

数据库管理员可以确保访问数据库的唯一方式是通过正确的通道，因此可以定义安全性约束或规则。当试图访问敏感数据时，要检查这些安全性约束或规则。对于数据库的每条信息的不同类型的访问（修改、插入或删除等）可建立不同的约束。

（6）加强标准化

对重要和基础的编码数据要尽量采用已有的标准数据。这些标准包括企业标准、行业标准、国家标准和国际标准等。标准化的数据表示可以很有效地支持数据交换或者两个系统间的数据移动。同时，数据命名和文档标准也应有效地支持数据共享和易理解性。

2．数据表设计方法

为了简化数据存储的结构，使所设计的数据库高效运行， 1971 年，美国 IBM 公司的 E. F. Codd 首先提出了关系数据库的规范化理论（Normalization Theory），后来该理论又得到了不断发展，使关系数据库在理论上得到了很大的提高。有关数据库规范化设计的理论和方法在专门的数据库设计书籍中已有比较详细的介绍，这里不再赘述。

下面以前面所述家具报修过程为例说明数据库的设计方法。

首先，仔细分析上述业务过程可知，该业务所涉及的数据主要包括客户信息、客户服务（维修服务）信息、销售信息、工作人员（又可细分为维修工程师及管理人员）信息等。在上述信息中，客户服务信息是该业务的核心信息，因此可以该部分信息的数据库设计为主，其他各类信息的设计主要是为该信息服务的。客户服务信息的设计可按如下步骤进行。

① 根据前述业务流程分析可知，维修服务所需的主要信息应包括客户信息、产品（家具）信息、故障信息和处理信息等，至少需要一个基本信息表将这些信息记录下来，这个表可命名为维修基本信息表（RepairBaseInfo）。

② 客户信息主要记录报修客户的基本情况，最基本的相关信息包括：姓名、地址及联系方式（如电话号码）。考虑到如下因素，这部分信息最好独立存储在一个表

（ClientInfo）中。

- 从数据库设计技术角度来看，由于该用户可能多次报修或一次报修多个产品，这样用户信息和维修基本信息就可能形成 1∶N 的关系，因此，根据数据库第 2 范式的要求，用户信息应单独存储。
- 从客户关系管理的角度出发，这些客户信息的单独存储显然更符合客户管理的需要。

因此，在维修基本信息表中可保存用户记录的索引信息，一般情况下，这个索引信息的类型一般采用各类整型数字。一方面整型数字的操作效率相对较高；另一方面，相对用字符型的名字作索引，这个索引不会因大小写、空格等因素而出现错误，因而更加精确易用。因此，目前数据库中相关表有两个，如图 6-8 所示。

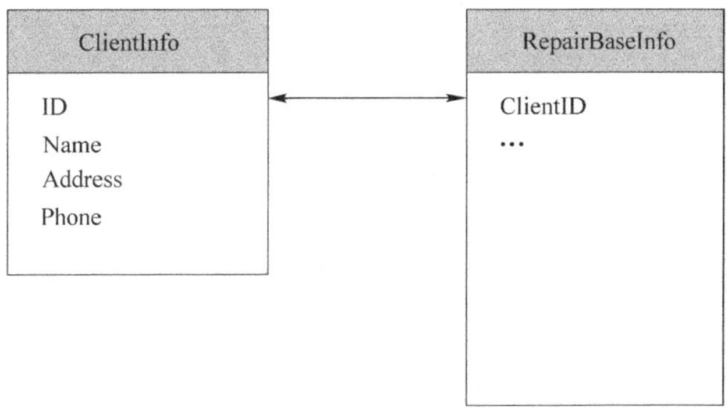

图 6-8 数据表结构设计（1）

③ 产品信息是维修基本信息表中的基本信息之一，由于是用于维修处理，因此，这里的产品信息往往与用户当初的订单信息密切相关（如确定用户的产品类型、是否在保修期内等）。在设计中应能利用用户当初购买时的订单号为索引，找到相应的订单乃至具体的产品信息。因此，维修基本信息表中需要增加订单号索引信息，相应地，在数据库中应增加数据表——订单基本信息表（OrderInfo）（如果在其他模块设计中尚未建立该表的话），如图 6-9 所示。

④ 用户的 1 份订单中可能会包含若干型号的产品，同时每一型号的产品又会出现在若干订单中，这样，订单基本信息与产品基本信息间就会出现错综复杂的 N∶N 的关系。根据数据库第 3 范式的要求，这种情况下应采取如下的方式设计：增加中间关系表——“订单-产品关系表”，该表主要用于表述订单与产品基本信息间的相互关系，如图 6-10 所示。

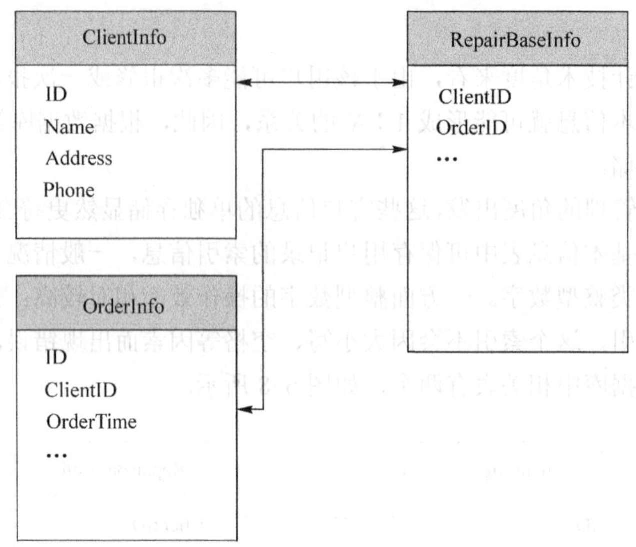

图 6-9　数据表结构设计（2）

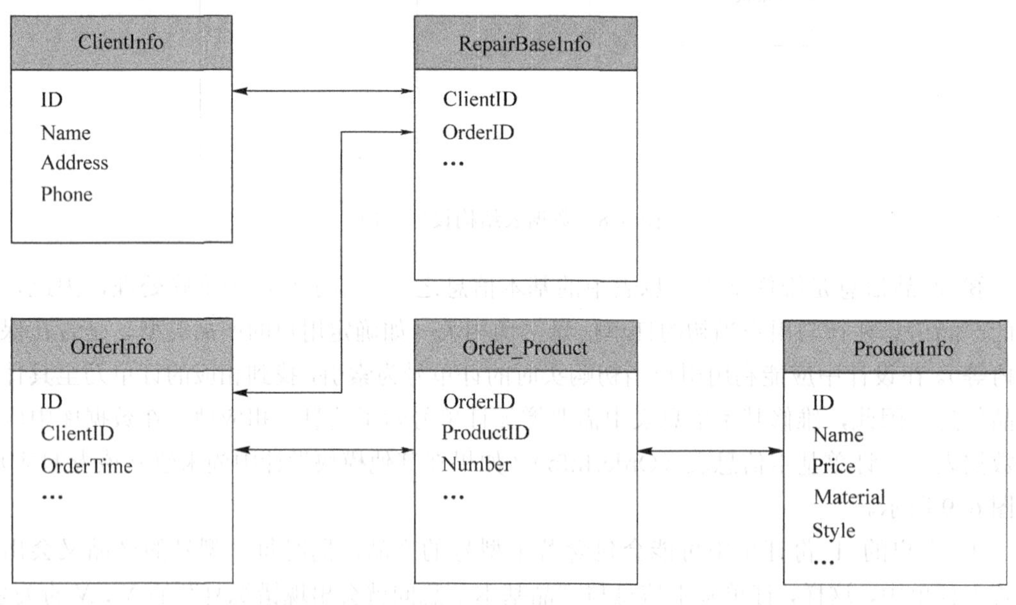

图 6-10　数据表结构设计（3）

⑤ 记录用户及其产品信息后，还应对该维修信息进行处理，安排相应的维修人员进行处理。同样，由于维修基本信息与维修人员的信息间形成 $N:N$ 的对应关系，按第 3 范式的要求，应增加“维修计划-维修人员对应表”，同时，在维修基本信息表中，应记录维

修计划的基本信息，如维修计划号、计划开始时间、实际开始时间及结束时间等，如图 6-11 所示。

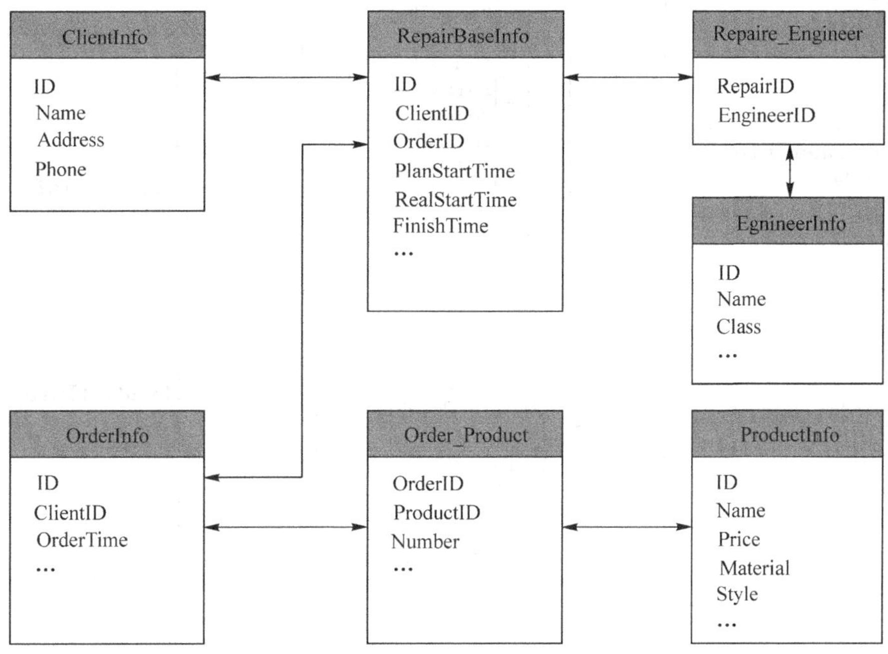

图 6-11 数据表结构设计（4）

⑥ 用户所报修的信息分别由不同的管理人员来处理，为管理需要，应在维修基本信息表中增加管理人员信息索引，基于与前述②中相同的原因，数据库中增加管理人员信息表。

至此，维修部分的表结构基本设计完成。

仔细观察维修基本信息表就会发现：由于该表中包含了用户订单信息，而从用户订单信息可进一步查询到用户的 ID 信息，并可最终查询到用户的基本信息，因此该表中包含的 ClientID 这个索引信息实际上是冗余的。该表中之所以加入这个信息，主要从两方面考虑：一方面加入该信息后，用户信息可直接查询到，操作比较方便；另一方面，还要考虑到一旦用户订单的信息缺失，也可以查询到用户的信息。

因此，在不过多影响数据库效率的情况下，在表设计中可以适当加入一些冗余信息以提高数据的操作效率。基于同样的考虑，维修基本信息表中还可加入 ProductID 信息。

对上述各表所需信息进行必要的补充，即可形成如图 6-12 所示的数据表结构设计。

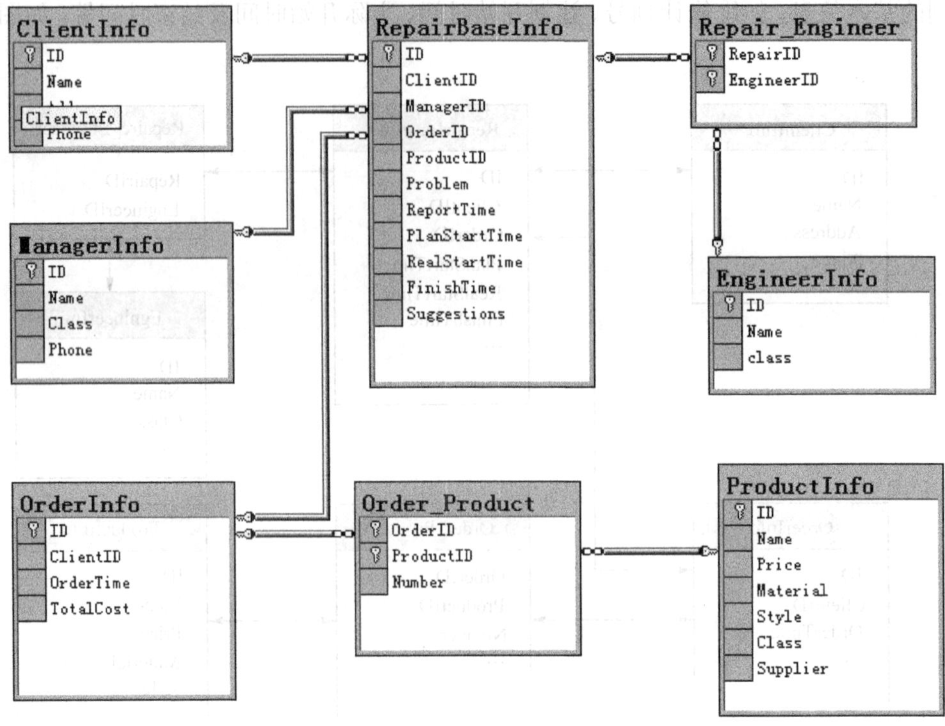

图 6-12　数据表结构设计（5）

在设计中要特别注意表之间的关联关系。这里需要记录的核心信息是用户报修信息及任务安排，其余的表都是为这两个表服务的。其中，维修信息表的详细信息如表 6-2 所示。

表 6-2　维修信息表 RepairBaseInfo

字 段 名	意　义	类　型	长　度	备　注
ID	报修信息编号	int	4	自动编号、主键
ClientID	报修用户编号	int	4	
ManagerID	此报修问题处理人编号	int	4	
OrderID	订单编号	int	4	
Problem	问题详细描述	varchar	300	
ReportTime	报修时间	DateTime	8	
PlanStartTime	计划开始维修时间	DateTime	8	
RealStartTime	实际开始维修时间	DateTime	8	
FinishTime	维修完成时间	DateTime	8	
Suggestions	用户意见建议	varchar	300	

案例 6.3——家具公司电子商务系统

在本章前面所述的整个报修处理过程中，与数据库操作相关的信息主要包括客户信息、管理员信息、工程师信息、报修信息、销售信息和维修安排等。其中，

- 客户信息：主要记录客户的基本信息，如姓名、住址、客户编号等。
- 管理员信息：主要记录管理员的基本信息，如姓名、工号、级别、权限等。
- 工程师信息：主要记录工程师的基本信息，如姓名、工号、类别、维修工种等。
- 报修信息：主要记录用户上报的信息以及任务安排等信息。
- 销售信息：主要记录用户购买本公司家具的信息。
- 维修安排：主要记录各条报修信息由哪个工程师负责维修等信息。

根据上述信息，参考本节中所讲的数据表设计方法，可设计相关表如图 6-13 所示。

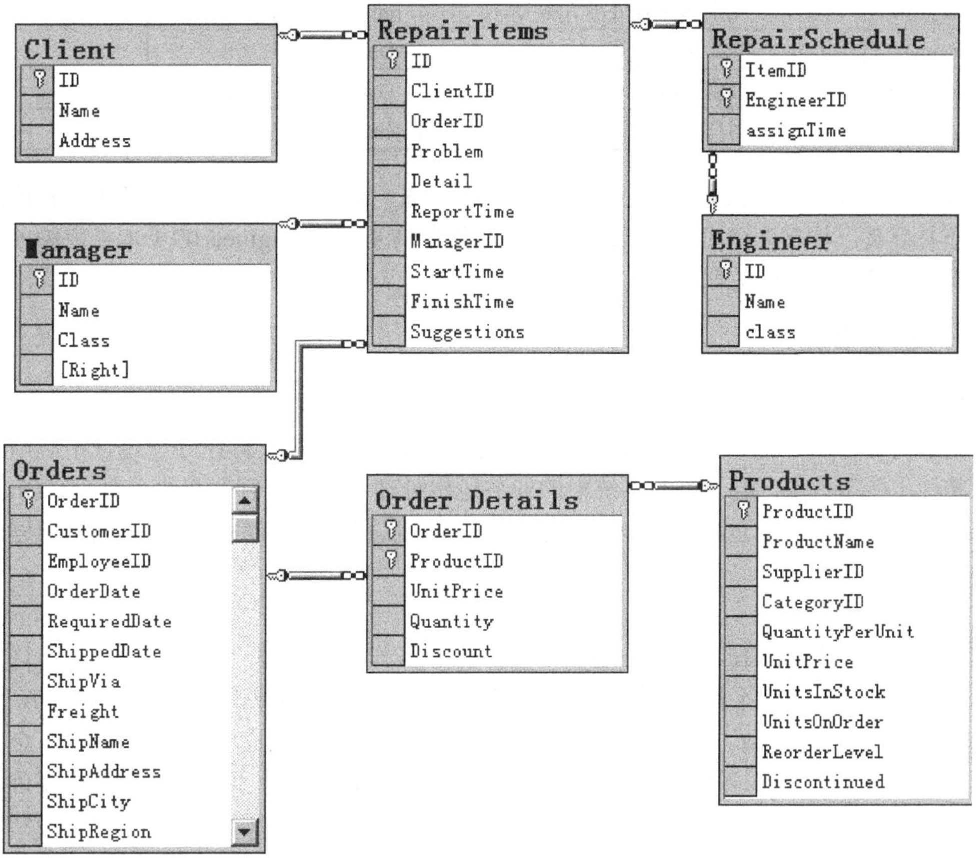

Client
ID
Name
Address

RepairItems
ID
ClientID
OrderID
Problem
Detail
ReportTime
ManagerID
StartTime
FinishTime
Suggestions

RepairSchedule
ItemID
EngineerID
assignTime

Manager
ID
Name
Class
[Right]

Engineer
ID
Name
class

Orders
OrderID
CustomerID
EmployeeID
OrderDate
RequiredDate
ShippedDate
ShipVia
Freight
ShipName
ShipAddress
ShipCity
ShipRegion

Order Details
OrderID
ProductID
UnitPrice
Quantity
Discount

Products
ProductID
ProductName
SupplierID
CategoryID
QuantityPerUnit
UnitPrice
UnitsInStock
UnitsOnOrder
ReorderLevel
Discontinued

图 6-13 报修处理部分涉及的表结构及相互关系

在设计中要特别注意表之间的关联关系。在本部分中需要记录的核心信息是用户报修信息及任务安排，其余的表都是为这两个表服务的。其中，维修信息表的详细信息如表 6-3 所示。

表 6-3 维修信息表 RepairItems

字 段 名	意 义	类 型	长 度	备 注
ID	报修信息编号	int	4	自动编号、主键
ClientID	报修用户编号	int	4	
OrderID	订单编号	int	4	
Problem	问题类型编号	int	4	
Detail	问题详细描述	char	300	
ReportTime	报修时间	DateTime	8	
ManagerID	此报修问题处理人编号	int	4	
StartTime	开始维修时间	DateTime	8	
FinishTime	维修完成时间	DateTime	8	
Suggestions	用户意见建议	char	300	

由于某一项报修可能需要多个工程师去处理，是一种 1∶N 的关系，因此单独设置一个维修安排表，该表中分别应用 ItemID（报修任务编号）和 EngineerID（工程师编号）用于将报修任务和工程师关联起来。

6.4.2 联机事务处理

1. 联机事务处理基本概念

电子商务应用系统完成的是业务逻辑的处理，而这些业务逻辑在处理过程中必须保证其完整性。换句话说，电子商务系统中的业务逻辑处理大多是一种联机事务处理（On Line Transaction Process）的过程。接下来就事务处理的概念及联机事务处理中的关键问题进行简单介绍。

（1）事务的概念

事务是一个逻辑工作单元，它包括一些数据库操作（特别是一些更新操作）。这些操作要么都执行，要么都不执行，是一个不可分割的工作单位。常见的例子如从账户 A 到账户 B 转移一定的现金数。显然，这里要求两个更新操作：一个是从账户 A 提出现金；另一个是把现金数存入账户 B。如果用户已经说明两个更新是同一事务，那么系统要确保两个操作要么都做，要么都不做——即使在系统执行过程中出现故障（比如因为电源断电）也应如此。事务是数据库维护数据一致性的单位，在每个事务结束时，都能保持数据一致性。

（2）事务的特性

① 原子性：在事务内的所有操作要么一起成功，要么一起失败。

② 一致性：当事务失败退出时，所有在本事务中被修改的数据，都会被恢复到事务开始时的状态。

③ 独立性：在事务执行过程中，已被修改但未被提交的数据，对于其他事务是不可见的。

④ 永久性：已被提交的数据是永久的、不可再恢复的。要取消已提交的事务，必须在应用级实现，例如再进行一次相反的事务实现反冲。

（3）事务处理应注意的问题

针对以上所提到的事务的特性，设计事务处理应用时，应注意以下几点。

① 保证事务的原子性，也就是说，即使系统在处理中发生故障，也要保证（从逻辑的观点）事务中的操作要么都做，要么都不做。提供原子性保证的系统组成部分是事务管理器（Transaction Manager），亦称为事务处理监控器（Transation Processing Monitor 或 TP Monitor），commit（提交）和 rollback（回滚）操作是其中的关键。

• commit 操作。commit 操作表明事务成功结束，它告诉事务管理器一个逻辑工作单元已成功完成，数据库又处于或应该又处于一个一致的状态，该工作单元的所有更新操作现在可被提交或永久保留。

• rollback 操作。rollback 操作表明事务未成功结束，它告诉事务管理器出故障了，数据库可能处于不一致的状态，该逻辑工作单元已做的所有更新操作必须回滚或撤销。

② 要保证事务的持续性，一旦事务成功地执行了 commit，即使随后系统发生故障，也要确保它的更新写入数据库中。注意：本质上，是事务的持续性保证了数据库中数据的持久性。

③ 要保证事务的隔离性，事务 T1 对数据库的更新操作对任何不同的事务 T2 来说是不可见的，直到或除非 T1 成功执行 commit。commit 使事务的更新对其他事务来说是可见的；这些更新已经提交，并且要保证不能取消。若事务执行了 rollback，则所有事务的更新操作都要取消（回滚）。对后一种情况，其结果应该就像事务一开始就没有执行一样。

④ 要保证一组并发事务的交叉执行（通常）是可串行的，即其结果与按某一未指明的次序串行执行时的结果相同。

在设计事务处理流程时，要保证数据的一致性，即保证不成功事务的恢复和事务处理时的并发。但是，在应用环境不同的系统中，事务处理的复杂程度是不同的。

单用户单数据源的事务只需要保证事务内的操作一致就可以了，即在事务内的所有操作要么一起成功，要么一起失败。在这种应用环境中，只要有良好的日志机制，就可以保证事务的完整性。

多用户单数据源在此基础上还需要保证并发环境下的事务处理间的数据一致性。在这种应用环境中，必须考虑事务之间的隔离。以上这两种单数据源的情况，通常是小规模的应用，例如，一个小百货店的商品管理系统。

多用户多数据源的事务处理在两者基础上还需要实现不同数据源之间的同步。在这种应用环境中，如何在提交时同步各数据源就是一个非常重要的问题，在此，必须引入两阶段提交这个概念。

2．事务处理中的并发问题

并发是指多个事务（用户）同时存取相同的数据库，这种情况在 B/S 系统中尤其多见。例如，在一些拍卖网站，在同一时刻可能会有很多用户同时对一个物品出价。在这种情况下，必须提供某种并发控制机制以确保所有的并发事务都能得到正确处理。例如，A 和 B 同时对同一物品出相同的价格时，若 A 的出价请求稍早被发送到服务器，则必须保证 A 的事务处理结果是出价有效而 B 的结果则是出价无效。因此，在并发事务环境中，系统进行事务处理时除了必须满足单用户单数据源的事务的特性，还有并发环境下特有的数据一致性问题。

（1）并发事务中的一致性问题

1）丢失更新（Lost Update）

两个应用程序 A 和 B 可能同时从数据库中读取相同的行，并同时根据这些应用程序读取的数据为其中一列计算新值。如果 A 用它的新值更新该行，而 B 随后也更新该行，则由 A 执行的更新将被丢失。

2）读取未提交的“脏”数据（Dirty Read）

应用程序 A 可能更新数据库中的值，而应用程序 B 在该值被提交前可能会读取它。因此，如果 A 的值稍后未被提交，而是被收回了，那么由 B 执行的计算将基于未提交的（可能为无效的）数据。

3）不可重复读（Non-Repeatable Read）

某些应用程序涉及下列一系列事件：应用程序 A 从数据库中读取一行，然后继续处理其他 SQL 请求。与此同时，应用程序 B 修改或删除该行并提交更改。稍后，如果应用程序 A 试图再次读取原始行，则它将接收到修改的行或发现该原始行已被删除。

4）幻象读现象（Phantom Read）

当应用程序 A 执行一个查询，该查询基于某些查询条件读取一组行，另一个应用程序 B 插入新的数据或更新现有的数据而且满足 A 的查询条件，而当应用程序 A 再重复查询（在同一事务中）时，此时，某些附加的（“幻象”）行作为结果集的一部分返回，这些行在 A 的初始查询时是没有的。

（2）并发事务中一致性问题的解决

上述不一致性是由于有并发用户才产生的，因此，如何将这些并发事务隔离在互不干扰的环境中，且能保证最大的并发度是一个非常重要的问题。

隔离级别（Isolation Level）用于确定当存取数据时如何锁定数据或使数据与其他进程隔离开来的程度，该隔离级别在事务的生存期内有效。隔离级别和并发度是相互排斥的，为追求最高的隔离级别，可能要求数据的排他访问，即同时只允许一个用户执行一个事务，而此时，并发度是最差的；要追求最高的并行度，就必须放宽对隔离的要求。

隔离级别可以分为如下 4 种。

1）可重复读（Repeatable Read，RR）

锁定应用程序在事务中引用的所有行。使用可重复读，在相同的事务中，一个应用程序两次发出相同的 SELECT 语句，每次都给出相同的结果。用可重复读，不可能出现丢失更新、“脏”读和幻象读的情况。

事务完成之前，可重复读的应用程序可以任意多次地检索和操作这些行，同时，其他应用程序在此事务完成之前均不能更新、删除或插入可能会影响结果集的行。用可重复读，将会锁定引用的每一行，而不仅仅是所检索的那些行。这样，另一个应用程序就不可能插入或更新这一行，该行可能要被添加到使用锁的程序查询所产生的结果集中。这将防止出现幻象读，同时也意味着，如果扫描 10 000 行并根据条件对它们进行过滤，那么即使只有 10 行满足条件，仍会锁定全部的 10 000 行。

2）读稳定性（Read Stability，RS）

只锁定应用程序在事务中检索的那些行。它确保在事务完成之前，任何在事务期间读取的行不被其他应用程序更改，且在另一个应用程序进程提交更改之前不会读取那个应用程序更改的任何行。也就是说，不可能出现“不可重复读”。

与可重复读不同，使用读稳定性锁时，如果应用程序多次发出相同的查询，那么有可能看到附加的幻象行（幻象读现象）。

读稳定性隔离级别可以提供较高的并行性以及数据的稳定视图，对包括下列所有特性的应用程序来说最适用。

- 在并行环境下运行。
- 需要限定某些行被其他应用访问以保持其在事务生存期内的稳定。
- 在事务中不会多次发出相同的查询，或者在同一事务发出多次查询时并不要求该查询获得相同的结果。

3）游标稳定性（Cursor Stability，CS）

当在行上定位游标时会锁定该行，防止其他应用程序访问该行。此锁在读取下一行或终止事务之前有效。然而，如果更改了该行上的任何数据，则在对数据库提交更改之前必须保持该锁定。

在该行上定位任何可更新的游标时，任何其他应用程序都不能更新或删除具有游标稳定性的应用程序的行。同时，游标稳定性应用程序不能查看其他应用程序的未提交的更改。使用游标稳定性，可能会出现不可重复读取和幻象读现象。游标稳定性是最常用的隔离级别，因为这在保证更改不会丢失的情况下可得到最大的并行性。

4）未提交读（Uncommitted Read，UR）

未提交读允许应用程序存取其他事务未提交的更改。对于只读和可更新的游标，未提交读的工作方式有所不同。只读游标可存取其他事务的未提交的更改，其他事务的任何其他更改在提交或回滚前都可被读取。而可更新游标的行为和游标稳定性这种隔离级别是一样的，会锁定游标所在行，防止其他游标稳定性的应用程序访问该行。如果更改了该行上的任何数据，则在对数据库提交更改之前保持该锁定。

若使用未提交读，则可能出现不可重复读行为和幻象读现象。未提交读隔离级别对只读表上的查询最常用，或者在只执行查询语句且不关心是否可从其他应用程序中看到未提交的数据的情况下也最常用。未提交读可以提供最大的并行度，但无法保证不发生数据丢失，所以一般只用于只读应用。

表 6-4 提供了简单的启发式方法，在实际系统中，应该根据具体应用的特点，定出更适合实际情况的隔离级别。

表 6-4　选择隔离级别的准则表

应用程序类型	需要高数据稳定性	不需要高数据稳定性
读写事务	RS	CS
只读事务	RR	UR

为保证一定程度的隔离级别，必须对数据进行锁定。数据库通过各种锁定的组合才能实现隔离级别，以保障数据的一致性。锁定是一种将数据资源与应用程序相关联以控制其他应用程序存取同一资源的方法。

在数据库中有 3 种基本的锁类型：共享（S）锁、排他（X）锁和更新（U）锁。事实上，一些商业数据库往往会由于性能或管理的要求而引入其他的锁类型。同时，锁在颗粒度上由小至大分为行级锁、页级锁和表级锁。相应地，颗粒度越小，并行性就越大。

① 共享（S）锁：用于读操作。

- 多个事务可封锁一个共享单位的数据。
- 任何事务都不能修改加 S 锁的数据。
- 通常是加 S 锁的数据被读取完毕，S 锁立即被释放。

② 排他（X）锁：用于写操作。

- 仅允许一个事务封锁此共享数据。
- 其他任何事务必须等到 X 锁被释放才能对数据进行访问。
- X 锁一直到事务结束才能被释放。

③ 更新（U）锁。

- 用来预定要对此页施加 X 锁，它允许其他事务读，但不允许再加 U 锁或 X 锁。

- 当被读取数据页将要被更新时，则升级为 X 锁。
- U 锁一直到事务结束时才能被释放。

因为获取和释放锁定所需的 CPU 和内存资源随隔离级别的不同而不同，所以隔离级别不但影响应用程序之间的隔离程度，而且还影响应用程序的性能，潜在的死锁情况也随隔离级别的不同而不同。因此，必须在实际应用环境中寻求隔离级别和并行度的平衡，以达到最佳效果。

3. 分布式事务处理

（1）分布式事务处理模型

在大型电子商务系统中，为满足系统处理的性能需要，通常是由多台服务器同时为系统服务。用户的一个交易有可能涉及多个服务器，因此许多事务处理是分布式的，这又为事务处理带来了新的问题。为处理这些问题，X/Open 组织（即现在的 Open Group ）定义了分布式事务处理模型。

X/Open 的分布式事务处理（DTP）包括 3 个部分：

① 应用程序（AP）定义事务的起始及组成事务的操作。

② 资源管理器（RM）提供对共享资源的访问，如数据库或文件系统。

③ 事务管理器（TM）为各事务指定标识符，监控事务过程，负责事务的完成及故障恢复。

如图 6-14 所示是分布式事务处理的 3 个组成部分。

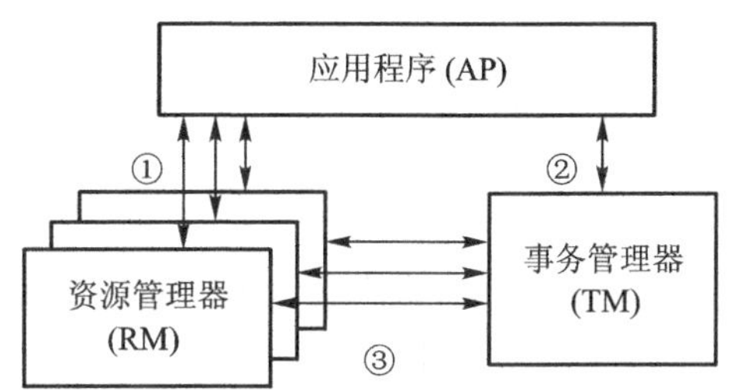

图 6-14 分布式事务处理模型的组成

其中存在 3 种接口：

① 应用程序使用各种资源管理器提供的接口访问其资源，如 DB2 的 Embedded SQL、SYBASE 的 DB-LIBRARY 和 CT-LIBRARY、Oracle 的 Pro*C 等。

② 应用程序使用事务管理器提供的接口来定义事务的起始并提出对事务的提交和回滚，如交易中间件产品 CICS 和 TUXEDO 提供的服务器端 API。

③ 事务管理器和资源管理器使用特定接口来互换事务信息，即所谓的 XA 接口规范。XA91——X/Open CAE Specification Distributed Transaction Processing 就是为以上第 3

种接口定义的规范，以保证跨异种数据源事务的完整性。

（2）XA 规范的基本概念

1）事务

一个事务是一组完整的操作，包含许多计算任务（用户接口的交互、数据的存取以及通信等）。一个典型的事务一般会对共享资源进行修改。

事务必须能被回滚，程序可以选择当发生特定事件时回滚一个事务，如账号检查出错或当前余额不满足条件。事务在系统出现故障、不能访问、通信或存储数据时也必须回滚。任何分布式系统中的各部分在交易中只要接收到回滚命令，就必须取消在这以前做的所有动作。

当系统发现可以完成一次事务而不会发生任何失败时，就会提交这个事务，即对共享资源的修改变成最终有效。事务完成的结果可以是提交，也可以是回滚，任何一种动作都将保证数据的一致性。

2）分布式事务处理（DTP）

分布式事务处理系统支持跨资源管理器情况下的各种处理工作。为此，必须满足：

• 系统必须在涉及某一特定事务时，有一种方法可以包含系统内任何地方已完成的任何工作。

• 在决定提交或回滚一个事务时，必须考虑这个事务在所有地方已完成的工作状况。这个决定必须保证在整个分布式事务处理系统中有统一的结果，即，这个决定的结果若是提交，则系统的所有参与对象都能提交；反之，若回滚，则所有的都必须能回滚。

3）应用程序

应用程序定义事务及在事务范围内访问资源，每个应用程序指定一系列涉及对资源（如数据库、文件系统）的操作。

4）资源管理器

用于管理计算机的特定的共享资源，其他软件可以通过资源管理器提供的服务接口来请求对这些资源的一次次访问。以下是几种资源管理器。

• 数据库管理系统（DBMS）是一种资源管理器，数据库管理系统可以定义事务和对其提交或回滚。典型的数据库管理系统包括 DB2、Oracle、Sybase、Informix、SQL Server 等。

• 结构化文件系统（Structured File System，SFS）可提供支持日志功能的记录型文件访问，可以把对文件的操作定义为事务，即可以在需要的时候对文件的读写统一提交或回滚。

• 消息管理器（MQSeries）提供进程之间的通信机制，管理消息的发送和接收，可以将对消息的操作定义为事务。

5）全局事务

在分布式事务处理环境中，任何资源管理器都必须支持事务，以自己的方式实现内部可恢复的一组操作，同时，这些资源管理器也有相应的功能支持跨资源管理器的一组操作，即全局事务。例如，一个应用程序可以对不同的几个数据库更新数据，在系统的任何地方发生的任何操作必须自动形成一个全局事务，同时提交或回滚。每个资源管理器只知道全局事务中属于自己的一部分，只有事务管理器可以知道全局事务所有部分的状态。所以，资源管理器必须同意让事务管理器来协调各部分可恢复的操作。

在全局事务中，一个资源管理器能否最终提交结果不但要看自己内部的操作能否成功，还必须依赖其他资源管理器的操作能否成功。如果有操作在某个地方失败，那么所有参与此全局事务的资源管理器必须对此全局事务在自己内部所做的任何操作进行回滚。一个特定的资源管理器一般无法知道其他资源管理器的情况，事务管理器会通知其他资源管理器完成相应动作。资源管理器负责将其自身的事务与全局事务联系起来。

6）事务分支

一个全局事务包含一个或多个事务分支，一个分支是一个资源管理器上属于此全局事务的所有操作的总和。当应用程序在一个全局事务中对多个资源管理器进行操作时，此全局事务便包含所涉及的这些事务分支。

在事务管理器开始事务的提交协议后，资源管理器就不会在任何事务分支上再接受任何新的操作（提交和回滚除外）。

事务管理器给资源管理器的事务标识符（XID）同时包括此全局事务及属于此资源管理器事务的分支标识符。资源管理器可以利用此标识符来优化其对共享资源的使用和锁定。

7）事务管理器

事务管理器管理全局事务，协调统一的提交、回滚以及故障恢复。应用程序通过调用事务管理器来定义全局事务的起始，事务管理器会返回一个标识符（XID）以标志此全局事务。事务管理器管理此全局事务并通知各资源管理器其各自的事务所对应的全局事务，即使资源管理器可以管理自己的事务，它们也必须接受这个事务标识符并将其对应到相应的本地事务。这样，当事务管理器要完成这个全局事务时，资源管理器可以知道该对哪个本地事务做处理。

8）事务完成和恢复

事务管理器和资源管理器使用两阶段提交来完成一个事务。

在第一阶段，事务管理器要求各资源管理器准备提交（Prepare to Commit）其事务分支，各资源管理器通过内部机制来判断能否提交，并向事务管理器发出回答保证能完成其事务分支，事务管理器应记录所有回答。如果资源管理器认为可以完成提交，则在向事务管理器发出肯定回答之前，必须在其事务日志中写入一条记录，表示已完成提交准备。若由于任何原因不能提交，就可以向事务管理器发出否定回答，并自行回滚此事务分支，无须再记录此事务分支的任何状况。

在第二阶段，事务管理器根据第一阶段收到的回答决定最终向资源管理器发出提交或回滚命令。在发出命令之前，事务管理器将涉及的资源管理器需要提交或回滚的状态记载下来。各资源管理器根据指令对其共享资源执行相应的提交或回滚操作。之后，不管是资源管理器还是事务管理器都可以不再保存此全局事务的任何信息。

9）全局事务的回滚

在第一阶段接收到资源管理器的否定回答后，事务管理器必须回滚整个全局事务；或事务管理器直接接收到应用程序发出的回滚命令，事务管理器也必须回滚这个全局事务。任何一个否定回答（包括各种原因，如死机或通信中断超时引起的无应答）都会终止一个全局事务，引起其回滚。在第二阶段，事务管理器无须告诉在第一阶段做否定回答的资源管理器做回滚，因为此时此事务分支已经回滚。

10）协议的优化

根据事务分支的特点，减少第二阶段提交过程中的交互可以提高性能。以下是两种主要优化方式。

- 只读事务：一个资源管理器在被事务管理器告知做提交准备时，若发现自己的分支没有写操作，则可以回答自己是只读事务的状态，在第二阶段，也不会对其发出命令。但是，这种优化可能会带来全局数据的不一致。这是因为当此事务分支释放对资源的读锁定时，其他分支还没有完成整个事务，所以会在这个时间区间发生数据不一致。
- 一阶段提交：事务管理器可以使用这种优化方式——当整个分布式事务处理系统中只在一个资源管理器上有写操作时，事务管理器不用发出第一阶段的准备命令，而是直接发出第二阶段的提交命令，事务管理器也无须记录此事务分支的状态。

11）探索性完成分支

在特定情况下，资源管理器即使已经准备好提交，即在事务管理器发出提交准备时发出肯定回答后，也可能会自行决定独立地进行试探性提交或回滚。这其中可能发生的情况是事务管理器发生故障，无法通知各资源管理器进行提交或回滚；或资源管理器与事务管理器长时间通信故障，而该资源管理器有其他应用的连接而无法忍受长时间的资源锁定；或其他意外情况导致无法提交此事务分支。试探性提交或回滚一般都会由人工来决定相应的动作，操作完成后，对资源的所有锁定即被释放。探索性完成分支会引起全局事务的不一致，所以，即使资源管理器作出此决定，释放了锁定的共享资源，也必须将此事务分支的状态记录在日志中。当事务管理器最终发出提交或回滚命令时，返回其状态，直到事务管理器再次发出忘记（Forget）命令后才真正结束此分支。

12）故障与恢复

任何一个实用的分布式事务处理系统必须能从各种故障（存储设备或介质、通信路径、主机节点或是程序等的故障）中恢复。

不破坏提交协议的故障可以引起分布式事务处理系统对相应全局事务的回滚。例如一个资源管理器发生故障后，可能会重启。此时，所有还未准备提交的事务会自动回滚，当事务管理器要求其做准备时，必然会返回否定回答，这样就会引发全局事务的回滚，但保证了数据的一致性。当故障发生在提交的第二阶段时后果就更严重了，此时，需要根据日志中的各种状态信息来进行故障恢复，以保证事务的完整性。例如，当事务管理器的日志表明此全局事务要提交时，会向各资源管理器发出恢复命令，要求各资源管理器返回各自事务分支的状况，对于尚未提交的事务分支，事务管理器再次发出提交要求，各资源管理器必须在此时提交相关事务分支。

X/Open DTP 模型必须满足以下条件才可以保证事务的完整性。

• 事务管理器和资源管理器必须有可靠的存储设备，即使存储设备出问题，也必须可以恢复。

• 由且仅由事务管理器协调和控制恢复。

• 资源管理器提供自己的重启和恢复机制，但是，不允许自行改变已准备提交事务分支的状态，除非决定探索性完成分支事务。资源管理器也必须在事务管理器需要时，返回已准备提交事务的清单或哪些事务已探索性完成。

以上所提到的是数据库事务处理以及分布式环境中的事务处理所需要注意的数据一致性问题，并介绍了保证数据一致性的隔离级别和两阶段提交的概念。在实际应用中，可以针对不同的应用环境，选择适当的方式。对于集中式系统，合理使用数据库所提供的各种锁机制，就能解决数据一致性问题，而分布式系统通常可以利用一些 IT 厂商的交易中间件产品，即事务管理器，来保证数据一致性。

6.5 输入/输出设计

前面说过，输入/输出设计主要对应电子商务应用软件的表示层设计，其主要目的是用适当的方式接收用户请求，并将处理的结果反馈给用户。对于电子商务系统来说，比较常见的方式是通过 Web 上的静态页面直接发布给客户，也可以根据用户的要求，通过该层次的应用程序生成动态页面再反馈给用户。此外，由于部分应用可能运行于客户终端（例如 PC、PDA、手机等），而客户终端的形式不尽相同，所以表示层运行于客户终端上的应用也分成专用和通用的两种，所谓通用软件就是诸如浏览器等商品化的通用软件，而专用软件则指要自行开发、具有特殊用途的软件。

在设计表示层应用软件时，需要注意的问题是：

① 根据业务功能的需要，确定选择通用的客户端软件还是自行设计开发。

② 表示层应用软件尽可能要遵循相关的技术标准，从而保证系统能够最大范围地支持不同的客户终端。例如对于移动电子商务的应用软件，如果发布信息时完全符合 WAP 协议，那么不同厂商生产的 2.5G 的手机都能够接收信息。

6.5.1　应用软件的客户端选择及设计

客户端(Client)是电子商务系统的最终用户界面。前面指出过，电子商务系统是一种 Client/Server 结构的系统，所以谈到客户端，它同时指两个基本内容：首先指的是客户端的应用程序（例如浏览器）；其次，这一概念也指运行客户端应用程序的具体硬件设备（例如 PC、PDA 设备等）。

1．客户端的分类

如果从设备的角度看，客户端可以分成普通计算机（包括 PC、工作站等）、移动终端（如手机、PDA、寻呼机等）、其他信息终端（例如通过无线或有线方式与电子商务系统连接的家用电器、ATM 取款机等）。

如果从客户端的逻辑构成来看，可以分成基于浏览器的瘦客户端（Thin Client）、有数据处理功能的传统客户端，即所谓的胖客户端（Fat Client）。

如果从应用的角度看，可以将其分为通用的客户端（例如 Netscape Navigator、Microsoft IE）和专用的客户端（例如 PointCast（http：//www.pointcast.com）公司的专门服务于接收信息广播的程序 BoradCast，从网络上接收数字语音的 RealPlayer 等）。

2．客户端的特点

客户端作为电子商务系统的用户界面，一般具有以下特点。

- 通过 Internet 可以和电子商务系统连接，并进行交互。
- 一般具有图形用户界面（Graphic User Interface，GUI），如果无 GUI 界面，那么就需要具有易于非专业用户使用的特征。
- 客户端一般需要支持电子商务系统表示层的格式化数据表达标准，例如 HTML、XML、WML 等。
- 如果客户终端是专用的，那么它一般支持 HTML/WML 的子集，或者支持 Java 标准。

3．客户端设备及要求

客户端设备一般分成两类：

① 通用设备，如台式计算机或者便携式计算机。

② 专用设备，如 PDA、移动通信设备、信息家电等。

客户端设备在技术方面应当满足以下要求。

- 支持标准协议（HTML、WML、XML），最好具备 GUI 界面。
- 能够从网络上下载插件（例如浏览器中的插件）。
- 支持联机诊断或者在线升级。

4．客户端的设计

尽管客户端在电子商务系统中不是最关键的部分，而且客户端通常由客户自己进行选择，由于个人的喜好不一样，且用户是否能够正确地选择客户端直接影响系统服务能否真实地再现，因此电子商务系统的建造者不仅应当注意客户端的选择，而且应当对客户给出相应的建议。一般来讲，选择客户端时，应当注意以下几个问题。

（1）通用性

尽可能选择通用浏览器作为业务逻辑表达的客户平台，从而避免维护及升级的开销，同时使系统支持的客户分布范围得到充分保证。除非是应用逻辑专门的要求，否则客户端都尽可能用通用的产品。即使在要求用户使用专门的客户端应用软件时，也尽量按以下顺序进行选择。

① 将专用的客户端应用设计成可以嵌入到通用浏览器中的插件（Plug-in），这样能够保证应用得到最广泛的支持，例如，Adobe（http://www.adobe.com）的 Acrobat Reader 和 Microsoft Word 等。

② 如果专用客户端应用无法作为浏览器插件，那么电子商务系统应当允许客户通过 Internet 完成在线下载和升级。例如著名的防病毒程序 Norton AntiVirus 就是这方面的一个典型例子。

（2）未来的发展

客户端支持 Java、XML 是未来的一个方向，越来越多的客户端能够作为 XML 的解释器或者 Java 解释器。当然对于基于 Windows 平台的客户端来讲，能够支持 ASP、ASP .NET、ActiveX 也是必需的选择。

6.5.2 输入/输出应用软件的设计

电子商务应用软件中，其输入/输出最常用的方式是通过网页（包括 WAP 网页）来实现，本部分只简要介绍其技术标准、实现方式及一些需要注意的问题，详细的设计原则、方法等内容请参考第 7 章的内容。

1. 主要技术标准

表示层应用软件将商务系统核心业务逻辑的处理结果以不同的形式提交给客户端，该层支持的标准主要是有关数据表达方式和形式的标准，这些标准和规范主要包括：

- 超文本传输协议——HTTP。
- 动态超文本传输协议——DHTML。
- 无线应用协议——WAP。
- 扩展超文本协议——XML。
- 多媒体邮件类型扩展协议——MIME（Multimedia Internet Mail Extension）。
- 其他的一些数据表达协议，例如 FSML、DOM、CSS 等。

2. 实现方式

表示层应用软件的功能目前主要可以通过以下 3 种方式实现（参见图 6-15）：

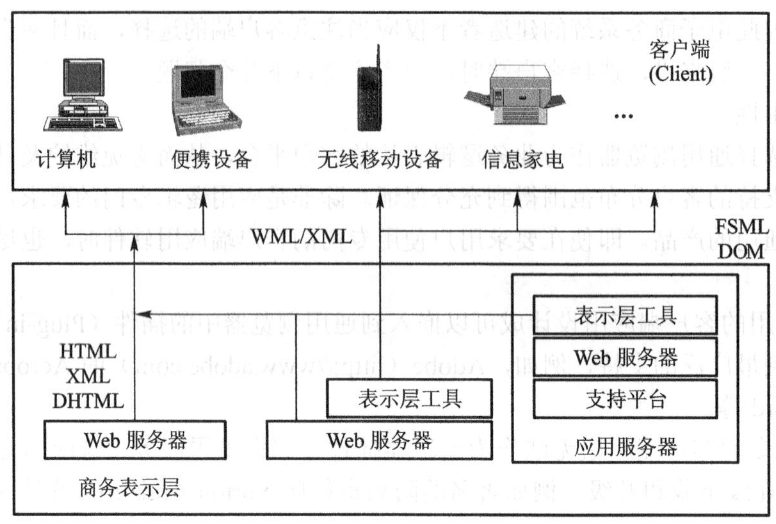

图 6-15　客户端及表示层实现方式示意图

（1）利用 Web，支持以 HTML 为主的表示形式

这种方式是使用比较多的一种方案。它的特点是：

- 结构简单。只需要以 Web 服务器为基础，不需要额外的配置或产品支持，容易实现。
- 只能够支持符合 HTML 或 XML 标准的客户端，不直接支持符合 WML 标准的移动设备。应用范围稍窄。

（2）在 Web 基础上增加表示工具，扩展了 Web 的现有表示功能

这种方式是在第一种方式的基础上，增加支持多种客户终端的软件、硬件来弥补 Web 服务器单纯支持 HTML 的不足，从而扩充了 Web 的功能。

目前，也有很多的产品致力于以这种方式扩展 Web 的功能，例如专门在无线信息服务领域拓展的 Vignette (http://www.vignette.com) 公司的 V/5Deployment Server 就是这样一种有特色的产品。MediaBridge (http://www.mediabridge.net)公司的 smartmedia.server 除了支持 WML 外，还可以通过有线电视（CATV）实现数据的发布。

这种方式的好处在于可以有针对性地扩充 Web 的功能，使商务处理结果能够利用多种渠道由多种客户端表达，但是由于需要在 Web 上增加独立的产品，所以系统集成的难度增加了。

（3）利用应用服务器的数据发布功能

应用服务器是目前比较流行的一种平台，从构成上来讲，基本上它是将电子商务系统体系结构中的表示层、商务支持层和技术支持层的某些功能集成在一个软件包当中，为商

务应用提供运行平台。它的出现简化了电子商务系统集成的难度，缩短了开发周期。

由于应用服务器将数据表示层的功能和 Web 服务器紧密结合在一起，所以可以直接利用所谓的应用服务器来完成表示层的功能。

一般的，目前的应用服务器从业务逻辑的表示上看，都逐步走向支持多种客户端设备（如计算机、PDA、移动通信设备）和多种协议标准（如 HTML、WML 和 XML）。例如，IBM Websphere、BEA Weblogic、Oracle iExchange、Microsoft Site Suite 等。

本 章 小 结

本章主要针对电子商务系统的应用软件进行讨论，重点介绍了电子商务系统中应用软件的作用和功能、软件结构设计、数据库设计以及输入/输出设计等内容。

在软件结构设计部分，本章重点介绍了软件层次结构的划分方法以及多层结构的思想，并在此基础上，进一步介绍了子系统及模块划分的方法。

在数据库设计部分，本章针对电子商务应用软件设计中的常见问题，重点介绍了数据表的结构设计原则及规范以及联机事务处理的概念及方法两方面内容。

最后，本章根据电子商务应用软件中输入和输出设计的内容，介绍了客户端选择及输入/输出设计的标准及实现方式等内容。

通过本章的内容，读者可以了解到电子商务应用软件的作用、软件结构设计方法及数据库设计方法等内容，为具体的电子商务应用软件设计提供参考。

思 考 题

1. 为什么说电子商务应用软件设计是系统设计的重点？电子商务应用软件设计的主要内容包括哪些？

2. 电子商务应用软件一般具有什么功能？

3. 电子商务应用软件可以分成哪些层次？分别起什么作用？

4. 电子商务系统的子系统和模块划分时需要注意什么？请以书中给出的家具厂的电子商务系统建设为例，具体说明。

5. 电子商务系统的数据库设计包括哪些内容？

6. 事务具有哪些特点？什么是联机事务处理？对于电子交易过程的设计应当注意什么问题？

7. 什么是并发事务处理？有哪些特点？

8. 有人说 B2C 的联机电子零售系统是一种联机事务处理系统，这种说法是否正确？为什么？

9. 电子商务应用的客户端都有哪些？

实 践 环 节

1. 登录参观淘宝网站（http://www.taobao.com），并进行模拟购物，根据你的实践过程，

（1）给出系统的处理流程。

（2）分析该系统具有什么功能。

2. 登录 Dell（http://www.dell.com）公司网站，并进行计算机整机的定制及模拟采购，请分析：

（1）网站的主要处理流程。

（2）该网站的个性化定制都做了哪些工作？有哪些特点？

3. 了解 IBM（http://www.ibm.com）公司提出了哪些解决方案，并说明该公司电子商务解决方案的内容及特点。

4. 分成若干小组，假定你的同学分别是一个汽车零配件交易市场中的不同角色，例如零件供应商、电子交易市场的维护人员、汽车制造商等，每个小组向对方提出需求，然后：

（1）模拟竞价过程。

（2）通过模拟，写出该电子交易市场中客户关系管理、电子采购、商品信息搜索、个性化服务子系统的功能和处理流程。

（3）给出客户信息、产品目录的数据库设计。

第7章　电子商务网站的设计

网站是电子商务系统与消费者、合作伙伴等外部用户交互的主要承载者，是电子商务系统的重要组成部分。本章重点说明电子商务系统中的一个重要组成部分——电子商务网站的分析与设计，主要介绍以下几个内容：

- 电子商务系统与网站的关系。
- 企业信息门户网站的概念及功能。
- 网站设计原则及设计过程。
- 典型网站功能设计。

本章试图使读者了解网站和电子商务系统之间的相互关系，并在此基础上帮助读者了解网站的基本构成、设计过程及典型功能的设计方法。

7.1　网站与电子商务系统

7.1.1　网站与电子商务系统间的关系

网站是发布商务信息、实现商务管理和交易的重要方式，是电子商务系统的“窗口”。尽管电子商务系统大多以网站作为服务客户的窗口，但两者是不可等同的。电子商务系统是基于 Internet 并支持企业价值链增值的信息系统，而网站仅仅是这一系统的一个部分或者技术手段之一。

电子商务系统作为一个整体，不仅包括以企业开展商务活动的外部电子化环境（例如 Internet、Web 服务器以及与其他商务中介的数据接口等），而且包括企业内部商务活动的电子化环境，这两部分必须结合起来才能满足企业在 Internet 上开展商务活动的需要。

因此，可以将网站视为企业电子商务系统的一个组成部分，如图 7-1 所示。需要说明的是，企业的电子商务系统因企业的规模、服务方式不同而在规模和功能上差异很大，但绝大多数的电子商务系统都是利用网站与客户进行交互的，另一方面，一些企业电子商务系统的规模较小，且商务处理功能很弱，例如，仅仅实现企业形象宣传功能，因此，从这时开始电子商务系统从外部就表现为网站的形式。

企业内部信息系统的各种信息通过网站向外发布，改变了原先企业信息利用率不高、资源无法被外界获得的局面。没有网站的电子商务系统是不完整的，而将企业电子商务系统等同于企业的网站也是不够全面的，无法达到优化企业生产、销售等一系列作业流程，降低企业成本和提高生产效率等作用。

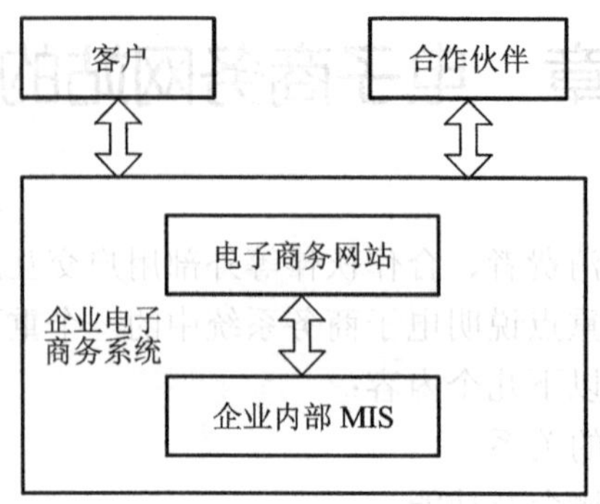

图 7-1　网站与电子商务系统关系

网站作为电子商务的一个重要组成部分，既是电子商务系统的对外界面，又是电子商务系统与企业内部信息系统集成的重要途径。所以，网站无论在电子商务系统中，还是在企业的商务活动中都起着重要的作用，具体表现在以下几个方面。

① 在客户关系方面，网站能增加企业与用户的接触，使用户能通过网站——这种更直接的途径与企业沟通、交流。这有助于企业提供更高水平的客户服务和更加完善的、能够提高用户忠诚度的个性化服务。

② 企业可以通过网站，一方面获得客户的个人喜好信息，从而为客户提供更加个性化的产品；另一方面，根据客户提出的要求，可为用户提供定制的产品。企业可以通过这种个性化服务以及其他方法，重新规划适应 Internet 特点的产品发展计划，以达到从现存的产品中获得额外利润的目的。

③ 网站作为整个企业唯一的、一致的对外服务窗口，使得客户能够更方便、更快捷地购物、付款和交付。企业通过为客户提供可选“自我服务”和个性化的购物经历，增加产品的销售量。

④ 有利于发展企业的商业网络，建立一个包括供应商和分销商等所有合作伙伴的“供应链网”。无论何时何地，这一“供应链网”将为新产品开发研制、产品生产制造、分销和库存等业务提供作业过程所需的所有信息。

⑤ 通过网站，利用 Internet 可以提高工作人员的生产效率和工作的持续性，减少管理费用。资源能够被任何授权的用户在任何地方、任何时间方便地获得，同时还能增强工作人员之间的相互合作和交流。

从“网站是其拥有者与用户交流和沟通的窗口”这一角度来说，网站与门户站点的含义是相同的。尽管如此，两者仍稍有区别。网站是一个较为概括的概念，是 Internet 出现早期人们对存放文件并供用户访问 Internet 资源的“站点”的一种浅显的、概括的称呼。

随着 Internet 的迅速发展，企业意识到 WWW 在与客户及消费者进行交互方面的巨大价值，于是门户站点的概念应运而生。所以，“门户”蕴含着企业的一种经营理念，通过它可以显示企业是否真心愿意与客户充分交流，是否真正从顾客角度来考虑所有经营问题。

7.1.2 电子商务网站的构成

电子商务网站一般由网站支撑环境、网站应用以及相关硬件构成。

1. 网站支撑环境

网站的支撑环境一般指网站的软件支撑环境，是网站构成的基本要素，最基本的网站支持环境包括：

- 操作系统，如 Windows、Linux 等。
- 网站服务器，如 IIS、Apache 等。
- 其他软件运行环境，如运行 JSP 网站所需的 JRE。

2. 网站应用

网站应用指网站为用户提供的内容展现、商务交易等功能。该部分功能一般是在操作系统、Web 服务器软件、数据库服务及安全管理等支撑环境之上工作的，其所含功能按作用和使用目标可区分为内容管理和商务处理两大部分，其具体内容会根据网站类型不同有较大区别。图 7-2 显示了一个典型的 B2C 营销网站应用的结构，图中从左向右其技术难度和应用复杂性不断增加，而其建设成本也随之加大。

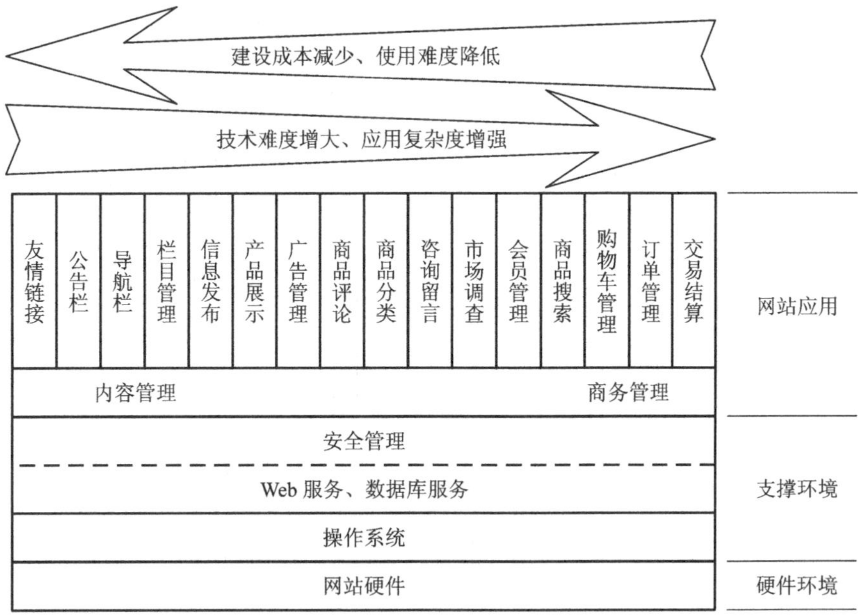

图 7-2 网站应用结构

3．网站硬件环境

网站的硬件环境指运行网站所需的服务器、网络及相关接入设备等，包括：

- 网站服务器，包括各类 PC 服务器及 UNIX 服务器等。
- 网络设备，包括网卡、交换机及其他相关设备。
- 接入设备，一般指将服务器通过 ISP 接入 Internet 的设备，如各类专线接入设备等。

7.1.3　电子商务网站的基本类型

电子商务网站种类很多，例如按照交易的规模可以分成 B2B、B2C、C2C 的网站，按照网站的属主划分，可以分成政府网站、企业网站等。

一般的，电子商务系统中的商务网站服务的对象主要包括：

- 企业员工。
- 普通消费者。
- 供应商。
- 采购商。

这些参与者通过商务网站完成相互之间的交流、合作、买卖交易等，因此为满足他们的要求，商务网站可能需要建立相关的电子交易市场（Market Place）、网络虚拟社区（Virtual Community）等。与此同时，为了满足企业之间的协作，商务网站需要完成供应链管理等支持，所以网站可能提供的服务如图 7-3 所示。

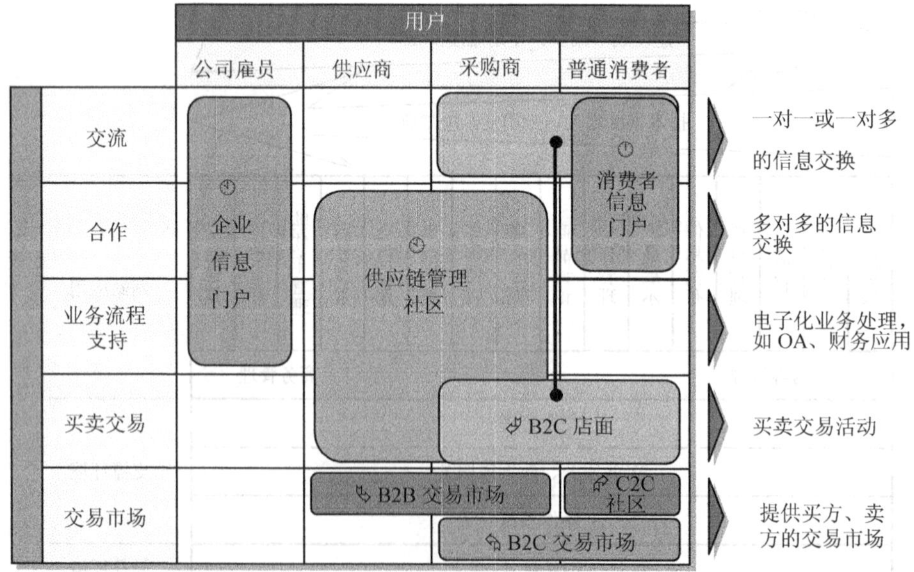

图 7-3　商务网站的参与者及基本功能

根据商务网站之间组成元素的相互关系以及商务网站需要提供的功能，可以进一步将其分为如表 7-1 所示的类型。

表 7-1 商务网站的主要类型

类　型	描　述	动机或赢利模式	案　例
企业信息门户网站	为结构化或非结构化的信息提供“一站式”的检索和服务	企业产品展示、知识管理、提高管理效率、节省成本	联想、Microsoft、IBM 等公司门户网站
供应链管理社区	通过 EDI 实现企业之间的业务交互，例如完成交易与协作	收取交易费用、高效中介	
消费者信息门户网站	提供社区信息，实现相互之间的协作	广告费、投资和上市	雅虎
B2C 网上商店	销售企业的产品和提供服务	业务收入	当当网、蔚蓝书店
B2B 交易市场	创建一个商品和服务的交易市场，为买卖双方提供搜寻、匹配和交易保证	交易佣金	中国制造网、阿里巴巴
B2C 交易市场	为顾客提供货物和服务交换的场所	交易佣金	阿里巴巴、淘宝
C2C 社区	消费者拍卖、竞标、交流	收取交易费用	淘宝、eBay

另外，根据行业特性的差别，以及企业的建站目的和主要目标群体的不同，也可以把企业网站大致分为基本信息型、电子商务型及多媒体广告型 3 类。

1. 基本信息型

本类网站主要面向客户、业界人士或者普通浏览者，以介绍企业的基本资料、帮助树立企业形象为主，也可以适当提供行业内的新闻或者知识信息。

2. 电子商务型

本类网站主要面向供应商、客户或者企业产品（服务）的消费群体，以提供某种直属于企业业务范围的服务或交易为主；这样的网站可以说是正处于网站建设的一个中间阶段，由于行业特色和企业投入的深度和广度不同，其网站建设程度可能处于从比较初级的服务支持、产品列表到比较高级的网上支付的其中某一阶段。通常可以将这种类型形象地称为网上 XX 企业。例如，网上银行、网上酒店等。

3. 多媒体广告型

本类网站主要面向客户或者企业产品（服务）的消费群体，以宣传企业的核心品牌形象或者主要产品（服务）为主。这种类型的网站无论从目的上还是实际表现手法上相对于普通网站而言更像一个平面广告或者电视广告，因此用多媒体广告来称呼这种类型的网站更为贴切。

在实际应用中，很多网站往往不能被简单地归为某一种类型，无论是建站目的还是表现形式都可能涵盖了两种或两种以上类型；对于这种企业网站，可以按上述类型的区别划分为不同的部分，每一个部分都基本上可以认为是一个较为完整的网站类型。

7.2 企业信息门户网站

7.2.1 EIP 的概念

在企业信息化过程中，随着各类应用系统的使用，企业的数据以几何级数迅速增长。这些数据通常都存储在企业的数据库、主机、文件服务器上，只有少数有特许访问权的用户能获取这些数据，从而使得信息化的巨大优势无法完全发挥出来。由于 Internet 的普及和发展，当今的商业竞争已经到了比技术、比服务、比反应速度的以客户为中心的多企业协作的阶段。Internet 已经把产品与服务的供需双方，把企业和所有合作伙伴紧紧连接起来。这就需要通过 Internet/Intranet 实现企业内部、企业与企业之间以及企业与客户之间的端到端业务集成，即为企业提供一种组织、搜索和获取真正有价值的信息的解决方法，使其具有能向各种类型的用户包括企业内部雇员、合作伙伴、供应商和顾客提供个性化的信息搜索、访问和分析的功能，帮助他们通过有效利用企业的信息资源做出最佳的业务分析和决策。因此，“企业信息门户（Enterprise Information Portal，EIP）”这一概念就应运而生。

尽管已经历了十年左右的发展，但 EIP 这一概念并没有形成一个统一的定义，不同的专业人士和机构对其有不同的理解。

Documentum 公司的 EIP 概念可以理解为一个简单的公式：企业文件系统+Web，将其传统的文件管理系统增加了在 Web 上自动生成摘要、审核和发布功能，实际上形成了一个企业知识门户（Enterprise Knowledge Portal）。

Sybase 公司则认为，企业信息门户是一个应用系统，它使企业能够释放存储在企业内部和外部的各种信息，使企业员工、客户和合作伙伴能够从单一的渠道访问其所需的信息。用户利用从这个渠道获得的信息做出合理的业务决策并加以执行。企业信息门户通过及时地向用户提供准确的信息来优化企业运作，并提高生产力。企业信息门户有 3 个特点：单一的访问方式（浏览器+企业主页）、对已有应用系统的集成、个性化。一个企业信息门户应当由 3 个关键部分组成：

- 应用——提供集成化的用户环境。
- 服务——将业务运作系统与散乱的文档和工作信息集成起来，并通过可扩展的应用界面为 EIP 提供集成化的服务。
- 集成——集成当今信息技术组织中各种技术的应用。

还有一种观点认为，不管是企业信息门户、企业知识门户，还是企业交易门户，它们全部可以纳入企业门户这样一个综合概念。企业门户可以“一网打尽”，即用一个网络门户为所有与企业有关的人提供所有与企业有关的信息与服务，甚至可以认为企业门户就是以

Web 为表现形式的一个应用。

综上所述，企业信息门户（EIP）可被看做是一种比较特殊的网站，也是一个应用框架。它首先是一个基于 Web 的应用系统，它使企业能够释放存储在内部和外部的各种信息，使企业员工、客户、供应商和合作伙伴能够从单一的渠道访问其所需要的信息。其次，它将企业所有应用数据集成到一个信息管理平台上，并以统一的用户界面提供给用户，使企业可以快速建立企业对企业和企业对内部员工的信息通道。

如图 7-4 所示为 IBM 的门户网站。

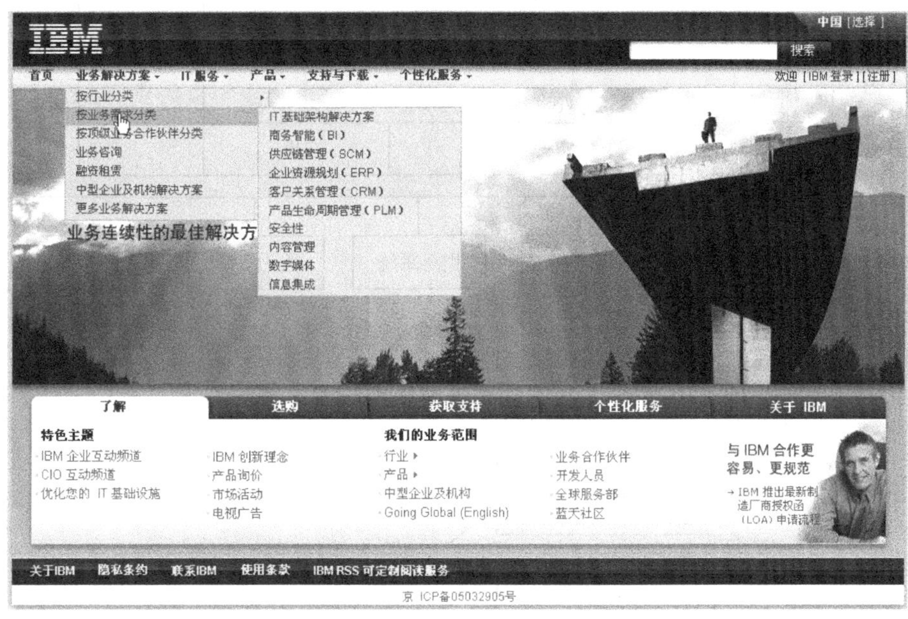

图 7-4　IBM 的门户网站

7.2.2　EIP 的基本结构及特点

1. EIP 的基本结构

EIP 通过标准浏览器为用户提供对企业的 Intranet 和 Extranet 的单点访问，为企业的决策者、客户、供应商、雇员和合作伙伴提供了一个统一的应用界面，使各类用户可以根据自己的需要获得想要的信息，使每个用户能通过统一的界面访问经授权的公司内部和外部信息。具体来说，EIP 提供了一个单点入口，将企业员工、业务伙伴和消费者集中到了一个虚拟场所。通过该门户，这些人从规模庞大、分散各地的企业信息系统以及 Internet 中获得结构化和个性化的信息。它是通过提供全面的企业信息和应用来支持企业决策和客户选择的。EIP 是内联网的一种扩展形式，它使员工和客户能以有组织的方式与公司进行交互。因此，对于 EIP 来说，各类数据、应用及服务的集成、内容组织以及内容表示是 EIP 的基本组成模块，图 7-5 显示了 EIP 的基本结构。

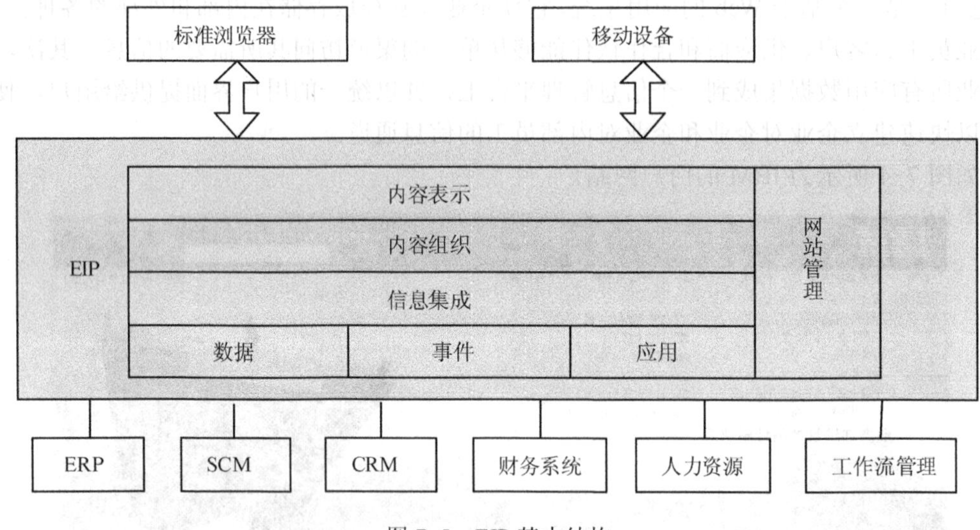

图 7-5　EIP 基本结构

以上述结构为基础，图 7-6 给出了 EIP 为用户提供服务的过程。

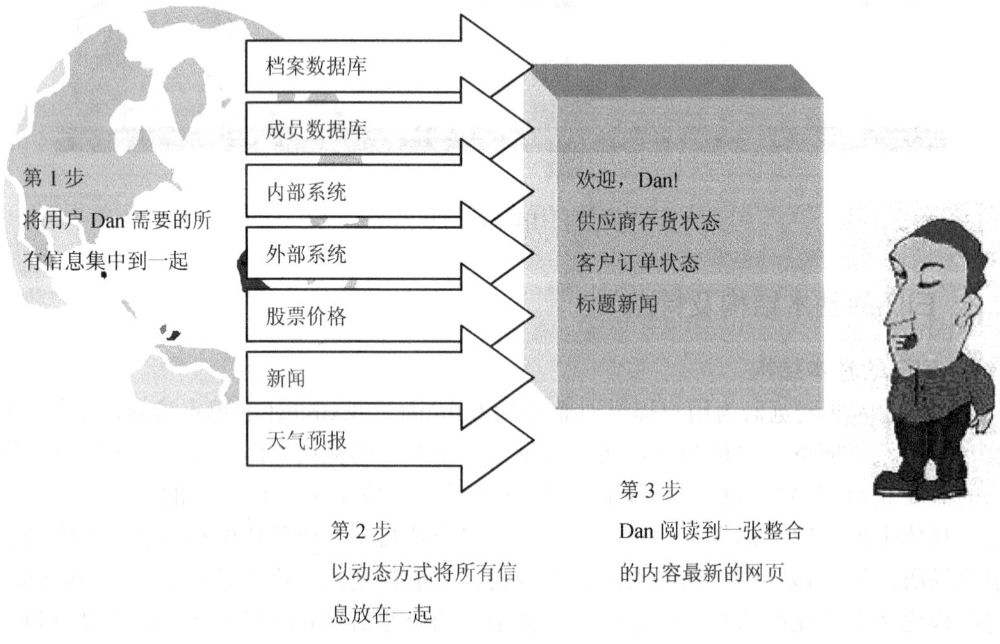

图 7-6　EIP 服务过程示例

2. EIP 的特点

EIP 具有如下主要特点。

（1）是企业的统一信息访问渠道

EIP 通过将内部和外部各种相对分散独立的信息组成一个统一的整体，是企业管理信息系统与电子商务两大应用的结合点。它使用户能够从统一的渠道访问其所需的信息，从而实现优化企业运作和提高生产力的目的。这是 EIP 最主要的特点，也是 EIP 设计的出发点和基本原则之一。

（2）与现有系统紧密集成

EIP 能将企业现有的数据和应用无缝地集成到一起，保护了原有的投资，并保证了所提供信息的丰富性及实时性。

（3）具有强大的内容管理能力

EIP 支持几乎各种结构化和非结构化的数据，能识别企业数据库中的各类数据，并可以搜索和处理各种格式的文档。

（4）可提供个性化的应用服务

EIP 的数据和应用可以根据每一个人的要求来设置和提供，定制出个性化的应用门户，提高了员工的工作效率，增强了对顾客的亲和力和吸引力。

（5）具有高度的可扩展性

EIP 必须能适应企业新的人员和部门的调整变化，满足企业业务调整和扩展的要求，解决企业与 IT 部门短时间内无法解决的技术需求问题。

3. EIP 的作用

EIP 的主要作用体现为如下几个方面。

① 企业信息门户（EIP）是将 Web 技术与企业的运作过程相集成的解决方案，它提供了一个单独的网关来访问信息和应用。企业门户可以对未组织的信息进行编目和跟踪，例如字处理文件，并将其发送给用户的台式计算机，这是数据仓库技术无法实现的。企业门户也可以访问 Internet 上的内容，并根据用户的商业需求和在企业中的角色来过滤这些内容。一个企业门户通过开放和封闭的网络，提供了数据和信息的传递，使用户能够更方便地了解与企业有关的信息。

② 企业信息门户能够将存储在公司数据库、数据仓库和文件中的数据转换为可用的信息。它可以使用户在公司内和公司外快速地改变信息，并通过浏览器传送信息。分散的公司通过网络连接在一起，加上最新型的信息传递方式，这就意味着在很短的时间内，获取正确的信息，传送给正确的用户，从而提高生产率。

③ 企业信息门户提供了一个对传统的个人桌面工作模式的改进方法，可以在通过简便的方法定制出的图形用户界面下进行工作（就像目前的商业门户，如 Netcenter），能够实现信息的有效处理和系统的稳定性，就如同在原来的应用和信息系统下独立工作一样。

④ 企业信息门户使得企业和客户、合作伙伴以及供应商之间的商业往来变得很容易。它控制事务的处理和内容，使得企业内部和相互之间的通信和交易变得更加有效率。企业门户提高了商业的运行效率，因此减少了商业运作的成本，并且解放了大量人力、物力资源，使其可以用于解决新的难题和市场。企业门户可以减少生产循环的时间，提高客户服务质量。它还能够用来建立客户和供应商之间的交互式关系，更快、更好地发送新的产品，传送新的服务，从而增加收益、扩大市场份额。

7.2.3 EIP 的主要功能

通过以上的分析可以看出，企业信息门户为企业内部员工及其客户、大众（也是企业的潜在客户）和供应商及合作伙伴提供了一个统一的应用界面，使其能够方便快捷地访问企业的各种数据资料，进一步加速决策速度，提高决策水平。企业信息门户的贡献不只在于帮助一个企业了解手中的大量信息，更重要的是使用户能够应付那些由于分散的信息资源和处理过程维护能力下降而产生的问题。企业信息门户能够通过超越现在的分散的应用环境实现这个目标，把原来不同的相互关系连接到一起，形成广泛的、相互关联的企业应用环境，从而缩短企业响应时间。

对于一个企业来说，其 EIP 一般需针对不同的用户提供不同的功能，如图 7-7 所示。

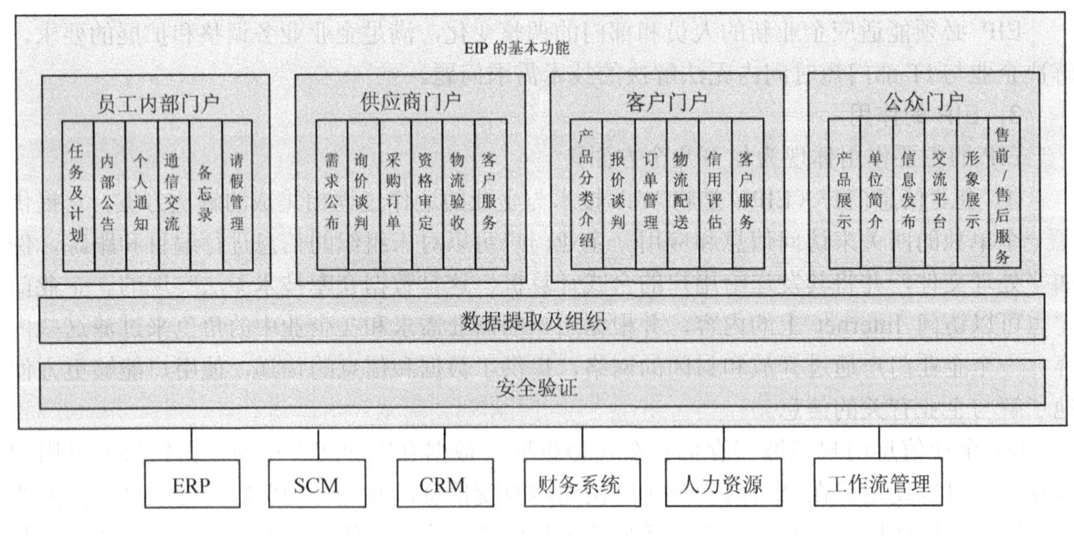

图 7-7　EIP 的基本功能

EIP 通常包含以下几项主要功能。

- 产品展示。通过图片、文字、动画等方式介绍企业的各类产品；实现企业产品的分类目录及搜索功能，以方便用户查询；以各种专题方式进行重点产品的宣传等。

- 信息发布。发布企业的新闻、招聘、合作及代理等信息，以使访问者能加强对该企业的了解。
- 企业形象宣传。介绍企业的背景、文化（包括企业形象理念、历史、Logo、经营策略等）等信息。
- 交流平台。提供论坛、留言板以及客服 E-mail 等方式，实现与企业的交流，以尽可能地争取潜在客源。
- 信息服务。提供企业产品说明及相关各类文档（如产品驱动程序）的下载等基本信息服务功能。
- 各类服务入口。为用户提供各类商业服务功能及网上商务子系统的链接，使用户能快速进入到相应的服务模块中。

7.3　网站设计原则

7.3.1　网站设计的一般原则

企业网站建设不只是简单的制作网页，或者利用网络提升广告效应，而是应该利用 Internet 技术最大限度地满足客户的需求，从而实现开拓市场、增加赢利的目的。由于网站类型不同，各类不同的网站在规划和设计过程中所考虑的因素也会有较大差异，但一般网站的建设过程中，可遵循如下原则。

1. 目标性

任何一个网站，必须首先具有明确的目的和目标群体。网站是面对客户、供应商、消费者还是全部？主要目的是为了介绍企业、宣传某种产品还是为了试验网站建设？这些都是在网站设计中需要考虑的问题。如果目的不是唯一的，还应该清楚地列出不同目的的轻重关系。具体说，在网站建设过程中，应着重考虑如下几点。

（1）目的的明确性

在设计过程中目的应该是定义明确的，而不是笼统地说要做一个平台、要搞网站建设，应该清楚主要希望谁来浏览，具体要实现哪些内容，提供怎样的服务，达到什么效果。

（2）目的的可操作性

在当前的资源环境下能够实现，而不能脱离了自身的人力、物力以及整个外部环境等因素盲目制订目标。如果目标比较庞大，应该充分考虑各部分的轻重关系和实现的难易度，想要一步登天的做法通常会导致投入过大且缺少头绪，不如分清主次、循序渐进。

2. 实用性

网站提供的功能是为网站建设目标服务的，所提供的功能应与该目标密切相关，突出重点与繁简层次，而不是不分主次地提供大而全的网站功能。

因此，在网站设计过程中，首先要明确网站适用于哪些目标人群，之后要充分考虑目标群体的特点，包括其 Internet 应用基础、消费特点等因素，安排适当的信息内容编排格式和功能服务。例如，如果网站的目标群体以老年人居多，则应重点安排产品宣传类而不是在线交易类服务；而对于一些专业网站如银行网站，提供类似免费邮箱之类的功能就没有必要了。

3. 可用性

可用性也可被称作易操作性，即网站通过各种方式让用户较容易地完成网站提供的功能，使用户能快速地检索到所需信息或完成某种功能。WebReference（www.webreference.com）曾在 8 600 个网络用户中进行调查，结果发现，能吸引大多数 Web 客户重复访问的站点具有 4 个共同特征：

- 拥有高质量的内容。
- 易于使用。
- 经常更新。
- 响应时间短。

因此，网站的可用性应围绕内容、功能使用、性能等方面来进行，关于可用性将在 7.3.2 节进行更详细的介绍。

4. 艺术性

在网站设计过程中，应遵循基本的美术设计原则，符合基本美学原理和排版原则，对于主题和次要对象的处理符合排版原理，全站的设计具有整体的一致性，整体视觉效果特点鲜明。网站的总体风格应当与企业的文化相符合，较好地体现企业的总体文化背景。

需要指出的是，艺术性与华丽并不可以直接画等号。恰恰相反，大多数比较成功的企业网站都非常朴素，一般以某一种色调为主，最多利用 2 或 3 种颜色，利用颜色深度控制及颜色对比控制等方式完成整个页面的风格布局。除一些娱乐性为主的网站外，网站中提供的包括 Logo 在内的图片、动画等应简洁、明快，特别应避免大量出现闪烁动画及图标的情况，这样只能使人眼花缭乱而无法分辨网站的重点。

5. 专业性

本条原则是针对企业网站而言，主要指信息内容应该充分展现企业的专业特性。由于通过网站对外介绍企业自身时，最主要的目的是向外界介绍企业的业务范围、性质和实力，从而创造更多的商机。因此，其内容应包括：

- 完整无误的表述企业的业务范围（产品、服务）及主次关系。
- 应该齐备的介绍企业的地址、性质、联系方式。
- 提供企业的年度报表将有助于浏览者了解企业的经营状况、方针和实力。
- 如果是上市企业，则提供企业的股票市值或者到专门财经网站的链接将有助于浏览者了解企业的实力。

- 如果提供行业内的信息服务，则这些信息服务应具备以下特性。
  - 全面性：对所在行业的相关知识、信息的综述涵盖范围应该全面，以使对企业自身产品性能的介绍更具权威性。
  - 专业性：所提供的信息应该是专业的、有说服力的。
  - 时效性：所提供的信息必须至少是没有失效的，这保证了信息是有用的。
  - 独创性：具有原创性、独创性的内容更能得到重视和认可，有助于提升浏览者对企业本身的印象。

另外，如果企业的客户、潜在客户属于不同语系，那么应该提供相应的语言版本，至少应该提供通用的英语版本。

6. 搜索引擎友好性

搜索引擎友好性是指网站的内容组织及结构等应使各类搜索引擎（如Google、百度等）能够方便快捷地对该网站进行搜索、发现以及关键词整理和引用。

网站投入运营后，首先要解决的问题就是要吸引用户访问，没有用户访问的网站是没有存在价值的。在运营初期，为保证一定的用户访问量，除进行相关宣传外，利用搜索引擎是最重要的网站推广手段。因此，对于网站特别是新建的网站来说，提高对搜索引擎的友好性是十分必要的。

搜索引擎的工作基本原理是以网络蜘蛛等工具对各类网站的网页进行访问，搜索其中的各类关键词信息，经整理后放到搜索数据库中，当用户通过搜索引擎查找信息时，搜索引擎就根据数据库中的关键词等信息将所需网页的网址列表返回给用户。

为此，在网站设计中，为保持对搜索引擎的友好性，需要从如下几方面进行设计。

① 加大网站关键词的密度，特别是首页的关键字密度。关键词的密度是搜索引擎决定推荐次序的重要依据之一，因此在网站设计过程中，应根据网站的特点确定网站的关键词，并在网站内容描述中尽可能多地应用关键词。例如，对于网上家具商城来说，"家具"、"商城"以及家具种类如"红木家具"、"办公家具"等都是需要重点强调的关键词，在网站的内容描述、图片名称以及一些隐性内容区域（如Title区）等处要尽可能多地引用。

② 突出关键词。网站的Title、Meta、<H1>等类标记中的内容是搜索引擎的搜索重点，因此，在网站的网页标题、元数据描述、图片名称、内容标题等处要尽可能多地应用网站的关键词，以突出关键词，提高关键词的应用效率。

③ 提供友好的内容及结构。对于搜索引擎来说，静态网页中的文字是搜索引擎比较容易处理的内容，而对动态内容的搜索就相对比较复杂，因此，若非必要，尽可能采取静态页面的形式。另外，若链接深度过大也会影响到搜索引擎的处理，应尽量避免。

案例 7.1——阿里巴巴网站的搜索引擎优化

阿里巴巴（参见图 7-8）是国内最早进行搜索引擎优化的电子商务网站，到目前为止也是网站优化总体状况最好的大型 B2B 电子商务网站之一。在《B2B 电子商务网站诊断研究报告》中，阿里巴巴网站获得了搜索引擎优化评价指标的满分，这是所有 102 个被调查 B2B 网站中唯一的一个。阿里巴巴的搜索引擎优化水平远远高于行业平均水平。

图 7-8　阿里巴巴网站

阿里巴巴的搜索引擎优化为什么能做到如此高的水平，这种状况可以为用户带来哪些价值呢？《B2B 电子商务网站诊断研究报告》对阿里巴巴的搜索引擎优化案例进行了分析。本文内容节选自《B2B 电子商务网站诊断研究报告》。

根据研究报告后面相关的调查数据，阿里巴巴中国站（china.alibaba.com）被 Google 收录的中文网页数量高达 1 480 000 个（2005 年 6 月数据，2006 年 8 月数据为 5 320 000），从被收录的网页数量上来说，要远远高于同类网站的平均水平，更重要的是，阿里巴巴的网页质量比较高，潜在用户更容易通过搜索引擎检索发现发布在阿里巴巴网站的商业信息，从而为用户带来更多的商业机会，阿里巴巴也因此获得了更大的网站访问量和更多的用户。

一个网站被搜索引擎收录网页数量对网络营销有多大意义？单从网站被搜索引擎收录网页的数量来说，并不能反映该网站的搜索引擎营销水平。因为根据搜索引擎营销目标层次原理，被搜索引擎收录尽可能多的网页数量只是搜索引擎营销的第一个层次；在此基础上，当用户通过相关关键词检索时，这些网页在搜索结果中要有好的表现，比如排名位置靠前、网页标题和摘要信息对用户有吸引力，这样才能引起用户对该网页的点击，这是搜索引擎营销的第二个层次；第三个层次是，当用户点击来到一个网站/网页时可以获得对自己有价值的信息，这样才能为搜索引擎营销的最高目标（促成用户转化）奠定基础。所以，如果一个网站被搜索引擎收录的网页数量很少，或者根本没有被收录，那么可以肯定其搜索引擎营销是失败的，在网页被收录数量多的基础上，如果同时保证网页质量高，这样才是比较理想的状况。

在进行相关研究时发现到这样一个现象，利用多个行业的产品为关键词在 Google 等主流搜索引擎检索，甚至是很冷僻的产品名称，阿里巴巴的商业信息网页内容都会出现在搜索结果前面，这就意味着，通过搜索引擎，潜在用户可以发现阿里巴巴网站上企业发布的供求信息，也就是说，阿里巴巴充分利用了搜索引擎营销策略为用户直接带来价值，在这方面，比其他同类网站是远远超前的。这就是阿里巴巴的搜索引擎优化水平较高的表现。从具体表现形式来说，阿里巴巴网站在保证尽可能多的网页被搜索引擎收录的基础上，还可做到让每个被收录网页在搜索引擎中都有良好的表现。

阿里巴巴之所以能达到较高质量的搜索引擎优化水平，主要方法包括：网站栏目结构层次合理、网站分类信息合理、将动态网页做静态化处理、每个网页均有独立的标题、网页标题中含有有效的关键词、合理安排网页内容信息量及有效关键词设计等，另外，每个网页还有专门设计的 META 标签，这些工作对增加搜索引擎友好性是非常重要的。这些其实并没有什么神秘之处，都是网络营销导向的网站设计的基础工作，正是将这些看似简单的细微之处做到专业化，才使得阿里巴巴的网页无论从被搜索引擎收录的数量还是质量，都远高于其他同类网站。从这个方面来看，阿里巴巴的专业性已经深入到每个网页、每个关键词，甚至每个 HTML 代码。

对于 B2B 电子商务来说，网站优化策略已经成为网站经营策略的重要组成部分，在这方面阿里巴巴已经做出了表率，其他 B2B 网站有必要对阿里巴巴的搜索引擎优化策略进行深入、系统的研究。

7.3.2　网站的可用性设计

网站的可用性设计主要体现在如下方面。

1. 内容的层次性

内容的层次性主要体现在网站内容安排具有条理清晰的结构，网站的板块划分合理，包括：

- 板块的划分应该有充分的依据并且是容易理解的。
- 不同板块的内容尽量做到没有交叉和重复内容，共性较多的内容应尽量划分到同一板块。

- 在最表层尽量减少划分的板块数量，通常控制在 4~6 个之间比较合适。
- 划分后的结构层次不宜过深，通常不超过 5 层。

此外，在安排层次的时候要充分考虑用户操作，比较常用的信息内容、功能服务应该尽量放到更浅的层次以减少用户点击次数。信息内容的获取和功能服务的过程都应该尽量将所需要进行的步骤控制在 3~5 步以内，不得不需要更多的步骤的时候应该有明确的提示。

2．风格及内容的一致性

风格及内容的一致性具体体现在：

- 页面整体设计风格的一致性，即整体页面布局和用图用色风格前后一致。
- 界面元素命名的一致性，即同样的元素应该用同样的命名；同类元素命名满足一致性，做到即使某个元素的表述不清楚也能从上下文推断其义。
- 功能一致性，即完成同样的功能应该尽量使用同样的元素。
- 元素风格一致性，即界面元素的视觉风格、摆放位置在同一个界面和不同界面之间都应该是一致的。

3．界面的精简性

界面的精简性是指网站的界面设计尽量简洁清晰，使用户能尽快调出所需页面，并避免其他非必要信息的干扰，需要考虑的因素包括：

- 每个界面调出的时间应该在可以接受的范围之内，当必须耗用较长的时间时，应该有明确提示并最好有进度显示。
- 当不同的方式能够达到相同或近似的效果时，总是应该选取令客户访问或使用更简单快捷的方式（在开发资源差别可忽略的情况下），例如尽量减少客户端插件的使用。
- 主要界面尽量不超过浏览器高度的 2 倍。
- 大量信息内容尽量不超过浏览器高度的 5 倍，如果超过，应该使用页内定位或者进行分页。

4．交互的易操作性

主要指网站所提供的动态交互功能操作方式明确、容错性好，使用户能较快地正确完成交互操作。为此，在网站设计过程中，应考虑如下几个方面。

- 每个服务必须有定义清晰的流程，每个步骤需要什么条件、产生什么结果、由谁来操作、如何实现等都应该是清晰无误的。
- 实现功能服务的程序必须是正确的、健壮的（防错的）、能够及时响应的、能够应付预想的同时请求服务数峰值的。
- 需要人工操作的功能服务应该设有常备服务人员和相应的责权制度。
- 用户操作的每一个步骤（无论正确与否）完成后应该提示当前处于什么状态。

5. 网站的兼容性

由于用户使用的上网软硬件设备相差较大，因此在网站设计的过程中要针对目标群体的需要充分考虑浏览器兼容性、字体兼容性和插件流行程度等，以便提供较满意的效果，如为那些在很老的计算机上，使用很老的浏览器软件，通过很低的带宽访问本网站的用户设计；确保颜色的组合不会给患色盲的用户的访问带来困难；在使用 JavaScript 代码时，充分考虑不同浏览器及不同版本的差异等。

6. 更新的及时性

及时更新是保持网站活力的根本要求，因此为保持网站内容更新的及时性，在设计过程中要充分考虑内容更新的难度及任务量，设计易于操作的内容更新系统。同时在更新过程中，还要注意内容的前后一致性及连贯性，并建立相关的机制保障内容的及时更新。

7. 高访问性能

对于一般用户来说，网站的访问性能主要体现在响应时间及正确性上。调查结果显示，用户满意度与其对系统的控制感有关，而控制感又在很大程度上取决于系统的响应速度，一般客户对当前网页上的内容能持续保持注意的时间长度约为 10 s，因此，应将网站的响应速度尽量控制在 10 s 以内，如超出 10 s，则应给出进度情况。而对于网站设计、开发及管理者来说，要实现网站的高性能，必须在设计中充分考虑到网站的容量（即同时在线人数或并发访问量）、稳定性、安全性及网站应用程序设计性能等方面因素。

另外，为保证网站的可用性，在设计过程中还需考虑其他一些因素，具体包括：

- 应该具有明确的导航栏和网站地图提供快速导航操作，以避免网络迷航。
- 主要的信息应该放在突出的位置上，常用的功能则应该放到容易操作的位置上。
- 命名应该是简洁的、定义清晰的、且不易相互混淆的；对于目标群体而言，尽量不使用较为生僻的词语，如果一定要用，则应给出容易理解的解释。
- 不要出现错误或者无效的链接。
- 对于专业的术语、复杂的操作等有直接的、容易理解的帮助。

7.4 网站设计过程

7.4.1 网站设计基本过程

一个网站的建立通常要经历以下 3 个阶段。

- 网站规划与设计。
- 网站开发。
- 网站测试和发布。

其中，网站规划与设计是本书讨论的重点，又可分为网站目标定位、内容及功能设计、结构设计、网站开发及运行环境准备、网站预算等步骤。整个过程如图 7-9 所示。

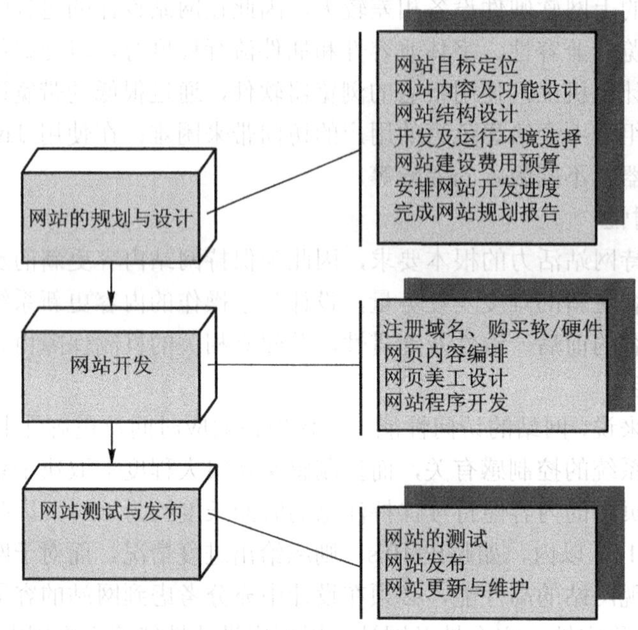

图 7-9　电子商务网站设计的一般过程

7.4.2　网站目标定位分析

网站的规划包括服务对象与目标的定位、确定网站的类型和领域、确定服务对象、确定主题和服务范围等。

1．网站定位

网站的定位是研究为什么做和为谁而做的问题。对于不同的建站目的，就会有不同的市场考虑。例如，主要是为树立企业形象的站点，对访问者的考虑就会比较小，而对于以推广产品服务和联系客户为目的的站点，就会希望有更多现有客户和潜在客户的访问。

网站定位的过程一般包括明确竞争优势、选择竞争优势和示意竞争优势 3 个阶段。

（1）明确竞争优势

竞争优势是指网站在为浏览者提供价值方面比竞争者更有效。例如能够提供更新的内容、独特的网页可视化设计、更快的速度或其他。网站定位是在浏览者心中建立本网站区别于竞争者的独特性，即一种优势。而这种优势应该是访问者所注重的产品特征，而不是一种劣势或不为访问者所关注的特征。所以，明确竞争优势的本质是排列网站可用于定位的各种要素，确定网站在哪些要素上具有优势的过程。

（2）选择竞争优势

一个网站不可能也没有必要在当前或通过努力后在所有方面都优于竞争对手，它只能选择若干最有力的要素加以培养使之成为自己的竞争优势。如在2001年全国许多著名网站纷纷宣布实行网站收费，减少免费邮箱业务的时候，搜狐却宣布提供最好的免费邮箱服务。事实上，按赢者通吃的规则，在综合门户领域，要想在综合搜索引擎服务上超过Yahoo已经变得相当困难，那么为何不另谋他途呢。

选择竞争优势就是根据网站的目的和特点，选择本网站可采用的定位要素，培养它，使之超过竞争对手。一般来说，选择竞争优势可遵循以下原则：一是优势不能过多，过多优势既导致可信度下降，也不容易引起访问者的注意，更不要说记住了；二是短期定位可以选择网页设计、内容、项目、服务等客观的、具体的要素，以强调不同的使用价值为目标，但要不断推陈出新，应避免诸如“X网站——服务最佳”、“Y网站技术领先”等过于笼统而且没有特色的定位；三是长期定位宜选择文化等主观的、抽象的要素，给客户比较广阔的想象空间，以形成顾客的品牌偏好为目标；四是短期定位应服务于长期定位，保持两者的协调一致。

（3）示意竞争优势

即网站采取各种手段、通过各种途径向目标市场示意自己的定位。

例如对于阿里巴巴网站（请参见图7-8），它的竞争优势就在于为用户提供了完备的交易平台，因此在网站中按行业提供了详细的交易分类、强大的搜索功能及其他平台交易相关功能，使用户可以一下子找到所需的信息。

下面再看看戴尔公司的例子，戴尔公司（www.dell.com.cn，如图7-10所示）是国际上开展网上直销最成功的IT类产品制造商之一，该公司的竞争优势在于全面的产品线、过硬的产品质量以及在线销售时优惠的价格，因此在戴尔公司的网站首页以简洁明了的方式突出显示了自己的产品线，并在一级菜单和网页顶部就提供了在线销售的链接。

2. 确定网站的类型和领域

有了发展目标，接下来就应该确定网站的类型与业务领域。对投资大、建设周期较长的网站，要确定其业务领域往往不是一件容易的事情。为此，常常需要运用技术经济分析方法审慎地选择网站的类型和领域。下面给出网站类型选择所应考虑的主要问题。

- 擅长的专业领域。
- 需投资的规模。
- 可获取的技术与人才。
- 各类网站的市场需求状况。

3. 确定网站的服务对象

当确定了网站的类型与业务领域后，就要开始考虑网站所要面对的用户或网民，即要确定网站的服务对象。因为即使是同一类别的网站，也可以有不同的服务对象。对中国的网站而言，首要的选择就是做中文网站还是英文网站，这实际上就是用户范围的选择。

图 7-10　戴尔公司网站

从经济学的角度而言，用户的消费是追求效用最大化的。如果用户对产品和服务的效用评价超过其购买的成本，那么对用户来说是有利可图的。对网络经济来说，仍然如此。如果用户可以从某个网站得到无法替代的服务，并且服务的费用在其可以承受范围内，那么用户是乐于掏腰包的。而这种无法替代的特色服务的基础就在于准确的用户定位。一个比较典型的例子就是中国期刊网（http://www.cnki.net），由于它把服务对象定位在国内所有需要查阅文献资料的人，特别是高等院校和科研机构，全力推出中文期刊全文检索的服务，再加上清华大学得天独厚的文献资源，并配合一定时期的免费试用，使很多人产生了对它的依赖性，结果当它在开始实行收费服务时，也就顺理成章了。尽管它没有像某些网站那样大做广告，但它已有了一个较为庞大且稳定的用户群。当 Internet 经历了原始积累和快速扩张阶段而开始进入第一次调整阶段时，人们开始呼唤网站的特色。而这种特色就来源于正确选择网站类型和业务领域基础上的用户定位。

确定网站的服务对象一船可以从以下几方面入手。

- 用户的年龄与性别结构。
- 用户的文化层次。
- 用户的职业与专业分布。
- 用户的地域分布。
- 用户的个性偏好。

4. 确定网站的主题和服务范围

网站特色的最重要表现之一是有一个明确的主题。所谓主题就是在确定了网站的类型和领域、网站的服务对象的基础上所选择的题材。当网站的内容和业务围绕着某一个确定的题材展开时，其主题是明确的。反之，如果网站的内容和业务相互间不相联系与衔接，则会给人主题模糊的感觉，这类网站通常难以吸引稳定的用户。

在同一类网站中，可以选择的题材多种多样，例如商业网站，可以选择娱乐、体育、购物、大宗贸易、拍卖、求职、旅游、交友等。主题的选择取决于事先确定的网站类型、涉及的专业领域、选择的服务对象和设计者的创意。其中，网站设计者的创意有决定性的影响，有特色的网站大多是建立在独特的主题创新基础上的。实际上，网络上的网站题材千奇百怪，琳琅满目。如网上求职、网上聊天、计算机技术、网站开发、娱乐、旅行、家庭教育、生活时尚等。每个大类都可以继续细分，比如教育类可再分为幼儿教育、初等教育、中等教育和高等教育，高等教育又可按学科门类再细分。

对网站主题的选择，许多网站与网页设计者都有自己的心得，目前也没有一个统一的标准，但大家都比较认同的观点包括以下几点。

（1）主题要小而精。

定位不宜太宽太大，内容要精。如果想制作一个包罗万象的站点，把所有自己认为精彩的东西都放在上面，那么往往会事与愿违，给人的感觉是没有主题，没有特色，样样有却样样都很肤浅，因为很难有那么多的精力去维护它。网络的最大特点就是新和快，目前最热门的个人主页都是天天更新甚至几小时更新一次。

（2）题材最好是自己擅长或者喜爱的内容。

例如：擅长编程的人，就可以建立一个编程爱好者网站；对集邮感兴趣，可以办个集邮俱乐部网站，而企业性质的商务网站，则更需要与以前所从事的专业紧密结合。这样在网站制作与维护时，才不会觉得无聊或者力不从心。制作网站是一项较为复杂的工程，没有热情，很难设计制作出杰出的作品。

（3）题材不要太滥或者目标太高。

“太滥”是指到处可见，人人都有的题材；比如软件下载、免费信息、聊天、论坛。目标太高是指在这一题材已经有非常优秀和知名度很高的站点，要超过它是很困难的。除非有决心和实力进行竞争并超过它。人们往往只记得最好的网站，对第二名和第三名的印象则会浅得多。

7.4.3 网站内容及基本功能分析

确定了网站的定位后，就应该着手规划网站的具体业务内容，表现在网站的网页上就是可以提供的板块和栏目。

规划业务内容时需从以下两方面入手。

① 围绕定位的主题广泛收集和组织各种相关资料内容，它主要来自于以前的专业积累，也可以从 Internet 上搜索。甚至来自于未来的用户。但要注意，不要一味地照抄别人的网站，在网站林立的今天，没有自己独特的资讯已经很难吸引网民的注意力了。

② 配合所收集的资料，设计网站将要提供服务的具体内容。例如一个职业介绍网站可以从信息服务、咨询服务、中介服务、搜索查询服务、虚拟社区服务等方面规划。其中，最重要的是结合自身的专业特点提供行业特色、支持用户个性特点的服务。例如，办一个网上商城，可以为每一个入住商户提供单独的“门面”（即主页），并进行统一管理，使消费用户有一种真正逛商城的感觉。

在业务内容或网站栏目规划时，一般应注意以下问题。

（1）内容一定要紧扣主题

之所以要把主题定位放在栏目设计之前，就在于栏目是为主题服务的。所以，不围绕主题所规划的内容，只会使主题定位形同虚设。

为了使内容与主题紧密结合，一般的做法是：将主题按一定的方法分类并将它们作为网站的主栏目，例如一个动画素材为主题的站点。可以将栏目分为动物动画、标志动画、三维动画和卡通动画等，在首页上标明最近更新的动画。同时要注意主题栏目个数在总栏目中要占绝对优势，这样网站才能显得专业，主题突出，容易给人留下深刻印象。

（2）要把最直接表现主题且最吸引人的内容放在最突出的位置

这样才能使用户直奔主题，使网站的价值在最短的时间内被用户了解。但目前许多网站特别是个人主页的栏目（主菜单）并不是这样的。同样以提供动画素材为主题，某站点的主栏目设计是：关于站长、本站导航、动画宝库、本站论坛、本站留言本、联系站长。首页上写着本站网址和版权申明，甚至还有将本站设为首页字样。而最主要的、最吸引人的动画素材在主栏目里占 1/6，在首页上一字未提。如此一来，即使这个站点的确有大量精美的动画素材，也很难吸引浏览者继续挖掘。

（3）应设立一个最近更新和网站指南栏目

这样做是为了照顾常来的访客，让主页更人性化。我们看到已经有一些网站提供了信息定制服务，就是让用户在网上定制自己感兴趣的内容，并为之提供类似“我的公文包”的栏目，使用户在登录后可以直接看到所关心内容的最新资料，这样可以大大提高网站对用户的亲和力。

当网站的体系庞大、内容丰富，且层次较多时，应该提供站内的搜索引擎，并设置“本站导航”栏目。这有如商场内的购物指南，可以帮助初访者快速找到他们想要的内容。

（4）应该提供可双向沟通的栏目

更有效的沟通是 Internet 精神的体现，它会帮助企业在 WWW 展示中创建一种更加诚实和真实的个性。事实上，良好的双向沟通机制可以使用户充分参与到网站的建设中来，它可以使用户和网站双方均能获益，特别对用户而言，有助于他们从网站上获得真正想要的东西，并增强其对网站的信任感。

通过这种沟通渠道，网站应该使访问者能方便地访问到组织的历史、目标和任务、产品和服务信息、财务信息等内容。网站取得成功的程度主要取决于提供这类信息的方式。对企业而言，意识到 WWW 是交互式媒体尤其重要，因此，适宜地设置一些双向交流栏目，比如论坛、留言本、邮件列表、信息定制等至关重要，也可以为网站增添几分活力。

至于其他的辅助内容，如关于本站、版权信息等可以不放在主栏目里，以免冲淡主题。此外，还要注意的是应尽可能删除与主题无关的栏目，尽可能将网站最合价值的内容列在栏目上，尽可能方便访问者的浏览和查询。总之，“突出主题”和“方便用户”是网站内容规划的两大原则。

对于电子商务网站来说，常见的功能包括信息发布、商品（产品）管理、用户管理、交易管理等几大部分。下面将简要介绍各部分功能的设计方法。

案例 7.2——家具公司电子商务系统

根据上述原则和方法，本书所述的家具公司电子商务网站的基本功能包括：

- 信息发布——可以通过网站发布公司的各类宣传信息、产品展示信息、采购信息、招聘信息等。
- 网上商城——用户可以通过本网站直接查询各类商品信息、进行商品的定制及模拟展示、网上订购等，同时，公司相关人员可以通过网站直接完成订单处理、商品配送安排以及统计分析等功能。
- 客户服务——用户可以通过本网站完成家具报修功能，并可以监控报修安排情况；公司相关人员则可直接通过网站完成报修任务安排及管理等工作。

7.4.4 网站结构设计

网站结构设计可分为 3 个层次：网页结构设计、网站板块设计和子站点设计。

1. 网页结构设计

网站的所有内容最终是要通过网页表现出来的。根据前面的介绍，可以根据业务流程设计来规划流程上各节点所需的页面。例如：对于商品专卖业务可以规划出如表 7-2 所示的页面。

表 7-2　各节点所需页面

业务流程节点	所 需 页 面
信息检索	专卖商品目录——专卖商品详细信息
准备订单	订单填写
下订单	订单确认
运输方式	送货上门介绍——送货上门申请——申请确认
付款方式	付款方式介绍——网上支付条款——填写账号信息——信息确认
订单提交	订单提交反馈（成功或修改）

需要注意的是，这一步只是规划网站所应包含的页面，而不是页面上的具体内容，每页上放些什么还是要另外考虑的。

这一步的工作实际上是在搭建网站的页面框架，有了这个框架，日后设计编排页面的内容就很方便了，这种规划同样可以减少网站开发中的混乱。

搭建框架还有一个需要的步骤就是设计网页间的链接结构。链接结构是指页面之间相互链接的拓扑结构。它建立在页面规划的基础之上，如果每个页面都是一个固定点。链接则是在两个固定点之间的连线。一个点可以和一个点连接，也可以和多个点连接。如果使用过网页编辑软件 FrontPage，就可以在视图栏目清楚地看到站点的链接结构。规划网站链接结构的目的在于：用最少的链接，使得浏览最有效率。

一般来说。网站的链接结构有两种基本形式。

（1）树状结构（一对一）

树状结构类似于目录的结构，首页链接指向一级页面，一级页面链接指向二级页面。在浏览这样的链接结构时，可逐级进入，逐级退出。其优点是条理清晰，访问者明确知道自己在什么位置，不会“迷”路；缺点是浏览效率低，从一个栏目下的子页面到另一个栏目下的子页面，必须绕经首页。

（2）星状结构（一对多）

星状结构类似于网络服务器的链接，每个页面相互之间都建立有链接。这种链接结构的优点是浏览方便，随时可以到达自己喜欢的页面。缺点是链接太多，容易使浏览者迷路，搞不清自己在什么位置、看了多少内容；而且一旦某个页面被删除或地址改动，其他页面也要更改，否则就会出现链接错误。

这两种基本结构都只是理想的形式，在实际的网站设计中，总是将这两种结构混合起来使用。网站总希望浏览者既可以方便快速地达到自己需要的页面，又可以清晰地知道自己的位置。为此，最好的办法是：首页和一级页面之间用星状链接结构，二级页面之间用树状链接结构。例如，一个新闻站点的页面结构如图 7-11 所示。

在上述结构中，首页、娱乐新闻页、科技新闻页之间是星状链接，可以互相点击，直接到达。而娱乐新闻页和它的子页面之间是树状连接，浏览娱乐新闻 1 后。必须回到娱乐新闻页，才能浏览娱乐新闻 2。所以，有些站点为了免去返回一级页面的麻烦，将二级页面直接用新开窗口打开，浏览结束后关闭即可。

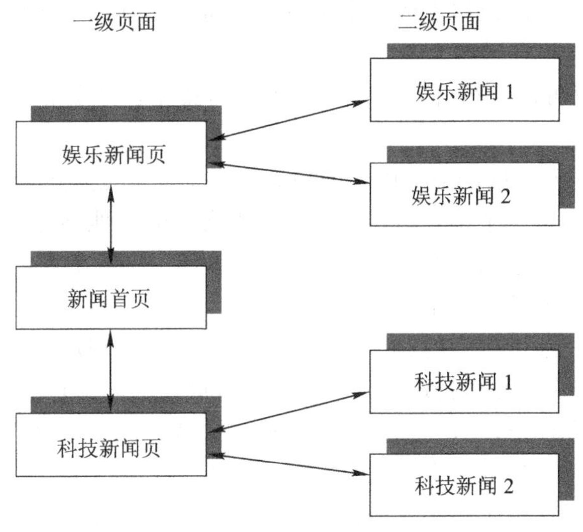

图 7-11 首页结构示意图

如果站点内容庞大，分类明细，需要超过 3 级页面，那么就应该在页面里显示导航栏，可以帮助浏览者明确自己所处的位置。这种导航栏在很多门户网站中都可以看到，类似"您现在的位置是：首页→学习中心→软件说明书→多媒体→Director 7"的形式。

关于链接结构的设计，在实际的网站开发或网页设计中是非常重要的一环。采用什么样的链接结构直接影响到版面的布局。同时，随着电子商务的推广，网站竞争越来越激烈，对链接结构设计的要求已经不仅仅局限于可以方便快速地浏览，更加注重个性化和相关性。例如，一个爱婴主题网站里，在 8 个月婴儿的营养问题页面上，你需要加入 8 个月婴儿的健康问题链接、智力培养链接、有关奶粉宣传的链接、一本图书或者是一个玩具的链接。因为父母不可能到每个栏目下去寻找关于 8 个月婴儿的信息，他们可能在找到需要的问题后就离开网站了。如何尽可能留住访问者，是网站设计者未来必须考虑的问题。

2．网站板块设计

当网站的规模较大、内容和栏目众多时，就有必要将栏目分类，形成各种各样的板块，板块比栏目的概念要大一些，每个板块都有自己的栏目。但在规划板块时，应注意以下几点。

① 各板块要有相对独立性。

② 各板块要相互关联。

③ 板块的内容要围绕站点主题。

3. 子站点设计

对于规模比较大、板块较多或业务划分较明显的网站，可以考虑把整个站点分成若干个站点，如每类业务相关的板块做成一个子站点，每个子站点下包含若干板块。划分子站点的优点在于：

① 对各个子站点可以分组开发，由于内容相对集中，业务相对近似，可降低开发的复杂程度。

② 便于更新与维护，每一部分内容的更新只要对于站点更新就可以了，而不需要重新发布整个站点。且当某个子站点出了问题时，不会影响其他站点的浏览。

③ 对涉及专业领域较多的网站，如水平门户，便于资源的配备。因为不同的专业所需的人才、信息素材、服务条件都不尽相同。划分了子站点后。可以专门针对一些子站点配备这些资源。同时，通过专业的分工可以提高服务的效率和质量。

④ 便于实现分布式开发与管理，各子站点可以放在不同地点的 Web 服务器上，甚至可以放在不同的城市和国家，只要通过超链接连起来就可以了，这样就可以把各地的资源优势集中起来，实现跨地域的分布式开发与网站管理。

当然，是否设立子站点主要还是取决于网站所需资源的配置情况和网站开发的复杂程度，如果资源不是很多，或资源分布较为集中，以及网站开发的难度不大，也没有必要刻意拆分子站点，毕竟集中式结构比分布式结构容易管理。

参考资料：China.com 的网站结构组织原则

1　概述

1.1 网站信息分类是根据网站内容的属性、受众对象和其他特征，将网站信息分门别类地列出，并按照一定体系系统地组织起来的一种手段。China.com 网站信息分类是依据中华网作为网络信息门户的定位事实和受众对象来进行各类栏目的划分的，其栏目结构反映了分类原则。

1.2 网站对信息进行分类是手段，目的是满足浏览者利用网站迅速查阅到自己所需信息，因此网站信息分类的任务，概括起来有两条：一是揭示出网站各类信息的内容，便于浏览者查找信息；二是根据网站中发布的信息之间的亲疏关系，组成一个类目体系，便于信息采编有效开展各项工作。

1.3 网站信息分类实施包括以下 3 个方面：编类（即建立科学的分类体系）、辨类（即分清分类体系中类目概念的含义以及各类目之间的关系）和归类（即根据辨类的结果确定需发布信息的在分类体系中应属的类目，以便各类目组或频道之间有效工作）。

2　China.com 网站栏目组织结构

2.1 China.com 网站栏目采用分层的组织结构，即将初始的分类对象（即被划分的事物或概念）按所选定的若干属性和特征（作为分类的划分基础）逐次地分成相应的若干层级类日（栏日），并排成一个有层次的、逐级展开的结构体系。

2.2 China.com 网站栏目的组织原则以线分类法为主，并结合面分类法的某些优点，以适应网站特殊的信息组成和受众服务对象。

2.3 在该分层组织结构中，同位类类目（栏目）之间基本以并列关系为主（每个大类目如果按几个层面细分，则其下位同类之间则存在交叉关系），下位类与上位类存在隶属关系。

2.4 由上位直接划分出来的下一级类目（栏目）相对于上位类而言称为下位类；由一个类目直接划分出来的下一级各类目，成为同位类。

2.5 在该组织结构中，各栏目之间的关系有以下 4 种："属(S)"、"分(F)"、"代(D)"、"用（Y)"。上位类与下位类的关系是"分"的关系，下位类与上位类的关系是"属"的关系；分属不同类目的两个栏目之间有等同的概念外延，则存放有具体内容的栏目成为"归类栏目"，未存放内容的栏目称为"链接栏目"，"归类栏目"与"链接栏目"的关系是"代"的关系，"链接栏目"与"归类栏目"的关系是"用"的关系。

2.6 栏目的排列采用大类目、小类目分别按逻辑次序排列，即按从总到分、从上到下的等级体系排列，同级中按从一般到具体、从亲到疏的次序排列。

2.7 类目的数量，在 China.com 网站中暂时规定一个上位类下分的下位类目不超过 9 个。

2.8 类目的级别，在 China.com 网站中暂时规定类目的级别不超过 4 级。

3 栏目划分原则

3.1 分类原则的基本描述

• 分类就是划分，划分时采用的根据就是分类的标准，这个标准通常是指一类事物彼此之间的相同点，即事物的某种属性。

• 分类的基本原则包括以下 5 性：科学性、系统性、可扩展性、兼容性和综合实用性。

3.2 分类原则的具体描述

• 使表示信息内容的栏目所处的位置前后左右都要按客观原则联系起来。

• 逻辑性。

• 以实际效用为目的。包括两个方面：一是信息保证原则，就是所列举的每个栏目（类目）都应有一定数量的信息保证，应不虚设类目；二是稳定性的原则，栏目的设置一旦确定要求相对稳定，不能轻易变动，所以在修改栏目的设置时，对原有栏目轻易不能变动，对新增栏目要考虑栏目的概括性，要考虑其成熟度，而不轻易增设栏目。

• 适合站内检索。

3.3 分类细则

• 采用分层分类的模式，同一族上位类概念包含下位类概念，由某一上位类划分出来的下位类类目的总范围应与上位类目相等。

例如：

商贸(1) F

· 商贸动态（11）

· 市场研究（12）

· 企业名录（13）

· 产品展厅（14）

· 商贸机会（15）

·· 供求信息（151）

·· 招标信息（152）

·· 合作信息（153）

· 商贸手册（16）

·· 政策法规（161）Y（211）

·· 商贸知识（162）

· 经营谋略（17）

· 专题报道（18）

政治法律（2）

· 政策法规（21）

·· 商贸（211）（D）（161）…

- 同位类目之间尽量避免交叉和重复，并只对应于一个上位类。
- 不同类目之间出现概念包含，按概念外延较大的类目归类。例如，上面所述的“商贸”类目中的政策法规类目后面有一个 Y 标识，它是参见的标识。假如有一类目“政治法律”与“商贸”平行，则“商贸”类目下的“政策法规”应归类到“政治法律”下的“商贸”类目，即在“商贸”类目下的“政策法规”栏目应直接链接到“政治法律”下“商贸”类目中；反之，“政治法律”下的“商贸”类目取代（D）“商贸”类目中的政策法规类目。同样，游戏下载应归类到“软件下载”类目中。
- 栏目分类时尽量从“人群”、“地域”等“属性”角度考虑，为以后栏目的拓展和网站的发展打下基础。
- 不同层次类目之间的因层面选取的不同，可能会出现以下几种关系：并列关系、从属关系、因果关系、影响关系、应用和被应用的关系。并列关系、从属关系上面已有叙述。如果是因果关系，则按结果的主题性质归类；如果是影响关系，则按受影响的主题性质归类；如果是应用和被应用的关系，则按接受应用的主题性质归类。

4 说明

4.1 按目前的分类体系，可能比较热点的栏目不能在一级栏目中反映，解决办法是首页导航栏中增加推荐栏目导航栏。

4.2 在各级导航栏中栏目的位置应固定。各级导航也应有层次性。例如按从上到下的顺序等，并有颜色上的区分。

案例 7.3——家具公司电子商务系统

对于本书中所述的例子来说，由于目前业务类型较单一，功能相对比较简单，因此不必将网站再划分为不同的板块及子站点，而直接划分为多级页面即可，考虑到站点基本功能相对简单，让用户能快速找到相关内容是首要考虑问题，因此本网站的页面最多不要超过 3 级，其中有关企业信息及其产品展示部分的站点结构如图 7-12 所示。

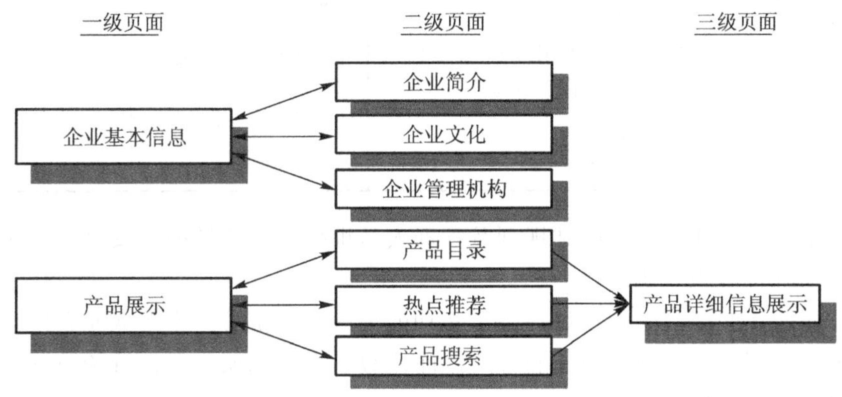

图 7-12 产品展示部分站点结构

7.4.5 网站环境准备

网站环境准备是指为网站的开发建设和运营准备必要的软、硬件条件，其主要工作包括：运行空间准备、网络接入条件准备、域名及 IP 申请、开发调试环境的搭建等，下面具体介绍各个环节的主要内容。

1. 运行空间准备

本项工作主要为网站运行准备合适的空间，通常可分为 3 种类型：服务器自管、服务器托管和空间租借，如表 7-3 所示。

表 7-3 网站空间使用形式对比

类 型	实 现 方 法	优 点	缺 点	适 用 条 件
服务器自管	网站所有者自己购置服务器并自己管理，一般通过专线联入 Internet	管理方便，信息可控性好，安全性高，容易与企业内部信息系统连接	购置服务器及网络接入的总费用较高；管理技术复杂，需要配备专业人员维护，否则网站日常运营质量易受影响	(1) 信息安全性要求高或具备专业维护能力的网站或企业； (2) 需要与内部信息系统紧密连接的企业； (3) 大型电子商务相关企业

续表

类　　型	实现方法	优　　点	缺　　点	适用条件
服务器托管	网站所有者自己购置服务器交由专门的网络服务商管理或直接租用网络服务商的服务器	日常软硬件维护有保障，服务带宽相对较高，有利于提高网站运行质量	信息安全性相对上一种方式低；与企业内部系统连接不便	可独立运行的大中型网站
空间租借	网站所有者向网络服务商租用空间，与其他网站共享服务器，一般采用基于域名的虚拟服务器技术实现相互区分	费用较低，服务器运行及带宽质量都有保障	与其他网站共享服务器，性能受到限制，信息安全性相对较低	小型网站

具体采用哪种形式，需要网站规划及管理人员根据网站的性能、安全、费用、自身技术条件等方式综合考虑来决定。

对于前面所述的家具公司来说，由于其功能中涉及一部分与本企业原有信息系统的接口，因此不宜采用服务托管或租赁的方式，而比较适合采用服务器自管的方式。

2．网络接入条件准备

当网站采用“服务器自管”这种方式时，就需要考虑如何将服务器接入到 Internet 中。目前一般采用的方法是向 Internet 接入商（如网通、电信）申请专线接入的方式。目标网络服务商提供的专线方式一般有 DDN、FR、ATM、SDH、光纤以太网等几种，这几种专线的性能对比如表 7-4 所示。

表 7-4　常见专线接入方式对比

接入方式	速率范围	技术特点及优势	应用范围
DDN	9.6 Kbps～2 Mbps	可分时管理，同时满足语音、数据、图像等业务的传输	安全性要求较高的低速网络
FR	64 Kbps～2 Mbps	采取虚电路技术，可支持网络突发传输、组网灵活	短时内突发流量的低速网络，如银行、超市
ATM	256 Kbps～155 Mbps	提供对网络突发的传输支持、方便客户网络管理、组网灵活	短时内突发流量的高速网络
SDH	2 Mbps～2.5 Gbps	传输速率高、提供透明传输通道、网络本身有自愈功能	实时性要求较高的高速网络连接
光纤以太网	2 Mbps～1 Gbps	传输速率高、接入方便、组网灵活	实时性要求高的高速网络连接

根据上述比较，一般大中型电子商务网站推荐采用 SDH 和光纤以太网两种方式的专线接入 Internet。

对于中小电子商务网站来说，还可以采用 xDSL 专线的方式，目前网通、电信等公司一般均针对企业用户提供 ADSL 专线方式。通过这种方式用户可获得 1 个或多个静态 IP 地址和 512 Kbps～2 Mbps 的带宽，可保持 24 小时在线，且价格相对上述专线一般要便宜许多。因此，专线方式特别适用于中小企业用来在 Internet 上架设自己的 WWW、Mail 服务器。但由于这种方式是利用公用电话网络来实现的，因此采用这种方式的前提条件是相应公司的电话服务网络已覆盖用户所在地。

用户需申请的带宽需要根据网站类型、用户访问量及各页面的访问频度等因素共同确定。对于中小型网站来说，除非需提供流媒体、大量软件及资料下载，否则一般 1～2 Mbps 左右的带宽应该可以满足日常访问需要了。对于大型网站以及提供流媒体及大批量下载服务的网站来说，需要根据具体情况进一步测算。

3. 申请域名及 IP 地址

域名及 IP 地址的申请相对比较简单，用户为网站确定域名后，可到 CNNIC 或各地的分支机构进行申请即可，费用一般为几百元左右，而固定 IP 地址则是在申请专线的同时向网络提供商申请即可。如果用户采用租用空间的形式，则一般服务商也会代理域名的申请或者赠送用户一个域名。

7.4.6 网站费用估算

网站费用估算也是企业比较关心的一个问题。从某种意义上讲，合理的费用估算直接影响到企业的决策，并关系到网站建设进度能够有效控制。一般网站的建设需要包括以下费用：

1. 网站前期准备费用

网站前期准备费用包括市场调查费、域名注册费、资料素材收集费、网站初步设计（规划）费、硬件购置费或空间租用费、软件购置费及其他费用。

其中，硬件和软件投资占前期准备费用的绝大部分，约占总费用的 2/3 以上；注册费一般较少；资料素材收集费用在不同的网站差别比较大，因为如果资料是网站以前的专业积累或从 Internet 上收集，几乎不要什么费用，但如果向信息咨询机构购买，则可能需要较大的投资。

2. 网站开发费用

这部分主要是开发的人力成本，是任何网站都必须支付的。网站开发可采用自行开发或外包的形式。

自行开发的优点是对于网站需求比较清晰，且后续维护与更新比较有保障，缺点是网站需要配备专业开发人员。因此，这种方式比较适用于网站有连续性的发展规划，需要一批长期固定开发人员的情况。

外包开发的优点是比较方便，网站所有者可集中精力于网站的需求控制，而不必考虑开发组织问题，缺点是日后的升级维护受到一定限制，且费用一般较高。因此，这种情况比较适于相当长一段时间内功能比较固定的中小型网站。

3. 网站宣传费用

网站宣传除包括一般的广告宣传费用外，还可采用向搜索引擎付费的方式提高网站的知名度。各大搜索引擎的搜索结果中，一般同等条件下付费的网站的排名要比非付费网站靠前。因此，搜索引擎付费也是网站宣传费用的重要组成部分。

4. 网站维护与更新费用

网站维护与更新费用可包括如下几项。

（1）内容维护费用

无论何种网站，其日常内容的更新与维护都是必不可少的，否则网站就失去了活力，因此网站必须配备专业人员来进行这项日常工作，因此相关人员及资料费用是网站维护费用的重要组成部分。

（2）网站软硬件维护费用

如果采用服务器自管的方式，还要配备专业人员从事日常服务器及网络相关软硬件的维护工作，以保障网站的正常运行，也需要一定的费用。

（3）网站功能更新维护费用

网站的部分功能可能会根据实际运行情况而进行更改，同时，在网站运行过程中出现的部分系统错误也需要随时更改。上述工作所需的费用也是网站维护费用的一部分。

7.5 典型电子商务网站功能设计

7.5.1 信息发布

这里所说的信息发布是指网站发布的企业介绍、新闻、广告、公告等各类信息，这是网站的基本功能之一，只有大量、准确、快速、有价值的信息才会吸引更多的用户浏览。

信息发布的内容主要包括：

- 企业介绍——包括企业简要情况、组织机构及职能、企业产品、企业文化以及其他相关文档等。
- 新闻——主要指与网站相关的企业、商家等发布的会议、活动等营销和管理信息。
- 广告——主要包括网站所有者自己的广告以及为其他租用者发布的广告等。
- 公告——包括招聘、代理、营销活动以及其他活动信息。

除信息内容外，信息发布及维护的形式也是在网站设计中需要重点考虑的问题。根据网站规模、访问量以及信息特点不同，其发布和维护方式也会有所差别。对于小型的、访问量不大的网站来说，采用动态或静态网页发布信息其实没有太大的区别。但是对于访问量很大的网站来说，考虑到访问效率及主机性能问题，若非不得已，则应尽可能采用静态网页来发布信息，即使是需要时常更新的信息也是如此。因此，一般大型网站都会使用内容管理软件以提高效率。通过这些软件，管理员可将需要更新的内容输入系统，并生成相应的静态网页文件及目录结构，并在网上发布出来。而对于一般中小型网站，一些需要更新的信息的发布则可采用动态网页+数据库的形式进行发布。各类信息的内容、发布及维护形式如表 7-5 所示。

表 7-5　信息发布及维护方式

内容及特点	网站特点	发布方式	维护方式
内容变动较小，如企业介绍等	各种规模的网站	静态网页	手工维护
需要动态更新，如新闻、公告等	访问量较小的中小型网站	动态网页，从数据库中读取内容发布给访问用户	利用内容管理系统将更新内容存储到数据库中
	访问量较大的大型网站或门户站点	静态网页，由内容管理系统生成	利用内容管理系统将更新内容存储到数据库中，并按给定模板生成相应的静态网页

7.5.2　商品管理

商品管理功能主要完成商品的展示、分类、排行、评论等功能，以使用户能尽快地发现、了解并购买商品。其功能主要包括如下几个方面。

1．商品展示

通过网站展示商品相比实物展示有一定的局限性，但其优点在于可以更专业、更全面、更详细地介绍商品的特性和功能，还可利用内部解剖图、视频等多种方式综合地展示产品的使用及维护等过程。为此，商品展示功能应进一步包括：

- 商品浏览。
- 商品资料管理。
- 商品详细资料。
- 新产品发布或产品推介。

2．商品维护

主要完成商品的增加、删除及资料更新功能，以保证商品的资料的实时性。

3．商品分类管理

商品分类主要针对某些商品类别比较多的网站（如网上商城）推出，某些大的企业（如联想、Nokia）在产品较多时也应采取商品的分类管理。

目前最主要的分类管理方式是按商品的性质及功能依次分为若干大类、二级类及小类等，其类别层次不宜过多，一般最多 3 或 4 个层次，过多的类别一方面会使用户觉得过于烦琐，另一方面也大大降低了用户对于产品的接触面，不利于营销工作的开展。

对于商品类别变化不大的网站，其类别划分基本是固定的，偶尔出现的少量变化可以利用手工修改，而对于商品类别变化较大的网站，则需要专门的后台程序来对类别进行管理。

除上述方法外，商品分类还可以采取按照一定规则（如重要度、受欢迎程度等）分类等方式，但这种方式一般不单独使用，而是与前述方式混合使用。

4．商品排行与评论

以销售产品为主的网站通常商品类别较多，会使用户看得眼花缭乱，无法确定应选择的商品，因此，商品销售量、点击率以及其他用户的评论就成为很重要的参考资料。因此，该类网站一般要设置商品排行及评论功能，其作用除了为用户提供购买参考外，还可帮助网站分析商品的销售情况，直接影响到相关决策。

商品排行一般是利用数据库中的相关数据（包括销售量、点击率、价格、性能等），以某一方面特性或按一定模型计算得出的综合特性（如性价比、用户满意度等）对商品进行排序和显示，同时还可改变商品在页面中的显示位置以突出某些畅销商品。

商品的评论一般通过在显示商品的图片或性能数据的页面中为每一种商品分别开辟相应论坛的方式来实现。

5．电子目录管理

电子目录（Electronic Catalog）管理是商品管理的重要内容。电子目录是传统商品目录的虚拟形成，与传统目录一样，它也包含产品的文字描述和图片，以及关于促销活动、折扣、支付方式和交货方式的信息。电子目录涉及的信息较多，其功能与购物、交易、支付等功能模块密切相关，主要包括：

- 目录管理功能——辅助管理人员构建及维护商品目录框架。
- 商品信息管理——在给定的目录框架之内，完成各类商品基本信息的管理及归类。
- 购物支持——与购物车相联，为其提供商品信息。
- 交易支持——与交易功能模块及第三方软件（如税款和装运费用计算、分销处理和订单履行）相关联，当相关费用变化时，自动修改相应的价格及结算方式等。

商品的目录一般采用树状结构，每一条目录最基本的信息包括：

- ID 信息——这是目录树内部用于记录相互关系的字段。
- 目录名称——用于显示给用户的该目录的名字。
- 父目录 ID——当前目录的上一级目录的 ID。

由于涉及大量信息的从属及关联关系，目录树的建立是比较耗时的操作，因此，一般在服务器启动或商品目录发生变化后，系统可根据从属关系重新建立树状商品目录，并将其存储到 Application 中，供所有的用户使用，以提高系统的性能。

在商务网站中，为了便于用户搜索，有的商品可能会同时被归入到不同的目录类别中，因此，商品的归类信息最好不要放在基本信息中，而是单独设置一个表，如图 7-13 所示，以专门记录商品的归类情况，提高系统的灵活性。

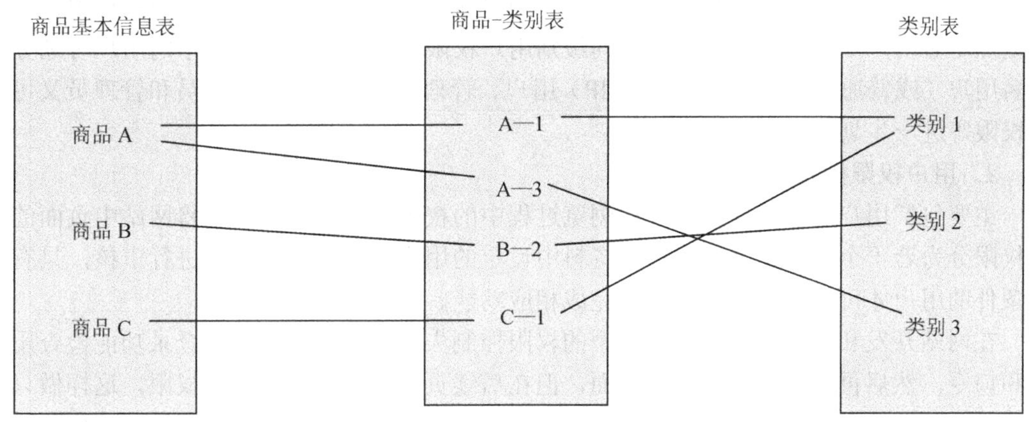

图 7-13 商品类别的管理

如果网站内的商品比较少，且类别比较固定，则可以将目录设置为固定的而不必存储到数据库中进行管理，这样可大大减少目录管理和维护系统的开发工作量。

当网站中的商品比较多时，网站应提供商品搜索功能，搜索功能应兼顾搜索结果的精确性和使用的便捷性。为保证搜索结果的精确性，商品搜索功能应提供尽可能多的搜索条件让用户选择，如图 7-14 所示。

在当前类别中进一步查询 关闭更多查询条件 查询其他类别产品 +查看全部类别

请选择品牌 笔记本类型 价格：从 到 查询 重新查询

处理器品牌 处理器系列 迅驰技术 标称主频(MHz)

标准内存容量(MB) 硬盘容量 显示屏尺寸(英寸) 屏幕比例

显卡类型 指纹识别 光驱软驱位置 重量(kg)

图 7-14 商品搜索界面示意

但是，太多的搜索条件会严重限制搜索范围，同时也会使用户在对某些条件不了解的时候无所适从。因此，每一种搜索条件最好都设置一个默认值。这样，搜索引擎只根据用户自己设置的条件构造查询语句，从而完成搜索功能。另外，搜索引擎还应该适当设置模糊搜索功能，利用 SQL 语句中的 Like 关键字构造查询语句进行搜索，以满足用户的需求。

7.5.3 用户管理

网站中用户管理主要分为用户资料和用户权限控制两大方面，其核心在于控制不同级别的用户（包括匿名用户）可以获取的信息及可以完成的操作范围。

1. 用户资料管理

主要完成用户的增加、删除和用户资料的更新等功能。在用户资料管理过程中，难点和重点是对用户级别的划分以及对不同级别用户权限的控制。一般系统中的用户可划分为匿名用户（或普通用户）、会员（或 VIP）用户、管理员 3 大类，其中会员和管理员又可按其权限等进一步划分为多个级别。

2. 用户权限控制

主要包括用户的登录管理以及在浏览过程中的权限控制。用户需要将网站中页面的访问权限分为若干个级别，并结合用户资料中设定的用户权限对访问用户进行审核，只有符合条件的用户才可能查看相应资料或完成相应功能。

在网站开发和设计过程中比较典型的权限控制失误是：首页中利用登录功能检查用户名和口令，然后再显示相应的功能页面，但在后续页面中不再检查用户权限，这样做只是想凭借首页的登录功能或登录页面来阻挡非法用户的访问。实际上，只要用户记住了相应权限的 URL，就完全可以绕开登录页面而直接进入相应功能，从而使登录页面变得毫无用处。因此，网站必须在每一次用户访问带权限控制的网页时都检查一次用户的权限。

比较常见的做法是：在用户登录后，将用户及其权限信息记录到 Session 中，每一个需要控制页面访问权限的网页都在显示前检测一下 Session 中是否有相应的权限。需要注意的是，在这种情况下，每一个需要控制权限的网页必须都是动态网页。

7.5.4　交易管理

1. 交易管理的主要功能

交易管理功能主要完成在线交易过程中涉及的购买、支付、配送等一系列功能，主要包括以下几项。

（1）购买功能

主要实现用户购买或退购商品品类、编号、数量等信息的存储，以备用户最后提交购买请求时使用，各类销售网站中常见的“购物车”就是典型的购买功能实现案例。

（2）结算功能

在用户购买过程中及提交购买请求后，根据用户所选择商品的种类、数量、价格、付货方式以及各类促销、打折、优惠券等信息，计算用户所购买商品的总价值。目前在各类电子商务网站中，本项功能通常与购买功能紧密结合，在用户购买的过程中，随时准确地计算商品总价值。

（3）支付功能

支付功能分为在线支付和线下支付两种。其中，非在线支付方式通常与物流配送功能相合，采用货到付款的方式；而在线支付通常有如下几种方式：

- 电子货币支付。网站采用会员制，由用户预先购买网站的规定的电子币，如点数、QQ 币等，再利用这些电子货币进行支付。
- 在线银行卡支付。网站利用银行提供的支付网关，可直接从用户提供的银行卡上划拨货款。目前，各大银行都提供了 B2C 交易网关功能。
- 第三方支付功能。网站与第三方支付平台签订协议，由其代理收费。如一些网站利用中国移动的收费短信进行付费。

（4）物流配送功能

主要根据用户所提供的地址、货物种类和数量以及网站物流配送系统状况等信息，统一调配物流配送资源，确定配送的方式、路线及时间，并完成配送过程的监督及评价工作。

2. 购物车

电子购物车（Electronic Shopping Cart）是一种订购处理技术，是典型的交易功能之一。顾客可以将他们要购买的东西放入车中，继续采购。有的网站甚至允许用户将购物车上的商品暂存在虚拟商店中，几天后再来确认和结账。目前，购物车已经成为电子商务的标准方法。

购物车的基本功能包括：

- 商品加入、删除、数量修改。
- 商品类别及数量的统计和浏览。
- 商品价格计算。

购物车的关键问题在于要将所记录的商品信息与特定的用户相关联，并且与其他用户的信息相区分。由于 HTTP 协议并不是面向连接的协议，本身无法记载上一次用户访问时的状态，因此，必须采用一些特定的实现技术。目前实现的方法主要有如下几种。

（1）利用 Cookie 技术

购物车建立在 Cookie 的基础上，当用户选中商品时，系统将其相关信息放到客户机的 Cookie 中记录下来，当用户进行结算、查询或修改时，即可从 Cookie 中将相应信息取出。但需要注意的是，这种方式虽然实现简单，但由于信息是存储在客户计算机上，因此当多人共用计算机时，其信息的安全性会相对较低，容易产生信息泄露等安全问题。另外，由于 Cookie 存储的信息只能是文本，因此也无法存储较复杂的商品说明等相关信息。

（2）利用 Session 技术

当用户选中商品时，系统将相关信息放到 Session 中，并随时修改更新。由于 Session 存储在服务器的内存中，因此这种方式信息安全性比较有保障。同时，Session 可以存储二进制信息，因此可以较容易地实现商品信息的结构化存储，使存取更加方便。但是由于用户一旦断开连接 Session 就会失效，因此仅靠这种方式无法实现商品的长期暂存功能。

（3）利用数据库技术

系统将用户选中的商品信息存储在数据库中，必要时可随时取出修改。这种技术的优点在于安全性好，可以长期保存，但是也存在存取效率较低的问题。尤其是在大型电子商务系统中，大量用户的购买请求会造成频繁的数据库存取操作，会严重影响网站的性能。因此，这种方式一般不单独使用，而是与前两种方法特别是第（2）种方法配合，用于实现商品的长期暂存功能。

本章小结

电子商务网站是电子商务系统的一个重要组成部分，本章主要就商务网站的分析设计进行了说明。

本章首先阐述了网站的基本概念、功能及类型等内容，并说明了网站与电子商务系统的相互关系。

本章还进一步介绍了企业信息门户网站的概念、特点及功能。

本章接下来介绍了网站设计的基本原则，并重点介绍了网站的可用性设计。

针对电子商务网站的设计过程，本章阐述了基本设计过程、网站定位、功能、结构、环境准备及费用估算等几方面的内容，可帮助读者尽快掌握网站设计的基本过程。

本章还介绍了商务网站设计中的几种功能的设计，包括信息发布、商品管理、用户管理及交易管理等。

思考题

1. 什么是电子商务网站？它和电子商务系统之间是什么关系？
2. 电子商务网站可以分为哪几种类型？都有什么特点？
3. 什么是企业信息门户？它有什么作用？其主要特点是什么？
4. 电子商务网站设计的基本要求是什么？
5. 对于电子商务网站，如何考虑其可用性？
6. 电子商务网站设计的基本过程是什么？各个环节中需要注意哪些问题？
7. 以本书中家具公司的设计为例，说明如何设计商品管理及信息发布功能。

实践环节

分别登录新浪（http://www.sina.com.cn）、阿里巴巴（http://www.alibaba.com）和戴尔（http://www.dell.com）网站，通过比较分析，谈谈这 3 类网站在内容布置上各有什么特点？并进一步分析这些网站为了提高可用性都做了哪些工作？

第 8 章　电子商务支付子系统的设计

案例 8.1——从贝壳到“e-币”

学习政治经济学时，我们知道交易过程从传统的易物交换，逐步发展为通过货币进行贸易，而早期的货币采用人们所普遍接受、自身具有一定价值的物品，比如珍贵的石头和贝壳，这样就有了“1 只羊=30 个贝壳”的交换与支付方式。

e-pub 网站（www.e-pub.com.cn）是一个提供电子图书的网站，用户在获取电子图书时，需要支付一种特殊的货币“e-币”，当我们需要某种电子图书但没有“e-币”时，可以通过邮局付款购买“e-币”，在这个例子中可以得到这样一种交换方式：“一本电子书籍=30 个 e-币”，“1 元人民币=10 个 e-币”。

从上例中可以看到，支付过程是商务交易过程中的一个重要环节。在现代社会，交易中的支付可以通过纸币、信用卡、支票等多种方式实现的时候，在电子商务环境中，这一环节却成为制约电子商务发展的瓶颈问题。

在这个例子当中，应当承认“e-币”的发行是一个有创意的想法，因为这种方式毕竟给出了一种解决虚拟空间中支付问题的办法，回避了网络支付过程中因为安全、信用等问题带来的复杂问题，而通过邮局付款的方式解决虚拟空间的“e-币”与真实社会的货币的交换问题。

回顾开篇案例，如果将这种现象放到电子商务的大环境中，就不难发现以下的问题：

① 电子支付是电子商务活动中不可或缺的手段。

② 电子支付过程是一个涉及买卖双方、银行的复杂过程，企业很难仅依靠自身的力量解决交易过程中支付问题。

③ 电子商务支付系统与电子货币、支付手段等存在密切的关系。

本章将就电子支付的形式、电子支付的协议、电子支付的过程和规范、电子支付系统的结构与设计问题进行说明。

8.1　电 子 支 付

电子支付是 Internet 发展到一定时期的必然产物，它以虚拟的形态、网络化的运行方式适应电子商务发展的需要，它是指从事电子商务交易的当事人，包括消费者、商户和金融机构，使用安全电子支付手段通过网络进行的货币支付或资金流转。它促进了金融企业结算业务与管理的创新和金融结算市场及体系的发展。电子支付的产生，能够减少各类金融结算针对同一客户的重复性劳动，拓宽金融企业结算产品功能和综合创新空间，向客户提供更加便捷和周到的服务。客户可以在家里、办公室内或者异国他乡，通过指令特定的银行进行各种金融结算，打破了一手交钱一手交货的传统交易方式。

8.1.1　电子支付的基本概念

1．电子支付的定义

电子支付的概念有很多，在不同的方面有不同的定义方式，根据定义所处的不同环境，也有微小的差别，以下是电子支付的一些定义。

考虑到电子支付的实现方式和支付手段，给出的定义是：所谓电子支付，是将传统的支付业务，利用有线、无线通信技术，延伸到个人、家庭、企业，或利用信息技术，用电子信息流支付指令代替现金支付行为，使得用户可以实现远程支付或即时支付。

考虑到电子支付的基础和实现手段，给出的定义是：电子支付是以金融电子化网络为基础，以商用电子化工具和各类交易卡为媒介，以计算机技术和通信技术为手段，以电子数据形式存储在银行的计算机系统中，并通过计算机网络系统以电子信息传递形式实现流通和支付。

考虑到电子支付的实现目的，给出的定义是：电子支付是指单位、个人通过电子终端，直接或间接向银行业金融机构发出支付指令，实现货币支付与资金转移。

较为全面和准确的电子支付的定义是：单位、个人通过电子终端，直接或间接向银行业金融机构或其他具有资金转移能力的企业发出支付指令，实现货币支付与资金转移。

2．电子支付的特点

① 电子支付是采用先进的技术通过数据流转来完成信息传输的，其各种支付方式都是采用数字化的方式进行款项支付的；而传统的支付方式则是通过现金的流转、票据的转让及银行的汇兑等物理实体的流转来完成款项支付的。

② 电子支付的工作环境是基于一个开放的系统平台（即 Internet）之中，而传统支付则是在较为封闭的系统中运作。

③ 电子支付使用的是最先进的通信手段，如 Internet、Extranet；而传统支付使用的则是传统的通信媒介。电子支付对软、硬件设施的要求很高，一般要求有联网的微机、相关的软件及其他一些配套设施；而传统支付则没有这么高的要求。

④ 电子支付具有方便、快捷、高效、经济的优势。用户只要拥有一台联网的 PC，便可足不出户，在很短的时间内完成整个支付过程。支付费用仅相当于传统支付的几十分之一，甚至几百分之一。

3．电子支付发展过程

银行采用计算机等技术进行电子支付经历了 5 个发展阶段。

第一阶段是银行利用计算机处理银行之间的业务，办理结算。

第二阶段是银行计算机与其他机构计算机之间资金的结算，如代发工资等业务。

第三阶段是利用网络终端向客户提供各项银行服务，如客户在自动柜员机（ATM）上进行取款和存款操作等。

第四阶段是利用银行销售点终端（POS）向客户提供自动的扣款服务，这是现阶段电子支付的主要方式。

第五阶段是最新发展阶段，电子支付可随时随地通过 Internet 进行直接转账结算，形成电子商务环境。这一阶段又称作电子商务支付或网上支付。

因此，一般意义上的电子支付包括前 4 个阶段，而在电子商务条件下的电子支付是单指网上支付，本书中的电子支付就是指这种网上支付。

8.1.2 电子支付的分类

电子支付按照不同的标准有不同的分类。

1. 按照采用的通信手段

根据电子支付是否采用通信手段可分为在线支付和离线支付。

在线支付根据采用的通信渠道的不同，又可以分为电话支付、Internet 支付、移动支付，离线支付根据卡的介质分为接触式和非接触式支付。

2. 按照支付模式

按照电子支付的模式来划分，目前国内主要存在 5 种电子支付模式。

（1）充值卡支付

充值卡支付就是用户通过购买各种充值卡，然后使用充值卡来进行各种不同的支付。其优势是直接、实在，用户用钱直接购买实物，用户容易接受；但弊端是卡主要通过网吧或门市销售，用户群体有限，而且渠道建设周期长、成本高。

（2）银行与邮政汇款支付

银行和邮政汇款是最早使用也是最多使用的电子支付方式。用户通过到银行或者邮政的柜台，办理相关的汇款，完成支付。

其优势是渠道成本几乎为零，任何用户均可采用，并且安全性和可靠性比较高，人们的认知和接受程度也较高；目前这种方式依然占据了很大一部分支付市场。

缺点是对最终用户极其烦琐、不便，用户需要到相应的银行或者邮政，办理一系列的相关手续，且用户不能立即使用，汇款不能马上到账，而商家对于核对汇款及用户返回支付卡也需要人力支持。

（3）网上银行

网上银行的方式就是用户通过银行网站，直接通过 Internet 在线将资金从一个账户划拨到另一个账户，完成支付的过程。根据用户采用的网上银行的不同，用户可以完成不同类型的支付功能。

其优势是快捷、方便，用户不需要出门，只要可以上网就可以完成支付。支付费用实时划扣，基本不存在坏账风险，支付成本也较为低廉。

但其最大问题是支付过程不能保证百分之百的安全，大多数银行使用网络支付需要用户到柜台办理申请手续，办理相关的手续，例如购买数字证书或相应的硬件设备。特别是广大用户对网上支付的信任程度和用户的消费习惯，导致这种方式的用户普及程度较低。

（4）第三方支付

比如淘宝的“支付宝”、慧聪的“买卖通”。作为第三方支付平台解决了银行无法解决的信用问题，这种服务消除了买卖双方的担忧，是一种得到市场认可的安全模式；但基本只限于在其自己的网站上使用，没有得到推广和普及。

（5）电话支付

这是固定电话和小灵通用户通过拨打当地声讯支付热线获得电子账号，然后凭电子账号到相应网站购买其收费产品的支付方式。其特点是普及程度高、支付快捷方便、渠道建立快，非常适合小额产品的支付（每次支付一般在 30 元以下），不足是不适合大额产品支付。

3．按照支付金额的大小

本书按照电子支付涉及的金额大小，将电子支付分为以下 3 类。

（1）基于网络的小额电子支付

基于网络的小额电子支付主要指借助计算机网络，采用电子的方式来进行支付。其中又细分为电子现金、电子支票、微支付和移动支付。虽说以上 4 种电子支付方式在有些方面可能会有一些交叉，但是在应用上这几种方式都是通过网络采用各种电子技术手段来形成支付的方式。

（2）基于信用卡的小额电子支付

另外一种电子支付方式，就是对于数额较大的一种支付，这种支付采用信用卡作为基本的介质，以信用卡作为支付的基础，采用各种不同的手段，以电子的、网络的方式来实现电子支付。本书将这种以信用卡为基础的电子支付又划分为通过 ATM 进行电子支付、通过 POS 机进行电子支付以及通过网络进行电子支付。

（3）大额电子汇兑系统

对于涉及大额资金的划转，一般通过各种专用的电子汇兑系统来完成。

8.1.3 电子支付的主要形式

在实际的电子商务应用中，一般采用的电子支付主要是可以通过网络直接进行支付的方式，主要有以下几种形式。

1．电子现金

电子现金是一种以数据形式流通的货币。它把现金数值转换成为一系列的加密序列数，通过这些序列数来表示现实中各种金额的币值，用户在开展电子现金业务的银行开设账户并在账户内存钱后，就可以在接受电子现金的商家使用。随着贸易向无纸化方向发展，电子现金在网络支付中产生了越来越大的作用。

电子现金比起传统的纸币和硬币有着明显的优点，如传统货币有较大的存储风险，昂贵的运输费用，在安全保卫及防伪造等方面投资较大。电子现金与信用卡和电子支票也不同，它不需要连接银行网络就可以使用，很方便客户，并具有不可跟踪性。

电子现金使用时与纸质现金完全类似，多用于小额支付。电子商务中的各交易方从不同的角度，对电子现金系统提出了不同的要求。一般来讲，客户要求电子现金匿名、使用方便灵活；商家要求电子现金可靠，其所接受的电子货币必须能兑换成实体货币；银行要求电子现金不能重复使用，电子介质不能被非法使用和伪造。

在电子现金系统中有一个电子现金的发行银行，即 E-Mint，它根据客户存款的数额向客户兑换等值的电子现金，所兑换的电子现金须经它数字签名。电子现金的支付过程分为以下几个步骤。

（1）购买电子现金

一种情况是客户未在 E-Mint 开户，客户为了获得电子现金，要求他的开户银行把其存款转到 E-Mint，客户的开户银行从客户的账户中划出资金向 E-Mint 转账，E-Mint 给客户发送电子现金，客户将电子现金存入其计算机中；另一种情况是客户在 E-Mint 开户，这样只需银行直接进行转账即可，即把客户资金从传统账户转到电子现金账户中。客户购买电子现金时，通常需要从网上的货币服务器（或银行）通过电子现金管理系统和应用系统完成。目前，多数电子现金系统要求买方在一家网上银行上拥有一个账户。这种要求对于全球性的多种现金交易非常严格，买方应该能够在国内获得服务，并进行国外支付，但需要建立网上银行组织并将之作为一个票据交换所。

（2）存储电子现金

使用计算机的电子现金终端软件，从电子现金银行取出一定数量的电子现金存储在本机的硬盘上。一旦账户被建立起来，买方就可以使用电子现金软件产生一个随机数，这个随机数是银行使用私钥进行数字签名的随机数，通常少于 100 美元作为货币，再把货币发回给买方。

（3）用电子现金购买商品或服务

客户得到电子现金后，就可以从同意接收电子现金的商家订货或要求获得服务。然后客户可以用商家的公钥对电子现金进行加密后，再传送给商家，即利用电子现金进行支付。商家确认电子现金的有效性之后向客户提供相应的商品或服务。

（4）资金清算

接收电子现金的卖方与电子现金发放银行之间进行清算，电子现金银行将买方购买商品的金额支付给卖方。

这时可能有两种支付方式：双方的和三方的支付方式。双方支付方式涉及买卖双方，在交易中卖方用银行的公钥检验电子现金的数字签名，如果对于支付满意，卖方就把数字货币存入它的机器，随后再通过 E-Mint 将相应面值的金额转入账户。在三方支付方式中，交易中的电子现金发给卖方，卖方迅速把它直接发给发行电子现金的银行 E-Mint；E-Mint 检验货币的有效性，并确认它没有被重复使用，然后将电子现金转入卖方账户。

（5）确认订单

卖方获得付款后，向买方发送订单确认信息。

应用电子现金进行交易的过程如图 8-1 所示。

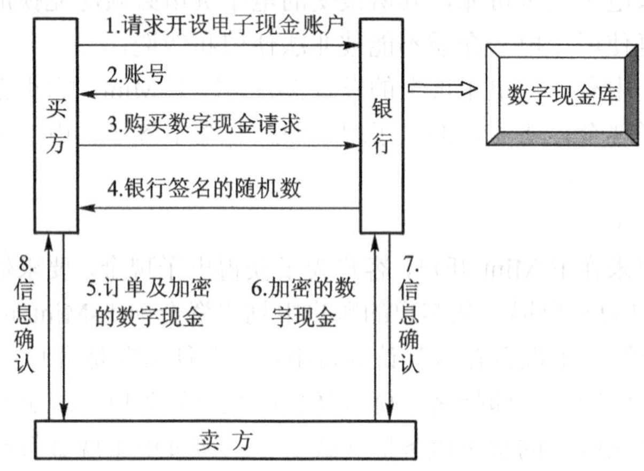

图 8-1　应用电子现金进行交易的流程图

2. 电子支票

为了使网上支付更为便捷，一些银行和技术厂商开发出另一类网上支付手段——电子支票（Electronic Check）。无论在企业内部或企业之间都可以通过 Internet 按照特定形式的电子化支票进行转账支付。这一类网上支付手段要求：客户在银行有账户，账户上有资金，这类支付手段就是通过 Internet 实现客户账户上资金的转移。

电子支票是网上银行常用的一种电子支付工具，它是一种借鉴纸质支票转移支付的优点，用数字化手段将支票改变为带有数字签名的报文或者利用数字电文代替支票全部信息，利用数字传递将钱款从一个账户转移到另一个账户的电子付款形式。

电子支票涉及 3 个实体，即购买方、销售方以及金融机构。当购买方与销售方进行完一次交易处理后，销售方要求付款，这时，购买方从金融机构那里获得唯一付款证明（相当于一张支票），这个电子形式的付款证明表示购买方账户欠金融机构钱，购买方在购买时把这个付款证明交给销售方，销售方再转交给金融机构。整个事务处理过程就像传统的支票查证过程，当它作为电子方式进行时，付款证明是一个由金融机构出示证明的电子流，更重要的是，付款证明的传递和传输，以及账户的负债和信用几乎是同时发生的。具体来讲，电子支票系统主要的各方有客户、商家、客户的开户银行、商家的开户银行、自动清算所。自动清算所可由一独立的机构或现有的一个银行系统承担，其功能是在不同的银行之间处理票据。

使用电子支票付款的时候，客户手中使用的不再是传统的支票簿，而是电子的“支票簿”。客户的电子支票簿中装有客户的私钥，电子支票簿自动生成客户的数字签名。而鉴别客户身份的真伪，则借助于认证机构的功能。

电子支票的支付流程如下。

（1）购买电子支票

买方首先必须在提供电子支票服务的银行注册，开具电子支票；注册时可能需要输入信用卡和银行账户信息，以支持开设支票。电子支票应具有银行的数字签名。

（2）电子支票付款

一旦注册，买方就可以和产品/服务出售者取得联系。买方用自己的私钥在电子支票上进行数字签名，用卖方的公钥加密电子支票，使用 E-mail 或其他传递手段向卖方进行支付；只有卖方可以收到已使用卖方公钥加密了的电子支票，用买方的公钥确认买方的数字签名后，可以向银行进一步认证电子支票，之后即可发货给买方。

（3）清算

收款人银行验证付款人签名和收款人签名，贷记（Credit）收款者账号。付款人银行验证付款人签名，并借记（Debit）付款人账号。最后，付款人银行和收款人银行通过类似自动清算所（Automated Clearing House, ACH）的网络进行清算，并对清算结果向付款人和收款人进行反馈。

用电子支票进行付款的基本过程如图 8-2 所示。

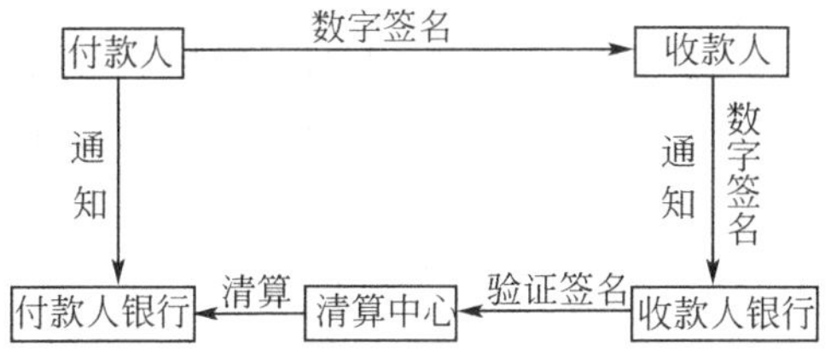

图 8-2　电子支票支付流程

① 买方首先根据要求产生一个电子支票，用自己的私钥在电子支票上进行数字签名。

② 使用卖方的公钥加密电子支票。

③ 使用 E-mail 或其他方式向卖方支付。

④ 只有卖方可以收到用卖方公钥加密的电子支票，并用自己的私钥解密。

⑤ 用买方的公钥确认买方的数字签名，背书（Endorse）支票，写出一张存款单（Deposit），并签署该存款单。

⑥ 向银行进一步确认电子支票。

⑦ 卖方发货给买方。

值得注意的是，电子支票的数字签名都要被验证，而实际的纸质支票很少验证手写签名。

3. 微支付

随着网络和信息技术的发展，信息产品如网上新闻、网上证券、信息查询、资料检索和小额软件下载等的销售越来越得到人们的关注。信息产品本身的特点决定其收取的费用一般都非常少，如查看一条新闻收费 0.01 元等。这种支付机制有着特殊的系统要求，在满足一定安全性的前提下，要求有尽量少的信息传输、较低的管理和存储需求，即速度和效率要求比较高。这种支付形式称为微支付或小额支付。

"微支付（Micropayment）"的特征是能够处理任意小量的钱，适合于 Internet 上"不可触摸（Non-tangible）商品"的销售。一方面，微支付要求商品的发送与支付几乎同时发生在 Internet 上；另一方面，商品销售、处理与运输的"瓶颈"为保持成本低廉设置了障碍。为保持每个交易的发送速度与低成本，目前有很多厂商正在致力于发展新的协议，以支持 SET 和 SSL 所不能支持的微支付方式，其中之一是微支付传输协议（MicroPayment Transport Protocol, MPTP），该协议是由 IETF 制定的工作草案。

微支付同其他电子支付系统相比，具有交易额小、安全性低、效率高、应用范围特殊等特点。

通用的微支付模型如图 8-3 所示，其中虚线表示离线方式。微支付模型一般涉及 C（Consumer，顾客）、B（Broker，代理）和 M（Merchant，商家）三方。顾客是使用微电子货币购买商品的主体；商家为用户提供商品并接收支付；代理是作为可信第三方存在的，用于为顾客和商家维护账号、通过证书或其他方式认证顾客和商家的身份、进行货币销售和清算，并解决可能引起的争端，它可以是中介机构，也可以是银行等。

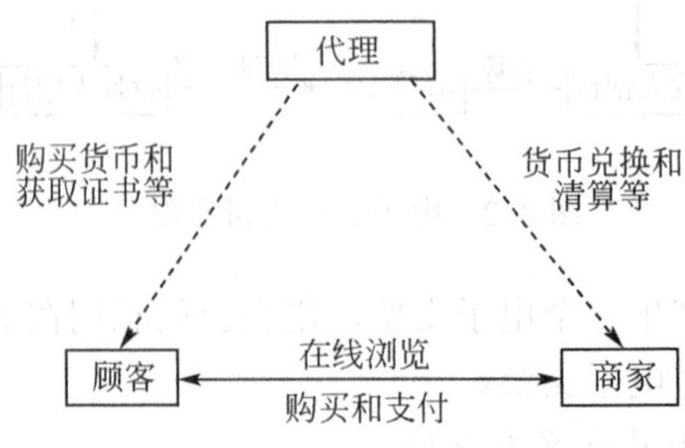

图 8-3 典型的微支付模型

根据不同的支付类型，微支付中的货币可以由票据（Scirp）或 Hash 链等组成，可以由商家产生，也可以由代理（一般代理商家）和顾客产生。由商家或代理产生的微电子货币一般与特定的商家有关，如 Millicent 和 SubScrip 等；代理作为可信机构，也可以独立产生电子货币，它一般与特定的商家类型无关，如 MicroMint 等；顾客也可以根据代理的授权（如通过颁发证书）来独立制造货币，它一般是基于 Hash 链形式的，可以与特定的商家有关，也可以无关，并具有灵活的扩展形式，如 PayWord 和 Paytree 等。

在进行支付之前，顾客一般通过离线方式获取微电子货币或交易中使用的数字证书。在一般情况下，顾客和代理之间可以通过宏支付或其他方式建立联系，以在代理处建立账号。顾客通过在线方式同商家进行联系，浏览选择商品和进行支付。商家一般可以在本地验证电子货币的真伪，但一般不能判断顾客是否在重复消费（除非对特定商家的货币）。每隔一定的时间，如一天或一周等，商家会把顾客支付的微电子钱币提交给代理进行兑现；代理可以对电子货币进行验证，以防止商家的欺骗和顾客的重复消费，这个步骤一般通过离线方式完成。另外，还有其他的微支付模型，如μ－iKP 和 LITESET，它们建立在宏支付的基础之上，利用宏支付协议和消息来完成微支付过程。有些微支付机制（如 SubScrip）更简单，甚至不需要代理的参与，交易中只涉及顾客和商家。

4．基于支付协议的卡基支付

在实际的电子商务应用中，最为常见的电子支付方式是基于信用卡或者借记卡的支付方式，一般称为卡基支付方式。就是利用现实中的信用卡，将网络中虚拟的购物者和实际账户的付款者联系在一起，达到通过网络进行支付的目的。

商家通过网络得到消费者的信用卡号码和支付的密码，然后商家通过其他支付系统和银行的业务系统进行连接，完成支付。

基于信用卡的支付方式是采用最多的电子支付方式，这种支付方式的最大特点就是利用信用卡完成支付。在应用的过程中，信用卡的安全问题是必须要解决的问题。目前这种方式的卡基支付主要采用两种主要的支付协议，以此来保证信用卡的安全使用。

一种方式是 SSL 协议，另外一种方式是采用 SET 协议。这两种协议各有其优缺点，SSL 协议相对简单，实施容易，但是对用户信用卡的保护方面较差，由于其实施成本的优势，使其成为目前使用最多的电子支付协议。SET 协议相对复杂，需要数字证书的支持，实施需要多方的配合，实施成本较高，但是 SET 协议保证了持卡人和商家的各自利益（即商家看不到持卡人的重要信息，银行看不到交易的信息），并且提供了对信用卡的更强的安全保护，是未来最有发展前途的电子支付协议。

8.2　电子支付协议

8.2.1　电子支付协议的概念

所谓电子支付协议，是指约束电子商务交易双方支付过程及行为的标准、规范的集合。

简而言之，电子支付协议就是参与支付的各个实体（例如买卖方、网络银行等）的行为准则。

目前，对电子商务支付协议的分类还没有完全一致的标准。

基本上可以按照交易时中介机构（网络银行）是否参与，把支付协议划分为三方支付协议（如 SET）和两方支付协议（如 SSL 和电子现金）。

8.2.2　SSL 协议

1．SSL 协议概述

SSL（Secure Sockets Layer，安全套接字层）协议最先是由著名的 Netscape 公司开发的，现在被广泛用于 Internet 上的身份认证以及 Web 服务器和用户端浏览器之间的数据安全通信。

制定 SSL 协议的宗旨是为通信双方提供安全可靠的通信协议服务，协议包括两个层次：其较低的 SSL 记录层协议位于传输协议 TCP/IP 之上。SSL 记录协议用来对其上层的协议进行封装。握手协议就在这些被封装的上层协议之中，它允许客户端与服务器彼此认证对方；并且在应用协议发出或收到第一个数据之前协商加密算法和加密密钥。这样做的原因就是保证应用协议的独立性，使低级协议对高级协议是透明的。

利用 SSL 协议进行电子支付实际上是对传统邮购原理改进后在 Internet 上的实现，其中消费者在支付时先汇款到商家，商家再把商品邮寄给消费者。利用 SSL 作为安全会话，保护和防止 Internet 上的其他用户获取信用卡账号。

SSL 提供了两台机器间的安全连接。支付系统通过在 SSL 连接上传输信用卡卡号的方式来构建，在线银行和其他金融系统也常常构建在 SSL 之上。大部分 Web 浏览器和 Web 服务器都内置了 SSL 协议，比较容易应用。SSL 协议建立在可靠的传输层协议（如 TCP）之上，与应用层协议无关。它在应用层协议通信之前就已经完成加密算法、通信密钥的协商以及服务器认证工作。高层的应用层协议（如 HTTP、FTP、TELNET 等）可以透明地建立于 SSL 协议之上。应用层协议所传送的数据都会被加密，从而保证通信的私密性。

2．SSL 协议工作原理

SSL 的工作原理是：当一个使用者在 Web 上用浏览器漫游时，浏览器利用 HTTP 协议与 Web 服务器沟通。例如，浏览器发出一个 HTTP GET 命令给服务器，想下载一个首页的 HTML 档案，而服务器会以传送档案的内容给浏览器来响应。GET 这个命令的文字和 HTML 档案的文字会通过会话层（Socket）的连接来传送。Socket 使两台远程的计算机能利用 Internet 来通话。通过 SSL，资料在传送出去之前就自动被加密了，它会在接收端被解密。对没有解密钥的人来说，其中的资料是无法阅读的。

3．SSL 协议规范

SSL 协议主要由握手协议和记录层协议所组成。SSL 记录层协议限定了所有发送和接收数据的打包，它提供了通信、身份认证功能，它是在面向连接的可靠传输协议，如 TCP/IP 上提供安全保护。

在 SSL 中，所有数据都被封装在记录中。一个记录由两部分组成：记录头和非零长度的数据。记录头可以是 2 字节或 3 字节（当有填充数据时使用）。SSL 握手层协议的报文要求必须放在一个 SSL 记录层的记录中，但应用层协议的报文允许占用多个 SSL 记录来传送。

SSL 中的握手协议，是在客户机和服务器之间交换消息强化安全性的协议，一般由 6 个阶段组成。

（1）接通阶段

该阶段对保密和认证算法达成协议，并发现以前会话中已有的任何 ID。从客户机向服务器发送 CLIENT-HELLO 消息，其中包括客户机可以处理的加密方案类型、以前会话中断保留下来的会话 ID 以及向服务器提出询问用的用户随机数。

服务器向客户机发出 SERVER-HELLO，如果服务器识别出以前的会话 ID，则会话要重新开始；如果是一次新的会话，则服务器向客户机送一个 X.509 证书，证书包括服务器的公钥，并用证书发行机构——认证中心（Certificate Authority, CA）的私钥签署。客户机以 CA 的公钥解密出服务器的公钥，然后用它解读服务器的证书。此阶段交换的消息为 CLIENT-HELLO 和 SERVER-HELLO。

（2）密钥交换阶段

在该阶段，客户机和服务器之间交换建立主密钥。SSL V3 支持 3 种密钥交换，即 RSA、Diffie-Hellman 和 Fortezza-KEA，利用服务器的公钥来实现。此阶段交换的消息为 CLIENT-MASTER-KEY 和 CLIENT-DH-KEY。

（3）会话密钥生成阶段

该阶段客户机送出 CLIENT-SESSION-KEY，并和服务器建立一个或两个会话密钥。此阶段交换的消息为 CLIENT-SESSION-KEY。会话密钥是从客户机选择的数据中推导出来的，该数据用服务器的公钥加密。

在每个 SSL 会话（其中客户机和服务器都被证实身份）中，要求服务器完成一次使用服务器私钥的操作和一次使用客户机公钥的操作。由于实际上目前所有的系统都使用 RSA 加密算法，每次操作都需要完成模数算法下的指数运算，通常，选择的公开指数为小数以减少要做的工作。因此，一次 SSL 会话只要一次硬的加密运算。

（4）服务器证实阶段

仅当采用 RSA 密钥交换算法时才执行此步骤，它证实主密钥和相继由服务器得到的会话密钥。一旦收到了主密钥和相继来自客户机的会话密钥，服务器就用其私钥解密出密钥，然后服务器向客户机送出认可信息，以响应客户机在 CLIENT-HELLO 消息中送给它的随机询问。客户机解密对随机询问的响应，如果都符合，则在客户机和服务器之间建立了可信赖的会话，此阶段交换的消息为 SERVER-VERIFY。

（5）客户机认证阶段

若要求客户机认证，则服务器要求客户机的证书，客户机以 CLIENT-CERTIFICATE 进行响应，早期版本的 SSL 只支持 X.509 证书，此阶段交换的消息为 REQUEST-CERTIFICATE 和 CLIENT-CERTIFICATE。

（6）结束阶段

此阶段客户机服务器交换各自的结束消息，客户机通过送会话 ID 作为加密文本表示完成了认证，服务器送出消息 SERVER-FINISHED，其中包括以主密钥加密会话 ID，这样在客户机与服务器之间就建立了可信赖的会话。此阶段交换的消息为 CLIENT-FINISHED 和 SERVER-FINISHED。

在接下来的通信中，SSL 采用该密钥来保证数据的保密性和完整性。这就是 SSL 提供的安全连接。这时客户需要确认订购并输入信用卡号码。SSL 保证信用卡号码以及其他信息只会被此公司获取。客户还可以打印屏幕上显示的已经被授权的订单，这样就可以得到这次交易的书面证据。大多数在线商店在得到客户的信用卡号码后出示收到的凭据，这是客户已付款的有效证据。至此，一个完整的 SSL 交易过程结束。

但是，SSL 提供的保密连接有很大的漏洞。SSL 除了传输过程以外不能提供任何安全保证，SSL 并不能使交易一方确信此时公司所接收的信用卡支付是得到授权的。在 Internet 上，经常会出现一些陌生的店铺，正因如此，网上商店发生欺诈行为的可能性要比街头店铺大得多。进一步说，即使是一个诚实的网上商店，在收到客户的信用卡号码后如果没有采用好的方法保证其安全性，那么信用卡号也很容易被黑客通过商家服务器窃取。

8.2.3　SET 协议

1．SET 协议基本概念

安全电子交易协议（Secure Electronic Transaction，SET）是由 Visa 和 Master Card 所开发的，是为了在 Internet 上进行在线交易时，保证信用卡支付的安全而设计开发的一个开放的规范。由于得到了 IBM、HP、Netscape、VeriSign 等很多大公司的支持，它已经成为事实上的工业标准，目前它已通过 IETE 标准的认可。

SET 提供了消费者、商家和银行之间的认证，确保了网上交易数据的保密性、数据的完整性以及交易的不可否认性。特别是能保证不将消费者的银行卡号暴露给商家，不将消费者的购物内容暴露给银行等优点，SET 在一些国家得到了很好的应用。

2．SET 协议加密和解密流程

SET 协议的应用分为加密流程和解密流程两个部分。

（1）加密流程

如图 8-4 所示为发送方的加密流程。发送方在发送前必须自己先取得数字证书，还必须先得到接收方的数字证书，才能正式进行通信。

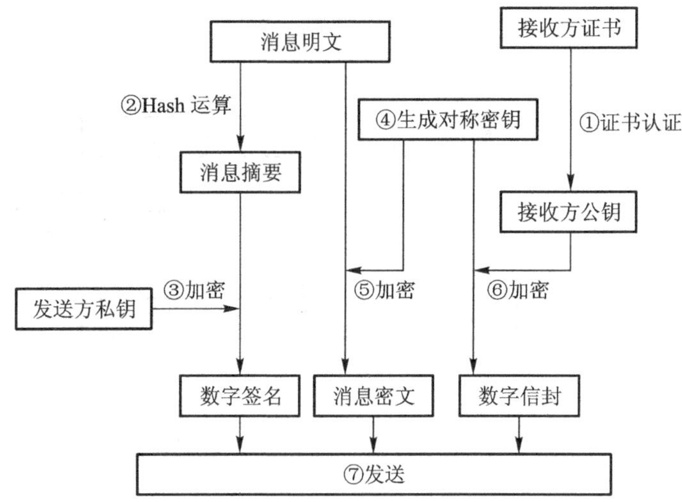

图 8-4 发送方加密流程

发送流程如下：

① 对接收方的数字证书进行认证。

② 对要发送的消息明文进行 Hash 运算，生成消息摘要。

③ 用发送方私钥对消息摘要加密，生成数字签名。

④ 随机生成对称密钥。

⑤ 用对称密钥对消息明文进行加密，生成消息密文。

⑥ 用接收方的公钥对对称密钥加密，得到数字信封。

⑦ 将消息密文、数字签名、数字信封及发送方数字证书发送给接收方。

（2）解密流程

如图 8-5 所示为接收方的解密流程。

接收方按下列步骤对所接收到的消息进行解密以及检验。

① 接收方接收到发送方发送来的消息。

② 对发送方的数字证书进行认证。

③ 用接收方的私钥对数字信封解封，得到对称密钥。

④ 用对称密钥对消息密文解密，得到消息明文。

⑤ 用发送方的公钥对数字签名解密，得到消息摘要。

⑥ 对消息明文进行 Hash 运算，得到重新计算的消息摘要。

⑦ 比较两个消息摘要，确认消息的完整性。

⑧ 如果两个摘要相同，说明消息是相应方发送的，并且在传输中没有被篡改，那么保存消息明文。

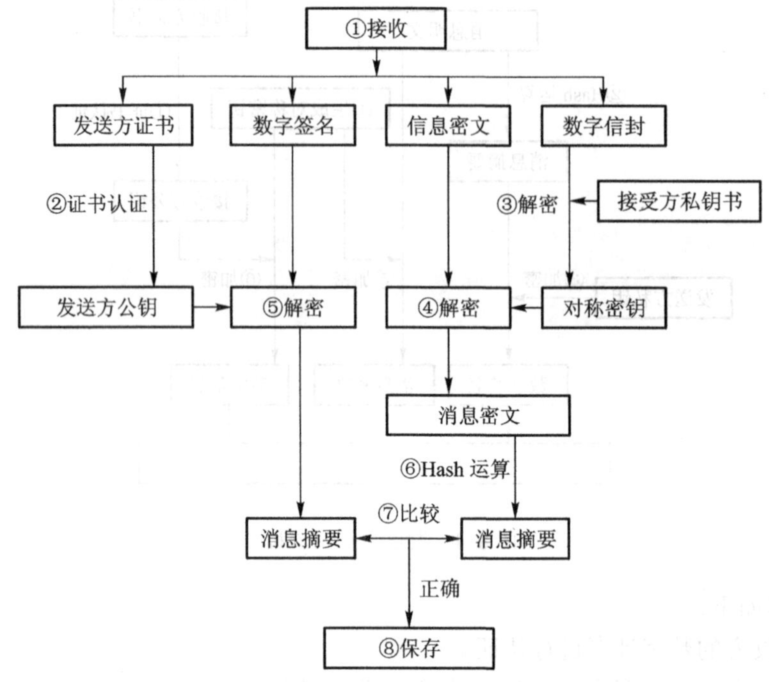

图 8-5　接受方解密流程

3．SET 协议的电子商务环境

SET 改变了一个支付系统的交互方式，在一个面对面零售方式或邮购交易中，电子处理开始于商家或收单行，但是在 SET 交易中，电子处理开始于持卡者。

（1）持卡者（Card Holder）

在电子商务环境中，消费者和团体购买者通过计算机与商家进行交互，持卡者使用一个发卡行发行的支付卡。

（2）发卡行（Issuer）

发卡行是一个金融机构，为持卡者建立一个账户并发行支付卡，发卡行保证对经过授权的交易进行付款。

（3）商家（Merchant）

商家提供商品和服务，在 SET 中，商家与持卡者可以进行安全的电子交易，一个商家必须与相关的收单行达成协议，保证可以接收支付卡付款。

（4）收单行（Acquirer）

收单行是一个金融机构，为商家建立一个账户并处理支付卡授权和支付。

（5）支付网关（Payment Gateway）

支付网关是一个由收单行操作的设备，或者是指定的第三方，用于处理支付卡授权和支付。

（6）品牌（Brand）

根据市场需要，金融机构建立不同的支付卡品牌，每种支付卡品牌有不同的政策（包括消费方式等），支付卡品牌将确定发卡行、收单行与持卡者和商家之间的关系。

（7）第三方（Third Party）

发卡行和收单行有时指定第三方来处理支付卡交易，在 SET 协议中没有区分金融机构和交易处理者，认为是一家。

SET 购物的网上应用是电子商务 B2C 模式，是一种卡基支付业务，即基于银行卡（信用卡和借记卡）为支付工具的电子商务。SET 电子商务系统主要由持卡人的客户端系统、商家和虚拟商城系统、银行方面的支付网关系统以及发卡行的传统银行信用卡业务系统组成，如图 8-6 所示。

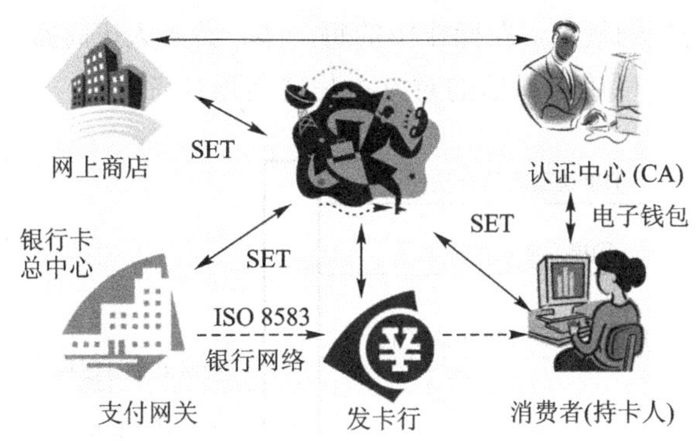

图 8-6　SET 电子商务环境

图 8-6 中的虚线部分是 CA 认证系统，CA 系统向持卡人、商家及支付网关的注册发放数字证书，以便在交易时实现网上身份认证。

4. SET 协议购物流程

下面以一个完整的购物流程为例来介绍 SET 是如何操作的。

① 持卡人使用浏览器，在商家的 Web 主页上查看在线商品目录，浏览商品信息。

② 持卡人选择要购买的商品。

③ 持卡人填写订单，包括项目列表、价格、总价、运费、搬运费和税费。订单通过电子化方式从商家传过来，或由持卡人的电子购物钱包建立。有的在线商店可以让持卡人与商家协商商品的价格，例如出示自己是老客户的证明，或给出竞争对手的价格信息。

④ 持卡人选择付款方式，此时 SET 开始介入。

⑤ 持卡人发送给商家一个完整的订单及要求付款的指令。在 SET 协议中，订单和付款指令由持卡人进行数字签名。同时利用双重签名技术保证商家看不到持卡人的账号信息。

⑥ 商家接受订单后，向持卡人的金融机构请求支付认可。通过支付网关到银行，再得到发卡机构确认，批准交易，然后返回确认信息给商家。

⑦ 商家发送订单确认信息给顾客，顾客端软件记录交易日志，以备将来查询。

⑧ 商家给顾客装运货物，或完成订购服务。到此为止，一个购买过程已经结束。商家可以立即请求银行将钱从购物者的账号转移到商家账号，也可以等到某一时间，请求成批划账处理。

⑨ 商家从持卡人的金融机构请求支付，在认证操作和支付操作中间一般会有一个时间间隔，如在每天下班前请求银行结一天的账。

图 8-7 给出了 SET 协议的流程示意图。其中第①步至第③步与 SET 无关，从第④步起，SET 开始介入，直至第⑧步。在处理过程中，通信协议、请求信息的格式、数据类型的定义等，SET 都有明确的规定。在操作中的每一步，持卡人、商家、支付网关都通过 CA 来验证通信主体的身份，以确保通信的对方不是冒名顶替者。

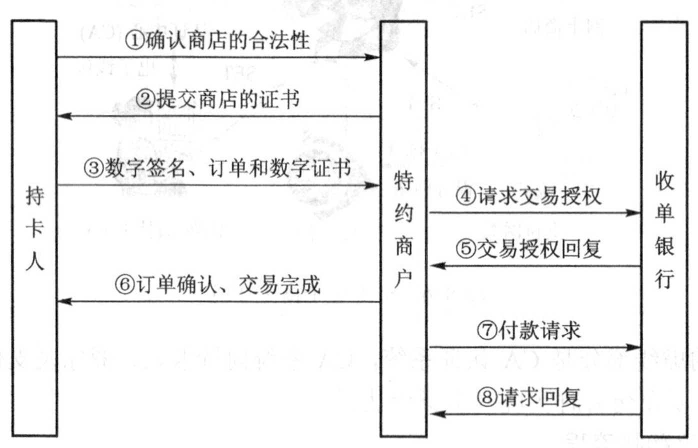

图 8-7　SET 协议流程图

可以看到，在使用 SET 协议进行交易的过程中，CA 扮演了系统中很重要的角色。SET 标准的重点在于交易安全及隐秘性，其中，证书为其核心，SET 提供了简便的方法来确保进行电子交易的人们能够互相信任。

8.2.4　SET 与 SSL 协议比较

支付系统是电子商务的关键，但支持支付系统的关键技术的未来走向尚未确定。安全套接层（SSL）协议和安全电子交易（SET）协议是两种重要的通信协议，每一种都提供了通过 Internet 进行支付的手段。

SSL 提供了两台机器间的安全连接。支付系统经常通过在 SSL 连接上传输信用卡卡号的方式来构建，在线银行和其他金融系统也常常构建在 SSL 之上。一个 SSL 会话相当于在电话线上加一个干扰器，当数据到达商家 Web 服务器时，解密所有数据，不管其是否用安全格式保存。采用 SSL，购买者将面临以下风险。

- 购买者无法保证商家能够对他们的信用卡信息保密。
- 无法保证商家是该支付卡的特约商户。

商家在一个在线交易中同样要冒风险，如同进行邮件和电话订购交易一样，因为商家无法保证购买者就是该信用卡的合法拥有者。另外，因为 SSL 加密所有信息，显示复杂页面是很慢的，所以采用 SSL 保护的站点经常使用最少的图形。SSL 被广泛应用的原因在于它被大部分 Web 浏览器和 Web 服务器所内置，比较容易投入应用。

SET 是一种基于信息流的协议，它主要由 MasterCard 和 Visa 以及其他一些业界主流厂商设计发布，用来保证公共网络上银行卡支付交易的安全性。SET 是一个非常复杂的协议，因为它详尽而准确地反映了卡交易各方之间存在的各种关系。SET 还定义了加密信息的格式和完成一笔卡支付交易过程中各方传输信息的规则。事实上，SET 远远不止是一个技术方面的协议，它还说明了每一方所持有的数字证书的合法含义、希望得到的数字证书、响应信息的各方应有的动作以及与一笔交易紧密相关的责任分担。

SET 协议的缺陷在于要求在银行网络、商家服务器、顾客的 PC 上安装相应的软件。这给顾客、商家和银行增加了许多附加费用，这成了 SET 被广泛接受的障碍。另外，SET 还要求必须向各方发放证书，这也成为障碍之一。所有这些使得使用 SET 要比使用 SSL 昂贵得多。

SET 的一个优点在于：它可以用在系统的一部分或者全部。例如，一些商家正在考虑在与银行连接中使用 SET，而与顾客连接时仍然使用 SSL。这种方案既回避了在顾客机器上安装电子钱包软件，同时又获得了 SET 提供的很多优点。绝大多数 SET 软件提供商在其产品中都提供灵活构筑系统的手段。

在性能上来说，对于电子商务服务器端，加密硬件设备可以保证 SET 和 SSL 很容易地提高至足够快的速度；从顾客观点讲，今天的 PC 的速度对处理 SET 和 SSL 的密码是足够的，因此在性能上，SET 和 SSL 相比相差不多。

不管使用什么协议，密码处理都要求强大的计算能力，要提供足够冗余计算能力的服务器意味着要求较昂贵的价格。随着计算机硬件按照摩尔定理的规律发展，硬件价格在降低而性能却在成倍提高，SET 和 SSL 的服务器硬件价格将差别不大。SET 和 SSL 都要增加计算机系统的负载，SSL 要求的负载较小，但是不能消除安全危险，SET 要求较高的处理能力，但是可提供相对安全的交易。

8.3 电子支付与认证

8.3.1 认证机构的概念

认证机构是 PKI 的核心组成部分，一般简称为 CA，在业界通常称为认证中心。它是数字证书的签发机构。在公钥体制环境中，必须有一个可信的机构来对任何一个主体的公钥进行公证，证明主体的身份以及它与公钥的匹配关系。CA 正是这样的机构。

8.3.2 认证机构的系统结构

作为 PKI 的 CA 系统分两大类：一是 SET CA 系统；二是 Non-SET CA 系统。

一般 PKI/CA 系统都为层次结构，PKI Non-SET CA 的参考模型为三层结构。

第一层为根 CA，即 Root CA，简称 RCA。第二层 CA 为政策性 CA，即 Policy CA，简称 PCA。第三层为终端用户 CA，也称运营 CA（Operation CA），简称 OCA。PKI Non-SET CA 的总体结构如图 8-8 所示。

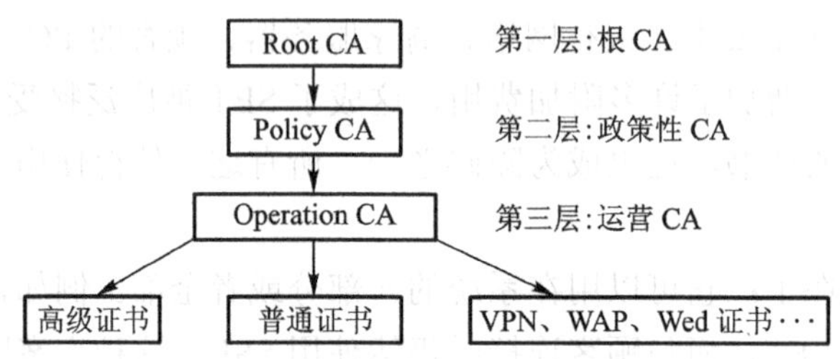

图 8-8　Non-SET CA 系统结构图

PKI SETCA 也为层次结构。在此，我们给出的 SET CA 为三层总体结构。

第一层为根 CA，简称 RCA。第二层 CA 称品牌 CA，即 Brand CA，简称 BCA。为各个商业银行所发放的不同信用卡品牌发放证书。第三层 CA 为终端用户 CA（End user CA），简称 ECA，为 SET 电子商务参与各实体颁发证书，即为支付网关、商家及持卡人签发证书，签发这 3 种证书的对应 CA 为 PCA、MCA 及 CCA。

PKI SET CA 的总体结构如图 8-9 所示。

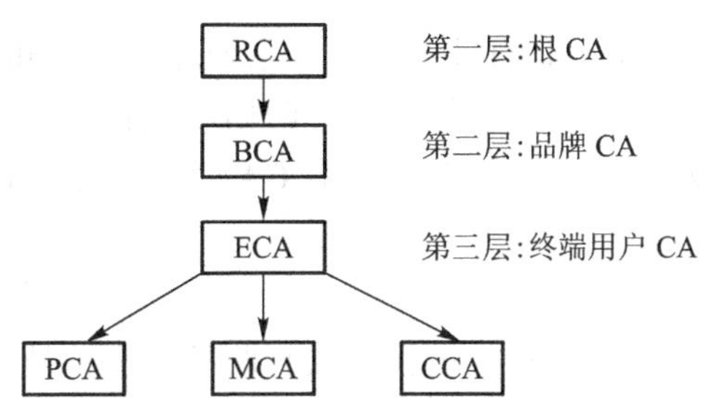

图 8-9 SET CA 系统结构图

8.3.3 认证机构的主要功能

认证中心的核心功能是负责对数字证书的发放和管理，主要包括如下功能。

1．证书的申请

电子证书的申请，分为个人普通证书的申请、Web 证书的申请、企业高级证书的申请及 SET 证书的申请。证书的申请也称注册。

证书的申请方式有离线申请方式和在线申请方式。所谓离线申请方式即面对面申请方式，用户（包括个人用户及商户）到商业银行的受理点 LRA 及证书注册审批机构 RA 进行书面申请，填写按一定标准制定的表格并同时提供有关的证件。在线申请方式，即用户连接上 Internet 网，通过自己的浏览器，到银行的主页服务器上下载标准表格，按内容提示进行填表申请。

2．证书的审批

用户提交的证书申请表需经审查人员进行核查。方法有在线审核方式和离线审核方式两种。

在线审核方式即将人工录入的用户申请信息与银行原有的客户信息数据库系统进行自动审查核对，RA 的审核系统与银行的客户信息系统在线连接起来，使用一个专用的应用程序对申请证书的客户资信程序进行审查，确定接受签发或拒绝签发证书。

离线审核方式即对手工录入的用户申请信息进行人工审查，审批人员调用客户在银行的有关信息，进行资格和信用度的审核，审批人员有权决定同意或拒绝客户的证书申请。

3．证书的颁发

证书的发放分为两种方式：一是离线方式发放，即面对面发放；二是在线方式发放，即通过 Internet 网使用 LDAP，在 X.500 目录服务器上下载证书。

4．证书的归档及撤销

CA 所发证书要定期归档，以备查询。除用于用户的签名密钥外，对证书所有数据信息，都要进行归档处理。

CA 使用符合 LDAP X.500 标准的目录服务器系统存储证书和证书的撤销列表。目录和数据库备份，可以根据组织机构的安全策略执行归档，最长时间可达 7 年保存期。数据库还保存审计和安全记录。对于用户密钥对，金融 CA 是通过专用程序自动存储和管理密钥历史及密钥备份。

5. 证书的更新

用户证书过期后，可以申请更新。更新方式有两种：一种是执行人工密钥更新，一种是实现自动密钥更新。

人工密钥更新，即用户证书过期时，可到受理点向注册中心提出更新，注册中心可以通过提供新的参考号和授权码，来更新用户的证书。自动密钥更新，即 PKI 系统采取对管理员和用户透明的方式进行，它提供全面的密钥和证书及生命周期的管理。系统对快要过期的证书进行自动更新，不需要管理员和用户干预。当密钥对接近过期时，系统将生成新的密钥对。PKI 系统根据管理员制定的安全政策，自动更新密钥和证书时，不会产生成本费用，也不会中断最终用户的操作。在证书有效期接近结束时登录系统，PKI 将自动更新密钥和证书，该过程是自动发生的，而且对最终用户是透明的。

6. 密钥的备份与恢复

PKI 中一个很重要的内容就是密钥的备份与恢复。密钥的备份分为 CA 自身密钥与用户的密钥备份与恢复。

CA 根密钥与运营 CA 的密钥的产生是由根密钥加密机（硬件加密模块）产生的，因此密钥备份由加密机系统管理员启动加密机管理程序执行，恢复密钥时，必须由各密钥备份持有人员分别插入各自保管的 IC 卡，并输入相应口令才能恢复根密钥。

对于用户的密钥，在 CA 签发用户证书时，即可做用户密钥备份。一般是将用户密钥存放在 CA 的资料库中。若用户密钥丢失或其他原因，用户不愿意撤销原密钥，希望能对原密钥进行恢复，就可以根据密钥对历史存档进行恢复。

7. 证书废止列表（CRL）的管理

证书可能由于密钥泄密、密钥的从属变更、密钥的终止以及 CA 本身原因使得证书作废。

对于这些作废的证书，CA 采用 CRL 进行管理，系统提供成熟的、易于使用的、标准的证书列表作废系统。在此系统中，证书作废是自动完成的，并且对用户是透明的。在 PKI 中，CRL 是通过 LDAP 目录服务系统进行发布的。CRL 并不存放作废证书的全部内容，而只存放作废证书的序列号（Serial Number），以便提高检索速度。

8.3.4　认证机构的网络结构

为保证 CA 的安全，CA 的网络结构分为内部网段与外部网段两大部分。外部网段为证书的发布、CRL 的发布与查询，其主机与 Internet 网络连接；所有内部业务操作数据不与 Internet 连接，如证书申请与产生、数据备份等为内部网段。内部网段为企业内部的帧中继网，其中包括二级 CA 向根 CA 传送已签发的证书和 CRL，通过根 CA 的 WWW 服务器进行信息发布；三级 CA 向根 CA 实时传送已签发的证书、用户信息和 CRL 作为备份数据；各级 RA 向三级 CA 传送证书申请人信息、证书签发请求、证书作废请求。根 CA 的系统备份服务器实时向异地备份中心传送备份数据。作为一个模型 CA 的网络总体方案如图 8-10 所示。

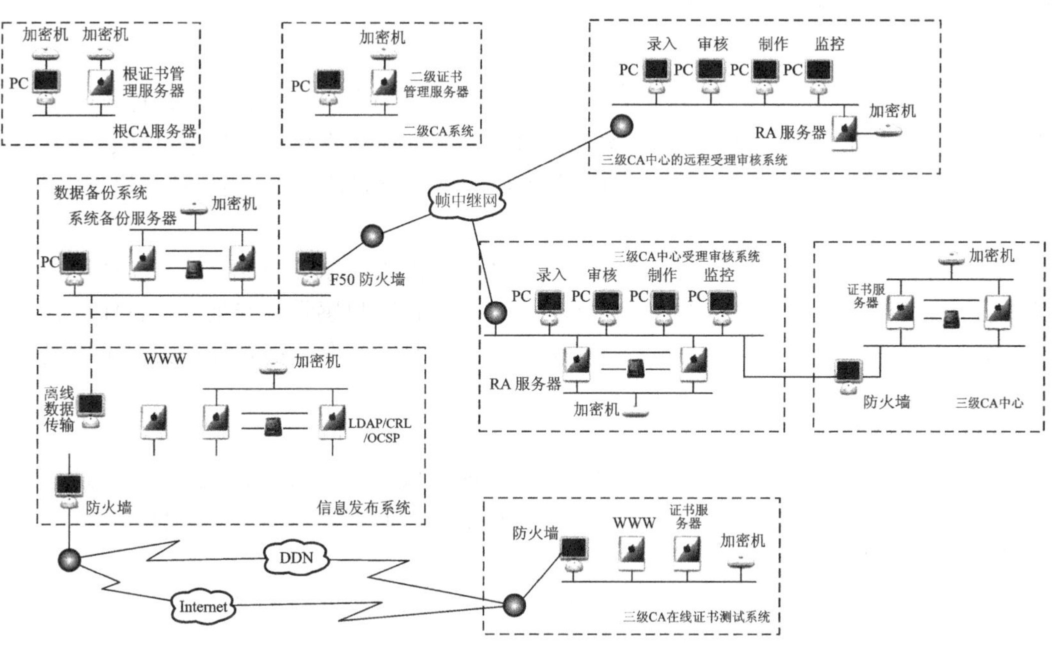

图 8-10 认证中心网络结构图

8.3.5 认证机构的互通

不同 CA 之间的互通即互操作，指不同的 PKI 域 Non-SET CA 之间的交叉认证以及 SET 和 Non-SET CA 之间的交叉认证。

不同的 PKI Non-SET CA 域之间可以实现互通，即可以进行交叉认证。这在很大程度上不取决于技术实现，而取决于政策上的因素。如一个金融行业的 CA，是否能与其他行业，如电信行业的 CA 互通，这取决于国家的政策。互通的方式有互相承认、桥接方式和交叉认证几种。

SET CA 之间的互通有互相承认、交叉认证和互相代理几种。

SET CA 与 Non-SET CA 它们之间虽然不是一个体系，但是它们都基于 PKI 机制，可以实现交叉认证与相互承认。Non-SET CA 可以通过为 SET CA 发放交叉认证证书的方式，实现对 SET CA 的单向互通，即单向交叉认证。SET CA 与 Non-SET CA 之间还可以通过应用系统实现相互承认对方根证书的方式，实现二者之间的互通。

8.4　电子支付系统

8.4.1　电子支付系统的建设

1. 建设原则

对于一个电子商务网站来说，为了加速资金流动，提高客户服务水平，提供网上支付是十分重要的，在进行整个电子商务系统的分析和设计时，支付系统是不可回避的方面。由于支付系统和客户的钱直接相关。因此在进行支付系统的设计时，需要遵循以下的原则。

（1）系统的安全性

采用何种技术来实现支付，安全是首先要考虑的因素。系统的安全性主要体现在两个方面：一方面是对客户的安全性，即采用的技术能否让客户感觉到安全，能否保证客户的资金安全；另外一个方面是对于电子商务公司来说，是否安全，能否保证公司可以确实得到客户的资金。

（2）系统的简洁性

网上支付本身就是一个对广大客户相对陌生的领域，如果系统的使用十分烦琐，需要很多的限制，可能客户就会采用其他方式来进行支付，而不采用网上支付的方式。

（3）系统的经济性

从目前中国电子商务发展和整个社会经济发展的水平来看，客户还没有充分准备好接受网上支付高额的手续费。因此，一个可以良好运行的支付系统，一定要具备很好的经济性。这经济性包括两个方面：一方面对于客户来说，尽量减少甚至免除网上支付产生的额外费用（如手续费等）；另外一方面，对电子商务公司来说，网上支付产生的费用越少越好，这样才能节省公司的运行成本。

（4）系统的多样性

多样性主要指可以采用多种方式来完成支付，如果采用网上银行，应该可以支持多个银行，而不应该只能支持特定的一家或两家。还可以采用其他方式来完成支付，如采用电话银行、采用预付费等方式。

2. 支付子系统的主要功能

对于一个电子商务网站来说，支付系统是客户最后完成整个交易的部分，是交易能否达成、货款能否收到的保证。在进行支付系统设计时，主要分为两个方面的内容。

第一是针对客户的支付系统设计。客户在电子商务网站进行货品的挑选，完成选择之后，就要进入支付处理。这时支付系统要提供以下功能。

（1）支付方式的选择

在客户单击付款按钮之后，应该首先给客户进行选择的权力，由用户决定采用何种方式进行支付。一般主要有两种：货到付款和网上支付。货到付款就是在将商品递交给客户时，客户将货款给付，这种支付方式一般采用传统的现金方式，由物流人员将货款收回。网上支付就是通过网络进行支付，一般包括实时划账和有账户的处理两种方式。实时划账就是将这笔交易的款项，通过网上银行等手段一次性完成支付。账户管理就是客户可以在电子商务网站拥有自己的账户，可以通过账户来进行付款。

（2）账户管理

提供给客户一个电子商务系统账户，账户中可以存储可用于在本系统中进行购买的资金，这些资金和现实中存在接口，如可以通过网上银行直接将一定的资金划拨到账户上，也可以通过邮局汇款的方式将资金注入到自己的账户中。还可能是电子商务网站提供给客户的各种代金券。账户管理要可以提供给客户如下的功能：查看账户状态功能、存款入账户功能、其他代金券管理功能、付款功能、转账功能（即将账户内的资金转到另外一个账户）、提现功能（即将账户内的资金划入到网上银行）、账户消费日志功能等。

另外一个是电子商务网站系统的支付管理功能，主要完成与支付有关的各项管理功能，主要包括：

① 支付平台管理功能。主要帮助电子商务企业管理自己所采用的各个支付平台，如采用快钱、易宝等平台，则涉及第三方支付平台的各个方面的管理。

② 客户账户的管理。主要是对客户账户的各项管理功能，包括查看各个账户的状态，维护各个账户的安全，在出现纠纷时可以参看客户账户的日志，为客户提供必要的账户服务。

③ 汇款的管理。主要完成将客户通过传统的邮局汇款等方式注入的资金进行有效的管理，将其安全完整地存入客户的账户，这是电子商务系统和现实系统的一个主要的接口。

④ 各种代金券的管理。电子商务网站为了取得更好的销售业绩，可能会进行各种促销活动，会对满足一定条件的客户赠送一定的代金券等，这些要和用户账户进行关联，并可以得到很好的管理，防止出现其他问题。

⑤ 其他支付手段的管理。主要是针对采用自己独特的付款方式进行支付处理的系统。如电子商务系统支持电子现金或者采用微支付的方式进行支付，再或者采用移动支付的方式进行支付，这就要根据不同的方式，设计相应的管理系统。如果采用短信息的方式进行支付，就涉及对短信息的管理以及与移动公司方面的结算的管理等。这些支付手段的使用，要根据具体采用方式、合作方法的不同而开发相应的管理系统。

8.4.2 电子支付平台的选择

1. 目前主要的电子支付系统平台

目前，电子商务公司很多，但是已经很少有公司自己来开发支付系统。这里的支付系统指的是可以与银行进行结算和连接的支付系统。目前，中国有很多专业的支付系统开发商，这些开发商在电子支付领域经营多年，已经有了很多的经验，开发出了很多实用的系统。因此对于电子商务系统来说，如果涉及电子支付的部分，应该将其交给这些专业的开发商去完成，而不应自行设计开发，将自己不熟悉的事情交给该领域的最佳实践去完成的理念，这也是 IBM 的"随需应变"电子商务的宗旨。

因此对一个主要进行经营的电子商务网站来说，选择第三方支付公司比自己开发更明智。目前经营电子支付业务的公司很多，如表 8-1 所示。

表 8-1　两类电子支付平台

主要第三方支付网关或平台	个人拍卖网站的主要网上支付平台
银联电子支付有限公司（http://www.chinapay.com）	支付宝（https://www.alipay.com）
北京首信易支付（http://www.beijing.com.cn）	安付通（http://www.ebay.com.cn）
网银在线（http://www.chinabank.com.cn）	贝宝（http://www.paypal.com）
上海环讯（http://www.ips.com.cn）	
云网支付（http://www.cncard.net）	
快钱（http://www.99bill.com）	
YeePay（http://www.yeepay.com）	
西部支付（http://www.westpay.com.cn）	
中国在线支付（http://www.ipay.cn）	

（1）首信易支付

1998 年 11 月 12 日，由北京市政府与中国人民银行、信息产业部、国家内贸局等共同发起的首都电子商务工程正式启动，确定首都电子商城（首信易支付的前身）为网上交易与支付中介的示范平台。首信易支付自 1999 年 3 月开始运行，是中国首家实现跨银行、跨地域提供多种银行卡在线交易的网上支付服务平台，现支持全国范围 23 家银行及全球范围 4 种国际信用卡的在线支付，拥有千余家大中型企事业单位、政府机关、社会团体组成的庞大客户群。

首信易支付作为具有国家资质认证、政府投资背景的中立第三方网上支付平台，拥有雄厚的实力和卓越的信誉。同时，它也是国内首家通过 ISO 9001：2000 质量管理体系认证的支付平台。首信易支付是中国唯一架设在政府专网上的支付平台，是中国唯一通过 ISO 9001 认证的支付平台，是中国唯一由政府确定的"电子商务示范工程"，是中国唯一连续两年（2005 年和 2006 年）获得"电子支付用户最佳信任奖"的支付平台，是中国唯一被中国电子支付高层论坛授予 2006 年度中国最杰出"B2B 支付创新奖"的支付平台，是中国唯一一家于 2006 年被 RED HERRING 评为"亚洲 100 强创新企业"的支付企业，是中国唯一一家于 2005 年获中国电子商务协会颁发的"2005 年度中国电子商务诚信建设贡献奖"，并被该协会授予"2006 年度中国电了商务诚信先进单位"（全国只有 50 家企业获此奖）的支付企业，是中国唯一经北京政府认定提供网上公共支付服务的平台，是中国唯一被邀请参与支持2008北京奥运会的支付平台。

（2）易宝支付

易宝（YeePay，如图8-11所示）是专业从事多元化电子支付一站式服务的领跑者。易宝致力于成为世界一流的电子支付应用和服务提供商，专注于金融增值服务领域，创新并推广多元化、低成本、安全有效的支付服务。在立足于网上支付的同时，易宝将Internet、手机、固定电话整合在一个平台上，继短信支付、手机充值之后，首家推出易宝电话支付业务，真正实现离线支付，为更多传统行业搭建了电子支付的高速公路。易宝具有3大特点：易扩展的支付、易保障的支付、易接入的支付。由于用户的重要数据只存储在用户开户银行的后台系统中，任何第三方无法窃取，因此为用户提供了充分保障。从接入易宝到使用商家管理系统，无须商家进行任何开发工作，零门槛、自助式接入，流程简单易学、即接即用。

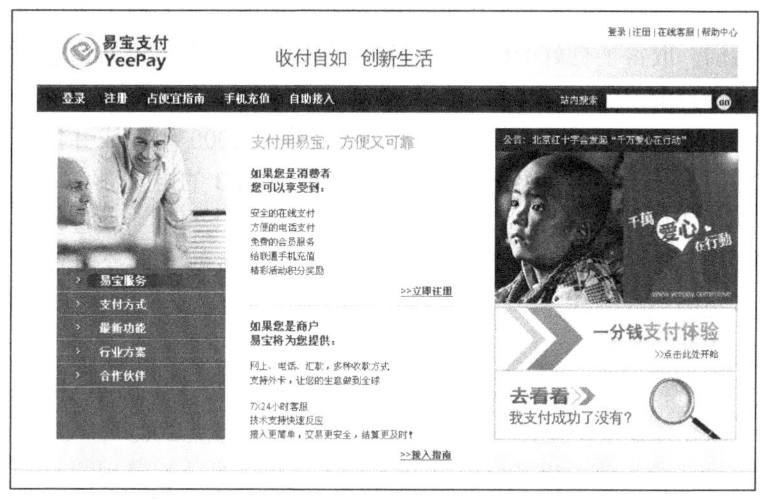

图8-11 易宝支付平台主页

（3）云网

北京云网公司成立于1999年12月，是国内首家实现在线实时交易的电子商务公司。作为国内B2C电子商务网站中最早、最专业、最具规模的公司之一，云网目前拥有国内极其完善的银行卡在线实时支付平台和9年的数字商品电子商务运营经验。云网数字商品销售平台，经过多年的稳步运营，持续盈利并保持高速增长，日平均成功交易过4.5万笔，年营业额逾2亿元人民币，连续多年在全国各个银行网上支付商户中排名第一。拥有注册会员300万，3.5万家网上连锁店，占有国内网上数字卡零售市场份额的80%以上。目前云网支付@网在支持银行卡卡种、覆盖范围和实时交易速度等方面都是居国内领先位置的支付平台。云网支付网关是国内目前独立与各大银行进行在线实时结算的支付网关提供商，是国内交易信息均可在以秒为单位真正实时交易的支付网关提供商。中国建设银行开发网上支付系统和中国工商银行网上支付接口唯一指定的测试商，并成为唯一一家提前完成接口测试任务的商户。

（4）银联电子支付

银联网络支付（集团）有限公司由中国银联股份有限公司控股，由广州好易联支付网络有限公司和上海银联电子支付服务有限公司合并组建而成。银联网络作为中国银联旗下的支付服务提供商，致力于建设和运营银行卡网上支付平台和银行卡公共支付平台，并为近十亿持卡人提供网上支付、移动 POS 支付、电话支付、手机支付、第三方支付接入、银行卡终端设备接入等各种支付服务，为企业、银行提供资金清算的跨行网络解决方案和渠道。

银联电子支付服务有限公司（下称 CHINAPAY）作为中国银联旗下的支付服务提供商，自 2005 年 6 月加入银联网络支付集团以来，现已初步形成银行卡网上支付业务和终端接入服务两大业务格局，取得了良好的经济效益和社会效益，形成了较为稳定的赢利模式。

银联电子支付有限公司（简称 ChinaPay）作为中国银联的网络方面军，拥有中国银联全国统一的支付网关。ChinaPay 运营的统一支付网关于 2000 年建成并投入运行，覆盖全国主要商业银行的银行卡，适用于各种 B2C、C2C 以及 B2B 的电子商务支付业务。8 年来，ChinaPay 已经为数千家知名商户提供了安全、有效的网上支付服务，涉及航空、票务、公益事业、网络游戏、政府、体育、消费品、旅游、制造、金融等各个行业，成为各类企业引进网上支付系统的最佳选择。

（5）支付宝

浙江支付宝网络科技有限公司是国内领先的提供网上支付服务的 Internet 企业，由全球领先的 B2B 网站——阿里巴巴公司创办。支付宝交易服务从 2003 年 10 月在淘宝网推出，短短 3 年时间内迅速成为使用极其广泛的网上安全支付工具，深受用户喜爱，引起了业界高度关注。用户覆盖了整个 C2C、B2C 以及 B2B 领域。截至 2006 年 12 月，使用支付宝的用户已经超过 3300 万，支付宝日交易总额超过一亿元人民币，日交易笔数超过 46 万笔。

支付宝庞大的用户群吸引越来越多的 Internet 商家主动选择集成支付宝产品和服务，目前除淘宝和阿里巴巴外，支持使用支付宝交易服务的商家已经超过 30 万家；涵盖了虚拟游戏、数码通信、商业服务、机票等行业。这些商家在享受支付宝服务的同时，更是拥有了一个极具潜力的消费市场。

支付宝目前已和国内工商银行、农业银行、建设银行、招商银行、上海浦发银行等各大商业银行以及中国邮政、VISA 国际组织等各大机构建立了战略合作。支付宝品牌以安全、诚信赢得了用户和业界的一致好评。支付宝被评为 2005 年网上支付最佳人气奖、2005 年中国最具创造力产品、2006 年用户安全使用奖；同时支付宝也在 2005 年中国互联网产业调查中获得“电子支付”第一名，名列中国互联网产业品牌50强以及2005年中国最具创造力企业称号。2006年9月，在中国质量协会用户委员会及计世资讯主办的“2006年中国IT用户满意度调查”中，支付宝被评为“用户最信赖互联网支付平台”。另外，支付宝还获得“2006卓越表现奖之创新产品奖”和“2006年中国IT十佳市场策划”等多项殊荣。

（6）贝宝

贝宝是由上海网付易信息技术有限公司与世界领先的网络支付公司——PayPal 公司通力合作为中国市场度身定做的网络支付服务。贝宝利用 PayPal 公司在电子商务支付领域先进的技术、风险管理与控制以及客户服务等方面的能力，通过开发适合中国电子商务市场与环境的产品，为电子商务的交易平台和交易者提供安全、便捷和快速的交易支付支持。

上海网付易信息技术有限公司成立于 2004 年 8 月，注册于张江高科技园区的浦东软件园。公司已同国内多家主要银行及中国银联支付服务公司（ChinaPay）等结成战略合作，为网上交易的个人与企业提供支付服务。

PayPal 公司成立于 1998 年 12 月，是美国 eBay 公司的全资子公司。PayPal 利用现有的银行系统和信用卡系统，通过先进的网络技术和网络安全防范技术，截至2006年底已在全球 103 个国家和地区为超过 1.23 亿人提供安全便利的网上支付和账户管理服务（见图8-12）。

图 8-12 PayPal 贝宝主页

（7）安付通

安付通是由易趣联合 PayPal 贝宝，向买卖双方提供的一种促进网上安全交易的支付手段，作为值得信赖的交易第三方，安付通会监控整个交易流程。在交易过程中，买家在确认购买之后可放心地汇款给安付通，并在一定时限内收货并查验，此后可通过安付通确认将货款实际发放给卖家。安付通目前集成了包括工商银行、建设银行、招商银行、农业银行在内的全国 14 家商业银行的网上银行以及 PayPal 贝宝等在线支付渠道，买家可以极为便捷地通过网上银行实时支付安付通货款（见图 8-13）。

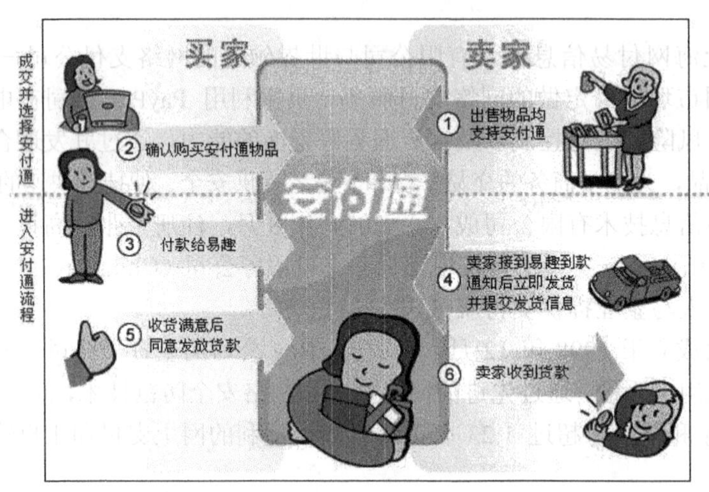

图 8-13　安付通交易流程图

2．选择的主要原则

面对如此众多的第三方支付公司和各种不同的支付方式，对于电子商务网站来说，如何选择就是十分重要的工作。一般来说，在选择支付平台时应遵循以下原则。

（1）应用方向

支付平台的选择要根据电子商务网站的主要性质来决定采用何种支付平台。如果网站主要是针对 B2B 的，那么可以考虑那些主要作 B2B 支付的平台。因为电子支付平台虽然很多，但不同公司的专长和针对的主要行业和领域还是存在差异的，因此要根据网站的经营性质选择合适的支付平台。

（2）地域分布

虽然中国目前的电子支付产业在迅猛发展，但是在总体上来说还是处于初级阶段，因此发展具有明显的地域性。业内的“北首信、南环讯”就是一个很好的说明。因此，为了得到更好的售后服务，选择在网站所在地相对成熟的支付平台就是一个很好的选择。

（3）客户习惯

网站要考察客户的应用习惯，不同的客户可能会乐于使用特定的支付平台，例如可能有的客户习惯使用支付宝，而另外一些客户可能更习惯使用安付通。因此，网站要根据自己主要客户的习惯来选择合适的电子支付平台。

（4）性能要求

要根据电子商务网站对性能的要求来进行选择。虽然大多数情况下，各个电子支付平台都可以提供性能优良的服务，但有些时候，性能可能会成为交易支付的瓶颈，这时就要根据不同支付平台的性能指标来选择合适的平台。

（5）功能要求

不同的电子商务网站服务于不同的客户，服务的方式也可能多种多样，针对不同的客户可能要采取不同的支付手段。这时就要根据不同客户的要求选择在功能上能够得到保证的支付平台。

（6）经济性要求

电子商务网站是以赢利为目的的，因此，虽然价格不是最重要的因素，但是在可以提供相对同等条件的支付服务时，价格就是一个需要考虑的因素，在某些特殊情况下，可能还会成为重要的因素。

当然，最终选择的支付平台可能不是一个，以上的原则也只是参考原则，对于实际的系统要考虑更多的因素，应在全面分析比较的基础上进行选择。

3. 系统实施的过程

在选择基本完成后，就是实施的过程。就是要将选择的支付平台集成到电子商务系统中，一般实施的过程如下。

① 商务谈判。与选中的支付平台取得联系，进行商务谈判，双方就合作达成一致。

② 签订合同。在双发就合作达成一致之后，签署相关的合同。

③ 进行集成。按照支付平台的要求，双方的开发人员进行支付系统的集成工作。

④ 进行测试。对集成的系统进行测试。

⑤ 试运行。在经过测试之后，进入试运行阶段。

⑥ 正式运行。经过测试和试运行，确认没有问题之后进行正式的运行阶段。

本 章 小 结

8.1 节介绍了电子支付的基本概念，即电子支付指的是单位、个人通过电子终端，直接或间接向银行业金融机构或其他具有资金转移能力的企业发出支付指令，实现货币支付与资金转移；进而介绍了电子支付的分类和 5 种电子支付模式：充值卡支付、银行与邮政汇款支付、网上银行、第三方支付和电话支付；接下来介绍了一般采用的电子支付的几种主要的形式：电子现金、电子支票、微支付和基于支付协议的卡基支付。

8.2 节分别介绍了电子支付中的 SSL 及 SET 两种协议的特性、规范以及其各自在电子商务交易中的流程，最后比较了两种协议的特点。

8.3 节介绍了认证中心（CA）的概念、系统结构、主要功能、在电子支付中的作用、认证机构的网络结构以及认证机构的互通。

8.4 节给出了电子支付系统的建设原则和主要功能，以及主要的第三方的电子支付平台的介绍、选择支付平台的原则以及实施的过程。

思 考 题

1. 什么是电子支付？电子支付的特征有哪些？
2. 银行采用计算机等技术进行电子支付经历了哪几个发展阶段？
3. 目前最常见的电子支付模式有哪些？
4. 认证中心的作用是什么？说明其结构。
5. 说明 SET 协议的主要参与者与 SET 协议的电子商务环境。
6. 画出采用 SET 协议进行交易时的主要流程。
7. 在进行支付系统建设时的主要原则有哪些？
8. 支付系统主要分为哪两部分？各部分的功能是怎样的？
9. 目前主要有哪些第三方的支付平台？在进行选择时要遵循怎样的原则？谈谈你的看法。

实 践 环 节

1. 登录北京数字证书认证中心 BJCA（http://www.bjca.org.cn），申请个人数字证书，请记录申请过程。
2. 登录淘宝网站（www.taobao.com），了解其支付宝的主要功能。
3. 登录当当网（www.dangdang.com），考察它支持哪些支付手段，说明在当当网上购物的基本过程。
4. 登录易宝、首信易支付、环讯、快钱等网站，看看它们都有哪些服务，各自主要的业务特色是什么？服务的优势是什么？
5. 如果要建一个电子商务网站，你会选择什么样的支付平台，说出你的理由。

第9章　电子商务安全子系统的设计

案例9.1——CDNow公司受到的攻击

CDNow是美国一家从事音像制品电子零售的电子商务企业。2000年1月，俄罗斯的一个叫做Maxum的黑客从该公司的网站上偷取了30万条信用卡记录，并向该公司敲诈10万美元。当CDNow公司拒绝其要求时，黑客开始逐条公布信用卡记录的内容。在这种情况下，当时美国运通公司（American Express）不得不暂时停止给该公司用户发行新卡。

在电子商务迅猛发展的今天，安全保障技术的发展与电子商务发展的规模是不相适应的，Symantec公司指出“如果对Internet基础设施的安全性从1~10打分，那么我们可能只能得到3~4分”。

从开篇的案例中可以看到，安全问题不仅关系到企业商务活动的正常运行，而且直接关系到电子商务系统的生存。但是，从目前看，电子商务赖以顺利进行的基础设施的安全性却并不乐观。IDC的统计表明，对电子商务系统的入侵和攻击事件是不断增长的，在这种情况下，加强企业电子商务的安全就显得更为重要。

保障企业电子商务的安全性涉及很多方面的内容，既需要标准规范、管理方面的强化建设，也需要技术上的防范，其中加强电子商务系统的安全，建立电子商务系统的安全子系统是一个非常重要的方面。

本章针对电子商务系统的安全问题，首先分析其可能受到的潜在安全威胁，介绍ISO的安全体系结构及其对电子商务系统安全的要求，在此基础上，说明电子商务安全子系统设计中的相关的安全策略、安全措施；针对电子商务系统基础设施的安全，介绍网络安全和防火墙的设计；针对电子交易过程中的信息安全，主要介绍有关公钥构架（PKI）、IPSec协议等内容。在电子商务安全的标准方面，主要介绍了5个应用广泛的电子商务安全标准，包括SET、SSL、S-HTTP、STT和S-MIME。在本章的最后，简要介绍了在电子商务系统的实际应用中主要采用的一些安全防范技术。

9.1　概　　述

电子商务系统的安全性涉及很多方面，诸如电子商务系统的计算机主机系统的安全、数据存储的安全、网络安全、电子商务交易数据不被窃取以及确保交易实体是真实的等。

目前，对电子商务安全应当涵盖的范围还没有完全一致的看法，但是从总体上看，电子商务系统的安全至少应当包括两个层次。

1．电子商务基础设施的安全

所谓电子商务基础设施的安全主要指保障电子商务系统的计算机设备、系统软件平台、网络环境能够无故障运行、不受外部入侵和破坏。在这个层次，主要针对电子商务的信息基础设施，与计算机、网络等系统环境的关系更为密切，与企业的商务活动的联系较少。

在基础设施安全这一层次上，现有的计算机安全、网络安全和信息安全技术领域已经有不少研究，而且也有不少行之有效的方法，例如通过双机备份、容错技术减少主机系统故障，利用 SAN[1]、灾难恢复技术提高数据库的可用性等。基础设施的安全主要包括以下几个方面。

（1）计算机主机系统的安全

主要提高计算机主机设备的无故障时间，保障主机能够 7×24 小时不宕机的正常运行，常采用双机备份、容错系统、集群（Cluster）结构以及高可用性系统（High Availability，HA）等技术手段。

（2）数据库及存储设备的安全

主要提高计算机系统数据库及数据存储的安全性能，例如采用灾难恢复技术、SAN、RAID 技术等。

（3）操作系统的安全

主要通过建立用户授权访问机制、审计等措施，控制系统资源的访问权限，保障操作系统及其管理的资源能够得到保护。1985 年美国国防部（DoD）国家计算机安全中心（NCSC）发布了“可信计算机安全评估准则”（TCSEC），该标准对操作系统的安权进行了评定，例如目前常见的 UNIX 系统安全等级一般为 C2 级或 B 级别。

（4）网络环境的安全

主要通过防止网络的非授权访问、减少网络故障等方式，提高网络系统的可用性和可靠性。例如可以通过包过滤方式，控制对特定设备的访问。

2．电子交易的安全

电子交易的安全则是指通过一系列的措施保证交易过程的真实可靠、完整、不可否认和机密性。与基础设施安全相比，电子交易安全更侧重于交易过程。

电子交易的安全和电子商务基础设施安全是一个整体，不能割裂开来分别考虑。基础设施的安全是电子交易安全的基础，不能设想电子交易过程在一个漏洞百出的环境中存在

[1] SAN：Storage Area Network，即存储局域网，是一种新的存储解决方案，有利于提高数据的可用性。

安全性。同时，电子交易的安全是信息基础设施安全的延伸，它是在传统密码学、信息系统安全基础上，针对电子交易过程特有的要求，通过在网络、认证等方面增添相关的技术措施实现的。所以，在设计电子商务系统的安全子系统时，应当从基础设施和电子交易两个层次出发，不能偏废。结合前面谈到过的电子商务系统设计的内容，在系统设计阶段，对于主机、数据库、操作系统和其他系统软件，设计中要充分考虑到这些系统是否是安全的，能否抵御潜在的威胁。在设计商务应用软件时，也要考虑如何能够保证交易过程是可靠、可信的。由于有关计算机系统安全、数据库安全等方面的问题在信息系统安全的有关著作中有很多阐述，所以本书对此不再作为重点。

此外，电子商务系统的安全威胁不仅来自外部，统计资料表明，更多的威胁是来自电子商务企业的内部，是由于企业内部安全管理的措施不到位造成的。因此，在考虑电子商务系统的安全子系统设计时，不能单纯地将其作为一个技术问题，也要同步考虑相关的安全策略和安全管理问题。只有将软、硬措施都考虑到，才能尽可能减少电子商务系统的安全风险。这是在电子商务系统安全设计中需要注意的一个问题。

9.2 电子商务系统的安全要求

电子商务系统的安全措施主要是针对系统可能面临的潜在威胁、可能受到的攻击，而电子商务系统的安全子系统则主要是为了解决电子商务的安全问题而设计。本节主要讨论电子商务系统的安全问题以及可能面临的潜在威胁。

9.2.1 电子商务的安全要求

从事电子商务的人员，无论是买方还卖方，所关心的安全问题主要是对方是否是存在的、真实的，购买过程中一些隐私性的数据（例如个人信用卡密码等）是否存在泄露的风险，企业的服务器是否会受到攻击而瘫痪等等。这些与电子商务安全相关的问题一般包括以下几个方面：

1. 交易的真实性

所谓交易的真实性是指在交易开始前，买卖双方能够辨别对方的身份是真实的。

由于电子商务在网络上进行，买卖双方实际上都是在和虚拟的对手进行交易，该过程存在的潜在风险是：对方的真实身份是否与其在网络上声称的一致，是否存在诈骗的可能。在网络上进行电子商务的买卖双方可能远隔千里甚至跨越国境，在这种情况下辨别交易对方的真实性就显得尤为重要。

交易的真实性涉及电子商务系统中的认证。认证实际上类似于传统交易中的“中人”或者“保人”，交易的双方都可能对对方不信任，但是只要他们都信任“中人”——CA，而 CA 可证实双方的身份，那么买卖双方就可以取得彼此的信任。同时，认证不是没有依据的，认证需要一定的证据加以证明，电子交易过程中的这种证据就是一些信息（例如密码、数字签名等）。

2. 交易的保密性

交易的保密性在国外也称为交易的隐私性，是指交易双方的信息在网络传输或者存储时不被他人窃取。

在传统的交易活动中，敏感性的数据例如商务合同、信用卡号码、交易机密等可以通过文件的封装或者可靠途径传递，以此来保证数据的安全。在开放的Internet上，由于TCP/IP协议采用 IP 报文交换的方式，因而存在数据被窃取的可能。所以，电子交易过程中保证交易数据的隐秘，就显得尤为重要。

电子商务交易的保密性主要通过“数据不被窃取、窃取不被破译”的思路来保证的。具体而言，“数据不被窃取”是通过防火墙、IPSec 等手段实现，而“窃取不被破译”则主要利用各种数据加密手段，例如 DES、RSA 等来实现。

3. 交易的完整性

交易的完整性则是指交易数据在传输过程中不会被恶意或意外地改变、毁坏。

交易的保密性尽管能够保证交易数据在传输中不被窃取，但是不能保证在传输中不出现某种意外或者非授权情况下的破坏，同时也难以保证数据传输的顺序统一。完整性对交易中的敏感数据是非常重要的，例如前面讲 SET 协议时谈到过的扣款过程，扣款需要在交易双方的资金账户上进行操作，如果交易不完整而只在一方账户上进行了操作，那么结果是难以预料的。

4. 不可抵赖性

不可抵赖性也称为不可否认性，主要指交易双方不能否认彼此之间的信息交流。

在传统的交易过程中，尽管双方可能不见面（例如邮购过程），但却是很难抵赖的，因为有足够的证据（例如邮购的单据、凭证等）证明买方或者卖方的行为。而网络上的交易，则可能出现这种情况，例如目前国内常见的“送货上门、货到付款”，扣除道德原因，确实很难找出证据证明某笔订单是否是买方的。

电子交易的不可抵赖性不像传统交易那样通过“白纸黑字”的签字、盖章加以确认，但采取了类似的思路，通过电子签章加以确认。

除了上述这些主要的安全问题外，电子商务系统面临的安全问题还包括授权（系统的某些资源只能为特定的用户使用）、审计（事后对所有的操作能够有所记录）等。

上述这些主要的问题和相关的措施可以用图 9-1 表示。

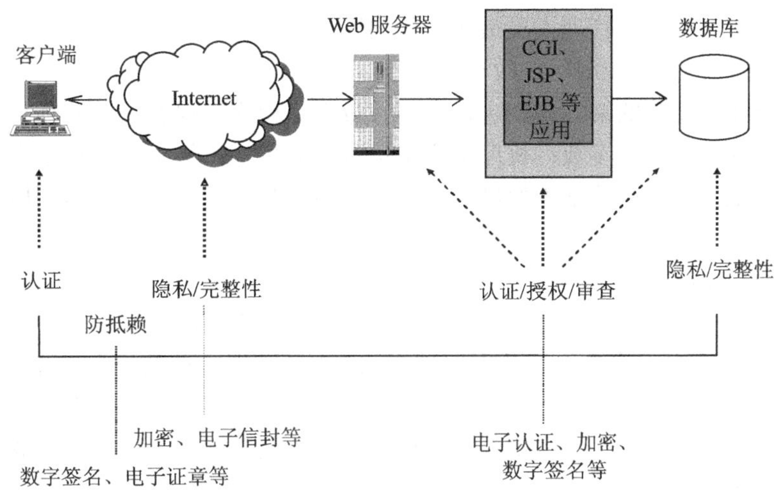

图 9-1 电子商务系统的一般安全问题及技术对策

9.2.2 电子商务系统的安全威胁与防范技术

1. 电子商务系统的安全威胁

电子商务系统的安全威胁存在于两个方面：计算机系统安全威胁和商务交易安全威胁。其安全威胁可能来自于 Internet 上的黑客、电子商务系统的内部人员和准内部人员。

（1）计算机网络的安全威胁

1）针对计算机系统网络层的攻击和入侵

目前 Internet 上使用的网络协议 TCP/IP 本身并非专为安全通信而设计，所以网络系统存在大量安全隐患和威胁。网络入侵者一般会采用预攻击探测、窃听等搜集目标的信息，然后利用拒绝服务攻击或分布式拒绝服务攻击技术阻碍计算机网络的正常服务，或使用堆栈溢出等远程网络层漏洞攻击手段进入被攻击的目标获得管理员权限，并任意篡改数据。

2）针对计算机系统层的攻击和入侵

系统层安全也称主机安全，由于现代操作系统的代码庞大，从而在不同程度上都存在一些安全漏洞。一些广泛应用的操作系统，如 Window NT，其安全漏洞更是难以计数。另一方面，系统管理员或使用人员对复杂的操作系统和其自身的安全防护技术了解不够，配置不当也会造成系统安全隐患。

3）针对计算机系统数据库层的攻击和入侵

数据库是信息和数据存放的基础和平台，但由于其本身过于庞大和复杂，存在各种可能的诸如用户权限管理、文件权限管理、数据保密等方面的安全隐患和安全漏洞，所以其安全问题也一直是数据库管理人员最头疼的问题。

4）针对计算机系统应用层的攻击和入侵

应用系统在开发时的编程错误也可能引致攻击。程序错误有以下几种形式：程序员忘记检查传送到程序的入口参数；程序员忘记检查边界条件，特别是处理字符串的内存缓冲时；程序员忘记最小特权的基本原则。这些程序错误都有可能会被黑客利用来攻击计算机系统。

（2）商务交易的安全威胁

当传统的商务方式应用在 Internet 上时，便会带来许多源于安全方面的问题，如传统的贷款和借款卡支付/保证方案及数据保护方法、电子数据交换系统、对日常信息安全的管理等。由于电子商务的形式多种多样，涉及的安全问题各不相同，但在 Internet 上的电子商务交易过程中，最核心和最关键的问题就是交易的安全性。一般来说，商务安全中普遍存在着以下几种安全隐患。

1）信息窃取

当数据信息在网络上以明文形式或弱加密形式传送时，黑客可以在数据包经过的网关或路由器上截获传送的信息。通过多次窃取和分析，可以找到信息的规律和格式，进而得到传输信息的内容，造成网上传输的交易信息的泄密。

2）信息篡改

当黑客掌握了信息的格式和规律后，通过各种技术手段和方法，将网络上传送的信息数据在中途修改，然后再发向目的地。

3）身份假冒

当黑客掌握了网上交易数据的格式后，就可以篡改通过的信息，攻击者可以冒充合法用户发送假冒的信息或者主动获取信息。

4）交易的否认

由于商情千变万化，交易一旦达成是不能被否认的，否则必然会损害交易一方的利益。

2．电子商务系统的安全防范技术

要降低电子商务系统的安全风险，提高系统对抗攻击的能力，需要针对系统被攻击的方式对症下药。有经验的黑客攻击电子商务系统的手段一般包括以下步骤。

① 选择攻击的目标。

② 发现网络与计算机系统的漏洞。

③ 入侵系统，获得系统的控制权限。

④ 禁用系统审计功能，更改系统的日志，以防止遗留线索。

⑤ 盗取文件，篡改系统的数据或者其他有价值的信息。

⑥ 安装系统的后门（Back Gate）、特洛伊木马，以便能够再次入侵而不被发现。

⑦ 返回再次进行破坏。

针对黑客的这些步骤，在设计电子商务系统的安全子系统时，可以采取有针对性的措施，建立系统的防范机制并采用相关的技术手段来防范系统受到攻击。

电子商务系统除了具有安全的环境外，还需要能够对电子商务交易过程的安全进行保障。这些年来，在这一方面的研究发展很快，从技术角度看，安全技术的研究将包括加密技术、密钥管理技术、数字签名技术、入侵防范技术、风险评估技术、身份验证技术以及防病毒等方面的内容。

（1）加密技术

加密技术是实现信息保密性的重要措施之一，其目的是为了防止合法接收者之外的人获取信息系统的机密信息。在电子商务系统中，交易双方可根据需要在信息交换的阶段使用加密技术。目前，加密技术分为两类，即对称加密和非对称加密。相关的加密算法有代表性的主要包括 DES、Triple DES、RC2 和 RC4、IDEA、RSA、IDEA、Diffie-Hellman、DSA、SHA、SHA-1、MD5 等。

（2）密钥管理技术

密钥管理的方法近些年来在公钥管理/数字证书方面发展很快，国际电信联盟（ITU）制定的标准 X.509（即信息技术-开放系统互连-目录：鉴别框架）对数字证书进行了定义，该标准等同于国际标准化组织（ISO）与国际电工委员会（IEC）联合发布的 ISO/IEC 9594-8：195 标准。

目前国际有关的标准化机构都在着手制定关于密钥管理的技术标准规范。ISO 与 IEC 下属的信息技术委员会（JTC1）已起草了关于密钥管理的国际标准规范。该规范主要由 3 部分组成：第 1 部分是密钥管理框架，第 2 部分是采用对称技术的机制，第 3 部分是采用非对称技术的机制。该规范现已进入到国际标准草案表决阶段，并将很快成为正式的国际标准。

（3）数字签名技术

对信息进行加密只解决了电子商务安全中的信息保密性问题，而要防止对信息的篡改和身份确认，就需要采用数字签名技术。通过数字签名能够实现对原始报文的鉴别和不可抵赖性。

数字签名技术是将摘要用发送者的私钥加密，与原文一起发送给接收者，接收者只有用发送者的公钥才可以解密被加密的摘要。在电子商务安全系统中，数字签名有着重要的地位，在电子商务系统安全服务中的源鉴别、完整性服务、不可否认服务中都要用到数字签名技术。

目前的数字签名技术建立在非对称加密体制基础上，是非对称加密技术的另一类应用。数字签名主要有 3 种应用广泛的方法：RSA 签名、DSS 签名和 HASH 签名。这 3 种方法可以单独使用，也可以综合在一起使用。

（4）入侵检测与防范技术

入侵防范技术主要是防止与控制对被保护系统的恶意攻击。实际上在这一方面的内容比较广泛，除了常见的通过防火墙在不同的受信区域内进行控制外，还包括入侵检测等内容。大体上可以在这一方面将此领域的技术分成不同的等级。

- 通过改善网络的拓扑结构，提高抗攻击的能力。
- 访问控制技术。主要是利用防火墙等隔离措施，建立不同受信区域的访问控制，避免或者减少外部的威胁。

从理论上讲，Internet 防火墙服务也属于类似的用来防止外界侵入的。防火墙是在内部网与外部网之间实施安全防范的系统，它遵循一种访问机制，用于确定哪些内部服务允许外部访问，以及允许哪些外部服务访问内部。内部网和外部网之间通常用防火墙隔开，防火墙能起到的作用是：

- 限定人们从一个特定的控制点进入。
- 限定人们从一个特定的点离开。
- 防止侵入者接近其他防御措施。
- 有效地阻止破坏者对计算机系统进行破坏。

从逻辑上讲，防火墙起分隔、限制、分析的作用，通常一个防火墙是由一组硬件设备（路由器、主机）并配以相应软件组成。

从实际方法上看，防火墙主要通过包过滤、代理服务这样两类方式实现。

目前防火墙的体系结构一般有以下几种：双宿主主机体系结构、屏蔽主机体系结构和屏蔽子网体系结构。一般来讲，屏蔽主机体系结构比较双行主机体系结构能提供更好的安全保护，同时也更具可操作性。但是主机过滤体系结构也有一些缺陷，一个主要的缺陷是：只要入侵者设法通过了堡垒主机，那么，对入侵者来讲，整个内部网与堡垒主机之间就再也没有任何阻碍，整个内部网便会完全暴露在入侵者面前。

（5）风险评估技术

风险评估是重要的网络防御技术之一，它侧重于对既有系统当中存在的安全漏洞进行检测，并对不同的安全隐患可能对系统造成的威胁进行评估。

风险评估技术基本上也可分为基于主机和基于网络的两种，前者主要关注软件所在主机上的风险漏洞，而后者则是通过网络远程探测其他主机的安全风险漏洞。

（6）身份验证技术

身份验证（Authentication）技术的目的是确保网络资源按照企业的安全策略被正确的用户访问。这项技术的应用实际上是在网络资源和用户之间建立了某种受信任的访问控制矩阵。它与数字签名等不同，前者侧重在识别和判定用户的身份，防止用户身份的伪造，而后者则侧重在如何保证网络的资源被特定的用户按既定的规则使用。

（7）病毒防治技术

防病毒技术发展很快，主要侧重于对系统应用软件或者数据感染的计算机病毒进行检测、诊断、消除和恢复等。由于系统可能感染的病毒种类和感染的形式不断发生新的变化，因此病毒防治技术实际上也在随着病毒的变化而不断发展。

9.3 ISO 的安全体系结构与电子商务系统的安全体系

前面分析了电子商务系统可能受到的潜在安全威胁，以及电子商务系统安全的基本要求，这些是设计电子商务系统安全体系的基本依据，同时，一个好的电子商务系统的安全体系还应当符合计算机系统安全的一些相关标准。

9.3.1 OSI 安全体系结构

国际标准化组织（ISO）制定的 OSI 安全体系结构是研究设计计算机网络系统以及评估和改进现有系统的理论依据。OSI 安全体系结构定义了安全服务、安全机制、安全管理的功能，并给出了 OSI 网络层次、安全服务和安全机制之间的逻辑关系。OSI 规定了 5 种标准的安全服务。

① 对象认证安全服务。通信双方对各自通信对象的合法性、真实性进行确认，以防假冒。

② 访问控制服务。用于防止非授权用户非法使用系统资源。

③ 数据保密服务。用于防止信息被截获或被非法存取而泄密。

④ 数据完整性服务。用于阻止非法实体对交换数据的修改、插入、删除及防止数据丢失。

⑤ 防抵赖安全服务。用于证实已发生过的操作，防止对发生的行为进行抵赖。

OSI 安全服务是通过安全机制来实现的。OSI 定义了 8 种安全机制：加密机制、数字签名机制、访问控制机制、数据完整性机制、认证交换机制、业务流填充机制、路由控制机制和公证机制。安全机制和安全服务的关系如表 9-1 所示。

表 9-1 OSI 的安全机制和安全服务

安全机制	对象认证	访问控制	数据保密	数据完整性	防抵赖
加密	√		√	√	
数字签名	√	√		√	√
访问控制		√			
数据完整性				√	√
认证交换	√				
业务流填充			√		
路由控制			√		
公证					√

9.3.2　电子商务系统的安全体系

结合 9.2 节谈到的电子商务系统的安全要求，并结合 ISO 关于系统安全体系的描述，可以给出电子商务系统安全体系的基本结构如图 9-2 所示。

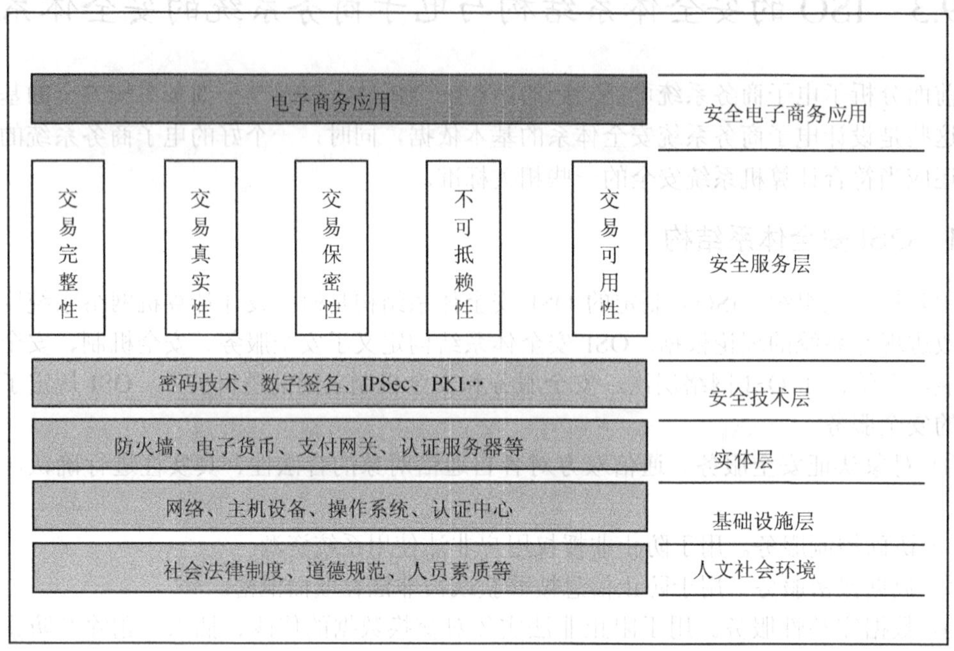

图 9-2　电子商务系统安全体系示意图

在这一体系中，可以看到电子商务系统的安全实际上是各个层次的综合，不同的层次都在不同层面上为电子商务系统的安全作出贡献。从技术的角度看，电子商务安全的不同要求可以在不同层次上得到加强（见表 9-2）。

表 9-2　安全技术与电子商务系统的安全要求

安全技术 安全要求	加密	口令	数字签名	数字证书	访问控制	防火墙	防病毒	认证	安全监控
完整性	√		√				√		√
保密性	√				√			√	
真实性	√	√	√	√				√	
不可抵赖性			√					√	
抵御攻击					√	√	√		√
系统可用性					√		√		√

9.3.3 电子商务安全交易协议

在讨论电子商务安全问题的标准时，一般会提到电子商务安全5种协议，即安全套接层（SSL）、安全电子交易（SET）、安全超文本传输协议（S-HTTP）、安全交易技术（STT）和安全多用途因特网邮件扩充（S-MIME）5个电子商务安全协议，简称5S。它们都是在电子商务活动中常用的电子商务系统安全交易标准。在实际工作中，充分深入地了解这些协议各自的主要用途是很重要的。

要注意针对特定的电子商务框架和结构，选择那些可以达到业务目标的安全电子商务交易技术协议，设计可行的电子商务网络，确保电子商务交易的安全是一项十分重要的工作。

在5S所包括的协议中，安全套接字（SSL）和安全电子交易（SET）协议均已在第8章中进行了详细介绍，以下介绍一下其余3种协议。

1. 安全超文本传输协议

安全超文本传输协议（S-HTTP或SHTTP）是利用密钥对文本进行加密，通常只用于Web业务，保障Web站点之间进行交换信息传输的安全性。SHTTP是对HTTP扩充了安全特性、增加了报文的安全性而产生的，它是基于SSL技术的。该协议向Internet的应用提供完整性、可鉴别性、不可抵赖性及机密性等安全措施。

2. 安全交易技术协议

安全交易技术（Secure Transaction Technology，STT）协议是由Microsoft公司提出的，STT将认证和解密从浏览器中分离开来，用于提高安全控制能力。Microsoft公司在Internet Explorer中采用了STT技术。

3. 安全多用途因特网邮件协议

安全多用途因特网邮件（S-MIME）协议，也称为电子邮件扩充标准格式。S-MIME是一种在Internet安全电子邮件管理环境中采用加密报文语法对电子邮件安全性进行处理的规则，主要用于电子邮件的收发业务或者电子邮件的使用业务，也可以用于Web业务。S-MIME是在RFC 1521所描述的多功能Internet电子邮件扩充报文基础上添加数字签名和加密技术的一种协议。MIME是正式的Internet电子邮件扩充标准格式，但它未提供任何的安全服务功能。S-MIME的目的是在安全电子邮件管理协议上定义安全服务措施的实施方式。S-MIME已成为产业界广泛认可的协议，Microsoft公司、Novell公司、Lotus公司等都支持该协议。

9.4 电子商务安全子系统的设计

9.4.1 电子商务安全子系统的框架结构

电子商务系统安全的设计是指针对系统可能受到的攻击和电子商务安全的基本要求，

设计系统的安全策略，选择保证系统安全的相关技术。

电子商务安全子系统的基本框架结构如图 9-3 所示。

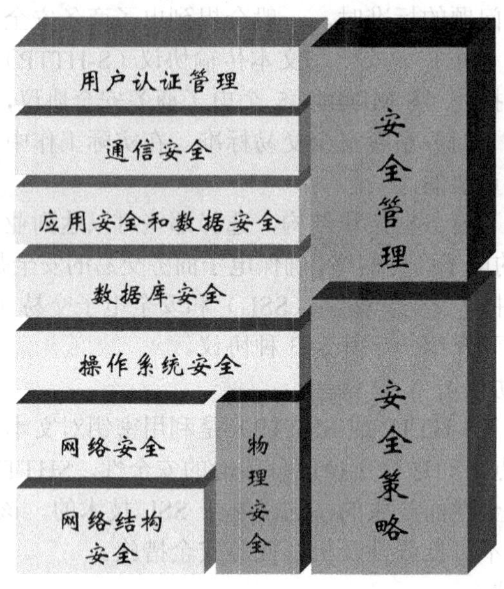

图 9-3　电子商务安全系统的框架结构示意图

在这个框架结构中，可以看到完整的电子商务安全系统既有技术设备，也包括相关的技术和管理策略，其中：

- 物理安全——主要针对系统中硬件设备的可靠性而言，例如主机设备的双机备份、容错技术等。
- 网络结构安全——主要指利用网络设备的监控、故障检测和恢复等手段，以保证计算机网络自身的安全性等。
- 网络安全——是针对计算机网络本身可能存在的安全问题，利用防火墙、访问控制、入侵检测与控制等手段，保障网络资源访问的授权控制，以及网络传输的数据完整、不被窃取和篡改。
- 操作系统安全——保障主机系统设备、程序、文件等资源的安全性，可利用高可信等级操作系统、授权访问控制以及主机漏洞扫描技术、抗病毒技术等实现。
- 数据库安全——主要保障数据库本身的安全，数据备份及灾难恢复、数据库数据的授权访问控制、数据库访问审计等手段实现。
- 应用和数据安全——主要保障应用程序代码、商务数据的合法性访问、保密，可以通过授权访问控制、数据加密等方式实现。

• 用户认证——主要针对用户身份的识别，保证信息资源仅能够为合法用户存取。可以通过 PKI 等技术实现。

• 安全管理——主要是指针对系统安全所制定的管理措施和规范。

• 安全策略——指保证系统安全的指导性原则。

9.4.2 安全策略

1. 电子商务系统的安全策略

安全策略是信息安全的核心，也是整个信息安全建设的依据，安全策略为安全管理提供管理方向和支持手段，建立电子商务系统的安全策略体系应包括安全策略的制定、安全策略的评估、安全策略的执行等方面。

2. 安全策略的主要内容

① 制定有效、全面的安全管理规范以减少操作或服务中可能的安全威胁。

② 预防和避免可能的对计算机网络和商务交易过程的攻击。

③ 减少计算机网络和商务交易中可能存在的安全威胁。

④ 加强计算机网络和商务交易本身抗攻击和入侵的能力。

⑤ 实时的监测。

⑥ 实时的恢复。

⑦ 减少可能的入侵影响。

3. 安全策略的制定方法

制定安全策略的目的是为了保证网络安全保护工作的整体性、计划性及规范性，保证各项措施和管理手段的正确实施，使网络系统数据的保密性、完整性及可使用性得到全面、可靠的保护。内容主要是确定所保护的对象是什么、要防范的对象是什么、在安全防范上能投入多少等。具体包括：

① 进行安全需求分析，一是要明确本网络的开放性要求，二是明确安全性要求，然后寻求两者的均衡点，对两者间有矛盾的根据实际情况决定取舍。安全需求主要从以下方面考虑。

• 界定内部网络的边界安全性，如果内部网与公用网络相连特别是与 Internet 相连，则内部网的边界不安全的，需要建立防火墙。

• 要保证网络内部的安全不仅要保证系统的安全，更要保证数据的安全。

• 建立全网统一、有效的身份识别系统，实现用户的统一管理，并在此基础上实行统一的授权管理，实现用户和资源之间的严格访问控制。

• 信息传输时需要保证数据完整性和保密性。

• 需要有较全面的审计、记录的机制，能对网络中发生的与安全有关事件进行记录，以便于事后处理。

② 对网络系统资源进行评估，如环境、硬件、软件、数据、人员等，对硬件、软件和数据等应尽可能划分出安全等级，明确安全防范重点。

③ 对可能存在的风险进行分析，包括自然的、人为的、管理的、技术的、硬件的和软件的等，明确需要保护的重点目标和普通目标。

为帮助人们进行风险分析，国外还有专用于风险分析的工具软件。各种风险的影响如表 9-3 所示。

表 9-3　潜在安全风险及其影响范围

风　　险	保　密　性	完　整　性	可　用　性
自然灾害		√	√
硬件故障	√	√	√
软件缺陷	√	√	√
未受权访问	√	√	
拒绝服务			√
数据泄露	√		√
假冒和欺诈	√	√	
线路窃听	√		
计算机病毒		√	√
特洛伊木马	√	√	
后门和陷阱	√	√	√
电磁辐射	√		
盗窃	√	√	√

④ 确定内部信息对外开放的种类及发布方式和访问方式，根据本单位或本部门的业务情况确定网络系统各用户的权限及责任，如用户使用方式、资源访问权限、保密义务等。

⑤ 明确网络系统管理人员的责任和义务，如环境安全、系统配置、账户设置与管理、口令管理、网络监控、审计及保密等。

⑥ 确定针对潜在风险采取的安全保护措施的主要构成方面，以及制定安全存取、访问规则，包括建立何种管理制度等。

9.4.3　安全管理

1. 电子商务安全管理的主要内容

安全管理是实现电子商务系统信息安全的落实手段，也是一项技术性强、涉及面广的管理工作。其主要内容包括人事管理、设备管理、场地管理、存储设施管理、软件管理、网络管理和密码、密钥管理。

2. 安全管理的基本原则

信息安全管理是一种风险管理，只能追求适度的安全，无法做到绝对的安全，且在建设信息安全管理制度时要遵循以下基本准则。

① 规范原则。电子商务系统的规划、设计、实现、运行要有安全规范的要求。

② 预防原则。在电子商务系统的规划、设计、采购、集成、安装中应该同步考虑安全政策和安全功能具备的程度，以预防为主的思路对待信息安全问题，不能存侥幸心理。

③ 选用成熟技术原则。成熟的技术可以提供可靠的安全保证，采用新技术时要重视其成熟程度。

④ 系统化原则。前期的投入和建设与后期的提高要求要匹配和连接，以便能够不断扩展安全功能。

⑤ 分权制约原则。重要环节的安全管理要采取分权制约的原则，分权可以相互制约，提高安全性。

⑥ 应急原则。要有安全管理的应急响应方案。

⑦ 灾难恢复原则。越是重要的电子商务系统越要重视灾难恢复，在可能的灾难不能同时波及的地区设立备份中心。要求实时运行的系统要保持备份中心和主系统数据的一致性。

3. 安全管理的应急处理

应急处理是指在系统遭到攻击或者故障时应当采取的措施。应急处理是安全管理的重要组成部分，其作用在于尽快确定事故原因，迅速排除故障，以减少可能的损失。一般的安全应急处理的步骤如下。

① 分析判断。根据工作对象的类型在攻击或入侵下的状态，初步分析判断网络入侵或攻击的性质以及严重程度。

② 入侵或攻击的终止。经过分析，在必要时，应立即断开网络连接，将遭受攻击的网段隔离出来。采取有效措施，终止对系统的破坏行为。

③ 记录和备份。记录发现网络入侵或攻击的当前时间，备份系统日志以及其他网络安全相关的重要文件，保存内存中的进程列表和网络连接状态，并且打开进程记录功能。

④ 恢复。如果系统受到严重破坏，影响网络业务功能，立即调用备件恢复系统。

⑤ 定位。对该入侵或攻击行为进行大量的日志分析工作。同时在另一个网段上竭尽全力地判断寻找攻击源。

⑥ 汇报。将入侵的详细情况逐级向主管领导和有关主管部门汇报并请示处理办法。

9.5 电子商务系统安全理论

9.5.1 防火墙与网络安全设计

防火墙是访问控制技术的一种，其目的是通过控制网络资源的存取权限，保障计算机网络、计算机主机和数据的合法访问。国标 GB/T 18019-1999 指出：“防火墙的目的是在内部、外部两个网络之间建立一个安全控制点，通过允许、拒绝或重新定向经过防火墙的数据流，实现对进、出内部网络的服务和访问的审计和控制”。

防火墙技术当前已经成为网络安全领域的最为重要的、活跃的领域之一，并成为保证网络安全、保护网络数据的重要手段和必选的网络安全设备之一。

9.5.2　防火墙的基本概念

网络防火墙技术是一种用来加强网络之间访问控制和防止外部网络用户以非法手段进入内部网络、访问内部网络资源、保护内部网络操作环境的特殊网络互联设备。它对两个或多个网络之间传输的数据包按照一定的安全策略来实施检查，决定网络之间通信的权限，并监视网络的运行状态。

防火墙是一种安全防范技术，包括访问控制机制、安全策略和防入侵策略。从狭义上讲，防火墙是指安装了防火墙软件的主机或路由器系统；从广义上讲，防火墙还包括了整个网络的安全策略和安全行为。

防火墙是借用了建筑学上的一个术语，本意是用来防止大火从建筑物的一部分蔓延到另一部分而设立的阻挡设施。在计算机网络中，防火墙用来防止如黑客攻击、病毒入侵、资源被盗或文件被篡改等波及内部网络的危害，它是内部网络和外部网络之间的一种安全防范系统，通过设置防火墙，可以将网络隔离成为不同的置信区域，其结构如图 9-4 所示。

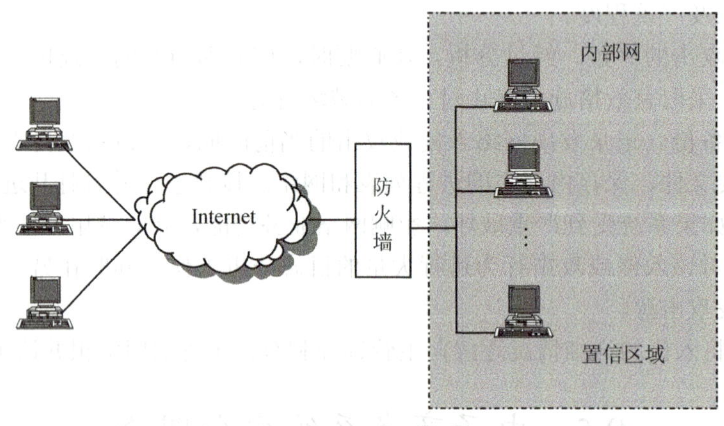

图 9-4　防火墙示意图

1. 防火墙的功能

(1) 包过滤

包过滤（Packet Filtering）防火墙是出现最早的一类防火墙。事实上，路由器本身就具有包过滤防火墙的功能。从理论上说，包过滤器可以配置为根据协议报头的任何部分进行判断，但实际上，大多数的包过滤实现都针对最为有用的数据域：协议类型、IP 地址、端口号等。通常源地址、目的地址、协议类型、源端口、目的端口以及包到达或发出的接口等构成包过滤防火墙的基本安全控制和审计手段。

（2）网络地址转换

网络地址转换（Network Address Translation，NAT），又称 IP 伪装（IP Masquerade），它通过将内部主机的 IP 地址翻译到外部网络的 IP 地址，从而达到隐藏内部主机 TCP/IP 层次信息的目的。NAT 允许在内部网络中使用任何网络运行者希望的 IP 网络地址。NAT 技术的出现带来网络安全的同时，在很大程度上也缓解了当前 Internet 中 IP 地址匮乏的问题，为网络设计和建设带来了巨大的方便。

（3）身份验证

身份验证技术能够识别从外部网进来访问的用户的身份，从而决定是否允许它们访问内部网络，达到在用户级进行访问控制、对安全策略进行细化的目的。

身份验证经常会带来安全性的降低，例如：防火墙必须在某些端口进行监听，这样很容易暴露防火墙的存在。如果身份验证过程出现问题，则会导致外部用户有机会在防火墙上面打开一个缺口。

（4）构造虚拟专用网

虚拟专用网（Virtual Private Network，VPN）可帮助用户在不安全的公网上面建设一个相对安全的、接近于专用网络的通信环境。虚拟专网使用以下几个基本安全功能来实现：IP 封装、加密的身份验证、数据包净荷加密等。

一般来说，局域网之间的虚拟专网可以通过服务器计算机、防火墙、路由器等来建立。单纯的虚拟专网并不能提供有效的保护，它与防火墙结合可在很大程度上提高虚拟专网的安全性。所以，虚拟专网已成为当代防火墙的一个重要功能。

2．防火墙的分类

当前的防火墙主要包括 3 大类：包过滤型防火墙、应用级代理和混合型防火墙。它们各有所长，具体使用哪一种或是否混合使用，要看具体需要。

（1）包过滤型防火墙

一般是基于源地址和目的地址、应用或协议以及每个 IP 包的端口来做出通过与否的判断。一个路由器便是一个“传统”的包过滤防火墙。大多数的路由器都能通过检查这些信息来决定是否将所收到的包转发，但它不能根据一个 IP 包的前后文进行判断。

先进的状态检查包过滤防火墙可以判断这一点，它可以判断连接状态和一些数据流的内容，把判断的信息同规则表进行比较，检查每一条规则直至发现包中的信息与某规则相符。如果没有一条规则能符合，防火墙就会使用默认规则。一般情况下，默认规则就是要求防火墙丢弃该包。

包过滤防火墙使用简捷、速度快，并且对用户和应用透明，但是因为它只检查地址和端口，对网络更高协议层的信息无理解能力，所以对网络的保护受到限制。

（2）应用级代理

应用级代理能够检查进出的数据包，通过网关复制传递数据，防止在受信任服务器和客户机与不受信任的主机间直接建立联系。应用级代理能够理解应用层上的协议，能够做复杂一些的访问控制，并做精细的认证和审核。但每一种协议都需要相应的代理软件，使用时工作量大，效率不如包过滤防火墙。

应用级代理有较好的访问控制，是目前最安全的防火墙技术，但实现较为困难，而且有的应用级代理缺乏“透明度”，经常成为网络速度瓶颈。在实际使用中，用户在受信任的网络上通过防火墙访问 Internet 时，经常会发现存在延迟并且必须进行多次登录（Login）才能访问 Internet 或 Intranet。

（3）混合型防火墙

该防火墙结合了包过滤防火墙和应用级代理的特点。它同包过滤防火墙一样能够通过 IP 地址和端口号过滤进出的数据包，也能够检查 SYN 和 ACK 标记和序列数字是否逻辑有序；另一方面，它也能像应用级代理一样，在应用层上检查数据包的内容，查看这些内容是否符合既定的网络安全规则。

目前在市场上技术领先的防火墙大多属于混合型防火墙，因为该防火墙对于用户透明，在应用层上加密数据，不需要修改客户端的程序，也不需对每个需要在防火墙上打开的服务额外增加代理。

另外，也可以从防火墙表现形式上进行分类。专用型防火器和软件防火墙是两类不同的表现形式。前者表现为硬件形式，自带操作系统和标准配置，开机即可工作；后者表现为软件形式的分发包，管理员需要首先在选定作为防火墙的计算机上面安装操作系统，然后安装防火墙软件，然后进行相应的配置。一般来说，前者的安装过程较为简单直观，对管理员的要求较低；后者的安装过程较为费时复杂，对管理员的技术水平要求较高。

专用防火墙又可以根据实现的方式分为固态防火墙和硬盘式防火墙。前者是用固态形式的快速 EEPROM 或 Flash 作为系统载体，机械装置很少；而后者使用标准计算机构成，使用传统的硬盘作为系统载体，出现硬件故障的机会较大。

3. 防火墙的应用设计

（1）防火墙的设计过程

1）决定防火墙的类型和拓扑结构

针对防火墙所保护的系统的安全级别做出定性和定量的评估，从系统的成本、安全保护实现的难易程度以及升级、改造和维护的难易程度，决定该防火墙的类型和拓扑结构。

2）制定安全策略

网络安全的一个基本原则是“最小授权原则”，换句话说就是“网络上的所有服务，凡是没有得到明确允许的都是禁止的”，基于这一原则，应当禁止 TCP/IP 协议及其应用层中所有没有得到允许的服务。对于防火墙而言，由于防火墙可以转发所有信息，在使用防火墙之前，应当逐项分析哪些服务时许可的，对不允许的服务，完全封锁。

3）确定包过滤规则

一般以处理 IP 数据包包头信息为基础，包括过滤规则序号、过滤方式、源和目的端口号及协议类型等。它决定算法执行时的顺序，因此正确的排列至关重要。过滤方式包括允许和禁止。另外还有源端口号、目的端口号、IP 地址、目的端口是否设置 ACK 位、协议类型等内容。

4）设计代理服务

代理服务器接受外部网络节点提出的服务请求，如果服务请求被接受，代理服务器再建立与实际服务器的连接。由于它作用于应用层，故可利用各种安全技术，如身份验证、日志登录、审计跟踪、密码技术等，来加强网络安全性，解决包过滤所不能解决的问题。

5）严格定义功能模块并使其分布

防火墙由各种功能模块组成，如包过滤器、代理服务器、认证服务器、域名服务器、通信监控器等。这些功能模块最好由路由器和单独的主机实现。

6）制定防火墙维护和管理方案

防火墙的日常维护是对访问记录进行审计，发现入侵和非法访问情况。据此对防火墙的安全性进行评价，需要时进行适当改进，管理工作要根据网络拓扑结构的变更、安全策略的变化，对防火墙进行硬件和软件的修改和升级。通过维护和管理进一步优化其性能，以保证网络及其信息的安全性。

（2）防火墙的安全要求

① 防火墙应由多个构件组成，形成一个有一定冗余度的安全系统，避免成为网络的“单失效点”。

② 防火墙应能抵抗网络“黑客”的攻击，并可对网络通信进行监控和审计。这样的网络节点，被称为“阻塞点”。

③ 防火墙一旦失效、重启动或崩溃，则应完全阻断内、外部网络站点的连接，以免闯入者进入。这种安全模式的控制方法，是由防火墙安全机制来控制网络接口的启动。这种防火墙的失效模式被称为“失效-安全”模式。

④ 防火墙应提供强认证服务，外部网络站点对内部网络的访问应经过防火墙的认证检查，包括对网络用户和数据源的认证。应支持 E-mail、FTP、Telnet 和 WWW 等应用。

⑤ 防火墙对内部网络应起到屏蔽作用，即隐藏内部网站的地址和内部网络的拓扑结构。

（3）防火墙的选择

利用防火墙保证电子商务系统的网络安全是一种很常见的办法，一般在设计安全敏感的电子商务系统时，需要选择防火墙作为保障网络安全的基本措施，那么防火墙应当如何选择呢？在选择防火墙时，应考虑以下因素。

① 防火墙的管理难易度。防火墙的管理难易程度是防火墙能否达到目的的主要因素之一。若其管理过于困难，则会影响其日常使用。

② 防火墙自身的安全性。防火墙既是网络上的屏蔽措施，同时也是网络上的主机之一，也可能存在安全问题，如其不能确保自身安全，则控制功能再强，也终究不能完全保护内部网络。

③ 防火墙的软件功能及执行效率。防火墙并非全由硬件构成，所以软件所提供的功能及执行效率会影响防火墙的整体表现。防火墙还应同时具备检查、认证、警告、记录的功能，可事先为使用者可能遇到的困难提出解决方案，如信息加密解密的问题。另外，防火墙还应提供多平台的执行方式，以符合不同网络环境的需求。

④ 防火墙的技术支持。防火墙的技术含量较高，选择防火墙在注重性能价格比的同时，应当注意其技术支持是否完备。

9.5.3 信息加密技术

为了保证电子商务交易中数据不被窃取，或者数据即使被窃取后也不能被破译，传统密码学中的加密技术，在保证数据的隐秘性方面得到了广泛的应用。

加密技术就是采用数学方法对原始信息进行再组织，使得加密后的信息内容对于非法接收者来说成为无意义的文字，而对于合法的接收者，因为其掌握正确的密钥，则可以通过解密过程得到原始数据。由此可见，利用加密技术，可以防止合法接收者之外的人获取信息系统中的机密信息。

根据加密密钥和解密密钥是否相同，现有的加密体制可以分为对称加密体制和非对称加密体制。

1．对称加密体制

在对称加密体制中，收信方和发信方使用相同的密钥，即加密密钥和解密密钥是相同或等价的。比较著名的对称加密算法有：美国的DES及其各种变形，比如Triple DES、GDES、New DES和DES的前身Lucifer；欧洲的IDEA。在众多的对称加密算法中影响最大的是DES。

对称加密体制的优点是有很强的保密强度，且经受住了时间和攻击的检验，但其密钥必须通过安全的途径传送。因此，其密钥管理成为系统安全的重要因素。

2．非对称密码体制

在非对称加密体制中，收信方和发信方使用的密钥互不相同，而且几乎不可能从加密密钥推导解密密钥。比较著名的公钥密码算法有RSA、背包密码、McEliece密码、椭圆曲线、ElGamal算法等。最有影响的公钥密码算法是RSA，它能抵抗到目前为止已知的所有密码攻击。

非对称加密体制的优点是可以适应网络的开放性要求，且密钥管理问题也较为简单，尤其可方便地实现数字签名和验证。但其算法复杂，加密数据的速率较低。尽管如此，随着现代电子技术和密码技术的发展，公钥密码算法将是一种很有前途的网络安全加密体制。

当然在实际用中人们通常将对称加密体制和非对称加密体制结合在一起使用，比如：利用 DES 或者 IDEA 来加密信息，而采用 RSA 来传递会话密钥。如果按照每次加密所处理的比特来分类，可以将加密算法分为序列密码和分组密码。前者每次只加密一个比特，而后者则先将信息序列分组，每次处理一个组。

9.5.4 数字签名

数字签名主要用于满足电子商务安全中的不可抵赖性要求，同时可以用于防止数据的篡改，进行电子交易活动中的身份识别。

数字签名技术是将摘要用发送者的私钥加密，与原文一起发送给接收者，接收者只有用发送者的公钥才可以解密被加密的摘要，在电子商务安全系统中，数字签名有着重要的地位，在电子商务系统安全服务中的源鉴别、完整性服务、不可否认服务中都要用到数字签名技术。

数字签名必须很难伪造，使签名人很难否认这是自己的签名，这与传统的手写体签名是一样的。除此以外，它还必须保证消息的完整性，而且必须是独一无二的。在一份经数字签名的文件中，我们希望禁止再增加额外的文字，也希望禁止从一份真实可靠的、已经签署的文档中移出签名，将其转嫁到其他文档。采用公钥加密技术，这些属性均可以实现。所以目前的数字签名技术建立在非对称加密体制基础上，是非对称加密技术的另一类应用。

1．数字签名的种类

数字签名主要有 3 种应用广泛的方法：RSA 签名、DSS 签名和 Hash 签名。这 3 种方法可以单独使用，也可以综合在一起使用。

（1）RSA 签名

用 RSA 或其他非对称加密算法的最大方便是没有密钥分配问题（网络越复杂、网络用户越多，其优点越明显）。RSA 算法中数字签名技术实际上是通过一个哈希函数来实现的。数字签名的特点是它代表了文件的特征，文件发生改变，数字签名的值也发生改变，不同的文件将得到不同的数字签名。

（2）DSS 签名

DSS 数字签名是由美国国际标准化研究院和国家安全局共同开发的。由于它是由美国政府颁发实施的，因此主要应用在与美国政府做生意的公司。

（3）Hash 签名

Hash 签名是最主要的数字签名方法，也称为数字摘要法，与 RSA 数字签名不同，它是将数字签名与要发送的信息放在一起，所以更适合电子商务模式。

2. 数字签名的特点

- 难以伪造：只有私钥的持有人才能生成签名。
- 无法抵赖：由于极难伪造，所以对于一份经过签名的文档来说，签署人很难抵赖这不是自己的“手迹”。
- 不可更改：一经签名，文档便不能修改。
- 不能转移：签名不能移走，并加入另一个不相干的文档。

利用数字签名保证数据完整性、不可抵赖的基本过程只有加入数字签名和验证才能真正实现。在公开网络上，满足这两点的安全的文件传输过程如下。

① 发送方首先使用哈希函数从原文得到数字签名后，采用非对称加密体制发送方的私钥对数字签名加密，附在要发送的原文后面。

② 发送方选择一个对称密钥对文件加密，然后通过网络传输到接收方。

③ 发送方用接收方的公钥对对称密钥进行加密，并通过网络把加密后的对称密钥传输到接收方。

④ 接收方使用自己的私钥对对称密钥进行解密，得到对称密钥的明文。

⑤ 接收方用对称密钥对文件进行解密，得到没有加密的数字签名。

⑥ 接收方用发送方的公钥对数字签名进行解密，得到数字签名的明文。

⑦ 接收方用得到的明文和哈希函数重新计算数字签名，并与解密后的数字签名对比，如果两个数字签名是相同的，则说明文件在传输中没有被破坏。

9.5.5 PKI 技术与认证

在电子商务系统中为了满足商务应用中有关交易过程对真实性、完整性、不可否认性、保密性的要求，同时为了有效地控制对信息资源的授权访问，PKI 技术得到了长足的发展，尤其是在电子证书及电子认证方面，都是以 PKI 为基础建设的。

1. PKI 的基本概念

（1）PKI 的定义

公钥构架（Public Key Infrastructure，PKI）就是利用公钥理论和技术建立的提供安全服务的基础设施。PKI 技术是信息安全技术的核心，也是电子商务的关键和基础技术。

为了使用户在不可靠的网络环境中获得真实的公钥，PKI 引入了公认可信的第三方；同时，为了避免在线查询集中存放的公钥产生的性能瓶颈，PKI 引入了电子证书。可信的第三方是 PKI 的核心部件，正是由于它的中继，系统中任意两个实体才能建立安全联系。

电子证书中第三方的数字签名使用户可以离线地确认一个公钥的真实性。当证书中认可的事实发生变化时，证书发布者必须使用某种机制来撤销以前发出、现在已失效的证书。除了证书的有效期外，证书撤销列表（CRL）是另一种证书有效期控制机制。证书发布者定期发布 CRL，列出所有曾发布但当前已被撤销的证书号，证书的使用者依据 CRL 即可验证某证书是否已被撤销。

PKI 的基本机制是定义和建立身份、认证和授权技术，然后分发、交换这些技术，在网络之间解释和管理这些信息。PKI 对数据加密、数字签名、防抵赖、数据完整性以及身份鉴别所需的密钥和认证实施统一的集中化管理，支持电子商务的参与者在网络环境下建立和维护平等的信任关系，保证网上在线交易的安全。

PKI 是建立在公钥机制基础上的，为了保证其有效性，必须使在网上通信的用户双方确信，其身份和密钥是合法的和可信赖的。但是在大范围的网络环境中，指望每一个用户都和其他用户建立过联系是不可能的，也是不现实的，而且用户的公钥需要能够被广泛地得到。为了解决这些问题，PKI 引入了第三方信任和证书概念。第三方信任是指在特定的范围内，即使通信双方以前并没有建立关系，也可以毫无保留地信任对方。双方之所以相互信任，是因为它们和一个共同的第三方建立了信任关系，第三方为通信的双方提供信任担保。证书是指 PKI 用户已注册的以数字化形式存储的身份。数字证书是由大家共同信任的第三方——认证中心（CA）颁发的，CA 有权利签发和废除证书并且对证书的真实性负责。在 PKI 架构中，CA 扮演的角色很像那些颁发证件的权威机构,如身份证的办理机构。建立 CA 的标准以及其操作时所遵循的政策，是决定其信任度的首要因素。

从技术角度看，一个组织完全可以自己发放数字证书来为自己的用户服务，但相比之下第三方 CA 更符合用户的需求。例如，附属于一家银行的 CA 不太可能为所有的银行提供认证服务，第三方 CA 则不然，用户只需与这样一家第三方 CA 签订认证协议，就可以方便地使用多种信用卡和认证服务。这样做，既避免了 PKI 的重复建设和交叉认证的复杂性，同时也能够为用户提供更加专业的认证服务。

（2）数字证书

PKI 的证书包含用户的身份信息、公钥和 CA 的数字签名。

任何一个信任 CA 的通信一方，都可以通过验证对方数字证书上的 CA 数字签名来建立起与对方的信任关系，并且获得对方的公钥以备使用。

为了保证 CA 所签发证书的通用性，证书格式通常遵守 ITU X.509V3 标准。该标准把用户的公钥与用户名等其他信息绑定在一起，为了建立信任关系，CA 用它的私钥对数字证书签名，CA 的数字签名提供了 3 个重要的保证。

① 认证中有效的数字签名保证了认证信息的完整性。

② 因为 CA 是唯一有权使用它私钥的实体，任何验证数字证书的用户都可以信任 CA

的签名，保证了证书的权威性。

③ 由于 CA 签名的唯一性，CA 不能否认自己所签发的证书，并承担相应的责任。

证书的生成模式可分为如下两种。

① 集中生成模式。密钥对由 CA 生成，对应的公钥直接提供给 CA 软件生成证书。生成后的数字证书和私钥通过适当的方式提供给用户。

依据 PKI 的安全政策，证书的分发可以离线分发或在线分发。离线分发是将 CA 签发的证书以磁盘或智能卡的形式提供给用户；在线分发是用户使用浏览器与 CA 的 Web 服务器相连接，提出证书申请，用户提供必要的个人资料后，CA 为用户生成密钥对，然后生成和签发证书，CA 用电子邮件通知用户如何以安全方式取得证书。在集中生成模式中，由于用户的密钥对是由 CA 生成的，所以对 CA 的安全性要求很高，CA 要防止外部和内部非法人员对用户私钥的窃取。

② 分布式生成模式。密钥对由用户自己生成，然后将公钥和个人申请资料传送给 CA，由 CA 生成和签发证书。

（3）PKI 的结构

典型的 PKI 系统由 5 个基本部分组成：证书申请者（Subscriber）、注册机构（Registration Authority，RA）、认证中心（Certificate Authority，CA）、证书库（Certificate Repository，CR）和证书信任方（Relying Party）。其中，认证中心、注册机构和证书库 3 部分是 PKI 的核心，证书申请者和证书信任方则是利用 PKI 进行网上交易的参与者。在具体应用中，各部分的功能是有弹性的，有些功能并不在所有的应用中出现，PKI 的许多详细功能要根据业务的操作规程确定。

1）证书申请者

证书申请者是证书的持有者，证书的目的是把用户的身份与其密钥绑定在一起，用户身份可以是参与网上交易的人或应用服务器。在进行网上交易时，证书的作用是验证身份、生成和校验数字签名、交换加密数据等。有关证书管理政策和 PKI 所有的功能，都集中体现在如何为证书申请者提供安全服务这一焦点问题上。

2）注册机构 RA

根据 PKI 的管理政策，RA 的主要功能是核实证书申请者的身份，这项功能通常由人工完成，也可以由机器自动完成，但是系统必须具有身份自动检查机制。在实际应用中，有些 PKI 的 RA 功能并不独立存在，而是合并在 CA 之中。

RA 的职责是验证申请者身份、批准证书、向 CA 提出证书撤销请求。

3）认证中心 CA

CA 主要完成证书的管理，CA 使用其私密密钥对 RA 提交的证书申请签名，来保证证书数据的完整性，任何对证书内容的非法修改，都会被用户使用 CA 的公钥进行验证而发现。所以证书的合法性是有保证的，能够在网上发布。

CA 的职责是批准 RA 的证书请求、生成密钥对（在 PKI 应用中，密钥对的生成可以由用户自己完成，也可以由 CA 使用专用设备为用户生成）、密钥的备份、接受并处理 RA 的撤销证书请求、签发证书、证书发放。此外，CA 还负责完成不同 CA 之间的交叉认证。

4）证书库

证书库存放了经 CA 签发的证书和已撤销证书的列表，网上交易的用户可以使用应用程序，从证书库中得到交易对象的证书、验证其证书的真伪或查询其证书的状态。证书库通过目录技术实现网络服务，轻量级目录访问协议（Lightweight Directory Access Protocol，LDAP）定义了标准的协议来存取目录系统。支持 LDAP 协议的目录系统能够支持大量的用户同时访问，对检索请求有较好的响应能力，能够被分布在整个网络上，以满足大规模和分布式组织的要求。

证书库的职责主要是存储证书、提供证书和确认证书状态。

5）证书信任方

PKI 为证书信任方提供了检查证书申请者身份以及与证书申请者进行安全数据交换的功能。在电子商务应用中，用户通常同时扮演证书申请者和证书信任方的双重角色。

该部分的主要功能是接收证书、向证书库发出证书请求、核实证书的合法性、检查数字签名、完成证书的加密。

2．基于 PKI 体系的电子商务安全系统的认证处理流程

PKI 体系是目前电子商务交易过程中，交易实体认证最为有效的方法。假设电子商务实体 A 和电子商务实体 B 采用 RSA 公钥体制进行身份验证，协议内容如下。

① 实体 A 向实体 B 发送 A 的标识。

② 实体 B 选择随机数 RD，用 A 的公有密钥加密后得到 y1，然后用自己的私钥加密 y1 得到 y2，将 y1 和 y2 发送给 A。

③ 实体 A 收到 y1 和 y2 后，用 B 的公有密钥验证 y2，若结果与 y1 相同，则确信是 B；于是，A 用自己的私钥解密 y1 得到 RD；最后，A 把 RD 用 B 的公钥加密后得到 y3，并把 y3 发给 B；

④ 实体 B 得到 y3 后，用自己的私钥解密，若得到 RD 则确认对方是 A，否则就认为是黑客。到此，一个周期的认证过程结束。

可以看出，上述的概要协议模型中有 4 个行为主体：实体 A、实体 B、黑客和采用 PKI 框架的管理机构。黑客可以假冒 A 或 B 中的任何一个，PKI 中的 CA 和证书库等实体负责公有密钥的发放、保护等工作。

上述处理过程如图 9-5 所示。

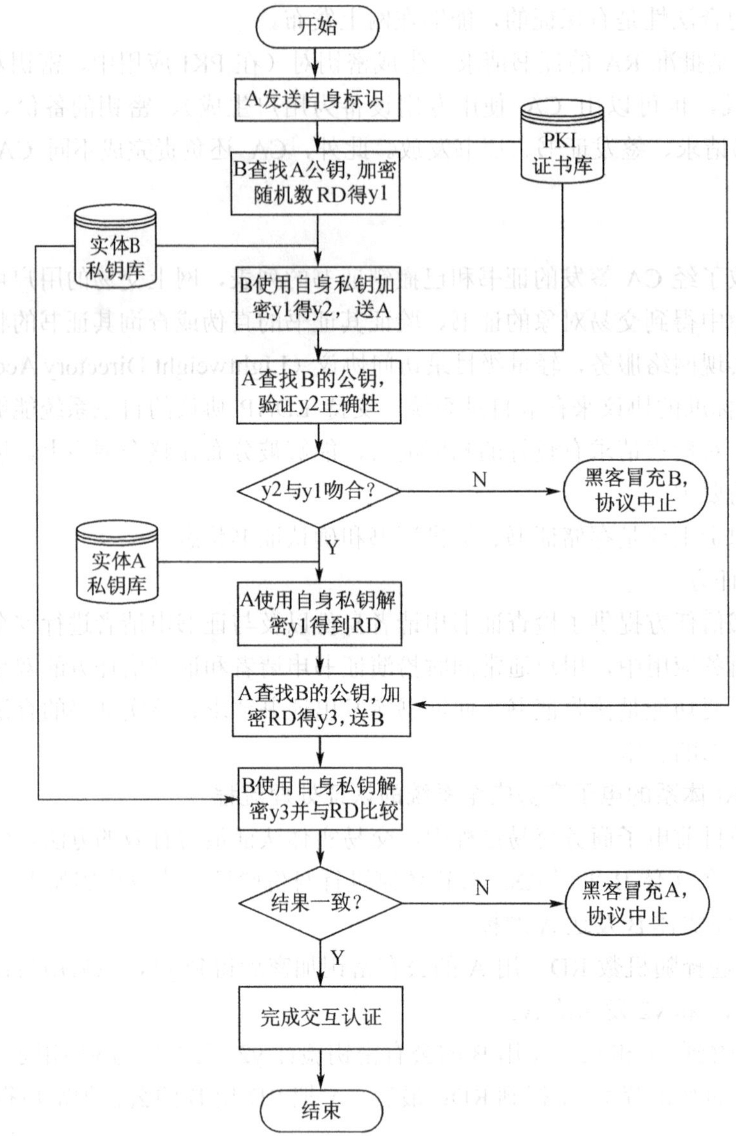

图 9-5　基于 PKI 的电子商务交易实体的认证流程

9.6　IPSec 的电子商务安全体系

目前的电子商务安全实际上是基于存在各种漏洞的网络基础设施上完成的，也正因为如此，人们才需要通过加密、认证等措施来保障电子交易的保密、完整、真实和不可抵赖。如果换一个思路，假定交易过程依托的物理环境本身就能够满足电子商务安全的基本要求，那么是否还需要在交易的处理中考虑如此之多的问题？答案是显而易见的。IPSec 安全体系正是从这一思路出发而发展起来的。

IPSec 是伴随 IPv6 方案逐渐开发和实施的 Internet 本体安全性解决方案，力图在网络层对 Internet 的安全问题做出完满的解决，是今后 IPv4 向 IPv6 过渡并逐步转换的重要协议体系，对 Internet 未来的安全性起着至关重要的作用。所以，电子商务应用以 Internet 为物理基础，在 IPSec 出现后，电子商务安全子系统将直接构建在 IPSec 体系结构之上。

1. IPSec 的基本概念

在基于 IPv4 的传统的 TCP/IP 协议中，并没有对 IP 包本身的安全性进行定义，这样很容易便可伪造出 IP 包的地址、修改其内容、重播以前的包以及在传输途中拦截并查看包的内容。因此，很难确定收到的 IP 数据报来自真正的发送方且内容并没有被修改过。

针对上述问题，IPSec 采取了一些改进措施，包括：

- 数据起源地验证。
- 无连接数据的完整性验证。
- 保证数据内容的机密性。
- 抗重播保护。
- 数据流机密性保障。

IPSec 为保障 IP 数据报的安全，定义了一个特殊的方法，它规定了要保护什么通信、如何保护它以及通信数据发给何人。IPSec 可保障主机之间、网络安全网关（如路由器或防火墙）之间或主机与安全网关之间的数据包的安全。

在 IPSec 的体系中，可以很好地对 IP 协议层的上层协议（TCP、UDP）提供支持，其方法是在 IP 报文当中封装附加的数据，即“封装安全负载（ESP）”或“验证头（AH）”。AH 可证明数据的起源地、保障数据的完整性以及防止相同数据包的不断重播。ESP 除具有 AH 的所有能力之外，还可选择保障数据的机密性，以及为数据流提供有限的机密性保障措施。

IPSec 的安全服务通过共享密钥来完成数据的验证，以保护数据的机密性。IPSec 的密钥管理协议称为 “Internet 密钥交换（Internet Key Exchange，IKE）”，利用这一协议，IPSec 可验证参与各方的身份、协商安全服务以及生成共享密钥。

2. IPSec 体系

IPSec 协议族主要由验证头（AH）、封装安全负载（ESP）、Internet 密钥交换（IKE）3 个部分组成。其中，AH 提供了数据源认证和数据完整性服务，并能够防止重放攻击；ESP 提供了数据源认证、数据机密性和完整性服务，也能够防止重放攻击；IKE 提供了自动建立安全关联（SA）方法和密钥管理的方法。

① AH 协议主要提供了认证功能，即对 IP 头部的认证和有效负载的认证。

② ESP 协议主要用来处理对 IP 数据包的加密，此外对认证也提供某种程度的支持。ESP 独立于具体加密算法。为了保证各种 IPSec 实现间的互操作性，目前 ESP 必须提供对 56 位 DES 算法的支持。

③ IKE 是一个密钥交换协议。在 IPSec 中进行密钥交换有两种方法：一种是使用 IKE 协议进行自动地密钥交换，另一种是手工模式。手工模式只适用于小规模的或者用硬件实现的 IPSec。大多数情况下，都需要使用 IKE 通过公用网络进行密钥交换。

3. IPSec 的工作过程

IPSec 用于提供 IP 层的安全性。由于所有支持 TCP/IP 协议的主机进行通信时，都要经过 IP 层的处理，所以提供了 IP 层的安全性就相当于为整个网络提供了安全通信的基础。IPSec 工作过程如图 9-6 所示。

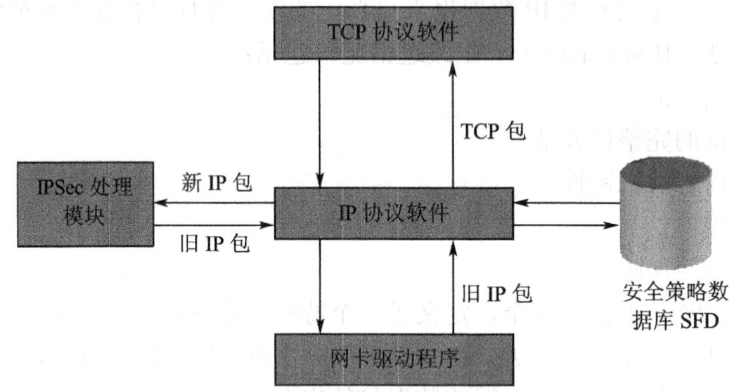

图 9-6　IPSec 的工作过程示意图

当接收到一个 IP 数据包时，IPSec 查询安全策略数据库（Security Policy Database，SPD）决定对接收到的 IP 数据包如何处理，处理方式包括丢弃、转发和 IPSec 处理。所谓 IPSec 处理就是对 IP 数据包进行加密和认证。

与传统的 IP 报文处理相比，由于 IPSec 处理增加了对 IP 数据包的加密和认证，因此在 IPSec 的体系进行数据传输是安全可靠的。

4. IPSec 的配置应用

一般情况下，IPSec 可在终端主机、网关 / 路由器或两者中同时进行实施和配置。

IPSec 在主机中配置，可以和操作系统集成在一起，实现下述功能。

- 保障端到端的安全性。
- 能够实现所有 IPSec 安全模式。
- 能够逐数据流提供安全保障。

IPSec 如果在网络的路由器中配置，则可构造具有 IPSec 安全特征的虚拟专用网（VPN），也就是说，这使得在这种 VPN 中传输的数据报文能够得到验证，从而保证可靠的数据传输，即在公共网络中，建立起一个具有 IPSec 特征的“安全传输通道”。

9.7 电子商务系统安全实用技术

电子商务系统与以往的系统不同，以往的网络系统更多的是采用客户机/服务器的方式开发和运行，系统主要运行在局域网中，不与外部网络或系统有直接的联系，因此在安全性方面较容易保证。但是电子商务系统是处于一个开放的 Internet 环境中，系统对 Internet 是开放的，这就给其他人进行攻击提供了条件。

对于电子商务系统来说，通常采用浏览器/服务器的方式进行开发和运行，服务器接入 Internet 中，并开放了最基本的 Web 服务，并且电子商务系统都是需要服务器进行后台的数据支持的，如果在系统的编码过程中对这些方面考虑不周，就可能给人以可乘之机。

总之，由于电子商务系统本身的开放性，使其受到攻击的可能性大大增加，但是，一般来说，对于普通的攻击者，攻击的手段是有限的，作为电子商务系统的分析员和管理员，只要将一些主要的漏洞进行处理，就可以大大增强系统的抗攻击能力。只要系统对 Internet 开放，就没有绝对的安全，除了对已知的漏洞进行处理外，还要不断应对未知攻击方式的挑战。因此，电子商务系统的安全问题，是一个长期的、不断发展变化的工作，需要认真对待。

本章只对涉及电子商务系统安全的几个主要的和常见的漏洞进行简单分析，并给出简要的防治办法。

9.7.1 防操作系统漏洞

1. DDoS 拒绝服务攻击

DDoS 拒绝服务攻击是在 DoS 的基础上发展起来的，DoS 的英文全称是 Denial of Service，是“拒绝服务”的意思。DoS 攻击的目的就是让被攻击的服务器部分 Internet 连接和网络系统失效，无法正常提供应该提供的服务。DoS 攻击方式有很多种，最基本的就是利用合理的服务请求来占用过多的服务资源，从而使合法用户无法得到服务。

DoS 攻击的基本过程：攻击者向服务器发送大量带有虚假地址的请求，由于 TCP/IP 协议的 3 次握手原理，服务器要发送回复消息后等待回传信息，之后才进行 TCP/IP 连接，但是由于地址是虚假的，因此服务器将得不到回应的信息，这就导致这次请求的资源始终没有得到释放，直到服务器因为连接超时而被切断，而这段在超时等待的过程中，系统资源将被占用。攻击者通过发送大量的这种请求，将导致系统资源被逐渐耗尽。

DDoS 的英文全称为 Distributed Denial of Service，称为“分布式拒绝服务”，它是通过

分布协作的大规模的攻击方式，攻击者利用一批受控制的机器向一台机器同时发起攻击，造成被攻击的服务器瘫痪，一般这种攻击都是针对大型的电子商务网站。

攻击者可能采用多种工具来对电子商务系统进行攻击，因此，对于电子商务系统的管理员来说，需要采取有效的方法来避免这种攻击。

但是由于 DDoS 攻击的隐蔽性，目前对这种攻击还没有十分有效的解决方法。但是可以通过及早发现系统存在的漏洞，及时安装系统的补丁程序，对系统的重要信息进行备份，通过利用网络安全设备来加固网络的安全性，一个行之有效的方法是和网络服务提供商进行协调，让网络服务商对你的路由访问和带宽总量进行一定的限制，在平时做好应急的预案，并在遭受攻击的时候，请求网络服务提供商帮助你阻挡一直攻击节点的流量。

2．IPC$默认共享漏洞的应用

虽然 Windows 2000 以后的系统在安全性方面有了一定的增强，不会像 Windows 98 系统一样，通过使用 Esc 键就可以绕过系统的登录要求直接进入系统，但是大多数的使用者还是会将 Windows 的密码设置成空或者极为简单的数字或者字符，这样，攻击者就可以通过扫描软件，很容易地得到系统的用户名和密码。

然后攻击者就可以简单地通过使用 IPC$连接命令，进入到用户的系统。其命令格式如下：

```
Net use \\IP  \IPC$ "password" /user:username
```

在攻击者登录系统之后，就可以将木马或者后门程序复制到已经被设置成网络共享的目录下，接下来就是利用 at 命令在被攻击的服务器上运行木马程序，然后通过木马程序进入被攻击的系统。接着打开被攻击系统的 telnet 服务，通过 telnet 登录被攻击的系统，从而达到对系统的控制。

对于 IPC$连接的防范方法，主要是增加对系统的用户名和密码的保护，这可以通过修改系统管理员的用户名，并将密码设置的位数和采用的字符增加来达到。经过简单的测试表明，如果只是单纯采用 6 位数字的密码，通过暴力攻击的方式来处理，只要不到 2 分钟的时间。因此要将密码设置的包括各种其他的字符，如&、#、~等，这样可以让攻击者大大增加攻击的时间和代价，从而放弃攻击。还要将系统的所有不需要的共享连接全部删除，这样就在一定程度上减轻了遭受 IPC$连接攻击的可能性。

3．Unicode 与二次解码漏洞的应用

Unicode 攻击主要针对的是中文版的 IIS 4.0 和 5.0 系统，在这两个系统中存在的安全漏洞，导致用户可以远程通过 IIS 执行任意命令。其原理是当 IIS 收到的 URL 请求的文件名中包括一个特殊的编码，例如%c1%hh 或者%c0%hh 时，它会首先将其解码变成 0xc10xhh，然后尝试打开这个文件。因此，攻击者就可以利用这种编码方式，构造很多字符，例如%c1%1c-> “/”、%c0%2f-> “\” 等。这样攻击者可以利用这个漏洞来绕过 IIS 的

路径检查，去执行或打开任意的文件。

例如如果攻击者在IE的地址栏输入如下命令：

```
http://*.*.*.6/scripts/..%c1%1c../winnt/system32/cmd.exe?/c+dir%20c:\
```

那么结果会显示出目标服务器C盘的所有文件和文件夹，带有<DIR>标记的是目录，%20被解析为空格。通过这种方式，攻击者就可以远程运行各种命令，达到在被攻击的服务器上添加用户、提升权限，乃至开启telnet服务，从而完全控制系统的目的。

采用默认方式安装的Windows 2000服务器都会存在这样的漏洞。攻击者的入侵步骤如下：扫描→找到存在漏洞的服务器→通过代码更改页面→通过代码上传后门工具→执行工具→远程登录→控制服务器。

针对这种攻击方式，电子商务系统的管理员在开放Web服务时，应更改网页存放的默认路径，并把Microsoft公司提供的补丁完全安装。

4. IDQ溢出漏洞的应用

IDQ漏洞是存在于Windows的Index Server和Indexing Service服务中的，由于IIS安装了几个ISAPI扩展DLL，其中的idq.dll存在问题，它对管理员脚本（.ida文件）和Internet数据查询（.idq文件）提供支持。

攻击者可以利用扫描工具查找到存在IDQ漏洞的服务器，然后利用IDQ漏洞溢出工具，完成溢出之后，就可以在目标服务器上执行各种命令了，从而可以通过各种方法达到对服务器的控制。

针对IDQ攻击，可以采取以下的简单方法来预防，在“开始”→“程序”→“管理工具”→“Internet工具”菜单里，选择IIS的属性，把.ida和.idq的映射删除，并且下载并安装全部的Microsoft补丁包。

5. WebDAV溢出漏洞应用

IIS 5.0提供了对webdav的支持，webdav可以通过HTTP向用户提供远程文件存储的服务，IIS 5.0包含的webdav组件不会充分检查传递给部分系统组件的数据，而webdav使用的ntdll.dll中的一些函数存在一个缓冲区溢出漏洞，并且可以通过特殊的请求来触发。利用这个漏洞可以获得LocalSystem权限，这样攻击者就可以获得对目标服务器的控制。

针对webdav漏洞，可以在注册表编辑器中的HKEY_LOCAL_MACHINE\SYSTEM\CurrenControlSet\Services\W3SVC\Parameters项目中，增加以下键值：

```
Value name:Disable webdav
Data type:DWORD
Value data:1
```

并且下载安装Microsoft公司为此发布的安全公告中相应的补丁程序。

6. 加固服务器，拒绝攻击

电子商务系统的主要功能都集中在Web服务器上，而Windows 2000系统所提供的IIS

的 Web 服务，存在很多漏洞，因此，对 Web 服务器进行必要的安全性设置是一个电子商务系统在运行前必须要做的工作，下面简要说明可以在一定程度上增强服务器安全性的技术和设置方法。

对于 IIS 的安全配置，主要包括以下几个方面。

（1）配置 Web 站点的属性

在此，一般需要对 IP 地址、TCP/IP 的端口、SSL 端口等基本信息进行设置，需要注意的是将默认的连接超时时间从 900s 改到一个可以接受的时间，如 90s 或更短，并且选中“保持 HTTP 激活”复选框以加快网站对用户的响应速度；然后选中“启动日志记录”复选框来启动日志，并将日志的默认位置进行更改。

（2）配置主目录和内容权限

一般情况下，Windows 默认的主目录是 C:\Inetpub\wwwroot。一般需要将这个目录进行更改，放到服务器的其他目录下，甚至放到其他机器上，以保证安全。然后根据需要对站点文件和应用程序权限进行设置，一般基本的权限有读取和写入。前者对于一般的静态网页站点是必需的，后者则允许客户对网站文件进行修改和添加，对此要慎重对待，可以将系统的文件安排在不同的目录中，对不同的目录赋予不同的权限。如果包括脚本文件，还应制定“脚本资源访问”权限。

在完成这些设置之后，删除默认的 Inetpub 目录，并删除不必要的 IIS 扩展名映射，如果不用其他的映射，那么只保留扩展名为.asp 和.asa 的文件即可。

（3）分配站点管理员

站点管理员是能够对当前的 Web 站点进行管理的 Windows 2000 用户账号。在默认情况下，只有 administrator 组拥有管理 Web 站点的权限，可以通过 WWW 属性对话框来更改站点管理员。

（4）添加 ISAPI 筛选器

ISAPI 筛选器又名 ISAPI 应用程序，是指使用 ISAPI 技术开发的程序，这是一种服务器端应用程序的实现方式，能够实现简单的浏览器/服务器交互式应用。ISAPI 采用动态链接库的方式实现，对所有联入网站的用户进行处理，从而实现应用程序的运行。

ISAPI 筛选器通常用于与安全性相关的应用程序，如客户身份验证、合法用户鉴别等，可以通过“Web 站点属性”对话框中的“ISAPI 筛选器”标签页对其进行设置。

（5）自定义错误信息

任何网站都可能出现错误，可能是程序运行的错误，也可能是系统运行的错误，HTTP 协议提供了一系列标准的错误代码，可显示出错的原因及错误对象，例如 404 错误代表客户机请求的文件不存在，401.2 错误表示客户没有权限访问相应的资源。

在一些特殊的情况下，这些错误的提示给攻击者了解系统并进行攻击提供了很多有用的信息。可以通过对错误提示信息进行自定义，来屏蔽掉这些可能对系统的安全产生影响的信息，从而改善系统的安全性。通过使用“Web 站点属性”对话框中的“自定义错误信息”标签页，可以对 HTTP 错误信息进行自定义。

（6）删除无用的虚拟目录

对于一些无用的虚拟目录，可能提供攻击者进行攻击的途径，应将其删除，例如：_vti_bin、IISSample、Scripts、IISAdmin、IIShelp、MSADC 等。

（7）对 IIS 的设置进行备份

对 IIS 的设置是一个复杂的工作，特别是为了一些特殊的要求而对系统的某些选项进行了特殊的设置，这些设置在以后可能会被忽略，因此为了保证自己的劳动成果，在对 IIS 的设置完成后，应该将其备份下来，这样，在系统发生各种情况之后，可以通过备份方便地恢复对 IIS 的设置。

9.7.2 防 Web 攻击

1. 破解网页密码

电子商务系统通常都有一个需要输入正确的用户名和密码才能登录的页面，目前有很多工具可以用于远程暴力破解需要的用户名和密码。通过使用这些暴力破解工具，可以方便地得到需要的密码，从而进入系统。

对于这种暴力破解的攻击方式，最简单的防范措施就是增加密码的长度以及通过结合字母、数字大小写以及特殊符号的使用来构造复杂的密码。通过测试表明，6 位长度的纯数字组成的密码，破解只要几秒钟，而纯字母的 6 位密码只要几分钟，但是 8 位长度的组合密码就需要几小时甚至更长的时间。

2. 利用脚本使硬盘共享

利用脚本语言可以将目标服务器的硬盘进行共享，只要在目标服务器的注册表中的 HKEY_LOCAL_MACHINE\Sofeware\Microsoft\Windows\CurrentVersion\Network\LanMan 下面添加键值 C$，在 C$下分别建立键值 Flags、Type 和 Path，这样就可以达到把 C 盘共享的目的，而且在网络属性中还无法发现。在硬盘被共享后，攻击者就可以很方便地通过向目标服务器中复制木马文件，并运行后得到对系统的控制权或者将硬盘格式化等方式来攻击目标服务器。

通过删除 HKEY_LOCAL_MACHINE\Sofeware\Microsoft\Windows\CurrentVersion\Network\LanMan 下面的 RWC$可以对上述攻击进行预防，也可以把 Windows\system 下面的 Vserver.vxd（Microsoft 网络上的文件与打印机共享，虚拟设备驱动程序）删除，再把 HKEY_LOCAL_MACHINE\system\CurrentControlSet\Services\Vxd\下的 Vserver 键值删除来完成对这类攻击的防范。

3. 利用跨站脚本进行攻击

跨站脚本执行漏洞主要是因为 CGI 程序没有对用户提交的变量中的 HTML 代码进行

过滤和转换造成的。通过利用跨站脚本漏洞，攻击者可以获取其他用户的 Cookie、伪造页面信息、突破外网和内网的不同安全设置，屏蔽页面特定信息以及通过结合其他漏洞，达到修改系统设置、查看系统文件、执行系统命令等目的。

攻击者通过使用 Iris 等工具，可获得目标服务器对输入响应的数据包，并通过对数据包的数据进行分析，得到实际的请求。然后，通过构造一个请求，使其能显示用户的 Cookie 信息，如提交的请求取得预期效果，接着编制一个可以获取查询字符串信息的脚本，并诱使登录目标系统的用户进行访问，从而得到用户 Cookie 中的敏感信息。

对于这种跨站脚本执行漏洞攻击的防范，需要程序员和用户共同努力。程序员要在代码中对用户提交数据中的 HTML 代码进行过滤，并限制用户提交数据的长度。

而对用户来说，不要轻易访问他人给你的链接，并禁止浏览器运行 JavaScript 和 ActiveX 代码。

9.7.3 防木马攻击

1. 木马的特性

木马程序是一类特殊的应用程序，一般由两部分组成：一部分是服务器程序，另一部分是控制器程序。如果目标服务器被安装了木马的服务器程序，那么攻击者就可以通过网络使用控制器程序全部或者部分控制目标服务器。

木马程序一般都具有隐蔽性、自动运行性、自动回复性、主动性和特殊性等特性。简单来说，如果一个木马程序不被其他人利用，那么它就没有破坏性，在这一点上，木马和病毒是有区别的。

2. 木马的种类

根据木马的功能不同，可以分为不同的种类，如可以找到隐藏的密码并将密码发送到指定信箱的密码发送型木马；通过运行服务器端程序，让知道服务器端 IP 地址和端口以及密码的攻击者可以远程控制或者观察目标服务器的远程访问型木马；通过记录目标服务器的键盘敲击，并将结果通过邮件发送给攻击者的键盘记录型木马；受攻击者控制可以进行拒绝服务攻击的拒绝服务攻击木马；作为攻击者发动攻击跳板的代理型木马；以及诸如 FTP 型木马、反弹端口型木马等各种木马。

3. 木马的启动方式

对于木马程序来说，如果程序不能启动，则产生不了任何威胁，但是一般的木马都可以采用各种方式达到自启动的目的，一般说来，主要有以下方式：

通过修改 Win.ini 文件来在系统启动中运行，通过修改位于 Windows 安装目录下的 System.ini 文件来完成启动；在 Autoexec.bat 和 Config.sys 中加载运行；也可以通过把木马加入到启动组、在*.ini 文件中加载来完成自启动；还可以通过修改文件关联来完成自身的启动，如著名的冰河木马就是关联到了文本文件上，只要打开文本文件就会自动启动木马文件；类似的方式还有捆绑文件的方式以及通过修改注册表达到启动目的的反弹端口木马等。

4. 木马的防范策略与简单方法

木马的启动方式和伪装方式很多，如何很好地防范木马对于电子商务系统的服务器来说尤为重要。

在没有专门的木马查杀软件的情况下，电子商务系统的管理员可以通过使用 netstat 命令来手动查杀一些木马。通过 netstat 命令的使用，可以查看到服务器的网络状态，通过对一些主要的木马端口进行查看，可以大略知道是否潜藏了一些知名的木马，如 7626 号端口就是冰河的默认端口。

在发现了一些不正常的现象后，可以通过对注册表文件的处理来对木马进行清除。在对注册表进行备份之后，检查 HKEY_LOCAL_MACHINE\Sofeware\Microsoft\Windows\CurrentVersion\Run 和 HKEY_LOCAL_MACHINE\Sofeware\Microsoft\Windows\Current Version\Runservice 键值中有无不熟悉的启动文件，若有，则在确认不是正常需要的文件后，在注册表中将所有一样文件名的键值全部删除。检查 HKEY_LOCAL_MACHINE 和 HKEY_CURRENT_USER\SOFTWARE\Microsoft\Internet Explorer\Main 中的设置，如果发现键值被修改，就将其改回去。检查 HKEY_CLASSES_ROOT\inifile\shell\open\command 和 HKEY_CLASSES_ROOT\txtfile\shell\open\command 等几个常用文件的默认打开程序是否被更改，若被更改，则应将其改回原值。

另外还需要检查系统的配置文件如 win.ini 文件中的“run=”和“load=”后面是否有加载木马的痕迹。一般情况下其后面应该什么都没有，如果发现不熟悉的启动文件，则可将其删除。在 system.ini 文件中的 BOOT 下的“shell=文件名”，正确的文件名应该是 explorer.exe，如果是“explorer.exe 文件名”的形式，那么后面的文件名就是木马，在硬盘上找到相应的程序，将其删除即可。

9.7.4 防 SQL 注入

1. 什么是 SQL 注入

在控制了操作系统的漏洞后，通过使用防火墙等手段对数据包进行过滤，使得一般的攻击很难奏效。但是可能由于程序员在进行电子商务系统的程序编制时，没有考虑到安全性的要求，或者对安全性的考虑不够，都可能为系统留下巨大的安全隐患。

最新的统计发现，攻击来源的 80%以上来自于应用层，通过提交畸形代码请求来达到利用数据库执行命令的目的。SQL 是一种结构化数据库查询语言，并已经成为目前大多数数据库应用中的实际标准。SQL 注入就是利用程序员本身对程序代码编写没有进行安全限制的漏洞，通过利用畸形请求，直接对数据库进行命令操作的方式。

2. SQL 注入技术简介

SQL 注入攻击就是通过利用程序员编写代码时，没有对一些重要的和特别的字符进行过滤的疏忽，通过构造相应的 SQL 语句来达到特定的目的。例如，如果在一个标准的用户登录的页面中，对于判断用户名和密码的 SQL 语句的构造形式如下：

```
Var strSQL="select * from users where username='" +username+"' and
password='"+password+"'"。
```

然后通过对这个 SQL 语句返回值进行判断来决定是否是有效的用户名和密码。在这种情况下，攻击者可以通过构造查询的语句来进行攻击。如：

```
Username:'; drop table users-
Password:
```

这样数据库中的 users 表将被删除，拒绝任何用户进入应用程序。原因在于“-”符号在 Transact-SQL 中表示忽略“-”以后的语句，“;”表示一个查询的结束和另一个查询的开始。“-”位于 username 字段中是必需的，它可以使这个特殊的查询终止，而不返回错误。

攻击者在知道可用的用户名的情况下，还可以通过构造如下的方式以任何一个用户身份登录：

```
Username:'admin-
```

在使用 SQL 注入攻击时，需要得到有关目标系统数据库中的相关的表名和字段名的信息，如果可以从应用程序(假设为 ASP)返回错误信息，那么攻击者可以采用 David Litchfield 发现的方法，通过构造一些特殊的语句，来得到需要的信息。如：

```
Username:  ' having 1=1-
Username:  ' group by users.id having 1=1-
```

其中的 users.id 为第一个语句的错误消息中的信息。通过执行这条语句，攻击者就可以得到 username 字段名。采用类似于此的方法，攻击者可以通过错误返回的消息，构造一系列的 SQL 语句。

这种技术可以用来读取数据库中任何表的任何值。这样攻击者就可以得到进入系统的一系列的用户名和密码。

在攻击者控制了数据库之后，就可以利用数据库的权限去获得网络上更高的控制权。在数据库服务器上，以 SQL Server 权限利用 xp_cmdshell 扩展存储过程执行命令。xp_cmdshell 是一个允许执行任意命令行命令的内置的存储过程，例如：

```
Exec master.xp_cmdshell 'dir'
```

将执行 dir 命令，这样，当 SQL Server 是以系统账户或者管理员账户运行时，攻击者将由此获得系统的管理员权限。

这时，有的开发人员会通过过滤所有的单引号和“;”来保护应用程序。无疑，在过滤了单引号和“;”之后，上面所说的方法就受到了很大的限制。但是攻击者即使不使用单引号产生一个字符串值，还可以通过使用 char 函数来达到，例如：

```
Insert into users values(888,char(0x63)+char(0x72)…+char(0x73)0,oxfff)
```

以上就是一个能够向表中插入字符串的不包含单引号的查询。因此，即使应用程序总是过滤单引号，攻击者还是有很多方法可以注入SQL，因此对用户输入的所有数据进行验证是一个较好的方法。

3. 如何防范SQL注入攻击

SQL注入攻击是一个电子商务系统最容易遭受的攻击，那么如何防范ASP的SQL注入攻击呢。

一般可以采取以下方法来避免受到SQL注入攻击或者增加攻击者进行攻击难度，或者减少被攻击后的损失。

（1）输入验证

输入验证是一个相对复杂的问题，并且在开发过程中很容易被忽视。输入验证可以从以下几个方面进行，首先努力修改数据使它成为正确的数据，其次拒绝被认为是错误的输入，最后只接受被认为是正确的输入。

（2）SQL Server锁定

锁定SQL Server是必需的，当创建一个SQL Server数据库时，为了提高安全性，减少SQL注入攻击的安全威胁，需要做以下工作。

① 确定连接数据库的方法。

② 确定哪些账户是存在的。

为应用程序创建一个低权限的账户，并删除不必要的账户，确定所有的账户都有强壮的密码，并执行密码审计。

- 确定哪些对象是需要的。

如果不需要过多的扩展存储过程，并且这些扩展存储过程可以被安全地删除，那么就要将这些扩展的存储过程删除，同时将包含在扩展存储过程代码中的.dll文件删除。

删除所有的示例数据库，如northwind和pubs等。

- 确定哪些账户能够使用哪些对象。

对于应用程序进入数据库所使用的账户应该保证其最小权限。

- 确定服务器的补丁。

确保服务器打了所有的针对SQL Server数据库的缓冲区溢出和格式化字符串攻击的安全补丁。补丁越完善，遭受到相应攻击的可能性就越少。

本 章 小 结

本章主要介绍电子商务系统安全的基本需要以及安全子系统的设计问题。

本章首先介绍了电子商务系统安全的基本要求，即电子交易的保密性、真实性、完整性和不可抵赖性，说明了电子商务系统可能的安全威胁和相关的安全技术。

本章针对电子商务系统安全体系，介绍了ISO的安全体系结构，并在此基础上说明了电子商务安全体系。

本章针对电子商务安全子系统的设计，首先介绍了电子商务安全子系统的基本框架，说明了电子商务系统的安全不单纯是一个技术问题，还包括安全策略、安全管理和安全技术等方面；介绍了安全策略的基本内容和制定方式；说明了电子商务安全管理的概念和内容。

在电子商务安全的技术方面，本章主要从网络安全方面介绍了防火墙及其设计、信息加密技术、数字签名、PKI体系，并且介绍了电子商务安全的另一发展方向IPSec体系。

在本章的最后，针对电子商务系统本身的特殊性和对安全的需要，介绍了一些实用的保证电子商务系统安全的技术，主要包括4个方面，分别为防止操作系统漏洞的攻击、防止Web服务的攻击、防止木马的攻击以及防止SQL注入的攻击。这些攻击方式各不相同，也有其不同的处理方式。

思考题

1. 电子商务安全都有哪些基本需要？
2. 电子商务安全可能存在哪些潜在的威胁？针对这些威胁可以采取哪些手段？
3. 与电子商务安全相关的技术都包括哪些内容？分别用于解决什么问题？有什么特点？
4. 电子商务的安全体系与ISO安全体系相比有什么异同？
5. 电子商务安全子系统的设计包括哪些内容？
6. 为什么说电子商务安全不仅仅包括技术层面的问题？
7. 电子商务安全管理、安全策略分别是什么？
8. 防火墙是保障电子商务网络安全的常见设备，其工作原理是什么？如何应用？
9. 为什么要采用数字签名？
10. PKI体系是电子商务安全的核心内容之一，PKI由哪些内容组成？分别具有什么功能？
11. IPSec体系的基本思想是什么？它是如何工作的？
12. 一般对于电子商务系统的攻击方式都有哪几种？请分别说明。
13. 在操作系统攻击方面都有哪些漏洞？一般采用何种技术手段进行防范？
14. 在Web服务方面，都有哪些漏洞？一般采用何种技术手段进行防范？
15. 木马都有哪些特性？主要有哪些启动方式？一般采用何种技术手段进行防范？
16. SQL注入的基本原理是什么？如何进行防范？
17. 在进行了单引号过滤的情况下，如何通过高级的SQL注入，如字符串攻击的方式进行攻击？
18. 在得到数据库的控制权之后，如何通过对扩展存储过程的使用得到对系统的控制权？

实 践 环 节

1. 访问 Visa 组织牵头建立的有关电子商务安全的网站（www.cisecurity.org），了解 Visa 组织对于安全标准的描述。

2. 访问美国的计算机紧急响应组（CERT）网站（www.cert.org），了解 CERT 对于网络安全漏洞方面的说明。

3. 假定你的同学经营一个 B2C 的电子零售网站，你作为一个安全专家，并试图说服你的同学加强安全防范措施，改进网站的安全性能，你准备如何做？通过小组模拟，看一下是否能够达到预期效果。

第 10 章　电子商务系统的实施和运行维护

电子商务系统分析、设计阶段给出了系统逻辑结构的描述，使人们可以把握未来电子商务系统的组成、应用功能、运行环境以及主要的处理逻辑。其后，建造电子商务系统的工作进入到系统实施的阶段。系统实施（System Implementation）也称为系统实现，就是要在系统设计的指导下，将设计蓝图转变为实际存在的电子商务系统，将系统的逻辑模型进一步转化为相应的物理系统，经过测试后投入实际运行。

如果说在设计阶段，主要从整体角度出发，更多地考虑系统的功能、结构，那么系统实施阶段则需要针对系统的每一个组成部分，详细确定其具体实现细节，其中要完成的工作主要包括开发工具的选择、代码的编写与调试、软硬件集成、现场安装与试运行、培训等。当然，如果企业采取了外包方式来建设电子商务系统，那么对于该企业而言，系统实施的目标也就意味着开发集成商“交钥匙”，将一个完整的系统交付给自己。

系统实施是一个复杂的系统工程，其中不仅涉及各种软件和硬件设施，而且还涉及诸多方面的部门和人员，其中既有开发技术人员，也有业务人员；既有集成商，也有用户企业，所以，在系统实施阶段，必须做好统筹规划，使系统建设措施得当，循序渐进，避免走弯路和造成浪费。

在电子商务系统建成并投入使用之后，就进入了其生命周期中的最后一个阶段——运行和维护阶段。在这一阶段，必须对系统进行有效的管理与维护，使系统始终处于技术上可靠、安全、高效，内容上不断更新，功能和性能上持续满足用户需要的状态，因此，可以说，电子商务系统的运行维护就是为保证系统的平稳、正常运行而进行的日常维护管理工作，主要包括数据维护、平台维护、应用软件维护等方面的活动。

总之，本章所讨论的系统实施和运行维护涵盖了电子商务系统开发生命周期中的最后两个阶段，即系统实施阶段与系统运行和维护阶段，其中的主要工作内容包括以下几项。

- 开发集成。根据系统设计，完成系统应用软件的编码调试，进行电子商务系统和企业既有信息资源的集成。
- 安装与试运行。进行系统投产前的必要准备（如软硬件安装、调试、系统域名申请、人员培训等），完成系统的投产试运行。
- 维护管理。监测系统运行状态，对系统的资源进行管理。

10.1　电子商务系统的开发与集成

电子商务系统的开发与集成是电子商务系统实施工作中的首要内容，其中，需要完成的主要是两个方面的工作：其一是商务应用软件的编码与调试，其二是新开发的电子商务系统与企业既有信息资源的集成。在这一环节中，除了要掌握传统的信息系统开发的基本方法与技术外，还有必要对电子商务系统的开发集成与传统的信息系统开发活动之间的差别有充分的认识，这些差别具体体现在以下几个方面。

① 电子商务系统基本上是基于客户/服务器（Client/Server，C/S）结构的，且大多为浏览器（Browser/Server，B/S）形式，所以其应用软件可以分成客户（Client）和服务器（Server）两部分，或者说分为前端（Front End）和后端（Back End）。尤其对于B/S形式的系统而言，其开发工作主要集中在服务器端程序上，这是与很多传统的信息系统所不同的。

② 电子商务系统的应用程序基本上在 Web 服务器或者应用服务器（Application Server）上运行，而传统的应用程序则直接运行于操作系统之上（如图 10-1 所示）。

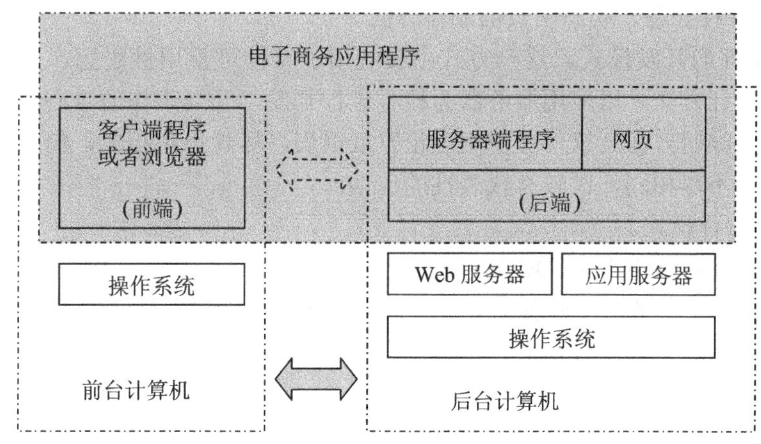

图 10-1　电子商务系统的应用程序

③ 电子商务系统应用程序的开发语言和开发方式与传统的应用程序相比，也有一些特点。传统的应用程序大多利用 COBOL、Visual Basic、C/C++等语言进行开发，而电子商务系统应用程序的开发通常使用 ASP、PHP、C＃、Java 等语言进行，其中，尤以 Java 的应用目前最为广泛。此外，在应用软件的构建上，由于应用服务器的引入，各种组件技术（如 EJB、Java Bean 等）应用也较广，所以应用的可重用性较强。

④ 电子商务应用是运行于分布式环境中，应用软件中的各个部分可能跨平台，同一应用中又可能包括客户端程序和服务器端程序，这些程序可能运行于不同的操作系统之上，而且大量使用组件本身也往往会造成跨平台的现象出现。所以，电子商务应用程序开发中大量使用了分布式系统开发及分布式数据库的技术。

⑤ 一般说来，规模比较大的电子商务系统都需要与企业既有的数据库和信息系统进行集成，此外，企业也常常需要与其合作伙伴之间发生数据交换，或者与合作伙伴的信息

系统进行协同处理，这就涉及很多应用的互操作和异构数据源的处理问题，从而使得电子商务应用程序的开发更为复杂。

正是由于这些原因，导致电子商务系统在开发和集成方面不仅复杂，而且较为灵活，存在多种应用程序的构建方式，也存在不同的开发技术。所以在下面的内容中，将分别介绍电子商务系统应用软件的构建模型、主要开发工具的特点和有关的集成技术。

10.1.1 电子商务应用的编程模式

电子商务系统应用的编程模式指应用程序的开发和构建方式，目前，基本上可以分成两类。

① 传统的 Web 开发模式。这种方式以 Web 服务器为核心进行开发，编程工作主要集中在 Web 上的各种静态、动态网页的制作方面。

② 基于组件的开发模式。这一方式主要利用了软件可重用性思想，其特征是基于面向对象的程序设计方法，以应用服务器为核心进行开发，开发工作的重心集中在各类组件程序组装及少量编码方面。软件可重用理论发展很快，尽管思路相似，但是这种模式的编程工具和手段却不尽相同，比较有代表性的包括：

- J2EE 的编程模式。
- 基于 Microsoft Windows DCOM 的开发编程模式。

实际上，在电子商务应用软件的开发中，这两种编程模式都是经常用到的，也就是说，开发电子商务应用软件需要针对软件的需求，综合应用这两种方式。

1. 基于 Web 的编程模式

基于 Web 的编程模式将开发工作集中在 Web 服务器上各类静态、动态网页的开发方面。电子商务系统在早期基本上都是采取这种编程模式，目前该模式在规模不太大的电子商务系统中仍然被大量采用。

基于 Web 的编程模式如图 10-2 所示。

这种编程模式的基本特点如下。

① 由于目标系统的结构是两层结构，比较简单，所以将编程工作分成两部分：静态网页制作和动态网页制作。

② 静态网页制作相对较为简单，可以利用各种网页制作工具（例如 Dreamwaver）完成，但是开发中需要注意各个页面在 Web 服务器中的组织与管理、网页组织分级目录的设计以及网页的检索等问题。

③ 动态网页制作的重点集中在各类公共网关接口程序（CGI）、脚本程序的编写方面。其中，CGI 程序利用高级语言、命令解释语言（如 Perl、UNIX Shell 等）和其他一些编程语言参照 HTTP 协议进行编写；而各种脚本程序（如 ASP、PHP、JavaScript 等）则根据其语法要求编写。

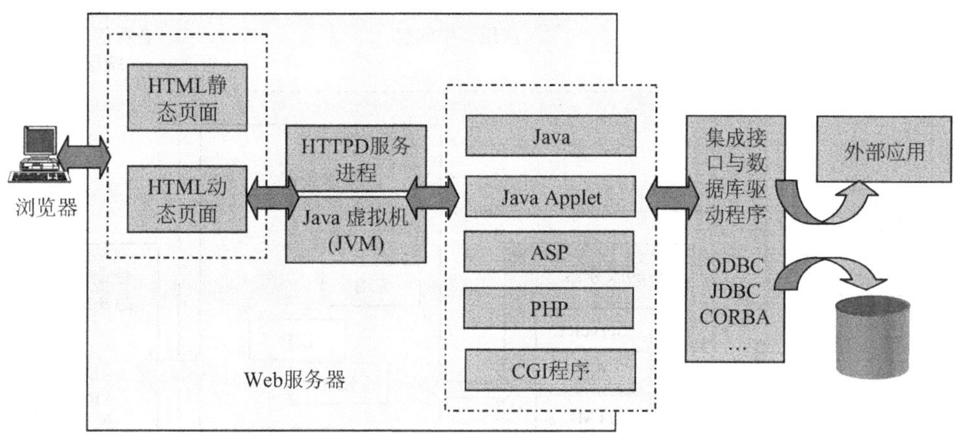

图 10-2 基于 Web 的应用开发模式

④ 应用软件如果与数据库和其他外部应用进行集成，则主要通过动态网页的 CGI 程序、脚本程序的数据库接口驱动程序实现。在一些情况下，除了通用的 ODBC、JDBC 接口外，可能还有一些特殊的接口驱动，例如在 Linux 环境中，作为 WWW 服务器的 Apache 和 Sybase 数据库的接口。关于这一点，在后续内容中有进一步的介绍。

这种编程开发模式比较适合于两层结构的电子商务系统，而且在一些网站上也可以找到很多共享程序或程序模板，编码时可以以此作为参考，加快编码的进度。这种方式的不足表现在代码的可重用性不高，应用软件和企业其他信息资源以及成熟的商业组件的集成较为困难。

2. J2EE 的编程模式

J2EE 的编程模式最早由 SUN 公司提出，其模型如图 10-3 所示。在这种编程模式中，网页、脚本程序和处理企业业务逻辑的其他应用主要通过调用各种 EJB 组件实现其具体功能。而数据表达方式可以采用 XML 等灵活的形式。

在该模型中，业务逻辑处理被分成 3 个层次：客户层（Client Tier）、中间层（Middle Tier）和企业信息系统层（EIS Tier）。客户层支持不同的客户端，包括基于浏览器的瘦客户端及其他客户端。中间层能够完成企业服务的存取。EIS 层负责存储企业内部的关键商务数据。

在 J2EE 模型中，应用服务被分为两部分：一部分是商务及表达逻辑，由开发人员实现，另一部分是标准的系统服务，由 J2EE 平台提供。

在 J2EE 模型中，中间层的商务功能通过一系列的 EJB 组件实现。中间层的 JSP 主要用以实现业务逻辑处理结果的动态发布，构成动态的 HTML 页面。而 Servelet 则侧重于实现更为灵活一些的动态页面。

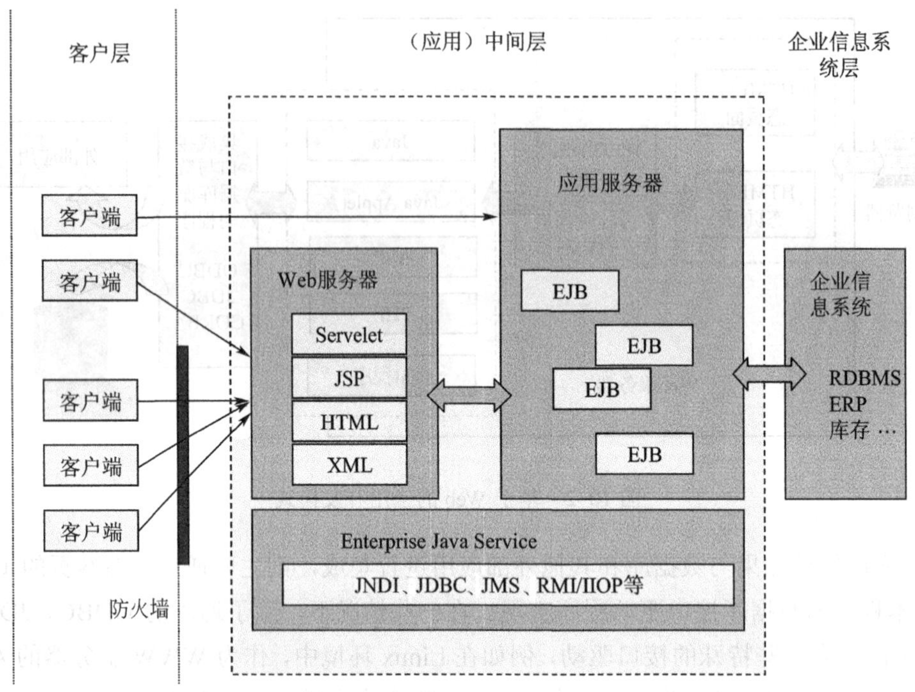

图 10-3　J2EE 编程模型

在上述模型中，中间层可以通过以下方式访问企业信息系统层中的信息资源。

- JDBC。数据库访问接口 API。
- Java 名字及目录接口 JNDI（Java Naming and Directory Interface）。JNDI 可以获取名字服务和目录服务，例如 DNS、NDS、LDAP 和 CORBA 的名字服务。
- Java 消息服务 JMS（Java Message Service）。JMS 作为一个标准的 API 接口可以和企业基于消息的中间件系统（例如 IBM MQ Series、BEA TUXEDO 等）交互。
- Java Mail。基于 Java 的电子邮件 API 接口。
- Java IDL。IDL(Interface Definition Language)是一种接口定义语言。Java IDL 可以通过建立远程接口支持 Java 和 CORBA 应用的通信。利用 Java IDL，应用系统可以调用 CORBA 的服务。

选择 J2EE 的编程模式进行软件开发的优势在于软件的可重用性得以提高，表现为编写的各个 EJB 模块可以得到重用，同时可以比较方便地利用一些现成的商业化 EJB，减少开发工作量，加快开发速度。此外应用采用 J2EE 规范编写，其跨平台的能力比较强。

3. Microsoft DCOM 和 Windows DNA

Microsoft 也提出了基于组件的应用编程模式。Microsoft 的分布式应用集成方案是以其公共对象模型（Common Object Modle，COM）为基础的，在 COM 的基础上，提出了 DCOM

和 Windows DNA 的体系结构。Windows DNA 的结构和 SUN 的 J2EE 标准相似，如图 10-4 所示。

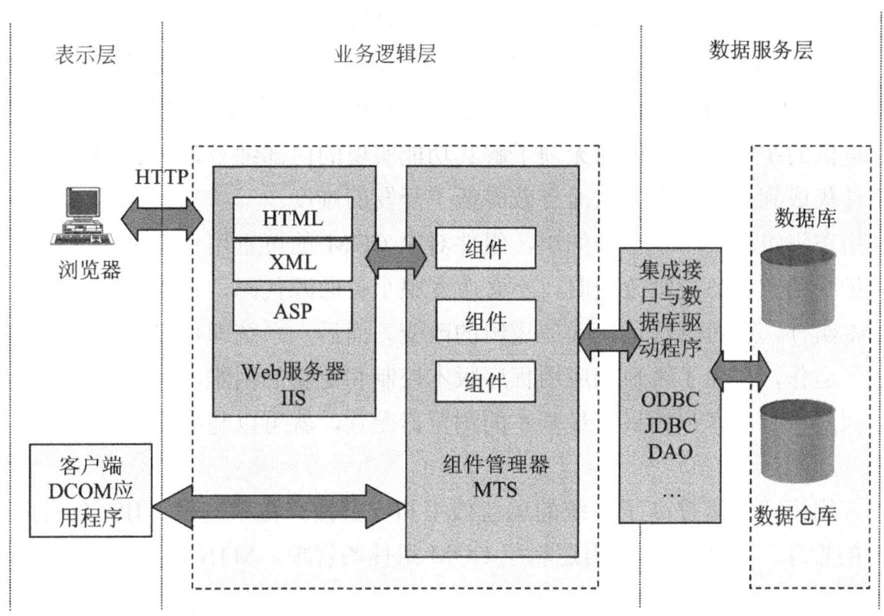

图 10-4　Windows DNA 体系和 DCOM 编程模式

Windows DNA（Windows Distributed InterNet Applications Architecture）是一种分布式的 Internet 应用框架，Windows DNA 与 Microsoft Windows 操作系统紧密结合，它在原来 Microsoft 的分布式对象服务（如 COM、事务服务器 MTS 等）的基础上构造得到。

在 Windows DNA 结构中，分布式应用系统被分解，整个应用系统由表示层（Presentation）、业务逻辑层（Business Logic）和数据服务层（Data Service）3 个部分组成。

• 表示层：用户的界面部分。主要是通过在客户端浏览器中展示和运行 HTML、DHTML、Java Applet、ActiveX 和 XML，以实现用户与应用逻辑处理结果的通信。在 Internet 应用环境中，表示层的工作由瘦客户机（主要指浏览器）来完成。

• 业务逻辑层：负责处理表示层的应用请求，完成业务逻辑的计算任务，并将处理结果返回给用户。业务逻辑层是将原先置于客户端的业务逻辑分离出来，集中置于服务器部分，为所有用户共享。业务逻辑层是整个应用的核心部分，而组件对象模型 COM 则相当于其心脏。业务逻辑层通过 COM 进行业务处理，并由 IIS（Internet Information Server）和 MTS（Microsoft Transaction Server）为各种应用组件提供完善的管理。

• 数据服务层：为应用提供数据来源。和以往的两层体系结构不同，数据库不再和每个活动客户保持一个连接，而是若干个客户通过应用逻辑组件共享数据库的连接，从而减少了连接次数，提高了数据库服务器的性能和安全性。可以根据需要选择 Microsoft SQL Server、Oracle 或任何与 OLE DB 或 ODBC 兼容的数据源。

Windows DNA 的技术思想使应用开发有了明确的分工。一部分人员专注于业务逻辑层 COM 组件的开发和测试工作，另一部分人员根据业务逻辑的需要选择和使用 COM 组件，使用组件提供的统一对外接口而无须了解其功能实现的内部细节，最终以精练的 ASP 脚本语言把组件集成到页面之中，从而有效降低了开发的难度。

将应用逻辑组件集中置于中间层，组件对象 COM 的可重用性可减少应用系统整体的管理和维护费用。业务逻辑改变时，不必改变整个页面源代码，只需调整或替换中间层相应的 COM 组件，即可灵活适应业务逻辑的改变。而后，系统即可以在更新后的业务逻辑处理环境下运作，避免了客户端应用程序版本控制和更新的困难。而且所有复杂的事务处理都在中间层进行，客户端只需最基本的浏览器配置，就可以与服务器及其他客户进行事务交流。

这种应用模式显著提高了系统的运营效率和安全性。在中间层，IIS 负责应用逻辑层 Web 页面的管理，MTS 负责应用逻辑层 COM 组件的管理。MTS 在多线程的支持下工作，实现对 COM 组件的分布式连接管理、线程池自动管理及高性能事务处理的监视。应用程序使用组件可以共享与数据库的连接，使数据库不再和每个活动客户保持一个连接，而是若干个客户通过共享组件和数据库连接，降低了数据库的负担，提高了系统性能。此外，客户通过组件访问数据库时，MTS 的安全管理可以按权限将特定组件授予不同的用户组，使商务活动的安全性和系统结构有机地结合在一起。

DCOM 组件和开发语言无关，例如 Microsoft Visual C/C++、Visual Basic 等都支持组件的开发。组件可以在 ASP 脚本中调用，也可以在一个 ActiveX 的动态连接库中调用。Windows DNA 的这种方式可以利用分布式组件对象访问数据库，并完成复杂的商业计算，同时开发的效率也比较高，但这种方式只能运行于 Microsoft 平台上。

4．混合编码模式

除了上述 3 种模式以外，还有其他一些模式可供挑选，且在开发电子商务应用系统时，可以交叉运用几种方式，根据不同应用的特点进行开发，也就是说，编码过程中可以采用如图 10-5 所示的混合编码方式。

但是需要注意的是，组件对象需要在特定的软件平台上运行，例如支持 J2EE 标准的应用服务器平台、Microsoft MTS 等，因此，通常说来，基于 Java 的编程模式与基于 Microsoft 产品的编码模式之间较少混用。此外，每一种方式都有其自身的优点，很难说哪种编码模式一定是最优的，在实际开发过程中可以具体问题具体分析。

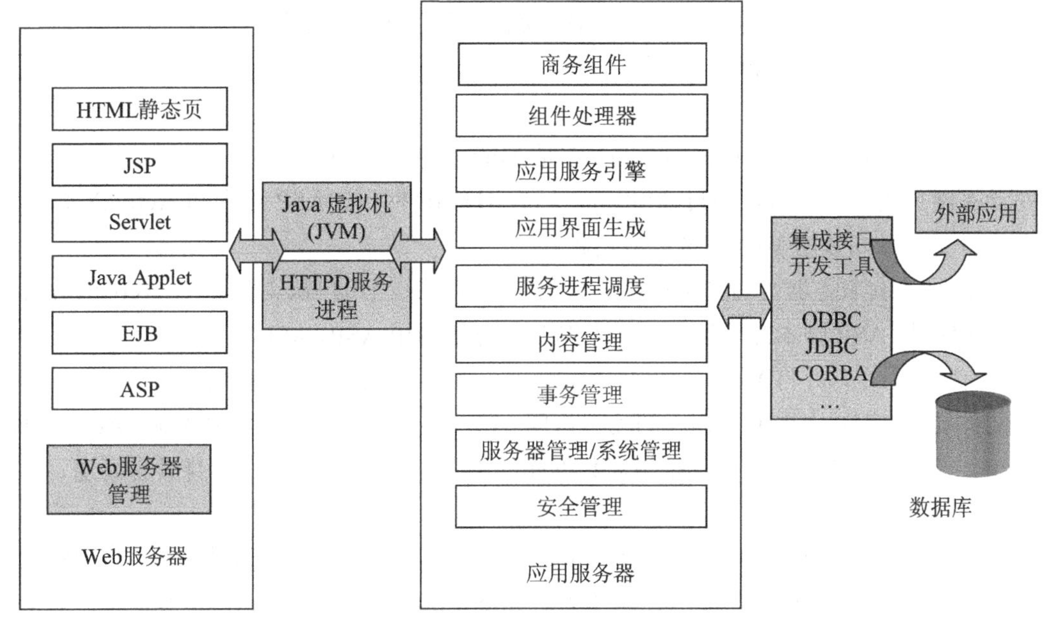

图 10-5 综合应用的混合编码开发模式示意图

10.1.2 电子商务应用的主要开发工具

根据 10.1.1 阐述的内容，电子商务系统应用软件开发不仅包括应用程序开发，还包括网页的编辑制作。所以，其开发工具大体上可以分成针对应用程序编码的开发语言和针对页面设计的网页制作工具两大类。

1．网页制作工具

网页制作工具很多，常见的如 Dreamwaver、Microsoft FrontPage 等。这些工具基本上可以按其功能分成几种：

- 网页的可视化编辑工具，如 Dreamwaver 等。
- 网页图形、图像编辑制作工具，如 Photoshop、CoreDraw 等。
- 语音、视频等多媒体编辑制作工具，如 Real.com 的 Real 系列工具包等。

2．应用开发语言

应用开发语言用于编写应用程序的代码，电子商务应用程序开发语言也较为丰富，既包括高级语言，也包括一些解释性的脚本语言，常见的开发语言及其特点如下：

（1）传统高级语言

主要包括 C/C++、Visual Basic、VBScript 等。传统高级语言尽管不是专门为电子商务系统的开发而设计，但是其通用性比较好，而且由于目前的商品化软件包（例如数据库、中间件产品等）一般都提供高级语言的 API 接口，所以在遇到如何解决电子商务系统与其他应用的互操作这样的问题时，高级语言还是有一定适用范围的。

（2）ASP

ASP 是 Active Server Pages 的缩写，它是 Microsoft 开发的一种在服务器端运行、用于编写动态网页的脚本语言，通过 ASP 可以结合 HTML 网页、ASP 指令和 ActiveX 控件建立动态、交互且高效的 Web 服务器应用程序。

ASP 是一套服务器端的脚本环境，其工作过程是：当用户从浏览器向 Web 服务器请求.asp 文件时，ASP 脚本开始运行，然后 Web 服务器调用 ASP，ASP 全面读取请求的文件，执行所有脚本命令，并将 Web 页面传送给浏览器。ASP 采用面向对象的特征以及对 Active X 控件的扩展，可实现对 Web 数据库的动态访问。ASP 对数据库的访问采用 ADO（Active Data Objects）方式，即通过建立对象把访问数据库的细节高度抽象。ADO 本身具有高速、简便以及低内存开销的特点。

ASP 内部提供了两种脚本引擎：JScipt 和 VBScript，其中，默认的脚本语言为 VBScript。同时 Microsoft 在其一整套开发工具包（例如 Microsoft InterDev、Develop Studio）中也提供了界面友好的开发平台，使熟悉 Microsoft 产品的开发人员能够很容易使用。

ASP 拥有简单、易于掌握、占用资源较少等优点，因此，在早期的电子商务系统以及现在的一些小型网站中均有广泛应用。然而，ASP 技术也有一个致命的缺点，它只能使用在 Microsoft 的 Web 服务器，如 IIS 上，而在基于 UNIX 系统的 Web 服务器上则不能运行。

（3）Perl

Perl 是一种解释性的语言，由于这种语言吸收了 UNIX 操作系统的很多特点，而且比较灵活和方便，加之这种语言的解释器是免费的，而且有很多共享例程，所以，它在 Web 服务器的 CGI 程序编写上很有市场。但是，由于 Perl 是解释型的语言，所以用其开发的应用执行效率不是很高。

（4）PHP

PHP 技术是一种免费的技术，它是以 HTML 内嵌式语言的形式出现的，类似前面讲过的 ASP 技术，它可以比 CGI 或者 Perl 更快速地执行动态网页。

这一开发工具与硬件平台没有直接关系，而且与 Web Server（尤其是 Apache）之间的结合非常紧密。同时，PHP 也提供了多种数据库的接口手段。此外，PHP 在 Web 可发布的动态图形图像生成方面也有很多独到之处，所以这种工具在目前电子商务系统的构造中也很流行。

PHP 的主要特点如下。

- 开放源码、免费。

• 跨平台。PHP 程序可以运行在 UNIX、Linux 或者 Windows 操作系统下。

• 语法简单。它的语法混合了 C/C++、Java、Perl 以及 PHP 式的新语法，因而熟悉上述任意一种语言的人都可以很快地掌握这种语言技术。

• 效率高。与其他的解释性语言相比，PHP 消耗的系统资源较少。当 PHP 作为 Apache Web 服务器的一部分时，运行代码不需要调外部二进制程序，服务器解释脚本不需要承担任何额外的负担。

• 良好的数据库支持。可以使用 PHP 存取 Oracle、Sybase、SQL Server、MySQL、dBase、PostgreSQL 、FilePro、Solid、UNIX dbm、Informix/Illustra 等数据库，以及任何支持 ODBC 标准的数据库。

• 动态图像、图形创建。

（5）JSP

JSP 是 Java Server Page 的缩写，它是与 Microsoft ASP（Active Server Page）类似的一种编写服务器端应用的脚本语言。JSP 与 Microsoft 的 ASP 技术非常相似。两者都提供在 HTML 代码中混合某种程序代码、由语言引擎解释执行程序代码的能力。

在 ASP 或 JSP 环境下，HTML 代码主要负责描述信息的显示样式，而程序代码则用来描述处理逻辑。普通的 HTML 页面只依赖于 Web 服务器，而 ASP 和 JSP 页面需要附加的语言引擎分析和执行程序代码。程序代码的执行结果被重新嵌入到 HTML 代码中，然后一起发送给浏览器。ASP 和 JSP 都是面向 Web 服务器的技术，客户端浏览器不需要任何附加的软件支持。

ASP 的编程语言是 VBScript 类的脚本语言，JSP 使用的是 Java，这是两者最明显的区别。此外，ASP 与 JSP 相比，还有一个更为本质的区别：两种语言引擎用完全不同的方式处理页面中嵌入的程序代码。在 ASP 下，VB Script 代码被 ASP 引擎解释执行；在 JSP 下，代码被编译成 Java Servlet 并由 Java 虚拟机执行，这种编译操作仅在对 JSP 页面的第一次请求时发生。

JSP 具有以下特点。

• 通用性较好。目前主流的系统平台都支持 JSP，所以其通用性很好，开发人员可以在任何支持 JSP 的平台上开发应用。

• JSP 可以使得页面内容和其显示相互独立。使用 JSP 技术，Web 页面开发人员可以使用 HTML 或者 XML 标识来设计和格式化最终页面；使用 JSP 标识或者小脚本来生成页面上的动态内容，需要动态生成的内容可以封装在 Java Bean 中，这样 Web 管理人员和页面设计者能够编辑和使用 JSP 页面，而不影响内容的生成。

• 提高可重用性。应用 JSP 可以访问可重用的组件，如 Java Servlet、JavaBeans 和其他基于 Java 的 Web 应用程序。JSP 还支持在 Web 页面中直接嵌入 Java 代码。这样软件的可重用性可得到提高。

• 继承 Java 技术的优点。由于 JSP 页面的内置脚本语言是基于 Java 编程语言的，而且所有的 JSP 页面都被编译成为 Java Servlet，所以 JSP 页面具有 Java 技术的所有好处，包括健壮的存储管理和安全性。

• 与 XML 技术集成。除了上述语言和平台之外，近年来 Microsoft .NET 与 J2EE 逐渐成为电子商务系统应用开发的主流平台，关于这两个平台，在本书的 5.5 节中有专门介绍，本节不再重复。

10.1.3　电子商务系统的应用集成基础

电子商务系统是企业信息化的一个重要组成部分，其应用系统是以企业的现有信息资源为基础的，因此，经常会遇到“如何将电子商务系统与企业的现有信息资源集成在一起，满足企业商务处理的整体需要”这样的问题。

电子商务系统与企业既有信息资源的集成是一个比较复杂的问题，一般来讲，这种集成主要涉及以下几个层次（如图 10-6 所示）。

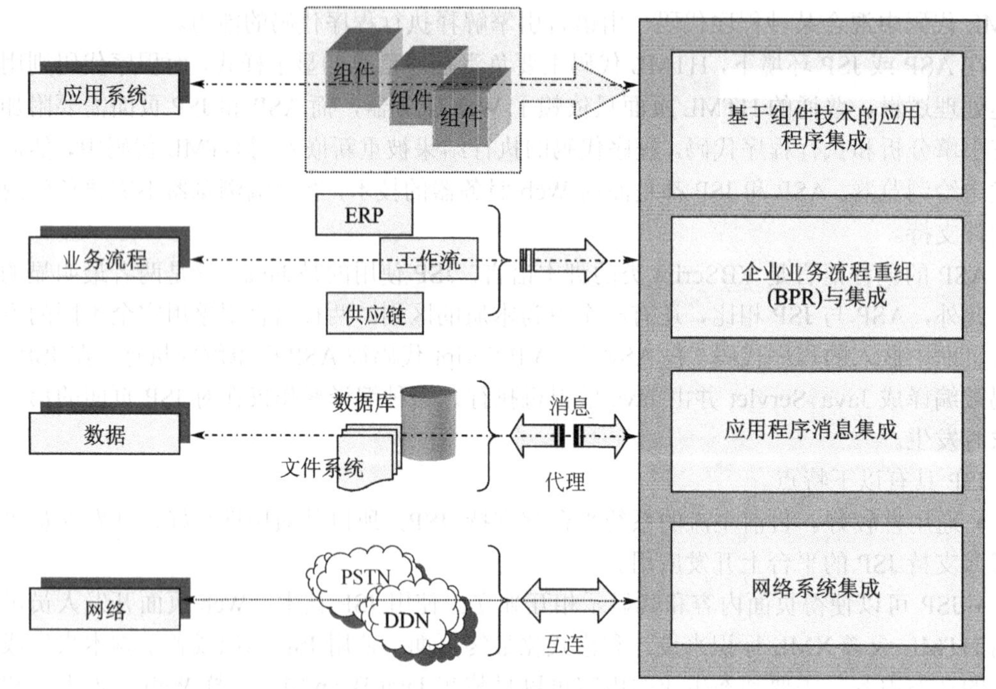

图 10-6　应用集成示意图

① 数据集成。数据集成是指应用系统能够通过消息、网络文件系统等方式存取外部数据。例如电子商务系统通过 e-Link 这样的消息中间件产品访问 IBM ES9000 大型机。

② 网络集成。网络集成是指通过网络互连将各种不同形式的数据通信网络连接在一起，为应用之间的数据交换提供支持。

③ 应用集成。应用集成有两个含义：一个含义是指利用各种组件组成能够进行业务逻辑处理的应用程序，另外一个含义是指应用之间的互操作。

④ 企业业务流程集成。企业业务流程集成不仅仅意味着将企业的业务流程统一到一个信息平台上，它主要意味着以信息技术为依托，整合企业的管理信息系统与电子商务系统，使企业的生产过程能够在一个新的平台上更为有效地进行，它和企业的业务流程再造类似，是一种业务逻辑集成。

1. 数据集成

数据集成的目标是使不同系统、不同形式的数据集合能够统一在一起，为电子商务系统提供支持，或者简单地讲就是实现分布式的数据共享。例如：某企业内部网络中生产管理系统是利用 SAP 的 ERP 系统构造的，而电子商务系统要求 Web 服务器上的应用能够读取 ERP 系统中的数据，反过来，ERP 系统也需要根据来自 Web 上的订单数据来改善生产组织，在这种情况下，需要通过在数据层次上实现两者的集成。

数据集成涉及的关键问题包括：

• 异构数据转换及接口标准。以电子邮件为例，Internet 电子邮件、EDI 系统的电子邮件、Lotus Notes/Domino 的电子邮件从功能上相似，但数据格式不同，那么如何实现这些邮件的转换，并使之集成在电子商务系统中呢？

• 应用存取异构数据源的协议标准。系统中如果存在多种数据库管理系统（如 Sybase、Oracle），各 DBMS 对数据存取方式的定义是不一样的，那么是否意味着应用必须针对每一类数据库编写不同的代码呢？

• 异构数据的统一管理。在系统中，商务分析所依据的数据可能来自 Excel 报表、PDF 格式的宣传品、DB2 的数据，那么如何完成对这些数据源的抽取和管理？是否需要针对每种类型的数据开发不同的管理程序呢？

上述问题是在数据集成过程中需要解决的。但是，令人遗憾的是，迄今为止，尽管这些问题都有一些解决方案和产品，但还没有一套完整的标准来定义和规范这些解决方案。以下从目前已有的标准及解决方案的角度对上述问题进行阐述。

（1）异构数据源的存取

如果应用程序试图采用相同的方法访问不同的数据源，那么必须解决的问题包括两个方面：存取数据的过程和方法必须规范；数据源的数据格式应当是可转换的，数据组织的方式应当相似。

由于数据可以通过数据库、文件系统等多种方式存储，而且数据类型、格式等差异很大，加之 IT 厂商要维护其商业利益，所以数据格式及组织的标准化是一件非常困难的事，目前仅仅在数据库管理系统的数据类型及组织方面有一定的进展，主流的数据库之间已基本上能够实现异构数据的转换。

对于第一个问题，目前在数据库系统的数据存取方式、接口方面有了一些事实上的工业标准，主要体现在以下两方面。

① 数据库数据的存取标准 SQL。

SQL（Structured Query Language）由 ANSI 制定，ISO 选定其作为数据库数据存取标准（ISO 9079）。OSF 和 X/Open 也都选择了它作为产品标准。

② 应用访问数据库的接口标准 ODBC、JDBC 等。

数据库向用户提供的数据查询语言 SQL 是标准的，这并不意味着数据库对应用提供的 API 接口（Application Program Interface）也是标准的。从应用开发的角度看，各个数据库产品生产商向程序员提供的 API 接口差异还是比较大的（例如 Sybase 的 DB-Library、Informix 的 E-SQL 等），为了避免应用对数据库的依赖性过强，使应用适应于不同的 DBMS，目前主要有以下一些数据库连接标准。

- 开放数据库连接标准（Open Data Base Connectivity，ODBC）：ODBC 由 Microsoft 公司提供，定义了数据库访问的应用程序接口，即 API 接口。ODBC 的目的是屏蔽各种数据库存取 API 接口的差异，为访问数据库的应用程序提供一致的接口。应用程序可以通过称为 ODBC 驱动程序的不同的数据库引擎访问不同的数据库管理系统，如图 10-7（a）所示。
- Java 数据库连接标准（Java DataBase Connectivity，JDBC）：JDBC 和 ODBC 类似，它为 Java 应用程序提供了统一的 API 接口。JDBC 包括两个基本部分：一部分是面向开发人员的 JDBC API，其作用是为程序员提供不同的数据库连接方式；另一部分是 JDBC 驱动程序，它可以建立在 ODBC 基础上，即程序对 JDBC 的访问先转换为对 ODBC 的调用，然后利用 ODBC 完成数据库访问；JDBC 也可以直接与数据库连接。目前几乎所有的应用服务器都为 Java 程序提供 JDBC 接口，如图 10-7（b）所示。
- 统一数据存取标准（Universal Data Access，UDA）：UDA 是 Microsoft 公司提出的一种标准，它也力图为应用程序给出一个统一的 API 接口，其特点在于它所针对的数据源不仅仅局限于关系数据库，而且可以是非关系型的数据文件、图形图像等。在 UDA 机制中，应用程序通过 ADO（Advanced Data Object）接口访问数据，而 ADO 可通过 OLE DB 访问非关系型的数据或者通过 ODBC 驱动程序访问不同的数据库，如图 10-7（c）所示。

UDA 提供了对不同数据源的一致的存取方式，但是遗憾的是，UDA 机制目前除了在 Microsoft 的产品中有深入应用外，其他 IT 厂商在产品方面的支持并不非常广泛。

（2）异构数据的统一管理

异构数据的统一管理是指利用统一的操作方式管理不同格式的数据源，并且实现不同数据之间的相互促进转换。通过该项服务，应用程序能够以一致的方式存取结构化和非结构化的数据。当数据可以以统一的方式进行管理后，其可移植性就会得到很大的提高。由

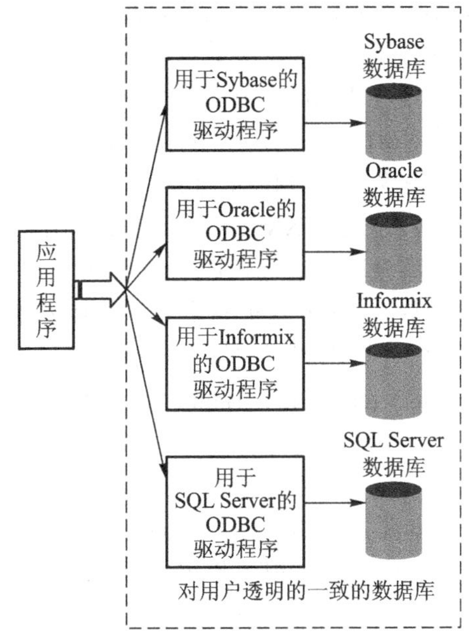

（a）通过 ODBC 驱动程序访问异构数据库

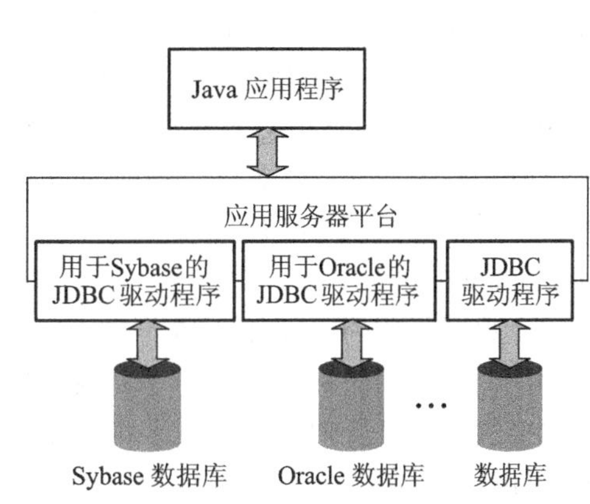

（b）通过应用服务器的 JDBC 驱动程序访问不同的数据库

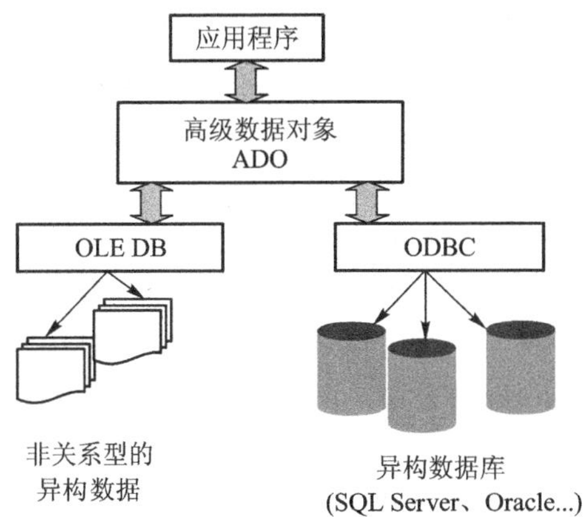

（c）UDA 结构示意图

图 10-7　数据库连接标准

于标准总是滞后于产品，所以在这一方面目前还没有非常成熟的标准，但是有一些建议标准和产品：

① Microsoft UDA。UDA 的思路实际上是将数据及其存储、表达格式和存取方式集成在一起，形成可被统一操作的数据对象（ADO 对象）。在 ADO 对象中，数据及其操作方

法被封装在一起，这样就可以以透明的方式存取数据，而不必关心存取是如何实现的。

② XML。XML 不只是一种数据标记语言，它不仅可以用来定义数据表达的方式，更重要的是，XML 同时还可以限定数据的存取方法。由于在 XML 规范的数据中，不同的数据源被定义为统一的格式，并对用户透明，所以使用 XML 语言的企业将能够把以各种格式存储的商务数据转换成具有高可移植能力的电子商务数据。XML 本身具有很好的特性，而且也被认为是 Internet 上统一数据结构的未来标准，但是支持 XML 的产品目前并不很丰富，这是 XML 的一个缺陷。关于 XML，本章的后面部分还将进行较详细的介绍。

③ 中间件产品。由于要求所有的数据对象能够以统一的方式被存取是比较困难的，所以目前一些中间件产品就走向“退而求其次”的道路，追求若干主流数据格式能够被统一管理。在这方面比较有代表性的是 Interwoven 的 TeamSite、Banta 的 e-Media 和 MediaBridge 的产品。

（3）数据集成的中间件产品

除了上面介绍的标准外，为了完成应用和不同数据源之间的集成，并向开发人员提供比较完善的开发及管理接口，很多中间件产品在数据集成中起了很大作用。与前面谈到的利用 ODBC、JDBC 实现应用与数据库集成相比，由于中间件产品以软件包的形式提供，简化了 API 接口及配置接口，所以在开发和管理上更为方便，而且在性能（例如可靠性、实用性）方面也有一定的优势。

实现数据集成的中间件产品主要以异步方式（客户方可以不必等待服务方返回结果）支持应用消息、远程过程调用（RPC）、联机事务（Transaction）等。其主要作用如下。

1）远程过程调用（RPC）

RPC 机制使客户可以采用与调用本地进程一样的方式调用远程服务。由于 RPC 采用阻塞(Blocking)方式完成,所以它提供的是一种底层的同步服务,这种方式对于基于 Internet 的电子商务应用不见得非常实用，但是在电子商务系统与企业原来的信息系统连接，而原有系统支持 RPC 的情况下，这是一种可以选择的方案。这种中间件产品比较有代表性的有 Microsoft 的 DCOM 机制、Borland 公司的 Entera、Noblenet RPC。

2）应用消息队列

这种中间件产品的代表是 IBM 的 MQ Series，它是在 IPC（Internal Process Communication，内部进程通信）的消息队列基础上的扩充，保证了分布式应用可以在脱机情况下实现可靠的数据传输。消息型中间件也是目前数据集成中应用最为广泛的中间件产品之一。除 IBM MQ Series 外，还有 BEA TUXEDO 中的 MessageQ、Microsoft 的 Message Queue，国产产品的代表是东方通的 TongLINK/Q。

这些中间件产品主要为电子商务系统和其他应用系统之间提供可靠的数据传输，如果在数据集成要求脱机的情况下，数据的传输（包括加密传输）具备较高的可靠性，那么可以选择这类中间件。

3）交易数据集成平台

交易数据集成平台在有的地方也称为交易处理监视器，它本质上是对联机事务处理提供服务的工具。典型的代表是 BEA 公司的 TUXEDO、IBM 的 CICS 等。利用这些平台可以比较好地构造 OLTP 系统，同时对联机事务处理的并发事务处理性能也有较大提高。

由于电子商务系统的实时性要求较高，而且很多商务活动过程就是事务处理过程，所以这种中间件在电子商务系统的数据集成中应用比较多，它比较适合于构造要求在 Internet 环境中进行并发事务处理（例如订票、证券委托等）的电子商务系统。

除了以上这些比较通用的中间件可用于实现电子商务系统的数据集成外，还有一些具有特定功能的产品也可用于实现数据集成，其中最有代表性的是用于电子商务系统和 ERP 系统数据集成的产品。这类产品侧重于支持电子商务系统与 ERP 系统之间的连接、数据一致性及工作流协同。其目标是将 ERP 与电子商务系统联系在一起，扩充和改善 ERP 系统原有的销售、财务、生产管理功能，进而形成整个企业的价值链管理（Value Chain Management，VCM）体系。目前 Oracle、SAP、i2、Baan、Siebel 和 JDE 等都在此方面有所贡献。

2. 网络集成

电子商务网络集成主要是指将支持这一系统的企业内部网络、电子商务系统的局域网、Internet 和企业外部网络连接在一起，构成互连的网络。由于支持电子商务系统的数据通信网类型比较多，而且网络协议类型也不相同，所以在集成过程中涉及很多新的技术手段。

电子商务系统网络环境是一个基于 TCP/IP 的互连网络，如果按照 ISO OSI 的体系结构对其进行分析，可以发现中高层进程间的通信和互操作基本是在网络层以上进行的，换句话说，TCP/IP 协议族中的传输控制协议（TCP）和用户数据报协议（UDP）是电子商务系统进程通信的基础，而业务逻辑的应用则基本上是在 TCP/IP 协议族的应用层（如 HTTP、SNMP 等）实现的。因此，对电子商务系统的网络集成来说，由于中高层基本是基于同一协议（TCP/IP）的应用级的互连，同时 TCP/IP 协议又是与物理网络无关的协议，可见低层（物理层、链路层和网络层）的互连相对于中高层的互连而言，无论从技术方法还是难度上都要大一些。所以，低层网络互连是电子商务系统网络集成的核心。

网络低层互连的实质是实现通信子网的连通，它包括物理层网络的扩充、数据链路层和网络层的互连，其目标是解决通信子网的连接、寻址及路由问题。

对电子商务系统来说，其低层网络互连的一个重要特征是：电子商务系统本身是以无连接的 TCP/IP 协议为基础的，但是它和银行、认证中心甚至一些大客户进行数据通信很多情况下是借助于像 PSTN、X.25 这样的有连接的通信子网实现的，因而我们必须解决电子商务系统无连接的网络层（TCP/IP 的 IP 层）和有连接的通信子网（如 X.25）之间的转接问题。

实现低层网络互连的方式基本上可以分成两部分：

第一部分是物理层互连，基本上可以通过中继设备实现，如中继器、局域网交换机和各种集线器（如智能集线器、交换式集线器等）实现。物理层的连接可扩展网络覆盖范围、改变网络拓扑结构，也就是说，它只能解决低层互连目标中的连接问题，但是无法解决寻址及路由的问题。所以如果电子商务系统网络互连所关注的只是网络的连接与扩充，那么直接采用物理层互连技术即可。

第二部分是数据链路层和网络层的互连。由于电子商务系统网络集成的目的是为高层的应用提供服务，所以这一部分不仅是必要的，而且也是在电子商务系统网络集成中最常见的问题。这一问题可以通过各种路由设备来实现。路由设备一般具备多个数据链路端口，支持路由选择和链路层多协议选择，所以目前常见的多协议路由器在电子商务系统网络集成中被广泛应用。

3. 基于 XML 实现电子商务应用开发与集成技术

电子商务系统与其他信息系统之间的数据交换是比较复杂的，也是技术实现上的一个难点，因为它涉及不同类型的企业，而企业信息系统的主机、操作系统、数据格式等都存在很大差异。实现电子商务系统与其他系统数据交换的方法除了前面提到的内容之外，还有一种比较有发展前途的技术就是 XML。

实际上，XML 和 HTML 一样是一种标记型的语言，但是由于它具有良好的扩展性、很强的开放性，所以它被认为代表了未来电子商务系统开发技术的发展方向。

（1）XML 的基本概念

XML（eXtensible Markup Language，可扩展置标语言）是由 W3C 于 1998 年 2 月发布的一种标准。它同样是 SGML 的一个简化子集，它将 SGML 的丰富功能与 HTML 的易用性结合到 Web 的应用中，以一种开放的自我描述方式定义了数据结构，在描述数据内容的同时能突出对结构的描述，从而体现出数据之间的关系。这样所组织的数据对于应用程序和用户都是友好的、可操作的。

（2）XML 的特征

XML 具有以下 4 个主要特点。

1）简单性

XML 为程序员和文档作者提供了一个友好的环境。XML 的严格定义和规则集使人和机器都能更容易地阅读文档。XML 文档语法包含一个非常小的规则集，使开发者能立刻开始工作。根据文档的结构，DTD（Document Type Definition，文档格式定义）既可以通过一个标准过程创建，也可以由专家创建。

XML 文档建立在基本嵌套结构的一个核心集的基础之上。当一层又一层的细节增加使结构变得越来越复杂时，作者或开发者为内部结构的复杂化付出的努力将是很少的。这些基本结构可以用来代表复杂的信息集合，而不需要改变结构自身。XML 的语法分析器也非常容易创建。

2）可扩展性

XML 在两个意义上是可扩展的。首先，它允许开发者创建他们自己的 DTD，有效地创建可被用于多种应用的“可扩展的”标志集；其次，使用几个附加的标准，可以对 XML 进行扩展，这些附加标准可以向核心的 XML 功能集增加样式、链接和参照能力。作为一个核心标准，XML 为可能产生的其他标准提供了一个坚实的基础。

3）互操作性

XML 可以在多种平台上使用，而且可以用多种工具进行解释。因为文档的结构是相容的，所以解释它们的语法分析器就能以较低的费用建立。XML 支持用于字符编码的许多主要标准，允许它在全世界许多不同的计算环境中使用。

XML 对 Java 进行了很好的补充，许多早期的 XML 开发是用 Java 进行的。一个用于语法分析器的普通应用程序接口——XML 的简单 API（SAX），可以免费获得，也可获得用 C++、C、JavaScript、Tcl 和 Python 等编写的语法分析器。目前，XML 语法分析器的开发集中在免费的插件（Plug-in）上，这些插件为 XML 应用提供了语法分析能力，极大降低了使用 XML 建立实际应用的费用。

4）开放性

XML 标准在 Internet 上是完全开放的，可以免费获得。XML 文档自身也较为开放，任何人都可以对一个结构良好的 XML 文档进行语法分析，如果提供了 DTD，还可以校验这个文档。公司仍然用特定方式创建用于它们应用的 XML，而 XML 文档中的数据却是任何应用都可使用的。虽然开发者可以建立语意模糊的 DTD，或以自己的方式加密数据，但他们将会失去使用 XML 的许多好处。XML 并不禁止创建私有格式，但它的开放性是它最大的优点之一。

（3）XML 中的主要技术标准。

目前 XML 主要包括 3 个主要的技术标准，即 XSL、DTD 和 XLL。

① XSL：即可扩展样式语言（eXtensible Style Language），主要用以描述 XML 文档的高级式样表单（Style Sheet）。XSL 定义了一个严格的规则集合，用来说明 XML 文档中的标记（Tag），浏览器必须通过 XSL 对 XML 进行格式翻译，才能够显示 XML 文档的内容。

② DTD：即文档类型定义（Document Type Definition），用以说明文档当中的元素、标记和标记的属性等。实际上，DTD 为用户提供了一种自定义数据类型及其表达方式的方法，使用 DTD，用户可以为一些特殊的文档类型（例如数学公式）提供专门的标记和表达方法。

③ XLL：即可扩展链接语言（eXtensible Linkage Language），表示 XML 文档之间的链接方法，XLL 与 HTML 中的超链接相似，但功能更强，例如可以实现文档间的双向链接、可以链接文档中的特定部分。

（4）XML 在电子商务中的应用

从应用的角度来讲，XML 可以有如下的应用。

① 企业到企业的数据传输。业务数据（发票、采购订单、会计和税务信息等）是以 XML 格式在厂商之间进行电子传输的。与旧的电子数据交换（EDI）格式相比，XML 提供了许多优点，而不仅仅是可以在传输中从一种发票格式转换到另一种。

② 分布式编程。XML 是非常理想的复杂多平台应用程序构造方案，这样就使得 Windows 服务器和其他操作系统的集成成为可能。

③ 构建 Web 站点体系结构。由于 XML 的层次结构和分布式特性，Web 站点开发人员在其 Web 站点的体系结构和导航结构中越来越多地使用它。此外，越来越多的目录表和索引表、跟踪用户信息及 Web 站点状态的 XML 结构、基于 HTML 的组件和处理数据流的渠道，都用 XML 和 XSLT 编写。

④ 数据库操作。XML 正成为与数据库交互的流行工具，无论从 SQL 查询中检索 XML 数据集，还是用 XML 记录更新数据库，而且还有分离实现的优点。通过将数据压缩为 XML，就不需要对实际的数据库结构有任何了解。

⑤ 文档管理。目前的大多数公司都陷在文书工作的海洋里，而且会越来越糟。XML 正在越来越多地用于将文档编码成 XML 形式，使文档更易于检索或提供链接到文档的注释，以便更有效地进行参考。

（5）基于 XML 的数据库操作和集成

用 HTML 页面和数据库打交道时，要经过复杂的转换手续，而需要在一种类型的数据库和另一种类型的数据库之间交换数据时，更是要大费周折。反观 XML，由于它采用了结构化的数据，所以要存储或是要在不同数据库之间交换时，都非常容易。所以人们预见，XML 今后将会成为在不同数据库之间交换数据时的标准方式。

在 Internet 上一次传输大量的数据时，经常会遇到数据代表的意义，即数据的格式无法确定的问题。特别是在远程报表项目中，每一张报表均有大量的数据，还要包括报表本身的信息和数据在报表中的位置，而且报表的格式五花八门，这更增加了数据表示的难度。此时，最好的方法就是利用 XML 来格式化数据。通常用 XML 格式能够很好地表示报表的结构，不但能传送报表的数据，还能准确表示数据在报表中的位置。所以，当这样两个 XML 文件传送到客户端时，可以很容易地将其恢复成原来的报表。

当需要在客户端实现脱机操作时，就要求在客户端保留大量的信息，但在客户端建立数据库不符合瘦客户的原则。换一个角度来看，XML 对数据的结构化描述就是一个以树状结构表示的数据库。当然，需要一个管理 XML 将它们连起来，这样可以把多个 XML 文件连接起来形成一个文件数据库，而且占用的空间小，更新十分方便。

XML 具有很多优点，所以它在 EDI、电子商务的应用中前景是十分光明的，所以，有些观点也将其视为第二代电子商务标准。1996 年，联合国国际贸易法理事会（UNCITRAL）

推出的《电子商务示范法》中就建议将XML作为通过因特网实施EDI的标准。

2002年联合国UN/CEFACT（联合国贸易促进及电子商务中心）颁布了标准新版本ebXML——电子商务扩展标记语言。ebXML为面向使用XML的企业间电子商务（BtoB）的信息交换框架，其目标是可以在通用的界面上使用通过Internet提供的各种服务。ebXML规定了B2B电子商务的业务流程、对象和规则的存储方法等。

10.1.4　系统测试

系统测试是保证系统质量的重要手段和不可缺少的一个阶段。系统的测试要对系统设计与开发结果进行检验和总结，在测试的过程中要检测系统的正确性、完整性和可用性。

1．技术性能的评测

电子商务系统技术性能的测试指标主要用来衡量和评估系统质量优劣，一般的系统评价指标主要可以分成定量指标和定性指标两类：定量指标可以用数值衡量，例如系统的最大并发用户数、系统故障平均发生时间等；而定性指标则难以直接核定，例如系统的兼容性等。一般从实用角度出发，可以从以下几个方面评价系统的质量：

① 可靠性。可靠性是指系统的可靠程度，主要可以利用系统的平均无故障时间、系统故障后的平均恢复时间、系统故障发生的频度等进行度量。

② 健壮性。所谓健壮性主要指系统达到极限边界时的恶化程度。健壮性可以从系统的最大并发用户数、系统最大I/O能力等方面衡量。一般来讲，系统负荷超过设计指标后，仍然能够正常运行，其健壮性就比较好。

③ 正确性。正确性是衡量应用软件是否达到设计功能要求。

④ 安全性。安全性主要指用户的权限设置、防止非法操作等方面是否存在隐患。

⑤ 兼容性。兼容性主要指应用软件能否在不同的系统上运行，运行的结果是否一致。

2．系统测试的内容

（1）用户界面测试

主要测试站点地图（Site Map）、导航栏（Navigational Bar）、内容、颜色/背景、图像、表格、回绕（Wrap-around）等。

（2）功能测试

主要测试站点中的链接、表单、Cookie等。

- 链接（Link）测试的目的是检查各个URL所连接的页面是否正确。
- 表单（Forms）测试的目的是检查每个表单与Server处理程序是否正确连接，是否能够正确地发送用户请求。
- 数据校验的目的是检查非法数据或者错误数据输入后，系统能否正常工作。
- Cookie测试。Cookie中保存了用户的部分信息，例如记录用户注册时的用户名、口令等，Cookie测试的目的是检查Cookie内容是否正确，是否安全。

（3）接口测试

主要检查本地系统是否能够正确地调用外部服务接口。例如检查系统能否和 CA 接口进行通信等。在接口测试时，需要注意当接口发生错误时，系统应能够进行有效的错误处理。

（4）兼容性测试

主要检验应用是否能够在不同的客户端使用。如果产品将放在 Internet 上为广泛的人群使用，就需要测试其与各种操作系统、各种浏览器、各种编码、各种网络环境等是否匹配。

（5）安全测试

目的是检验系统是否能够正确、可靠、安全地执行处理功能。其主要内容包括：

- 目录权限设置。检测各个目录的存取是否得到授权。
- 用户登录测试。
- 日志功能测试。测试服务器的日志能否正常工作，是否可以正确地记录每次登录及用户请求过程。通过日志文件，可以分析系统响应用户请求的情况。

10.2　系统的现场实施与试运行

电子商务系统测试完成后的工作是系统在现场的实施与试运行，这里所说的现场实施主要指系统在用户处的安装及其相关准备工作，它涉及技术设备的安装调试、人员培训、场地环境准备等很多方面，是一项复杂的系统工程。在系统现场实施过程中必须要建立相关的组织机构和保证措施，才能顺利地将企业的业务活动转移到电子商务系统这一技术平台上，降低企业业务切换的风险。

电子商务系统的现场实施与试运行工作主要包括以下内容。

1．现场实施组织机构的建立

建立现场实施组织机构是系统顺利实施的人员保证，是非常重要的一项工作。由于电子商务系统的现场实施直接关系到企业商务活动的正常运转，涉及企业机构、人员和业务活动处理流程等诸多方面，而且现场实施过程中牵扯到人、财、物等方面的保障，所以如果没有一个有效的、对企业决策有影响力的组织，那么很可能造成现场实施过程无序、实施过程中的问题难以得到及时解决，从而影响企业的业务，也可能造成现场实施进度的延误，增加实施成本。

2．制定现场实施计划

制定现场实施计划的目的是通过对现场实施过程中的各项任务进行合理的安排，明确现场实施工作的人员责任，使得现场实施工作能够有条不紊地有序进行，从而保证现场实施进度可控，降低现场实施成本。

制定现场实施计划时，可以将现场实施工作的各项任务及其内容、责任人员、预期进度等进行列表，建立任务、人员、时间矩阵，将现场实施计划表示为 Pert 图、横道图、甘特图等形式，从而有效地掌握现场实施计划中的关键环节。

在制定现场实施计划时，需要注意每项工作必须有明确的人员负责，并且明确各项工作的完成标志。

3. 完成现场实施准备

现场实施准备工作是现场实施计划落实的重要步骤，主要包括以下任务。

① 电子商务系统的域名申请与注册。主要是企业法人根据相关的域名管理办法，申请电子商务系统的域名。

② 系统运行环境准备。运行环境的准备主要包括系统运行的机房、电力、空调等设备的安装调试、计算机与网络设备的安装调试等。如果电子商务系统采用主机托管方式，或者运行于商业化的 IDC 环境中，那么还需要与这些单位取得联系，要求其进行配合，完成实施准备工作。

③ 人员培训。人员培训的对象主要包括电子商务系统的维护人员和业务使用人员。对于维护人员，主要培训其系统结构、性能、维护与管理等内容；对于业务使用人员，主要培训其系统功能、操作方式等内容。

④ 数据准备。是指从企业既有的信息系统中搜集、加工整理新系统需要的原始数据，为电子商务系统的投产运行做好准备。例如网络售票系统上线前，应当将既有售票系统中有关车次、里程、径路等原始数据准备好。

电子商务系统的运行有一个切换过程，但是企业的业务处理过程是不允许中断的，而且电子商务系统的运行可能需要很多企业原有的基础性数据，所以在实施准备阶段应对电子商务系统需要的资料和数据进行分类整理。

4. 试运行和上线切换

所谓试运行是指系统在一个与真实运行环境相似的准环境中运行，以便对系统的性能进行全面的考核，这一过程不仅便于进一步排除系统潜在的问题，而且可以使业务人员尽快熟悉系统操作、熟悉新的业务处理流程，同时也能从中积累处理异常问题的经验。

这一阶段所要做的主要工作包括以下几项。

① 系统试运行初始化。在初始化过程中，需要配置与实际环境一致的控制参数、完成数据加载。

② 系统试运行。在准真实环境中运行，记录系统的运行参数。

③ 制定系统上线切换计划和应急措施。系统试运行一段时间后，经过评测，由用户确定满足业务的要求，具备正式运行的条件后，需要给出正式上线的切换计划；同时还要对可能出现的异常情况，做好应急处理的预案，做到一旦系统上线发生意外，能够有办法保障企业的业务不致中断或瘫痪。

④ 通知企业的维护管理和业务人员做好准备。

⑤ 实施上线切换。

5．系统发布

系统切换完成后，需要进行广泛的宣传，进行推广，使得用户了解企业提供的新服务或新功能，吸引用户扩大企业的影响力。

10.3 系统的运行维护

10.3.1 系统运行维护的作用

电子商务系统的运行维护就是对电子商务系统进行全面的管理。它一方面监控和管理系统输入与输出两个方向的信息流，以保证网上业务处理安全顺利地进行；另一方面，要确保整个系统内容的完整性和一致性，从而为企业电子商务的运作提供良好的服务。具体来说，系统运行维护的作用和意义主要体现在以下几个方面。

1．促使电子商务系统信息的有序化

电子商务系统在运作过程中，不仅要及时发布大量有关企业产品和服务的信息，而且要不断地接收客户的订单信息和反馈信息，同时要快速地响应用户的点击，所以各种类型的信息杂乱而无序地频繁往返于系统之中。为使输出和输入系统的各种信息流有序而不断流动，就要求系统的信息有序化。从信息资源管理的观点来看，只有经过管理的信息才能成为可以利用的信息。尤其是在当今的网络环境下，随着大量庞杂信息的不断涌现，人们常常被淹没在信息的“海洋”中而不能自由地收集和利用信息，所以信息的有序化成为信息利用的重要前提和保证。电子商务系统的管理是系统信息有序化的有力手段，它可以使企业按照信息管理的科学程序有效地发布、收集、组织、存储和传递信息，保证电子商务交易系统的正常运作，实现企业电子商务目标。

2．使电子商务系统信息的安全性得到提高

随着电子商务的纵深发展，企业在宣传自己的产品和提高自身知名度的基础上，都要通过电子商务系统开展在线销售活动，这就需要支持在线支付和在线购物的信息管理，按照交易信息的层次进行信息的加工与存储，并依据交易数据涉及的商业秘密进行数据加密和解密管理，以及用户管理等。通过对电子商务系统科学而有效的管理，使网上交易的安全性得到提高。因此，一个好的电子商务系统在进行运行维护时应在这方面给予足够的重视。

3．将使企业系统的信息更丰富、内容更加多样化

电子商务活动的顺利进行得益于良好的系统管理。一个拥有好的系统管理的企业，可以有更多的精力投入到自身系统内容的设计与构建中，并积极开展商业运作活动，从而在

网上交易过程中，从更多的途径了解用户、了解市场、了解竞争对手的信息，并从电子商务活动中得到更大的益处，以促进企业自身的发展。

4. 可以提高管理人员的工作效率

电子商务运行维护的系统化将给一些非专业的系统管理员带来很多方便，从而减轻他们管理和维护系统的工作量和复杂程度，提高电子商务系统管理的效率。

10.3.2 系统运行维护的内容

电子商务系统运行维护工作的内容繁杂，归纳起来主要包括以下几个方面。

1. 应用软件维护

在系统运行后，可能会发现一些在测试过程中没有发现的局部问题，或者是企业的业务流程发生局部变化，这些都可能引起应用程序的部分修改或调整，这时，就需要对系统应用程序进行维护。

应用软件的维护内容一般包括以下几个方面。

① 改正性维护。即对系统测试过程中没有暴露，而在系统运行后发现的应用程序的错误进行维护。

② 适应性维护。指由于系统运行环境升级换代导致应用程序需要进行的维护。例如，系统运行后，由于业务规模、用户访问人数的增加，导致计算机设备的档次提升、操作系统或数据库版本升级，这些情况下应用软件可能会需要进行相关的调整，以适应系统环境的变化。

③ 完善性维护。完善性维护一般发生在企业提出了新的需求，或者要求现有应用软件增加功能时，这时需要在原来的基础上，增加一定的代码满足用户的要求。

④ 预防性维护。预防性维护是指为了提高软件的可维护性、可靠性等，为以后进一步改进软件打下良好基础而对软件进行的修改工作。

2. 数据维护

数据维护是指对系统的文件、网页以及支持企业与客户之间数据信息往来的文件传输系统和电子邮件系统的维护。

电子商务系统的资源由服务器端一个个网页代码文件和其他各类资源文件组成。系统运行一段时间后，可能会出现日志文件逐渐增大、系统临时文件增多的现象，同时，系统产生的数据也需要备份或者恢复等，这些都需要对数据进行维护管理。一般来说，数据维护包括系统文件的组织、系统数据备份、系统数据恢复和系统垃圾文件处理、对所有网页、链接的更新等。

3. 平台维护

平台维护主要指对系统运行平台的管理、维护，其目的是要保障电子商务系统正常、持久、高效的运行。平台维护的对象包括操作系统、数据库、Web Server、Application Server、网络等。平台维护的工作内容主要包括：性能调整、安全监控、日志处理等。例如：在性能调整方面可以通过调整服务进程数、结果缓存大小等为不同的商务应用配置合适的系统资源。

10.3.3　系统维护中的安全管理

安全对于电子商务系统非常重要，在前面有关电子商务系统交易安全的章节当中，已经对电子商务安全的内容和技术做了介绍，在系统运行维护过程中仍然要将系统安全作为一个重要内容。以下着重从系统维护过程中有关实体安全、运行安全、信息安全的角度介绍有关的内容。

1. 实体安全

实体安全是保护计算机设备、设施（含网络设施）以及其他媒体免遭地震、水灾、火灾、有害气体和其他环境事故（如电磁污染等）破坏的措施、过程。实体安全又可细分为环境安全、设备安全和媒体安全。

（1）环境安全

环境安全提供对计算机信息系统所在环境的安全保护，主要包括受灾防护和区域防护。

① 受灾防护是指提供受灾报警，受灾保护和受灾恢复等功能，目的是保护计算机信息系统免受水、火、有害气体、地震、雷击和静电的危害。

对于受灾保护而言，至少应满足 3 个方面的安全功能需要：

- 灾难发生前，对灾难的检测和报警。
- 灾难发生时，对正遭受破坏的计算机信息系统，采取紧急措施，进行现场实时保护。
- 灾难发生后，对已经遭受某种破坏的计算机信息系统进行灾后恢复。

② 所谓区域防护是指对特定区域提供某种形式的保护和隔离。其安全功能可归纳为两个方面。

- 静止区域保护，如通过电子手段（如红外扫描等）或其他手段对特定区域（如机房等）进行某种形式的保护（如监测和控制等）。
- 活动区域保护，对活动区域（如操作间等）进行某种形式的保护。

（2）设备安全

设备安全是指提供对计算机信息系统设备的安全保护。它主要包括设备的防盗、防毁、防止电磁信息泄漏、防止线路截获、抗电磁干扰以及电源保护 6 个方面。

① 设备防盗提供对计算机信息系统设备的防盗保护。其安全功能可归纳为：将一定的防盗手段（如移动报警器、数字探测报警和部件上锁）用于计算机信息系统设备和部件，以提高计算机信息系统设备和部件的安全性。

② 设备防毁提供对计算机信息系统设备的防毁保护。

③ 防止电磁信息泄漏是指用于防止计算机信息系统中电磁信息的泄漏，从而提高系统内敏感信息的安全性。如使用防止电磁信息泄漏的各种涂料、材料和设备等。

④ 防止线路截获用于避免对计算机信息系统通信线路的截获和外界对计算机信息系统及通信线路的干扰。

⑤ 抗电磁干扰用于防止对计算机信息系统的电磁干扰，从而保护系统内部的信息。

⑥ 电源保护为计算机信息系统设备的可靠运行提供能源保障，例如不间断电源、纹波抑制器、电源调节软件等。

（3）媒体安全

所谓媒体安全是指提供对存储在媒体上数据的保护。媒体数据的安全删除和媒体的安全销毁是媒体安全的主要内容，它是为了防止被删除的或者被销毁的敏感数据被他人恢复。此外，媒体安全还包括媒体本身的防毁，如防霉和防砸等。

2. 运行安全

运行安全主要是根据系统运行记录，跟踪系统状态的变化，分析系统运行期的安全隐患，旨在发现系统运行期的安全漏洞，改进系统的安全性。主要包括：

（1）审计跟踪

审计跟踪对计算机信息系统进行人工或自动的审计跟踪，保存审计记录，维护详尽的审计日志。其安全功能可归纳为 3 个方面：

① 记录和跟踪各种系统状态的变化，如提供对系统故意入侵行为的记录和对系统安全功能违反的记录。

② 实现对各种安全事故的定位，如监控和捕捉各种安全事件。

③ 保存、维护和管理审计日志。

（2）备份与恢复

备份与恢复提供对系统设备和系统数据的备份与恢复，对系统数据的备份和恢复可以使用多种介质（如磁介质、纸介质、光碟、缩微载体等）。其安全功能可归纳为 3 个方面：

① 提供场点内高速度、大容量、自动的数据存储、备份和恢复。

② 提供场点外的数据存储、备份和恢复，如通过专用安全记录存储设施对系统内的主要数据进行备份。

③ 提供对系统设备的备份。

3. 信息安全

系统维护中的信息安全主要包括以下几个方面的工作。

- 对操作系统和数据库的安全维护。
- 网络安全维护。
- 计算机病毒防治。
- 访问控制授权的检查。

本章小结

本章重点介绍了电子商务系统设计建造的最后阶段：系统实施和系统运行维护管理的主要内容。

系统开发集成过程主要完成系统应用软件的编码，而应用软件的开发可以采用不同的方式，具体到实际应用可以分别采用基于 Web 服务器的开发模式、基于组件的开发模式或者综合运用这两种方式；不同的系统开发模式各具特点，开发人员应当根据自己的需要加以选择；在编码开发中，可以使用不同的开发语言，而这些语言分别具有自身的特点和环境要求，应当在了解和掌握这些工具特性的基础上灵活应用。电子商务系统需要和企业的现有信息资源融为一体，可以在应用、数据、网络等不同层次上实现电子商务系统与企业现有系统的集成。

完成系统的编码开发后，需要对电子商务系统进行测试，测试系统的性能指标，检查系统中可能的错误，保证系统的质量。

系统测试完成后，应当建立系统现场实施的组织机构、制定现场实施计划、做好现场实施准备，然后通过试运行和上线切换，使开发完成后的系统投产运行。

系统上线运行后，需要通过日常的运行维护工作使得系统不断完善。维护工作内容包括应用软件维护、数据维护、运行维护和安全管理等方面；在安全管理中需要完成实体安全、运行安全、信息安全等方面的维护工作。

思考题

1. 电子商务应用软件的编程模式都有哪几种？分别有什么特点？
2. 什么是基于组件的应用开发模式？有什么特点？
3. 电子商务系统的数据集成包括什么内容？
4. 电子商务系统测试包括哪些内容？
5. 电子商务系统维护工作的主要内容包括哪些方面？
6. 怎样评价电子商务系统投产后的效果？

附录 A 英文词汇与主要缩略语英汉对照表

3rd Party Logistic　第三方物流，指独立于生产企业和销售商的一种独立的物流企业

7 × 24　指每周 7 天、每天 24 小时工作。通常这一术语在 IT 行业指供应商能够提供的技术支持的时间

A

API　Application Program Interface，应用程序接口

B

Back-office　后台办公，是由执行电子订单引发的业务，包括对买方信用检查、对是否有货的检查、确认、应收和应付账目的资金转移以及账单支付等

BBS　Bulletin Board System，电子公告牌系统

BI　Business Intelligence，商务智能

BPR　Business Process Rebuild，企业流程再造

B/S　Browser/Server，浏览器/服务器，指客户端采用通用浏览器的一种特殊的客户机/服务器模式

B2B　Business to Business，商家对商家或商业机构对商业机构的电子商务模式，即电子商务的所有参与者都是企业或其他机构

B2C　Business to Customer，商家对个人客户或商业机构对消费者的电子商务模式

B2E　Business to Employee，企业对雇员的电子商务模式，由组织向个别雇员提供服务、信息和产品

B2G　Business to Government，企业对政府间的电子商务模式

Business Model　商业模式，是指企业为获取收入以维持经营而开展业务的方式

C

CA　Certificate Authority，认证中心，指在 Internet 上负责完成客户身份识别和鉴别的机构

Call Center　呼叫中心，是指通过电话、传真或电子邮件为客户提供综合服务的

	机构
CGI	Common Gateway Interface，公共网关接口
C/S	客户机/服务器，指客户程序和服务器程序协同工作的一种分布式计算模式
COM	Common Object Model，Microsoft 提出的公用对象模型
CORBA	Common Object Request Broker Architecture，通用对象请求代理结构
C2E	消费者对企业的电子商务模式，包括消费者个人使用 Internet 将产品和服务出售给企业的情况，也包括个人寻求买家，与其进行交涉并达成交易的情况
CRM	Customer Relationship Management，客户关系管理，顾客是企业业务的核心，建立长期稳定的客户关系，可为顾客和公司增加价值
C2C	Customer to Customer，商品直接由消费者出售给消费者的电子商务模式

D

DBMS	DataBase Management System，数据库管理系统
DES	Data Encryption Standard，数据加密标准
DFD	Data Flow Diagram，数据流图
DNS	Domain Name System，域名系统
DSS	Decision Support System，决策支持系统

E

e-Business	电子商务，e-Business 这一词汇由 IBM 公司提出
e-Commerce	电子贸易或者电子商务，描述了通过包括 Internet 在内的计算机网络来购买、销售和交换产品、服务和信息的过程
e-Cash	电子现金，一种 Internet 上联机交易中的电子支付形式
EDI	Electronic Data Interchange，电子数据交换，也称为无纸贸易
e-Service	电子服务，通过 Internet 提供的客户服务
EDP	Electronic Data Process，电子数据处理
EIP	Enterprise Information Portal，企业信息门户
e-Market	电子市场，也称为空间市场（Market Space），是指由相互作用和关系组成的网络，在这里各种信息、产品、服务和支付可以相互交换
ERP	Enterprise Resource Planning，企业资源规划，包括企业生产计划、

	财务计划和人力资源计划等
E2E	交易所对交易所的电子商务，即随着交易所数量的增加，各个交易所相互连接的一种正规系统
e-Wallet	电子钱包，一种Internet上联机交易中的电子支付形式
Extranet	是一种互联网络，它通常基于TCP/IP协议栈，使用Internet作为通信媒体来连接不同的组织（或一个组织与独立的顾客和伙伴）

F

FTP	File Transportation Protocol，文件传输协议

G

G2C	政府对公民等的电子商务，即政府向企业或个人购买或出售商品、服务和信息
GUI	Graphic User Interface，图形用户界面

H

HTML	HyperText Markup Language，超文本标记语言
HTTP	HyperText Transportation Protocol，超文本传输协议

I

ICP	Internet Content Provider，Internet内容供应商
IIS	Internet Information Server，Microsoft公司的Internet信息服务器
Interactive Advertisement	交互式广告，是指任何要求或允许浏览者做出行动的广告
Intranet	企业内联网，它一般在企业组织内部实现并供该企业组织的成员使用
ISP	Internet Service Provider，Internet（接入）服务供应商
IT	Information Technology，信息技术，也泛指信息技术行业

J

JAD	Joint Application Development，联合应用开发
JDBC	Java DataBase Connectivity，Java数据库连接（标准）
JTS	Just in Time System，准时生产系统，指一种精确按时间完成产品生产的系统

L

LAN	Local Area Network，局域网

LDAP	Light Directory Access Protocol，轻量级目录访问协议
Logistic	本身是后勤的意思，但作为专用名词是指“物流”

M

MIS	Management Information System，管理信息系统
MRP	Manufacture Resource planning，生产资源规划

N

NFS	Network File Service，网络文件服务
NII	National Information Infrastructure，国家信息基础设施，1995 年由曾任美国副总统的戈尔提出

O

OA	Office Automation，办公自动化
ODBC	Open DataBase Connectivity，开放的数据库连接（标准）
OLTP	On Line Transaction Process，联机事务处理
OLAP	On Line Analysis Process，联机分析处理
OOAD	Object Oriented Analysis and Design，面向对象的分析与设计

P

Payment Gateway	支付网关，指银行等金融机构提供的和企业电子商务系统连接并实现电子支付的互连接口
PDA	Personal Data Assistant，个人数字助理
Personalization	个性化，是指将内容、服务或产品与个人进行匹配的过程
P2P	个人对个人的电子商务模式，是 C2C 的特定形式
Portal	门户或者门户站点，开始主要指代表企业形象的主要入口站点，后来也泛指网站

R

RAD	Rapid Application Development，快速应用开发

S

SAD	Structured Analysis and Design，结构化分析与设计
SCM	Supply Chain Management，供应链管理

SDLC	System Development Life Cycle，系统开发生命周期
SET	Security Electronic Trading，安全电子交易，是一个为在线交易而设立的一个开放的、以电子货币为基础的电子付款系统规范
SQL	Structured Query Language，查询数据库的专用编程语言
SSL	Security Socket Layer，安全套接字层
Supply Chain	供应链，指企业之间围绕需求和供给关系而形成的一种互相依存式管理

T

TCP/IP	Transportation Control protocol/Internet Protocol，传输控制协议/网际协议
TCO	Total Cost of Ownership，总拥有成本
TPS	Transaction Process System，事务处理系统

V

VAN	Value Added Network，增值网络
Vertical Marketplace	垂直市场，专门针对某个行业的产品和服务，如电子、汽车、钢铁、化工等
VPN	Virtual Private Network，虚拟专用网

W

WAN	Wide Area Network，广域网
WAP	Wireless Application Protocol，无线应用协议
WML	Wireless Markup Language，无线标记语言
WWW	World Wide Web，也称为Web、Web服务器、WWW服务器，是提供HTTP服务的一种软件程序

附录B 电子商务相关文档及标准

以下列出有关信息系统分析设计的国家标准 GB8567－88 中关于概要设计、详细设计及数据库设计方面的文档，以供读者参考。

1. 概要设计说明书

1 引言

1.1 编写目的

说明编写这份概要设计说明书的目的，并指出预期的读者。

1.2 背景

说明：

待开发软件系统的名称；

列出此项目的任务提出者、开发者、用户以及将运行该软件的计算站（中心）。

1.3 定义

列出本文件中用到的专门术语的定义和外文首字母组词的原词组。

1.4 参考资料

列出有关的参考文件，如：

本项目的经核准的计划任务书或合同，上级机关的批文；

属于本项目的其他已发表文件；

本文件中各处引用的文件、资料，包括所要用到的软件开发标准。列出这些文件的标题、文件编号、发表日期和出版单位，说明这些文件资料的来源。

2 总体设计

2.1 需求规定

说明对本系统的主要的输入输出项目、处理的功能性能要求。

2.2 运行环境

简要地说明对本系统的运行环境（包括硬件环境和支持环境）的规定。

2.3 基本设计概念和处理流程

说明本系统的基本设计概念和处理流程，尽量使用图表的形式。

2.4 结构

用一览表及框图的形式说明本系统的系统元素（各层模块、子程序、公用程序等）的划分，扼要说明每个系统元素的标识符和功能，分层次地给出各元素之间的控制与被控制关系。

2.5 功能需求与程序的关系

本条用一张如下的矩阵图说明各项功能需求的实现同各块程序的分配关系：

	程序 1	程序 2	…	程序 n
功能需求 1	√			
功能需求 2		√		
…				
功能需求 n		√		√

2.6 人工处理过程

说明在本软件系统的工作过程中不得不包含的人工处理过程（如果有的话）。

2.7 尚未解决的问题

说明在概要设计过程中尚未解决而设计者认为在系统完成之前必须解决的各个问题。

3 接口设计

3.1 用户接口

说明将向用户提供的命令及其语法结构以及软件的响应信息。

3.2 外部接口

说明本系统同外界的所有接口的安排，包括软件与硬件之间的接口、本系统与各支持软件之间的接口关系。

3.3 内部接口

说明本系统之内的各个系统元素之间的接口的安排。

4 运行设计

4.1 运行模块组合

说明对系统施加不同的外界运行控制时所引起的各种不同的运行模块组合，说明每种运行所历经的内部模块和支持软件。

4.2 运行控制

说明每一种外界的运行控制的方式、方法和操作步骤。

4.3 运行时间

说明每种运行模块组合将占用各种资源的时间。

5 系统数据结构设计

5.1 逻辑结构设计要点

给出本系统内所使用的每个数据结构的名称、标识符以及它们之中每个数据项、记录、文卷和系的标识、定义、长度及它们之间的层次的或表格的相互关系。

5.2 物理结构设计要点

给出本系统内所使用的每个数据结构中的每个数据项的存储要求，访问方法、存取单位、存取的物理关系（索引、设备、存储区域）、设计考虑和保密条件。

5.3 数据结构与程序的关系

说明各个数据结构与访问这些数据结构的形式。

6 系统出错处理设计

6.1 出错信息

用一览表的方式说明每种可能的出错或故障情况出现时，系统输出信息的形式、含义及处理方法。

6.2 补救措施

说明故障出现后可能采取的变通措施，包括：

后备技术说明准备采用的后备技术，当原始系统数据万一丢失时启用的副本的建立和启动的技术，例如周期性地把磁盘信息记录到磁带上去就是对于磁盘媒体的一种后备技术；

降效技术说明准备采用的后备技术，使用另一个效率稍低的系统或方法来求得所需结果的某些部分，例如一个自动系统的降效技术可以是手工操作和数据的人工记录；

恢复及再启动技术说明将使用的恢复再启动技术，使软件从故障点恢复执行或使软件从头开始重新运行的方法。

6.3 系统维护设计

说明为了系统维护的方便而在程序内部设计中作出的安排，包括在程序中专门安排用于系统的检查与维护的检测点和专用模块。各个程序之间的对应关系，可采用如下的矩阵图的形式。

2. 详细设计说明书

1 引言

1.1 编写目的

说明编写这份详细设计说明书的目的，并指出预期的读者。

1.2 背景

说明：

待开发软件系统的名称；

本项目的任务提出者、开发者、用户和运行该程序系统的计算中心。

1.3 定义

列出本文件中用到专门术语的定义和外文首字母组词的原词组。

1.4 参考资料

列出有关的参考资料，如：

本项目的经核准的计划任务书或合同、上级机关的批义；

属于本项目的其他已发表的文件；

本文件中各处引用到的文件资料，包括所要用到的软件开发标准。列出这些文件的标题、文件编号、发表日期和出版单位，说明能够取得这些文件的来源。

2 程序系统的结构

用一系列图表列出本程序系统内的每个程序（包括每个模块和子程序）的名称、标识符和它们之间的层次结构关系。

3 程序 1（标识符）设计说明

从本章开始，逐个地给出各个层次中的每个程序的设计考虑。以下给出的提纲是针对一般情况的。对于一个具体的模块，尤其是层次比较低的模块或子程序，其很多条目的内容往往与它所隶属的上一层模块的对应条目的内容相同，在这种情况下，只要简单地说明这一点即可。

3.1 程序描述

给出对该程序的简要描述，主要说明安排设计本程序的目的和意义，并且还要说明本程序的特点（如是常驻内存还是非常驻内存？是否是子程序？是可重用的还是不可重用的？有无覆盖要求？是顺序处理还是并发处理等）。

3.2 功能

说明该程序应具有的功能，可采用 IPO 图（即输入-处理-输出图）的形式。

3.3 性能

说明对该程序的全部性能要求，包括对精度、灵活性和时间特性的要求。

3.4 输入项

给出对每一个输入项的特性，包括名称、标识、数据的类型和格式、数据值的有效范围、输入的方式。数量和频度、输入媒体、输入数据的来源和安全保密条件等。

3.5 输出项

给出对每一个输出项的特性，包括名称、标识、数据的类型和格式，数据值的有效范围，输出的形式、数量和频度，输出媒体、对输出图形及符号的说明、安全保密条件等。

3.6 算法

详细说明本程序所选用的算法，具体的计算公式和计算步骤。

3.7 流程逻辑

用图表（例如流程图、判定表等）辅以必要的说明来表示本程序的逻辑流程。

3.8 接口

用图的形式说明本程序所隶属的上一层模块及隶属于本程序的下一层模块、子程序，说明参数赋值和调用方式，说明与本程序直接关联的数据结构（数据库、数据文卷）。

3.9 存储分配

根据需要，说明本程序的存储分配。

3.10 注释设计

说明准备在本程序中安排的注释，如：

加在模块首部的注释；

加在各分枝点处的注释；

对各变量的功能、范围、默认条件等所加的注释；

对使用的逻辑所加的注释等。

3.11 限制条件

说明本程序运行中所受到的限制条件。

3.12 测试计划

说明对本程序进行单体测试的计划，包括对测试的技术要求、输入数据、预期结果、进度安排、人员职责、设备条件驱动程序及桩模块等的规定。

3.13 尚未解决的问题

说明在本程序的设计中尚未解决而设计者认为在软件完成之前应解决的问题。

4 程序2（标识符）设计说明

用类似上述方式，说明第2个程序乃至第*N*个程序的设计考虑。

3．数据库设计说明书（GB8567—88）

1 引言

1.1 编写目的

说明编写这份数据库设计说明书的目的，并指出预期的读者。

1.2 背景

说明：

说明待开发的数据库的名称和使用此数据库的软件系统的名称；

列出该软件系统开发项目的任务提出者、用户以及将安装该软件和这个数据库的计算站（中心）。

1.3 定义

列出本文件中用到的专门术语的定义、外文首字母组词的原词组。

1.4 参考资料

列出有关的参考资料：

本项目的经核准的计划任务书或合同、上级机关批文；

属于本项目的其他已发表的文件；

本文件中各处引用到的文件资料，包括所要用到的软件开发标准。

列出这些文件的标题、文件编号、发表日期和出版单位，说明能够取得这些文件的来源。

2 外部设计

2.1 标识符和状态

联系用途，详细说明用于唯一地标识该数据库的代码、名称或标识符，附加的描述性信息亦要给出。如果该数据库属于尚在实验中、尚在测试中或是暂时使用的，则要说明这一特点及其有效时间范围。

2.2 使用它的程序

列出将要使用或访问此数据库的所有应用程序，对于这些应用程序的每一个，给出它的名称和版本号。

2.3 约定

陈述一个程序员或一个系统分析员为了能使用此数据库而需要了解的建立标号、标识的约定，例如用于标识数据库的不同版本的约定和用于标识库内各个文卷、记录、数据项的命名约定等。

2.4 专门指导

向准备从事此数据库的生成、从事此数据库的测试和维护的人员提供专门的指导，例如将被送入数据库的数据的格式和标准、送入数据库的操作规程和步骤，用于产生、修改、更新或使用这些数据文卷的操作指导。如果这些指导的内容篇幅很长，列出可参阅的文件资料的名称和条目。

2.5 支持软件

简单介绍同此数据库直接有关的支持软件，如数据库管理系统、存储定位程序和用于装入、生成、修改、更新数据库的程序等。说明这些软件的名称、版本号和主要功能特性，如所用数据模型的类型、允许的数据容量等。列出这些支持软件的技术文件的标题、编号及来源。

3 结构设计

3.1 概念结构设计

说明本数据库将反映的现实世界中的实体、属性和它们之间的关系等的原始数据形式，包括各数据项、记录、系、文卷的标识符、定义、类型、度量单位和值域，建立本数据库的每一幅用户视图。

3.2 逻辑结构设计

说明把上述原始数据进行分解、合并后重新组织起来的数据库全局逻辑结构，包括所确定的关键字和属性、重新确定的记录结构和文卷结构、所建立的各个文卷之间的相互关系，形成本数据库的数据库管理员视图。

3.3 物理结构设计

建立系统程序员视图，包括：

数据在内存中的安排，包括对索引区、缓冲区的设计；

所使用的外存设备及外存空间的组织，包括索引区、数据块的组织与划分；

访问数据的方式方法。

4 运用设计

4.1 数据字典设计

对数据库设计中涉及的各种项目，如数据项、记录、系、文卷、模式、子模式等一般要建立起数据字典，以说明它们的标识符、同义名及有关信息。在本节中要说明对此数据字典设计的基本考虑。

4.2 安全保密设计

说明在数据库的设计中，将如何通过区分不同的访问者、不同的访问类型和不同的数据对象，进行分别对待而获得的数据库安全保密的设计考虑。

参考文献

[1] SCHNEIDER G P. 电子商务[M]. 6 版. 成栋，韩婷婷，译. 北京：机械工业出版社，2006.

[2] SCHNEIDER G P. Electronic Commerce[M]. 6th ed. 北京：机械工业出版社，2005.

[3] SHELLY G P, CASHMAN T J, ROSENBLATT H J. System Analysis and Design[M]. 5th ed. 北京：机械工业出版社，2004.

[4] SATZINGER J W, JACKSON R B, BURD S D. 系统分析与设计[M]. 3 版. 李芳，等译. 北京：电子工业出版社，2006.

[5] 国刚，周峰，孙更新. UML 与 Rational Rose 2003 软件工程统一建模原理与实践教程[M]. 北京：电子工业出版社，2007.

[6] SCHWALBE K. IT 项目管理[M]. 1 版. 王金玉，等译. 北京：机械工业出版社，2002.

[7] BOOCH G, RUMBAUGH J, JACOBSON I. UML 用户指南[M]. 北京：机械工业出版社，2005.

[8] VALACICH T S, GEORGE J F, HOFFER J A. System Analysis and Design[M]. 北京：人民邮电出版社，2006.

[9] 刘军，等. 电子商务系统规划与设计[M]. 北京：人民邮电出版社，2001.

[10] 袁雨飞，等. 移动商务[M]. 北京：清华大学出版社，2006.

[11] 斯蒂芬·陈. 电子商务战略管理[M]. 2 版. 王刊良译. 北京：北京大学出版社，2006.

[12] 周广声，等. 信息系统工程原理、方法与应用[M]. 北京：清华大学出版社，1998.

[13] 薛华成. 管理信息系统[M]. 3 版. 北京：清华大学出版社，1999.

[14] 张义忠. 自己动手建商务网站[M]. 北京：清华大学出版社，2002.

[15] 贺振欢，等. Web 服务器开发技术[M]. 北京：人民邮电出版社，2007.

[16] 徐天宇. 电子商务系统规划与设计[M]. 北京：清华大学出版社，2005.

[17] 刘军，等. 铁路物资总公司电子商务系统的分析与设计[J]. 铁路计算机应用，2002, 11(12)：7-9.

[18] 孙宝文，王天梅. 电子商务系统建设与管理[M]. 北京：高等教育出版社，2002.

[19] STAIR R M, REYNOLDS G W. 信息系统原理[M]. 北京：机械工业出版社，2001.

[20] 余力. 电子商务个性化：理论、方法与应用[M]. 北京：清华大学出版社，2007.

[21] 段建，王雁. 网络营销技术基础[M]. 北京：机械工业出版社，2006.

[22] 覃征，等. 电子商务概论[M]. 北京：高等教育出版社，2006.

[23] 郭鑫. 防黑档案[M]. 2 版. 北京：电子工业出版社，2005.

[24] 祝凌曦. 电子商务安全[M]. 北京：清华大学出版社，北京交通大学出版社，2006.

[25] STAIR R M, Reynolds G W. 信息系统原理[M]. 张靖，等译. 北京：机械工业出版社，2000

参考网站

[1] 赛迪网–IT 技术，http://tech.ccidnet.com.

[2] 新浪网，http://www.sina.com.cn.

[3] IBM 公司门户网站，http://www.ibm.com.

[4] Dell 公司门户网站，http://www.dell.com.

[5] IT168 网站，http://www.it168.com.

[6] 阿里巴巴网站，http://china.alibaba.com.

[7] CNKI 网站，http://www.cnki.net.

[8] Amazon 网站，http://www.amazon.com.

郑 重 声 明

郑重声明